高等院校应用技术型财会类精品教材

第5版

Intermediate Financial Accounting

中级财务会计

朱小英 编著

上海财经大学出版社

图书在版编目(CIP)数据

中级财务会计 / 朱小英编著. —5 版. —上海：上海财经大学出版社，2019.9
(高等院校应用技术型财会类精品教材)
ISBN 978-7-5642-3348-8/F·3348

Ⅰ.①中… Ⅱ.①朱… Ⅲ.①财务会计—高等学校—教材 Ⅳ.①F234.4

中国版本图书馆 CIP 数据核字(2019)第 173975 号

□ 责任编辑 吴晓群
□ 封面设计 张克瑶

中级财务会计
(第五版)
朱小英 编著

上海财经大学出版社出版发行
(上海市中山北一路 369 号 邮编 200083)
网 址：http://www.sufep.com
电子邮箱：webmaster @ sufep.com
全国新华书店经销
上海华业装璜印刷厂印刷装订
2019 年 9 月第 5 版 2019 年 9 月第 1 次印刷

787mm×1092mm 1/16 25 印张 624 千字
印数：39 001—44 000 定价：49.00 元

第五版前言

Preface

随着全球经济一体化的推进和经济发展模式的转变，社会经济活动日益复杂，会计理论在实践中的应用更加广泛而深入。我国也根据需要开展了“中国会计标准改革与完善”项目下的“我国企业会计准则体系全面修订完善研究”。为了适应不断变化的经济环境，及时跟踪金融资产、收入、财务会计报告等会计准则的巨大变化和增值税改革的情况，满足学生对会计专业知识结构更完善的要求，更好地将学历教育服务于职业发展规划，特结合会计专业学历拓展需求进行了本书的修订和补充。

“中级财务会计”是会计专业的核心课程之一。本书以最新企业会计准则为基础，根据财务会计实务课程教学大纲的要求，结合会计实务工作的特点和会计专业资格考试的目标进行编写。教材共分十四章，在阐述财务会计基本理论的基础上，侧重于会计要素的确认、初始计量、后续计量以及相关经济业务的会计实务处理。并通过财务会计报告的方式，提供企业特定日期和会计期间的财务状况、经营成果以及现金流量的信息，满足信息使用者的需求，有助于他们做出合理有效的决策。本教材在原来的基础上，结合会计准则的最新变化和增值税改革的内容，对金融资产投资、收入费用和利润、财务报告等章节内容进行了重新编写；并对固定资产、无形资产、企业流动负债、所有者权益等章节内容进行了重新修订和补充。

编写修订过程结合编著者长期教学的经验和体会，将财务会计的基本理论与会计核算的实践需要相结合，力求通俗易懂和实用。为了更好地理解和巩固所学的内容，在每章正文之前，设有本章学习要点；在每章正文之后，配有本章小结；并根据需要，重新补充了一定量的自我测试题和练习题；在本书正文末配备自我测试题和练习题的参考答案，供学习者根据实际情况选用，以检查学习效果。

由于水平有限，加上时间仓促，本书可能有些地方不够成熟或有错误。如果在使用中发现有不妥或错误的地方，恳请提出宝贵的意见，以便再版时修正。

编著者

2019 年 9 月

目录

Contents

第一章　总　　论

学习要点

1. 财务会计的特点和财务会计报告目标；
2. 我国会计规范体系；
3. 会计假设和会计信息的质量要求；
4. 会计要素的特征及其确认条件；
5. 会计计量属性及其应用原则。

第一节　财务会计的特点

会计是以货币为主要计量单位，以凭证为依据，借助于专门的技术方法，对一定会计主体的经济活动进行全面、综合、连续、系统地核算和监督，并向信息使用者提供会计信息的完整的方法体系。同时，会计以货币作为主要计量单位，全面、系统地反映和监督经济活动中占用的财产物资和发生的劳动耗费，为企业管理过程提供服务，因此，会计也是一种管理活动。

会计发展史表明，会计是随着社会生产的需要而产生，随着社会生产的发展和经济管理要求的提高而发展和提高的。它的发展与社会经济环境、法律政治环境和科学信息技术的发展密切相关。企业组织形式的变化和经济管理要求的提高，对会计提出了更新、更高的要求；电子计算机在会计领域的应用，也对会计的发展有着重要影响，促使会计理论方法体系日趋完善，会计应用领域不断拓展，会计程序和方法不断优化。伴随着会计的职能从对经济活动的结果进行事后反映、提供会计信息，发展到对经济活动的全过程进行核算和监督，通过参与企业的经营决策强化企业经营管理水平，提高企业竞争能力，充分说明会计在社会经济发展中的地位和作用，同时也促使会计学科的发展，出现了很多的会计分支，但主要将企业会计分为财务会计和管理会计两大分支。

在现代市场经济条件下，企业是自主经营、自负盈亏、自我约束和自我发展的实体，根据一定的目标建立并运行，是社会经济的重要组成部分。企业的最终目标是追求企业价值最大化，于是，需要足够的资金和有效的管理，包括规划、组织、执行、控制、评价的每一个环节都离不开会计的参与，包括财务会计和管理会计的所有职能的发挥。

随着人类社会的不断进步、商品经济的不断发展，企业的组织形式、生产规模也在不断发展。在市场经济中，由于所有权与经营权的分离，公司存在着企业“外部”和企业“内部”之间资源委托和代理的关系，这种所有权和经营权的分离使企业有必要对外披露信息，尤其是披露企业财务状况、经营成果和现金流量等与企业及相关利益团体有密切关系的会计信息，这就需要发挥财务会计的职能和作用。

企业在强化管理、提高效益方面需要充分发挥管理会计的作用。管理会计是为了满足企业内部管理的需要，在利用财务会计信息的基础上，结合资金、成本、市场等其他有关信息资料，借助统计、整理、对比和分析等方法，提供企业在资金管理、成本费用控制、盈利模式选择或企业发展战略等方案的预测、决策和绩效评价方面所需要的信息，使会计能够参与企业的经营决策，提高企业的生产经营效率，实现企业预定的目标。管理会计以满足企业内部管理需要为目标。

而财务会计则是向企业内部管理部门和企业外部的会计信息使用者提供真实、可靠并与其决策相关的会计信息以及其他经济信息，帮助他们作出合理的决策。

财务会计以会计准则或制度为依据，采用一系列专门的方法，对企业经济活动过程进行确认、计量、记录、核算和监督，定期编制和对外提供财务会计报告。财务会计的最大特点是以货币作为主要计量单位，全面、系统、客观地反映已经发生的经济业务，并以财务会计报告的形式提供有关会计主体的信息。与管理会计相比，财务会计的特点主要表现在以下几个方面：

一是从提供会计信息的对象看，财务会计编制的财务会计报告既为企业外部使用者提供会计信息，同时也为企业内部管理者提供会计信息。但主要是编制对外财务会计报告，所以，财务会计也称“外部会计”。而管理会计不仅要反映企业过去和现在的经济活动情况，更重要的是围绕管理者的决策和控制，提供经济活动现时的和未来的企业内部预测、决策、控制、分析等方面的信息，为内部管理者服务。所以，管理会计也称为“内部会计”。

二是从提供信息的规范来看，为了规范企业会计确认、计量和报告行为，保证会计信息质量，财务会计要严格遵循会计准则或其他有关法律、行政法规，具有强制性；而管理会计主要考虑经营管理决策中的“成本—效益”原则，相对较灵活。

三是从会计核算的过程来看，财务会计严格按照“凭证—账簿—报表”的会计程序和模式，以货币作为计量单位，综合反映并定期提供有关企业资产、负债和所有者权益的增减变动，收入的取得和费用的发生，以及损益的形成和分配等各种经济活动的情况及其结果；而管理会计在会计期间的划分、核算程序的选择和核算方法的确定方面都比较灵活，往往没有固定的模式，可以根据管理所需信息的要求选择。

四是从信息的报告来看，财务会计以提供历史信息为主，对资产负债表、损益表、现金流量表、报表附注和财务情况说明书等提供信息的内容和格式都有统一的规定。而且，要定期编制，并具有法律效力；而管理会计主要强调提供的信息对管理者决策的有效性，并不注重信息报告的形式，也不具有法律效力。

财务会计与管理会计虽然在许多方面存在着差别，但作为现代企业会计的两大分支，仍然具有密切的关系，而且它们的最终目标是一致的，都是为了实现企业价值的最大化。

作为一门学科，财务会计理论体系主要包括财务会计报告目标、财务会计规范、会计要素的确认和计量以及财务会计报告。

第二节　财务会计报告目标

企业是从事生产和经营活动的一种经济组织，是人类社会智慧发展的结晶，也是商品经济的产物。任何企业都是在特定环境中形成和发展的，作为社会经济的子系统或特定外界环境的产物，企业在对外进行信息交流时，既要从外部获取信息，又要向外部传递信息。企业只有在与外界进行充分的信息交流中才得以生存和发展，一方面，企业的生存和发展受到外部环境因素的制约，只有提高企业的应变能力，顺应环境的变化，使企业的经营活动与社会意向的潮流相吻合，才能顺利实现企业的发展目标；另一方面，现代企业与外部环境的相互依赖性越来越强，对外提供信息不仅是企业的一种职责，而且也是企业取得相关社会集团合作与支持及社会良好形象的重要手段。而财务会计报告则是企业实现对外信息交流最有效的途径与方式。

财务会计报告目标在整个财务会计系统和企业会计准则体系中具有十分重要的地位，是构建会计要素确认、计量和报告原则并制定各项准则的基本出发点。

一、财务会计报告目标的重要作用

企业应当编制财务会计报告，其目的是向财务会计报告使用者提供反映企业财务状况、经营成果和现金流量等有关的会计信息，反映企业管理层受托责任履行情况，以帮助信息使用者作出相关决策。所以，企业编制的财务会计报告不仅是财务会计确认和计量的最终成果，也是沟通企业管理层与外部信息使用者之间的桥梁和纽带。

因此，财务会计报告的目标定位十分重要。首先，它决定着财务会计报告应当向谁提供有用的会计信息，应当保护谁的经济利益。这既是财务会计报告编制的出发点，也是企业会计准则建设与发展的立足点。通过界定企业财务会计报告的使用者，可以明确使用者具有的特征和决策过程中需要的会计信息。其次，财务会计报告的目标定位决定着财务会计报告所要求会计信息的质量特征，决定着会计要素的确认与计量原则，是财务会计系统的核心与灵魂。再次，财务会计报告的目标定位决定着财务会计未来发展的方向。

财务会计作为反映经济交易或者事项的一门科学，财务会计理论和实务不断地快速发展，相应地，会计准则的发展与变化也是日新月异，国际国内的实践都证明了这一点。如我国，在基本准则中将财务会计报告目标明确定位，为各项会计准则的制定奠定了良好基础，也为未来财务会计的发展和会计准则体系的完善确立了方向。

作为企业对外披露会计信息的手段，财务会计报告的目标是随环境变化而变化的。通常认为财务会计报告目标有经管责任观和决策有用观两种观点。

在以反映经营责任为目标的情况下，会计信息更多地强调可靠性，会计计量主要采用历史成本，财务会计报告只要能客观和公允地反映管理人员的历史性业绩，就能满足相关主体决策上的信息需要。随着社会发展和证券市场体系的日益完善，投资者不仅可以更换管理人员，还可以随时将投资进行转换，所以，他们不仅要了解经营责任，还要预测企业的前景。而现代公司的会计信息使用者还包括潜在的利益关系人，他们根据企业的未来前景预测，决定是否将资源投入该企业。所以，企业财务会计报告除了反映管理人员的历史业绩外，还有义务提供企业发展前景的信息，以帮助所有的信息使用者作出决策。在决策有用观下，会计信息更多地强调相关性。

会计信息披露的目标从经营责任向信息使用者决策有用性方向的转化，是对所有权特征和概念变化的合理反映，是证券市场高度发展、投资可随时转换的必然要求。

二、财务会计报告目标的主要内容

虽然企业的财务会计报告由企业管理者编制，但是，会计信息的使用者却并不仅限于企业管理部门，企业外部的利益相关主体同样是企业经营成果和财务状况及现金流量等信息的使用者。从根本上说，企业对外披露会计信息的主要作用在于向那些与企业相关的外部利益集团提供信息，以帮助他们评估其目标的实现情况，并作出是否参与（继续参与）企业经营活动的决策。因此，明确会计信息使用者及其对信息的需求，对会计信息披露目标的实现是至关重要的。

在不同的国家和地区，不同组织形式、所有制形式、所属行业、经营范围和规模的企业，其信息的使用者会有所区别。英、美等国家的财务会计报告主要是为投资者和债权人服务的。例如，美国财务会计准则委员会（FASB）在1978年11月发表的第1号财务会计概念公告（SFAC NO.1）——《企业财务报告的目标》（*Objective of Business Enterprises*）中指出："财务报告应该提供对现在和可能的投资者、债权人和其他使用者作出合理的投资、信贷和类似决策有用的信息。"国际会计准则委员会（IASC）认为，财务会计报告的使用者应包括现在和潜在的投资者、雇员、债权人、供应商和其他交易债权人、客户、政府及其代理人和公众。国际会计准则委员会所确定的使用者范围比较广泛，而且把雇员放在一个比较重要的位置上。

由此可见，财务会计报告的目标受社会经济环境的影响，并依存于财务会计报告使用者的信息需要。在不同的经济环境中，财务会计报告使用者的信息需要不尽相同，财务会计的目标也在不断变化。

根据我国《企业会计准则——基本准则》的规定，我国企业财务会计报告的目标是向财务会计报告使用者提供与企业财务状况、经营成果和现金流量等有关的会计信息，反映企业管理层受托责任履行情况，有助于财务会计报告使用者作出经济决策。

（一）向财务会计报告使用者提供企业财务状况、经营成果和现金流量等会计信息

财务会计报告的使用者多种多样，他们对会计信息的需求目的也各不相同。一般而言，财务会计报告的使用者主要包括投资者、债权人、政府及其有关部门和社会公众等。

1. 投资者和潜在投资者

对于作为企业所有者的投资者来说，他们为了选择投资对象、衡量投资风险、作出投资决策，不仅需要了解企业的盈利能力和发展趋势方面的信息，也需要了解有关企业经营情况方面的信息及其所处行业的信息；投资者（股东）和潜在投资者进行投资决策的最终目的是扩大财富。因此，他们在阅读企业会计报告时，主要结合投资项目、资本结构和股利分配政策等，以了解企业包括毛利率、总资产收益率、净资产收益率等指标在内的盈利能力及其变化趋势，了解企业目前的经营管理状况，判断企业未来现金流量的数额、时间和不确定性，据以作出投资决策。

2. 债权人

企业债权人包括银行、非银行金融机构（财务公司、信贷投资公司等）、债券购买者和其他债权人。债权人的目的不是价值最大化，而是到时收回本金并获得约定的利息收入。所以，在信息的需求上，他们主要关心的并非仅仅是企业的盈利能力，而是更注重企业的短期偿债能力和长期偿债能力；了解企业所处行业的基本情况及其在同行业所处的地位，企业的资本负债结构、资产结构等影响偿债能力方面的信息，以关注和判断其债权所面临的风险程度。

3. 政府及其职能机构

政府作为投资者，关心的是政府资本在企业中的保值增值，它有与一般投资者一样的会计信息需求；政府作为社会管理者，需要根据企业的会计信息，在了解微观经济状况与效益、经济

秩序、税收、证券市场监管等基础上，需要从总体上掌握企业的资产负债结构、损益状况和现金流转情况，从宏观上把握经济运行的状况和发展变化趋势，制定经济政策、进行宏观调控、配置社会资源。

4. 社会中介服务机构

随着市场体系的建立和发展，出现了许多关心会计信息的组织和个人，如会计师事务所、评估师事务所、律师事务所、投资咨询服务公司、股评机构及专业人员。这些中介机构和个人根据其受托的服务对象的需求，从不同的侧面和重点关注企业的会计信息。

5. 企业管理当局

企业以盈利为目的，投资人将资源投入企业，就希望能在企业管理者有效的管理经营下，在激烈的竞争中求得生存和发展，获得预期利润。企业管理当局为了履行其受托的责任，就必须运用自己的专业才干和管理经验去努力实现投资者所期望的目标。企业管理当局可以通过分析和利用有关财务信息，全面、系统、总括地了解企业财务状况、经营成果和现金流量情况，在此基础上评价、预测和分析未来发展前景；并通过发现问题，找出存在的差距及原因，提出改进措施，以提高管理水平，更好地帮助企业作出有利于企业生存、发展的经营决策。

6. 社会公众

社会公众也关心企业的生产经营活动。因此，在财务会计报告中提供有关企业发展前景及其能力、经营效益及其效率，包括对所在地经济做出的贡献，如增加就业、刺激消费、提供社区服务等方面的信息，可以满足社会公众的信息需要。

现实经济生活中，财务会计信息使用者的许多信息需求是共同的。通常情况下，如果财务会计报告能够满足投资者的会计信息需求，就基本可以满足其他使用者的信息需求了。

（二）反映企业管理层受托责任履行情况

在强调企业所有权和经营权相分离的现代企业制度下，企业管理层是受委托人之托经营管理企业及其各项资产，负有受托责任。企业管理层有责任妥善保管并合理、有效运用这些资产。企业投资者和债权人等需要及时或者经常性地了解企业管理层保管、使用资产的情况，以评价企业管理层的责任情况和业绩情况，因此，财务会计报告应当反映企业管理层受托责任的履行情况，以便外部投资者和债权人等评价企业的经营管理责任和资源使用的有效性，并据以做出决策。

第三节 财务会计规范

要实现财务会计的基本目标，其途径主要有两条：一是制定财务会计规范，通过财务会计规范来制约会计信息提供者的行为，保证财务会计信息质量；二是通过独立于会计信息提供者和使用者之外的第三者（如注册会计师）的审计监督来确保会计信息的质量。而会计师事务所的审计监督也要以财务会计规范为标准来判断企业会计信息的质量。因此，需要一个企业财务会计规范体系来约束财务会计行为。财务会计规范体系是会计实务工作的指南，是制约企业财务会计工作的专门法律、法规、准则和制度的总称。但在其对会计事务的制约方面，又分为不同的层次。

企业财务会计规范的制定和实施往往与其实行的法律体制有密切关系。以法国、德国为代表的大陆法系国家，企业财务会计规范一般由政府制定，通过商法、税法等法律及各种法规，对公司企业的会计处理和财务会计报告作出明确的要求与规定，并由国家会计委员会制定统一的会计制度。而以美国、英国为代表的一些英美法系的国家，企业财务会计规范一般由民间职业团体制定，通过财务会计准则委员会、会计原则委员会和会计程序委员会等民间组织制定公认会计原则以及各种规范，并在得到政府机构的支持和法律认可的前提下实施对企业会计事务的制约。1973 年由加拿大、澳大利亚、法国、德国、美国、英国、日本、墨西哥等一些国家的职业会计团体发起成立的国际会计准则委员会，先后制定和颁布了一百多项财务会计准则和三十多项国际会计准则，对企业会计核算的规范化和会计信息披露的规范化起着积极的推动作用。

我国的财务会计规范体系主要由会计法及其他专业法律、企业会计准则、企业会计制度以及其他有关法规等组成。

一、会计法律规范

《中华人民共和国会计法》(以下简称《会计法》)是以会计行为为规范对象的专门法律，是我国有关会计工作的根本大法。但从法律层面看，我国法律对会计行为的规范并不仅限于《会计法》。

《会计法》于 1985 年由全国人大常委会通过并颁布，于同年 5 月 1 日起施行。为了适应市场经济发展和深化会计改革的需要，1993 年 12 月，第八届全国人大常委会进行了第一次修订；1999 年 10 月 31 日，第九届全国人大常委会第十二次会议对《会计法》进行了第二次修订，并自 2000 年 7 月 1 日起实施。

《会计法》涉及我国会计工作的各个领域，包括总则、会计核算、公司企业会计核算的特别规定、会计监督、会计机构和会计人员、法律责任和附则，共 7 章 52 条，原则性地制约了我国会计工作的主要方面，包括会计法制定的目的、会计核算和会计监督的对象、会计工作的管理权限、会计机构的设置和会计人员的职责与权限以及相关的法律责任等。

现行的《中华人民共和国公司法》(以下简称《公司法》)是 1993 年 12 月 29 日由八届全国人大常委会第五次会议通过的，随后，全国人大常委会于 1999 年 12 月 25 日作出了《关于修改公司法的决定》。2004 年 7 月 5 日，国务院法制办公室完成了草案的起草工作，并将征求意见稿下发到有关部门征求意见。此次修改的条款有一百二十多条，修改或增加的内容达四百余处。引人注目地包括新增有限责任公司形式，允许设立 1 人有限责任公司；取消了公司向其他有限责任公司、股份有限公司(除国务院规定的投资公司和控股公司外)的累计投资额的限制；同时，还允许企业用知识产权和股权出资；对上市公司新增独立董事制度，明确规定了独立董事对重大事项进行审核并发表独立意见的权力；此外，还降低了公司注册资本的最低限额和股票上市门槛。目前，《公司法》的修订已列入第十届全国人大常委会的立法规划。

其他如《中华人民共和国税法》《中华人民共和国证券法》《中华人民共和国票据法》《中华人民共和国合同法》《中华人民共和国注册会计师法》等相关专业法律，也从不同方面对企业会计行为作出了法律上的规定，它们共同构成了会计法律规范的第一个层次。在会计法律规范中，《会计法》是核心。

二、企业会计准则

在我国，以《会计法》为核心的会计准则被认为是制定会计核算制度和组织会计核算工作的基本规范，是进行会计处理、编制财务会计报告的指南和标准。1992 年 11 月，我国发布了第一个会计准则，即《企业会计准则》，并于 1993 年 7 月 1 日起施行。我国的会计准则由财政部制定并颁布。

随着全球经济一体化趋势的加强和国际资本市场的形成，会计的国际化也在逐步变成现实。尽量消除会计的国际差异，提供在国际资本市场上通用和可比的会计信息，已成为有关国际组织和各国会计准则制定机构的共识。为了适应会计准则国际化的大环境，财政部对现行的 1997 年至 2001 年期间颁布的 16 项具体会计准则进行了全面的梳理、调整和修订，最终在 2006 年年初构建起一套企业会计准则的完善体系，并要求于 2007 年 1 月 1 日开始率先在上市公司全面实施。2006 年 2 月 15 日，财政部发布了 39 项企业会计准则和 48 项注册会计师审计准则，从而完成了两大准则体系的建设工作。新会计准则体系基本实现了国际财务会计报告准则的趋同。这标志着适应我国市场发展要求、与国际惯例趋同的企业会计准则体系和注册会计师审计准则体系的建立和完善。

会计准则由基本会计准则和具体会计准则、会计准则应用指南和解释公告等组成。根据《企业会计准则——基本准则》(财政部令第 33 号)的规定，我国现行会计准则体系包括 1 个基本准则、41 个具体准则、38 个应用指南和 6 个会计准则解释。

在我国现行企业会计准则体系中，基本准则类似于国际会计准则理事会的《编报财务报表的框架》和美国财务会计准则委员会的《财务会计概念公告》，是对会计核算的一般要求和会计核算的主要方面进行的原则性规定。它规范了包括财务会计报告目标、会计基本假设、会计信息质量要求、会计要素的定义及其确认、计量原则、财务会计报告等在内的基本问题；是会计准则制定的出发点，是制定具体准则的基础，共 11 章 50 条。

具体会计准则是按照基本会计准则的要求，根据经济环境和规范会计实务的需要，对企业的基本经济业务和特殊经济业务或会计事项的处理方法和程序的具体规定，是对具体交易或者事项进行会计处理的规范；包括基本业务准则、特殊业务准则、特殊行业基本业务准则和有关财务报表的准则等共计 38 项。

应用指南是对具体准则的一些重点、难点问题作出的操作性规定；解释公告是随着企业会计准则的贯彻实施，就实务中遇到的实施问题而对准则作出的具体解释。

在我国现行企业会计准则体系中，各项准则规范的内容和有关国际财务会计报告准则的内容基本一致，具体对应关系如表 1-1 所示。

表 1-1 中国企业会计准则与国际财务会计报告准则具体项目的比较

中国企业会计准则	国际财务会计报告准则
CAS 1 存货	IAS 2 存货
CAS 2 长期股权投资	IAS 27 合并财务报表和单独财务报表 IAS 28 联营中的投资 IAS 31 合营中的权益
CAS 3 投资性房地产	IAS 40 投资性房地产
CAS 4 固定资产	IAS 16 不动产、厂房和设备 IFRS 5 持有待售的非流动资产和终止经营

续 表

中国企业会计准则	国际财务会计报告准则
CAS 5 生物资产	IAS 41 农业
CAS 6 无形资产	IAS 38 无形资产
CAS 7 非货币性资产变换	IAS 16 不动产、厂房和设备 IAS 38 无形资产 IAS 40 投资性房地产
CAS 8 资产减值	IAS 36 资产减值
CAS 9 职工薪酬	IAS 19 雇员权利
CAS 10 企业年金	IAS 26 退休福利计划的会计和报告
CAS 11 股份支付	IFRS 2 以股份为基础的支付
CAS 12 债务重组	IAS 39 金融工具：确认和计量
CAS 13 或有事项	IAS 37 准备、或有负债和或有资产
CAS 14 收入	IAS 18 收入
CAS 15 建造合同	IAS 11 建造合同
CAS 16 政府补助	IAS 20 政府补助的会计和政府援助的披露
CAS 17 借款费用	IAS 33 借款费用
CAS 18 所得税	IAS 12 所得税
CAS 19 外币折算	IAS 21 汇率变动的影响 IAS 29 恶性通货膨胀经济中的财务会计报告
CAS 20 企业合并	IFRS 3 企业合并
CAS 21 租赁	IAS 17 租赁
CAS 22 金融工具确认和计量 CAS 23 金融资产转移 CAS 24 套期保值	IAS 39 金融工具：确认和计量
CAS 25 原保险合同 CAS 26 再保险合同	IFRS 4 保险合同
CAS 27 石油天然气开采	IFRS 6 矿产资源的勘探和评估
CAS 28 会计政策、会计估计变更和差错更正	IAS 8 会计政策、会计估计变更和差错
CAS 29 资产负债表日后事项	IAS 10 资产负债表日后事项
CAS 30 财务报表的列报	IAS 1 财务报表的列报 IFRS 5 持有待售的非流动资产和终止经营
CAS 31 现金流量表	IAS 7 现金流量表
CAS 32 中期财务会计报告	IAS 34 中期财务会计报告

续 表

中国企业会计准则	国际财务会计报告准则
CAS 33 合并财务报表	IAS 27 合并财务报表和单独财务报表
CAS 34 每股收益	IAS 33 每股收益
CAS 35 分部报告	IFRS 8 分部报告
CAS 36 关联方披露	IAS 24 关联方披露
CAS 37 金融工具列报	IFRS 7 金融工具：披露 IAS 32 金融工具：列报
CAS 38 首次执行企业会计准则	IFRS 1 首次采用国际财务会计报告准则

三、企业会计制度

在新的会计核算体系建立以前，会计制度主要包括分行业的企业会计制度、分经济成分的企业会计制度以及非企业会计制度三个方面。

分行业的企业会计制度是在1993年会计制度改革之后陆续制定和实施的、体现行业经营特点和管理要求的会计制度，主要包括《工业企业会计制度》《商品流通企业会计制度》《运输(交通)企业会计制度》《运输(铁路)企业会计制度》《运输(民用航空)企业会计制度》《邮电通信企业会计制度》《农业企业会计制度》《房地产开发企业会计制度》《施工企业会计制度》《对外经济合作企业会计制度》《旅游、服务企业会计制度》《金融企业会计制度》《保险公司会计制度》。

分经济成分的企业会计制度主要有《股份有限公司会计制度——会计科目和会计报表》和《中华人民共和国外商投资企业会计制度》。

非企业会计制度是指除企业以外的其他单位适用的会计制度，主要包括《事业单位会计制度》《行政单位会计制度》《财政总预算会计制度》等。

随着《企业会计制度》的逐步推广，原先分行业、分经济成分的企业会计制度被逐渐取消。取而代之的是统一的会计核算制度，国家通过实施统一的会计制度，根据企业性质和规模，建立会计制度来规范各单位的会计行为，以增强不同行业、所有制企业之间会计信息的可比性、可靠性和透明度。我国《会计法》规定："国家统一的会计制度，是指国务院财政部门根据本法制定的有关会计核算、会计监督、会计机构和会计人员以及会计工作管理的制度。"由于金融、保险企业和小企业的性质和规模各自有其特性，与一般企业的会计核算存在较大的差异，所以需要分别单独制定会计制度。

根据新的会计核算体系，企业会计制度包括《企业会计制度》《金融企业会计制度》和《小企业会计制度》，并在此基础上分别建立具有操作性的有关会计科目的设置、具体账务处理和财务会计报告的编制和披露制度，从而分别形成一般企业、金融企业、保险企业和小企业统一的会计报表格式、会计报表附注披露格式等。

由于各行业、所有制企业的会计核算各不相同，对于各行业、企业专业性较强的会计核算，则以专业会计核算办法的形式发布。而针对实际工作中出现的问题或会计制度规定不合理的地方，则作出专门的补充规定或通过问题解答的办法来解决。如财政部关于印发《外商投资企业执行〈企业会计制度〉问题解答》的通知(财会〔2002〕5 号)、财政部关于《组织对〈企业会计制度〉及相关会计准则执行情况全面调研》的通知(财办会〔2002〕16 号)等。

《企业会计制度》(2000 年 12 月 29 日发布,2001 年 1 月 1 日起实施)包括两大部分:一是《企业会计制度》正文,二是《企业会计制度——会计科目和会计报表》。《企业会计制度》正文共分为 14 章 160 条;《企业会计制度——会计科目和会计报表》分为六个部分,详细规定了会计科目及其使用方法、会计报表及其编制方法。

财政部于 2017 年 10 月 24 日印发了《政府会计制度——行政事业单位会计科目和报表》目前执行《行政单位会计制度》(财库〔2013〕218 号,以下简称原制度)的单位,自 2019 年 1 月 1 日起执行新制度,不再执行原制度。

四、会计规范的发展与完善

企业会计规范的建立和健全是会计核算以及会计信息披露规范化的根本保证。

从会计规范的发展过程可以看到,会计规范不可能一成不变,它总是在不断地修订和完善中。目前,我国的企业会计准则体系就处于一个全面修订与完善的研究过程中。其前提是,财政部批准,财政部会计司正在执行世界银行贷款“现代财政制度与国家治理”扶援项目子项目“中国会计标准改革与完善”中的“我国企业会计准则体系全面修订与完善研究”。目标是为了深入研究我国企业会计准则体系实施的问题及其解决方案。2018 年 3 月 9 日财政部会计司发出了征询意向公告,希望聘请咨询机构(包括但不限于科研机构、高等院校、会计师事务所等),就上述任务开展研究,主要内容包括以下几个方面:

一是分析研究业务模式发展对企业会计准则的影响,对如何在企业会计准则建设中加以规范提出具体对策。

二是借鉴国际经验,跟踪研究并翻译国际财务会计报告准则概念框架,研究提出国际概念框架修订对我国的影响和在我国的适用性,并对我国基本准则修订提出政策建议。

三是系统梳理我国企业会计准则项目之间的相互关联和影响,对进一步规范企业会计准则体系体例、提升准则体系的一致性和协调性提出对策建议。

四是全面梳理我国现有会计准则,为提高我国企业会计准则的科学性和适用性、有序推进企业会计准则的修订完善提出有关对策。

五是及时跟踪研究国际财务会计报告准则的最新进展,为我国参与有关国际财务会计报告准则制定提供技术支持和反馈意见,并对有关国际财务会计报告准则对我国的影响和在我国的适用性提出建议。

下面几节重点介绍会计理论中最基本的几个方面:会计假设、会计信息的质量要求、会计要素及会计计量属性。

第四节 会计的基本假设与会计基础

会计的基本假设是人们根据对事物的认识和客观正常情况所作出的合理判断,是组织财务会计核算工作应具备的前提条件。我国《企业会计准则》规定的会计假设包括会计主体、持续经营、会计分期和货币计量。

一、会计主体

会计主体又称会计个体，是指会计工作为之服务的特定单位或组织，它界定了会计工作和提供会计信息的空间范围。在会计主体这一前提下，会计核算应当以一个特定单位或组织的各项交易或事项为对象，不仅要将这个会计主体的经济活动与其他会计主体的经济活动区别开来，而且还要严格区分会计主体与其所有者的个人的经济活动。而且会计报表所反映的信息，应该是特定会计对象的财务状况、经营成果以及现金流量的信息。

会计主体不同于法律上的法人概念，法人可以是会计主体，但会计主体并不一定是法人。它可以是一个独立的法律主体，如企业法人，也可以不是一个独立的法律主体，如基金管理公司管理的需要独立核算但无法人资格的下属每只基金；企业集团公司下属的子公司、甚至可以是企业独立核算的某一部门。但为了全面反映企业的财务状况、经营成果以及现金流量的信息，还应该在必要时将整个企业作为会计主体，编制合并报表。

会计主体的假设为会计人员在会计处理中对会计业务的职业判断、会计方法和会计程序的正确选择提供了依据。

二、持续经营

持续经营是指会计核算以企业持续、正常的生产经营为前提。假设在可以预见的未来，企业的资产将正常运行，负债将正常偿还，会计主体的经营活动将根据既定的方针和目标继续经营下去，没有面临破产的威胁。只有在持续经营的前提下，会计才能建立起非清算基础上的会计确认和计量的原则，如历史成本原则、权责发生制等，会计处理上的方法和程序才能保持稳定，会计核算工作才能正常进行。

持续经营只是一种假设，企业破产清算的风险始终存在。因此，持续经营的假设并不排除企业在有迹象表明已经面临破产清算时，采用破产清算的会计程序和方法。如果企业已经无法继续生存下去，依据这一前提假设条件采用的会计处理方法和程序也不再适用。

三、会计分期

会计分期是指将企业持续不断的经营活动，人为地划分成若干间距相等的时间间隔，即会计期间，以便核算每一个会计期间的收入、费用和利润，确定该会计期间期初、期末的资产、负债和所有者权益的数量，据以结账并编制会计报告。

企业的全部经营成果，只有在企业结束全部经营活动以后才能完全确定。然而，在实际工作中，企业生产经营活动持续不断地进行，无论是企业内部管理当局，还是企业外部的会计信息使用者，都需要定期了解企业的财务状况和经营成果，作为业绩考核和进行决策的依据。

会计期间可以分为年度、季度和月份。以年度划分的会计期间，也称为会计年度。我国会计准则规定，以日历年度为会计年度，即从每年的1月1日起至当年的12月31日止为一个会计年度。在有些国家，会计年度按营业年度划分，即从每年的7月1日起至次年的6月30日止为一个会计年度。同样，在有些企业，由于其经营活动比较特殊，如造船企业、大型机械制造企业，其从购买原材料至建造完工，从销售实现到收回货款，周期比较长，经营周期可能长于一年，就要以一个经营周期作为一个会计年度。

会计分期假设对企业会计核算有重大影响。由于设定了会计期间，在会计处理上必须分期结算账目和编制财务会计报告。

会计分期使会计信息有了一定的阶段性，因此，使用者在分析企业财务信息时，要结合其他方面的信息，综合考虑分析，否则会影响决策的正确性。

四、货币计量

货币计量假设是指会计主体在核算中采用货币作为计量单位，计量、反映和报告企业的经济活动，并假设货币价值保持不变。

对企业经济活动的计量，存在着多种计量单位，如实物、货币、重量、长度、体积等。而各种非货币计量单位具有不同的性质，没有可比性。为了连续、系统、全面、综合地反映企业的经济活动，客观上要求一种统一的计量单位作为会计核算的基础。而货币作为一般等价物，成为会计核算计量单位的最好选择，以货币形式来反映和监督企业经营活动的全过程。

作为企业会计核算的计量单位，本身就要满足两个条件：一是作为计量单位的货币，其内在价值要稳定；二是计量标准的单位要统一，这样才能进行汇总和比较。如果企业的经济业务涉及多种货币，就需要确定一种货币作为记账本位币。在我国，会计核算一般要求以人民币作为记账本位币；业务收支以外币为主的企业，也可采用某种外币作为记账本位币，但编制的会计报表仍然应当折算为人民币反映。同样，境外企业送报国内有关部门的会计报表，也应当折算为人民币。

上述会计核算的假设前提相互依存、相互补充，它们从核算时间、空间、方法和量度的界限对会计的核算作出了合理设定。没有会计主体，就不存在持续经营；不能持续经营就没有必要进行会计分期；没有货币计量，就无法全面、综合地为信息使用者提供会计主体财务状况、经营成果等信息，无法实现财务会计的目标。

五、会计基础

在实务中，会计分期的假设，使得企业收入和费用的收支期间和应归属期间不一定完全一致。例如，款项已经收到，但销售并未实现；款项已经支付，但并不是为本期生产经营活动而发生的；费用已经发生，但本期并未支付；等等。在收支期间和应归属期间不一致时，产生了制定有关费用和收入的确认、计量的会计核算基础，如权责发生制和收付实现制。

我国《企业会计准则》明确规定，为了更加真实、公允地反映特定会计期间的财务状况和经营成果，企业在会计确认、计量和报告中应当以权责发生制为基础。

权责发生制是以应收应付为标准来确认收入和费用的会计处理方法。按权责发生制的要求，凡是当期已经实现的收入和已经发生或应当负担的费用，无论款项是否收付，都应当作为当期的收入和费用，记入利润表；凡是不属于当期的收入和费用，即使款项已在当期收付，也不应当作为当期的收入和费用。

收付实现制是与权责发生制相对应的一种会计基础，它是以收到或支付的现金作为确认收入和费用等的依据。目前，我国的行政单位会计采用收付实现制，事业单位会计除经营业务可以采用权责发生制外，其他大部分业务采用收付实现制。

第五节 会计信息的质量要求

会计信息是经过加工或者处理后的会计数据，是对会计数据的解释。从宏观角度看，企业(特别是股份公司)提供的会计信息是一种社会公共产品，它与投资者的投资决策、债权人的信贷决策、对企业经济价值与社会价值的评价、政府对微观企业的控制、企业经营管理者的廉政建设等都密切相关。因此，企业会计信息的质量不仅影响与企业有利益关系的投资者、债权人等群体的经济利益，而且影响整个国家的经济秩序和社会秩序。我们必须高度重视企业会计信息的质量问题。

会计信息的价值在于对决策有用，而要对决策有用，需要具备两种主要的质量特征，即相关性和可靠性。相关性越大，可靠程度越高，越是合乎需要，就越对决策有用。同时，需要具备可比性、及时性、明晰性的特点，才能更好地提升会计信息的有用性。

提供会计信息的主要目标在于帮助使用者作出决策，因此，首先要确保会计信息的质量，才能更好地实现会计的目标。这些信息通过财务会计报告提供。财务会计报告包括资产负债表、利润表、现金流量表以及所有者权益变动表等会计报表及其附注和其他应当在财务会计报告中披露的相关信息和资料。美国财务会计准则委员会在《论财务会计概念》即《会计信息的质量特征》中提出了良好会计信息应具备的质量特征。我国《企业会计准则》也明确了会计信息的质量要求，主要包括可靠性、相关性、可比性、可理解性、谨慎性、重要性和实质重于形式、及时性。

一、可靠性

会计信息的可靠性是指信息使用者可以对会计信息给予充分信赖。企业提供会计信息的目的是为了满足会计信息使用者的决策需要，因此，就应做到内容真实、数字准确、资料可靠。一项会计信息是否具有可靠性，由真实性、可核性和中立性三个要素所决定。

其中，真实性是指对某一事项的计量或与该事项的实际状况一致；可核性即可验证性，是指由不同的人，采用相同的计量方法，对同一事项加以计量，能得出同样的结果；中立性是指在制定或选用会计原则或政策时，应站在独立的立场上，不偏不倚，使会计信息公允地反映经济状况。国际会计准则中对可靠性的判别标准为：“当信息没有重要错误或偏向，并且能够如实反映其拟反映或该反映的情况供使用者作依据时，信息就具备了可靠性。”

我国《企业会计准则》对于“真实性”的定义为：会计核算应当以实际发生的交易或事项为依据，如实反映企业的财务状况、经营成果和现金流量。

真实的会计信息必须如实地反映或合理预计所要反映或理当反映的交易或事项，使会计信息与会计行为所要反映的对象在数量和时间上保持一致，而且必须在重要性和成本允许的范围内做到完备。

二、相关性

会计信息的相关性是指会计提供的信息应当与信息使用者的经济决策相关，并且产生影响。一项会计信息是否具有相关性，由预测价值、反馈价值和及时性三个组成因素所决定。如果会计信息提供以后，对经济决策并没有什么作用，就不具有相关性。因此，会计信息的相关性是指会计信息能够影响信息使用者的决策，能够导致信息使用者决策的差别。

会计信息的决策相关性表现在提供的会计信息能帮助决策者预测未来，把握可能的结果从而改善当前的决策；同时，提供的会计信息也能为决策者证明过去的决策产生的结果，从而修正或坚持原来的决策。会计信息质量的相关性要求，需要企业在确认、计量和报告会计信息的过程中，充分考虑使用者的决策模式和信息需要。但是，相关性是以可靠性为基础的，也就是说，会计信息在可靠性的前提下，尽可能地做到相关性，以满足投资者等财务会计报告使用者的决策需要。

三、可比性

可比性原则是指会计核算必须按照规定的会计处理方法和程序，提供口径一致、相互可比的会计资料。可比性要求企业提供的会计信息应当相互可比。这一原则要求主要包括两层含义：

一是不同企业相同会计期间可比。为了便于投资者等财务会计报告使用者评价不同企业的财务状况、经营成果和现金流量及其变动情况，会计信息质量的可比性要求不同企业同一会计期间发生的相同或者相似的交易或者事项，应当采用规定的会计政策，确保会计信息口径一致、相互可比，以使不同企业按照一致的确认、计量和报告要求提供有关会计信息。

二是同一企业不同时期可比，同一企业不同时期发生的相同或者相似的交易或者事项，应当采用一致的会计政策，不得随意变更。对于相同的经济业务或事项，可以有多种会计处理方法。如果在不同的会计期间采用不同的会计核算方法，将不利于会计信息的理解和比较，给决策带来困难。但是，满足会计信息可比性要求，并非表明企业不得变更会计政策，如果按照规定或者在会计政策变更后可以提供更可靠、更相关的会计信息，可以变更会计政策。有关会计政策变更的情况，应当在附注中予以说明。

四、可理解性

可理解性要求企业提供的会计信息应当清晰明了，便于投资者等财务会计报告使用者理解和使用。

要利用会计信息，首先必须了解会计信息的内涵，看懂会计信息的内容，这就要求在会计核算工作中的记录要准确、清晰，账户对应关系清楚，文字摘要完整，在编制会计报表时，要求项目勾稽关系清楚，项目完整，数字准确。所提供的会计信息应当清晰明了，易于理解。只有这样，才能提高会计信息的有用性，实现财务会计报告的目标，满足向投资者等财务会计报告使用者提供决策有用信息的要求。否则，提供的会计信息就不能满足使用者的决策需求。

会计信息是一种专业性较强的信息产品，在强调会计信息的可理解性要求的同时，还应假定使用者具有一定的有关企业经营活动和会计方面的知识，并且愿意付出努力去研究这些信息。

五、谨慎性

谨慎性也称为稳健原则，它要求企业对交易或者事项进行会计确认、计量和报告应当保持应有的谨慎，不应高估资产或者收益、低估负债或者费用。会计实务中，谨慎性要求企业在会计核算工作中有风险防范意识，合理估计可能发生的损失，保持必要的谨慎。尤其是会计人员在进行职业判断时，应坚持资产计价从低、负债或费用从高、收益和利润从低的原则。如有两种或两种以上的方法可供选择，应尽量选择使本期净资产和利润较低的方法；企业定期对可能发生的各项资产计提资产损失准备；对售出商品可能发生的保修义务等确认预计负债等，就充分体现了谨慎性原则。

六、重要性

重要性要求企业提供的会计信息应当反映与企业财务状况、经营成果和现金流量有关的所有重要交易或者事项。对会计核算过程中的交易或事项，要根据其重要性程度区别对待。对于会计要素的确认和计量有较大影响并进而影响财务会计报告使用者合理判断的重要交易或事项，应该严格按照规定的会计方法和程序处理，并在财务会计报告中单独详细地披露。而对于次要的会计事项，可适当简化处理。

在实务中，交易或会计事项的重要性在很大程度上取决于会计人员的职业判断，企业应当根据其所处环境和实际情况，从项目的性质和金额大小两方面加以判断。判断的标准主要参考是否影响会计信息的真实性，是否对财务会计报告使用者的决策产生影响。如果会计信息的省略或者错报会影响投资者等财务会计报告使用者据此作出的决策，该信息就具有重要性。

例如，从成本效益原则考虑，中期财务会计报告准则规定，我国上市公司对外提供季度财务会计报告时的附注，没有必要像年度财务会计报告那样披露详细的附注信息。应当以年初至本中期末为基础编制，披露自上年度资产负债表日之后发生的、有助于理解企业财务状况、经营成果和现金流量变化情况的重要交易或者事项，这种附注披露，就体现了会计信息质量的重要性要求。

七、实质重于形式

实质重于形式要求企业按照交易或事项的经济实质进行会计确认、计量和报告，而不应当仅仅按照它们的法律形式作为会计核算的依据。

在实际工作中，企业发生的交易或事项在多数情况下，其经济实质和法律形式是一致的。但在有些情况下，会出现一定的差异。例如，以融资租赁方式租入的资产虽然从法律形式来讲企业并不拥有其所有权，但是从其经济实质来看，企业能够控制融资租入资产所创造的未来经济利益，在会计确认、计量和报告上就应当将以融资租入的资产视为企业的资产，列入企业的资产负债表。又如，企业按照销售合同销售商品但又签订了售后回购协议，虽然从法律形式上实现了收入，但如果企业没有将商品所有权上的主要风险和报酬转移给购货方，没有满足收入确认的各项条件，即使签订了商品销售合同或者已将商品交付给购货方，也不应当确认销售收入。

所以，会计要客观和真实地反映企业的交易或事项，就必须充分重视其经济实质，而不能仅仅根据它们的法律形式进行核算和反映。遵循实质重于形式原则，更能体现经济业务和交易的经济实质，有利于会计信息使用者的决策。

八、及时性

及时性要求企业对于已经发生的交易或者事项，应当及时进行确认、计量和报告，不得提前或者延后。

会计信息的价值在于帮助所有者或者其他方面作出经济决策，具有时效性。及时性不仅要求在经济业务发生后，及时收集、整理会计信息，也要求及时处理会计信息，更要求及时编制出财务会计报告，并将会计信息及时传递给财务信息使用者。因为会计信息的价值在于帮助信息使用者作出决策，如果企业的会计核算不能及时进行，会计信息不能及时提供，就是再真实的相关信息，也是毫无用处的。

在实务中，为满足会计信息的及时性要求，可能需要在有关交易或事项的信息全部获得之前即进行会计处理，但有可能会影响会计信息的可靠性；反之，等到全部信息获得之后再进行会计处理和披露的信息，又可能会由于时效性问题，大大降低财务会计报告使用者决策的有用性。因此，在及时性和可靠性之间的权衡，应该以满足财务会计报告使用者的经济决策需要为判断标准。

第六节　会计要素及其确认

会计要素是根据交易或者事项的经济特征所确定的财务会计对象的基本分类，是会计核算对象的具体化，也是财务会计报告中会计报表用于反映财务状况和经营成果的组成内容。会计要素按照其性质分为资产、负债、所有者权益、收入、费用和利润，其中，资产、负债和所有者权益要素侧重于反映企业的财务状况，收入、费用和利润要素侧重于反映企业的经营成果。

一、资产的定义及其确认

(一) 资产的定义

资产是指企业过去的交易或事项形成的、由企业拥有或者控制的、预期会给企业带来经济利益的资源。根据资产的定义，它具有以下几个方面的特征：

1. 资产由企业拥有或控制

企业拥有资产，是指企业拥有该经济资源的法定所有权，由此就拥有从资产中获取经济利益的权利。控制是指该经济资源虽然在法律上不归企业所拥有，但是企业完全能够控制和支配这些资源，并从中获取经济利益。例如融资租入的固定资产，虽然企业并不拥有其法定所有权，但是承租企业有权支配资产并从中获得经济利益。因此，以融资租赁方式租入的固定资产可视为企业的自有资产进行核算和管理。如果企业不能拥有或控制资产所能带来的经济利益，就不能作为企业的资产，如对于以经营租赁方式租入的固定资产，只有使用权。即没有控制管理权，也没有获取经济利益的可能，就不能作为固定资产处理。

2. 资产能给企业带来经济利益

资产预期会给企业带来经济利益，是指资产直接或者间接导致现金和现金等价物流入企业的潜力。能够为企业带来经济利益，是确认为资产的前提条件，如果某一资源或项目不能给企业带来经济利益，那么就不能确认为企业的资产。给企业带来经济利益的最终表现是直接或间接地引起企业现金或现金等价物的净流入，而引起企业经济利益流入的方式各不相同。例如，货币资金可以用于购买所需要的物资、用于归还债务、利润分配；固定资产、无形资产能给企业带来生产能力；存货能用于生产经营过程或销售后获取货币资金的流入；债权可以收回货款等，都能为企业带来经济利益。

3. 资产由过去的交易或事项形成

资产必须是企业通过已经完成的交易或事项取得的现实资产。只有过去的交易或者事项才能产生资产，企业预期在未来发生的交易或者事项不形成资产。未来的、谈判中的交易或计划中的经济业务可能形成的预期资产，不能确认为企业的资产。

4. 资产应该是能用货币计量的经济资源

会计要素的确认不仅需要定性，更需要定量。而货币计量的会计假设要求资产应该能够用货币进行计量。有些经济资源，尽管能给企业带来经济利益，满足资产确认的其他条件，但如果无法用货币计量，也不能确认为资产。随着知识经济的发展和对生产要素认识程度的提高，对一些不能肯定其金额但价值能进行合理估计的无形资产或人力资源，也正逐渐被接受，确认为企业的资产。

（二）资产的确认条件

将一项资源确认为资产，不仅需要符合资产的定义，还应同时满足以下两个条件：

1. 与该资源有关的经济利益很可能流入企业

根据资产的定义，资产的一个本质特征是能否带来经济利益，但在现实经济生活中，由于外界经济环境的变化，与资源有关的经济利益能否流入企业，以及能够流入经济利益的金额具有较大的不确定性。因此，资产的确认还应根据编制财务报表时所取得的证据，结合经济利益流入的不确定性程度进行判断。

2. 该资源的成本或者价值能够可靠地计量

财务会计系统是一个确认、计量和报告的系统，其中，可计量性是所有会计要素确认的重要前提。只有当有关资源的成本或者价值能够可靠地计量时，资产才能予以确认。在实务中，若企业取得的资产发生的实际成本能够可靠计量，就视为符合了资产确认的可计量条件。在某些情况下，企业取得的资产没有发生实际成本或者发生的实际成本很小，但如果其公允价值能够可靠计量，也可以认为符合资产可计量性的确认条件。

资产是企业进行生产经营活动必要的物质条件，可以是有形的实物资产，也可以是无形的资产或企业的投资或债权。按照流动性，企业资产可以分为流动资产和非流动资产。流动资产是指可以在一年或者超过一年的一个营业周期内变现或耗用的资产，如库存现金、银行存款、交易性金融资产、衍生金融工具、应收票据、应收账款、预付账款、其他应收款、存货、合同资产、持有待售资产等。非流动资产是指变现或耗用的时间超过一年或者一个营业周期的资产，如长期股权投资、债权投资、其他债权投资、固定资产、投资性房地产、生产性生物资产、油气资产、无形资产、开发支出、递延所得税资产等。

二、负债的定义及其确认

（一）负债的定义

负债是指企业过去的交易或事项所形成的、预期会导致经济利益流出企业的现时义务。企业的负债需要以后用资产、劳务或新的债务来偿还。它具有以下特征：

1. 负债由过去的交易或事项形成

负债是由于企业过去发生的交易或事项所产生的现时义务。如从银行取得借款、从供货方赊购商品、预收客户货款等过去实际发生的交易或事项，才能构成企业的负债，如果只是计划、协议中的经济业务或谈判中的交易事项，就不能确认为企业的负债。

2. 负债的清偿会导致经济利益流出企业

企业承担的债务，可以用现金或实物资产偿还，也可以提供劳务偿还，或者用新的债务来偿还，如将应收账款转为应收票据，甚至可以将负债转为所有者权益，如债转股。

3. 负债是企业承担的现时义务

这是负债的一个基本特征。其中，现时义务是指企业在现行条件下已承担的义务，未来发生的交易或者事项将要形成的义务，不应当确认为负债。

现时既可以是法定义务，也可以是推定义务。其中法定义务是指在法律意义上需要强制执行的具有约束力的合同或者法律法规规定的义务。例如，企业向银行贷款形成的借款，企业按照税法规定应当缴纳的税款等。推定义务是指根据企业多年来的习惯做法、公开的承诺或者公开宣布的政策而导致企业将承担的责任，这些责任也使有关各方形成了企业将履行义务解脱责任的合理预期。例如，某企业售后保修服务中预期将为售出商品提供的保修服务等。

（二）负债的确认条件

将一项现时义务确认为负债，除了需要符合负债的定义，还需要满足以下两个条件：

1. 与该义务有关的经济利益很可能流出企业

根据负债的定义，负债的一个本质特征是预期会导致经济利益流出企业。在实务中，由于经济环境的变化，履行义务所需流出的经济利益常常带有不确定性，因此，负债的确认应当与经济利益流出的不确定性程度的判断结合起来，尤其是与推定义务相关的经济利益通常需要依赖于大量的估计。如果有确凿证据表明，企业承担了现时义务，但是导致企业经济利益流出的可能性很小，就不符合负债的确认条件，不应将其作为负债予以确认。

2. 未来流出的经济利益的金额能够可靠地计量

只有当有关未来流出企业的经济利益的金额应当能够可靠计量时，负债才能予以确认。在实务中，企业承担的对于与法定义务有关的经济利益流出金额，通常可以根据合同或者法律规定的金额予以确定，就视为符合了确认的可计量条件。在某些情况下，对于与推定义务有关的经济利益流出金额的计量，需要考虑货币时间价值、风险等因素的影响。

负债按照流动性可以分为流动负债和长期负债。流动负债是指将在一年或者超过一年的一个营业周期内偿还的债务，主要包括短期借款、应付票据、应付账款、预收账款、应付职工薪酬、应付股利、应交税费等，长期负债是指偿还期超过一年的债务，主要包括长期借款、应付债券和长期应付款等。

三、所有者权益的定义及其确认

（一）所有者权益的定义

所有者权益是指企业资产扣除负债后，由所有者享有的剩余权益，即所有者对企业净资产的要求权，在数量上等于企业全部资产减去全部负债后的余额。公司的所有者权益又称为股东权益。

所有者权益具有以下特征：(1) 企业的所有者凭借对企业财产的所有权，拥有参与企业经营管理的权利；(2) 企业的所有者凭借对企业财产的所有权，对企业的财产享有参与分配权，即可以参与分配利润，也可以参与分配剩余资产；(3) 在企业持续经营的情况下，除按法律程序减资外，一般不能归还所有者的投资。

(二) 所有者权益的确认条件

所有者权益体现的是所有者在企业中的剩余权益，因此，所有者权益的确认主要依赖于其他会计要素，尤其是资产和负债的确认；所有者权益金额的确定主要取决于资产和负债的计量。实际工作中，当资产或负债的价值能够可靠计量时，所有者权益的金额也就可以相应地确定。

所有者权益的来源包括所有者投入的资本、直接计入所有者权益的利得和损失、留存收益等，通常由实收资本(股本)、资本公积(包含股本溢价或资本溢价，其他资本公积)、其他综合收益、盈余公积和未分配利润等构成。

直接计入所有者权益的利得和损失，是指不应计入当期损益、会导致所有者权益发生增减变动的、与所有者投入资本或者向所有者分配利润无关的利得或者损失。商业银行等金融企业在税后利润中提取的一般风险准备，也构成所有者权益。

四、收入的定义及其确认

(一) 收入的定义

收入是指企业在日常活动中形成的、会导致所有者权益发生增减变动的、与所有者投入资本无关的经济利益的总流入。它通常是在企业销售商品、提供劳务及他人使用本企业资产等日常活动中形成的。企业可以通过获得的收入补偿所发生的支出来实现利润，因此，收入是企业获取利润、实现经营目标的重要源泉。它具有以下特征：

1. 收入是企业在日常活动中形成的

日常活动是指企业为完成其经营目标所从事的经常性活动以及与之相关的活动。会计意义上的收入是指企业为完成其经营目标而从事的日常活动中产生的经济利益的流入。企业的非日常活动所形成的经济利益的流入，通常不纳入准则意义上的收入范畴，而确认为利得。

2. 收入是与所有者投入资本无关的经济利益的总流入

收入所引发的经济利益的流入，既可以表现为新增资产或资源的取得，也可以表现为原有负债的清偿，或者同时引起企业资产的增加和原有负债的减少。但是在实务中，经济利益的流入有时是所有者投入资本的增加所导致的，而所有者投入资本的增加不应当确认为收入，应当将其直接确认为所有者权益。

3. 企业取得的收入必然会增加所有者权益

与收入相关的经济利益的流入应当会导致所有者权益的增加，不会导致所有者权益增加的经济利益的流入不符合收入的定义，不应确认为收入。例如，企业向银行借入款项，并不导致所有者权益的增加，反而使企业承担了一项现时义务，应当确认一项负债。

当然如果取得的收入无法弥补为取得该收入而付出的相关代价，则可能减少所有者权益。

(二) 收入的确认条件

企业收入的来源渠道多种多样，不同收入来源的特征有所不同，其收入确认条件也往往存在差别。企业应当准确记录和反映与客户之间的合同产生的收入，当企业履行了合同中的义务，即客户取得了相关商品控制权时确认收入。客户取得了相关商品控制权的判断依据是企业与客户之间的合同同时满足下列条件：一是合同各方已批准该合同并承诺将履行各自义务；二是该合同明确了合同各方与所转让商品或提供服务相关的权利和义务；三是该合同有明确的与所转让商品相关的支付条款；四是该合同具有商业实质，即履行该合同将改变企业未来现金流量的风险、时间分布或金额；五是企业因向客户转让商品而有权取得的对价很可能收回。

五、费用的定义及其确认

（一）费用的定义

费用是指企业在日常活动中发生的、会导致所有者权益减少的、与向所有者分配利润无关的经济利益的总流出，费用是企业获取收入的必要的代价，费用的发生必然会引起资产的减少或负债的增加，并最终导致企业所有者权益的减少。

根据费用的定义，费用具有以下几方面的特征：

1. 费用是企业在日常活动中形成的

费用必须是企业在其日常活动中所形成的，这些日常活动的界定与收入定义中涉及的日常活动的界定相一致。企业在生产和销售商品、提供劳务等日常经营活动中为获取经济利益而发生的经济利益的流出，界定为会计意义上的费用。而企业非日常活动所形成的经济利益的流出不能确认为费用，而应当计入损失。

2. 费用是与向所有者分配利润无关的经济利益的总流出

费用的发生应当会导致经济利益的流出，从而导致资产的减少或者负债的增加，并最终也会导致资产的减少。它可以表现为现金或者现金等价物的流出，存货、固定资产和无形资产等的流出或者消耗等。尽管企业向所有者分配利润也会导致经济利益的流出，但该经济利益的流出属于所有者权益的减少，不应确认为费用。

3. 费用会导致所有者权益的减少

与费用相关的经济利益的流出应当会导致所有者权益的减少，如果某项经济利益的流出最终不导致所有者权益减少，则不符合费用的定义，不应确认为费用。

（二）费用的确认条件

费用的确认除了应当符合定义外，还应当符合以下条件：(1) 与费用相关的经济利益应当很可能流出企业；(2) 经济利益流出企业的结果会导致资产的减少或者负债的增加；(3) 经济利益的流出额能够可靠地计量。

费用只有在经济利益很可能流出从而导致企业资产减少或者负债增加，且经济利益的流出额能够可靠地计量时才能予以确认。

六、利润的定义及其确认

（一）利润的定义

利润是企业在一定会计期间的经营成果，是评价企业管理层业绩的一项重要指标，也是财务会计报告使用者进行决策的重要依据。通常情况下，利润是企业在经营过程中各种收入和费用配比相抵后的净额，如果收入抵补费用、损失、税金后有净额，则表明企业实现了利润，会使得企业的所有者权益增加；反之，则表明企业发生了亏损，会导致企业所有者权益的减少。

（二）利润的确认条件

利润反映的是收入减去费用、利得减去损失后的净额的概念，因此，利润的确认主要依赖于收入和费用的确认，并考虑利得和损失的确认时间。利润金额的确定也主要取决于收入、费用、利得和损失金额的计量。

利润的构成包括收入减去费用后的净额、直接计入当期利润的利得和损失等。按不同层次，利润可分为营业利润、利润总额和净利润。

营业利润是营业收入减营业成本的基础上，考虑公允价值变动净收益、其他收益、资产处置损益、投资净收益、税金及附加、期间费用、资产减值损失等项目后的差额。而利润总额是指营业利润加上营业外收入，减去营业外支出后的金额。净利润是指利润总额减去所得税费用后的金额，净利润是企业所有者权益的重要来源。

七、会计科目的概念及设置

（一）会计科目的概念

会计确认、计量的最终目的是编制财务会计报告，向会计信息使用者提供对决策有用的信息。会计科目是为了满足会计确认、计量、报告的要求，符合企业内部会计管理和外部信息需要，对会计要素的具体内容进行分类的项目。它是对各项交易或者事项进行会计记录并及时提供会计信息的基础，在会计核算和管理中具有十分重要的意义，为会计确认、计量的结果和财务会计报告的编制之间提供了桥梁。

会计科目按其所提供信息的详细程度及其统驭关系的不同，又可分为总分类科目和明细分类科目。总分类科目是对会计要素具体内容进行总括分类、提供总括信息的会计科目；明细分类科目是对总分类科目作进一步分类，提供更详细、更具体会计信息的科目；对于明细科目较多的总账科目，可在总分类科目与明细科目之间设置二级或三级科目。

（二）会计科目的设置

会计科目的设置应当努力做到科学、合理、适用。不仅要保持与会计准则的要求相一致，更要满足企业内部管理和外部信息需要，因此，企业应结合自身特点，在不违反会计准则中确认、计量和报告规定的前提下，设置符合规定和满足企业需要的会计科目。

具体会计科目在设置时，一般应从会计要素出发，将会计科目分为资产、负债、所有者权益、成本、损益类和共同类等。我国《企业会计准则——应用指南》提供了会计科目设置的指引，具体如表 1－2 所示。会计科目编号供企业填制会计凭证、登记会计账簿、查阅会计账目、采用会计软件系统参考，企业可结合实际情况自行确定会计科目编号。

表 1－2 主要会计科目表

顺序号	编 号	会计科目名称	顺序号	编 号	会计科目名称
一、资产类			4	1011	存放同业
1	1001	库存现金	5	1012	其他货币资金
2	1002	银行存款	6	1021	结算备付金
3	1003	存放中央银行款项	7	1031	存出保证金

续 表

顺序号	编　号	会计科目名称	顺序号	编　号	会计科目名称
8	1101	交易性金融资产	39	1461	融资租赁资产
9	1111	买入返售金融资产	40	1471	存货跌价准备
10	1121	应收票据	41	1501	持有至到期投资
11	1122	应收账款	42	1502	信用减值准备
12	1123	预付账款	43	1503	其他债权投资
13	1131	应收股利	44	1511	长期股权投资
14	1132	应收利息	45	1512	长期股权投资减值准备
15	1201	应收代位追偿款	46	1521	投资性房地产
16	1211	应收分保账款	47	1531	长期应收款
17	1212	应收分保合同准备金	48	1532	未实现融资收益
18	1221	其他应收款	49	1541	存出资本保证金
19	1231	坏账准备	50	1601	固定资产
20	1301	贴现资产	51	1602	累计折旧
21	1302	拆出资金	52	1603	固定资产减值准备
22	1303	贷款	53	1604	在建工程
23	1304	贷款损失准备	54	1605	工程物资
24	1311	代理兑付证券	55	1606	固定资产清理
25	1321	代理业务资产	56	1611	未担保余值
26	1401	材料采购	57	1621	生产性生物资产
27	1402	在途物资	58	1622	生产性生物资产累计折旧
28	1403	原材料	59	1623	公益性生物资产
29	1404	材料成本差异	60	1631	油气资产
30	1405	库存商品	61	1632	累计折耗
31	1406	发出商品	62	1701	无形资产
32	1407	商品进销差价	63	1702	累计摊销
33	1408	委托加工物资	64	1703	无形资产减值准备
34	1411	周转材料	65	1711	商誉
35	1421	消耗性生物资产	66	1801	长期待摊费用
36	1431	贵金属	67	1811	递延所得税资产
37	1441	抵债资产	68	1821	独立账户资产
38	1451	损余物资	69	1901	待处理财产损溢

续 表

顺序号	编 号	会计科目名称	顺序号	编 号	会计科目名称
二、负债类			100	2701	长期应付款
70	2001	短期借款	101	2702	未确认融资费用
71	2002	存入保证金	102	2711	专项应付款
72	2003	拆入资金	103	2801	预计负债
73	2004	向中央银行借款	104	2901	递延所得税负债
74	2011	吸收存款	三、共同类		
75	2012	同业存放	105	3001	清算资金往来
76	2021	贴现负债	106	3002	货币兑换
77	2101	交易性金融负债	107	3101	衍生工具
78	2111	卖出回购金融资产款	108	3201	套期工具
79	2201	应付票据	109	3202	被套期项目
80	2202	应付账款	四、所有者权益类		
81	2203	预收账款	110	4001	实收资本
82	2211	应付职工薪酬	111	4002	资本公积
83	2221	应交税费	112	4101	盈余公积
84	2231	应付利息	113	4102	一般风险准备
85	2232	应付股利	114	4103	本年利润
86	2241	其他应付款	115	4104	利润分配
87	2251	应付保单红利	116	4201	库存股
88	2261	应付分保账款	五、成本类		
89	2311	代理买卖证券款	117	5001	生产成本
90	2312	代理承销证券款	118	5101	制造费用
91	2313	代理兑付证券款	119	5201	劳务成本
92	2314	代理业务负债	120	5301	研发支出
93	2401	递延收益	121	5401	工程施工
94	2501	长期借款	122	5402	工程结算
95	2502	应付债券	123	5403	机械作业
96	2601	未到期责任准备金	六、损益类		
97	2602	保险责任准备金	124	6001	主营业务收入
98	2611	保户储金	125	6011	利息收入
99	2621	独立科目负债	126	6021	手续费及佣金收入

续 表

顺序号	编　号	会计科目名称	顺序号	编　号	会计科目名称
127	6031	保费收入	142	6501	提取未到期责任准备金
128	6041	租赁收入	143	6502	提取保险责任准备金
129	6051	其他业务收入	144	6511	赔付支出
130	6061	汇兑损益	145	6521	保单红利支出
131	6101	公允价值变动损益	146	6531	退保金
132	6111	投资收益	147	6541	分出保费
133	6201	摊回保险责任准备金	148	6542	分保费用
134	6202	摊回赔付支出	149	6601	销售费用
135	6203	摊回分保费用	150	6602	管理费用
136	6301	营业外收入	151	6603	财务费用
137	6401	主营业务成本	152	6604	勘探费用
138	6402	其他业务成本	153	6701	资产减值损失
139	6403	税金及附加	154	6711	营业外支出
140	6411	利息支出	155	6801	所得税费用
141	6421	手续费及佣金支出	156	6901	以前年度损益调整

第七节　会计计量属性

会计计量是为了将符合确认条件的会计要素登记入账并列报于财务报表而确定其金额的过程。为了在资产负债表和利润表中确认和计列有关会计要素的金额，必然涉及具体会计计量属性的选择。从会计角度，计量属性反映的是会计要素金额的确定基础，主要包括历史成本、重置成本、可变现净值、现值和公允价值等。

一、历史成本

历史成本又称实际成本，是指取得或制造某项财产物资时所实际支付的现金或者其他等价物。特殊情况下，资产或者负债的历史成本有时是根据交易时有关资产或者负债的公允价值确定的。

在历史成本计量下，资产按照其购置时支付的现金或者现金等价物的金额，或者按照购置资产时所付出的对价的公允价值计量；负债按照其因承担现时义务而实际收到的款项或者资产的金额，或者承担现时义务的合同金额，或者按照日常活动中为偿还负债预期需要支付的现金或者现金等价物的金额计量。

二、重置成本

重置成本又称现行成本，是指按照当前市场条件，重新取得同样一项资产所需支付的现金或现金等价物金额。

在会计要素采用重置成本计量的前提下，资产按照现在购买相同或者相似资产所需支付的现金或者现金等价物的金额计量。负债按照现在偿付该项债务所需支付的现金或者现金等价物的金额计量。

三、可变现净值

可变现净值，是指在正常生产经营过程中以预计售价减去进一步加工成本和销售所必需的预计税金、费用后的净值。

在会计要素采用可变现净值计量的前提下，资产按照其正常对外销售所能收到现金或者现金等价物的金额扣减该资产至完工时估计将要发生的成本、估计的销售费用以及相关税金后的金额计量。

四、现值

现值是指对未来现金流量以恰当的折现率进行折现后的价值，是考虑货币时间价值因素等的一种计量属性。

在会计要素采用现值计量的前提下，资产按照预计从其持续使用和最终处置中所产生的未来净现金流入量的折现金额计量。负债按照预计期限内需要偿还的未来净现金流出量的折现金额计量。

五、公允价值

公允价值，是指在公平交易中，熟悉情况的交易双方自愿进行资产交换或者债务清偿的金额。

在会计要素采用公允价值计量的前提下，资产和负债按照在公平交易中，熟悉情况的交易双方自愿进行资产交换或者债务清偿的金额计量。值得一提的是，考虑到我国尚属新兴的市场经济国家，我国引入公允价值是适度、谨慎和有条件的。如果不加限制地引入公允价值，有可能出现公允价值计量不可靠，甚至借此人为操纵利润的现象。因此，在投资性房地产和生物资产等具体准则中规定，只有存在活跃市场、公允价值能够取得并可靠计量的情况下，才能采用公允价值计量。

在各种会计要素计量属性中，历史成本通常反映的是资产或者负债过去的价值，而重置成本、可变现净值、现值以及公允价值通常反映的是资产或者负债的现时成本或者现时价值，是与历史成本相对应的计量属性。

计量属性的选择取决于财务会计报告使用者的信息需要，企业应当按照规定的会计计量属性进行计量，确定相关金额。

企业在对会计要素进行计量时，一般应当采用历史成本，而在采用重置成本、可变现净值、现值或公允价值计量时，应当保证所确定的会计要素金额能够取得并能可靠计量。

第八节　财务会计报告

一、财务会计报告的特点

财务会计报告是企业对外提供的反映企业某一特定日期的财务状况和某一会计期间的经营成果、现金流量等会计信息的文件。

根据财务会计报告的定义，财务会计报告应当是对外报告，其服务对象主要是投资者、债权人等外部使用者，专门为了内部管理需要的、特定目的的报告不属于财务会计报告的范畴；而且财务会计报告应当是一个系统的文件，综合反映企业的生产经营状况，包括某一时点的财务状况和某一时期的经营成果与现金流量等的完整信息。

为了使投资者、债权人等信息使用者通过财务会计报告来了解企业当前的财务状况、经营成果和现金流量等情况，从而预测未来的发展趋势，企业应当定期编制财务会计报告。

二、财务会计报告的构成

财务会计报告包括财务报表和其他应当在财务会计报告中披露的相关信息和资料。其中，财务报表由报表本身及其附注两部分构成。报表以财务数据为主，包括资产负债表、利润表和现金流量表等；而报表附注则是对在会计报表中列示项目所作的进一步说明，以及对未能在这些报表中列示项目的说明等，可以是文字说明、图表等，是财务报表的有机组成部分。

资产负债表是反映企业在某一特定日期的财务状况的会计报表。通过资产负债表，可以了解企业的资产、负债和所有者权益金额及其结构情况，从而有助于评价企业资产的质量、偿债能力和利润分配能力等。

利润表是反映企业在一定会计期间的经营成果的会计报表。通过利润表，可以了解企业实现的收入、发生的费用以及应当计入当期利润的利得和损失等金额及其结构情况，从而有助于使用者分析评价企业的盈利能力及其构成。

现金流量表是反映企业在一定会计期间的现金和现金等价物流入和流出的会计报表。通过现金流量表，可以了解企业各项活动的现金流入、流出情况，从而有助于使用者评价企业的现金流和资金周转情况。

企业编制附注的目的是通过对财务报表本身作补充说明，以期更加全面、系统地反映企业财务状况、经营成果和现金流量的全貌，从而有助于向使用者提供更为有用的信息，作出更加科学合理的决策。

考虑到小企业规模较小，外部信息需求相对较低，因此，小企业编制的报表可以不包括现金流量表。

财务会计报告的核心内容是财务报表，但是，财务会计报告还应当根据有关法律法规的规定和外部使用者的信息需求提供其他非财务信息，如企业承担的社会责任、对社区的贡献、可持续发展能力等信息。

本章小结

财务会计以会计准则或制度为依据，采用一系列专门的方法，对企业经济活动过程进行确认、计量、记录、核算和监督，定期编制和对外提供财务会计报告。

财务会计的目标是向财务会计报告使用者提供与企业财务状况、经营成果和现金流量等有关的会计信息，反映企业管理层受托责任履行情况，有助于财务会计报告的使用者作出经济决策。会计信息的使用者主要包括投资者（股东）和潜在投资者、债权人、政府及有关部门和社会公众等。

财务会计规范是会计实务工作的指南，是制约企业财务会计工作的专门法律、法规、准则和制度的总称。我国的财务会计规范体系主要由会计法及其他专业法律、企业会计准则、企业会计制度以及其他有关法规等组成。会计准则由基本会计准则和具体会计准则以及会计准则应用指南和解释公告等组成。

我国《企业会计准则》明确了会计信息的质量要求，主要包括可靠性、相关性、可比性、可理解性、谨慎性、重要性、实质重于形式和及时性。

会计假设包括会计主体、持续经营、会计期间和货币计量。

会计要素主要包括资产、负债、所有者权益、收入、费用和利润。

为了在资产负债表和利润表中确认和计列有关会计要素的金额，必然涉及具体会计计量属性的选择。计量属性主要包括历史成本、重置成本、可变现净值、现值和公允价值等。计量属性的选择取决于财务会计报告使用者的信息需要，企业在对会计要素进行计量时，一般应当采用历史成本，而在采用重置成本、可变现净值、现值或公允价值计量时，应当保证所确定的会计要素金额能够取得并能可靠地计量。

财务会计报告是企业对外提供的反映企业某一特定日期的财务状况和某一会计期间的经营成果、现金流量等会计信息的文件。财务会计报告包括财务报表和其他应当在财务会计报告中披露的相关信息和资料。其中，财务报表由报表本身及其附注两部分构成。报表以财务数据为主，包括资产负债表、利润表和现金流量表等；而报表附注则是财务报表的有机组成部分。

复习思考题

1. 财务会计的特点是什么？
2. 如何理解财务会计报告的目标？
3. 会计信息使用者有哪些？
4. 我国会计规范包括哪些内容？
5. 简述会计假设的含义及其内容。
6. 会计信息的质量要求包括哪些内容？
7. 简述会计要素的特征及其确认条件。
8. 如何理解会计计量属性及其应用原则？

自测题

一、单项选择题

1. 根据资产的定义，下列各项中不属于资产特征的是（　　）。

A. 资产是企业拥有或控制的经济资源　　B. 资产能够可靠地计量
C. 资产预期会给企业带来未来经济利益　　D. 资产是由企业过去交易或事项形成的
2. 比较收入和利得，表述正确的是(　　)。
A. 收入和利得都一定会使得利润增加
B. 收入源于日常活动，利得源于非日常活动
C. 收入会导致经济利益的流入，利得不一定会导致经济利益的流入
D. 收入会导致所有者权益的增加，利得不一定会导致所有者权益增加
3. 以下事项中，不符合企业收入概念的是(　　)。
A. 提供劳务所取得的收入　　B. 销售商品所取得的收入
C. 出租投资性房地产取得的收入　　D. 处置固定资产取得的净收益
4. 资产按照当前市场条件，重新取得相同或者相似资产所需支付的现金或现金等价物的金额计量的计量属性称为(　　)。
A. 公允价值　　B. 重置成本
C. 可变现净值　　D. 历史成本
5. 以下不属于企业资产的是(　　)。
A. 经营性租入的生产设备　　B. 融资租入的固定资产
C. 在途材料　　D. 企业申请的专利
6. 企业分别主营业务收入和其他业务收入进行核算，是基于会计信息质量要求的(　　)。
A. 相关性　　B. 重要性　　C. 可比性　　D. 可理解性
7. 确定会计核算空间范围的基本前提是(　　)。
A. 持续经营　　B. 会计主体　　C. 货币计量　　D. 会计分期
8. 企业提供的会计信息应具备反馈价值和预测价值的会计信息质量要求是(　　)。
A. 可比性　　B. 可靠性　　C. 相关性　　D. 可理解性
9. 资产按照预计从其持续使用和最终处置中所产生的未来净现金流量的折现金额计量的会计计量属性是(　　)。
A. 历史成本　　B. 可变现净值　　C. 公允价值　　D. 现值
10. 我国企业会计准则中的“收入”是指(　　)。
A. 营业收入、营业外收入与投资收益之和　　B. 营业收入和营业外收入之和
C. 营业收入　　D. 主营业务收入
11. 企业在收到预收货款当期不确认收入，而在实际发出商品时确认收入，体现的会计核算基础是(　　)。
A. 持续经营　　B. 权责发生制　　C. 会计主体　　D. 会计分期
12. 下列说法中，体现了可比性要求的是(　　)。
A. 发出存货的计价方法一经确定，不得随意改变，如有变更需在财务会计报告中说明
B. 固定资产折旧采用加速折旧法
C. 对资产采用公允价值计量
D. 存货采用成本与可变现净值孰低法计价
13. 企业将融资租入固定资产按自有固定资产的折旧方法计提折旧，体现的是(　　)。
A. 可比性　　B. 重要性　　C. 相关性　　D. 实质重于形式

14. 根据《企业会计准则》的规定，下列项目中，符合企业费用定义的是（ ）。

A. 罚款支出 B. 处置固定资产净损失

C. 业务招待费 D. 捐赠支出

二、多项选择题

1. 可以确认为一个会计主体进行核算的有（ ）。

A. 非营利组织 B. 学校

C. 母公司 D. 非单独核算的分公司

2. 下列各项中，不符合资产会计要素定义的是（ ）。

A. 计划购买的生产设备 B. 预付款项

C. 在途物资 D. 预收款项

3. 企业的资产必须具备的基本特征包括（ ）。

A. 企业拥有所有权或控制权 B. 具有可辨认性

C. 由过去的交易或事项形成 D. 预期会给企业带来经济利益

4. 以下属于企业的资产的有（ ）

A. 经营租入的固定资产 B. 融资租入的固定资产

C. 企业申请的专利权 D. 持有至到期投资

5. 下列各项中，企业能够确认为资产的有（ ）。

A. 融资租入的设备 B. 经营租出的设备

C. 委托加工的物资 D. 计划购买的原材料

6. 下列事项中，属于企业收入的有（ ）。

A. 销售商品所取得的收入 B. 提供劳务所取得的收入

C. 出售无形资产的经济利益流入 D. 出租机器设备取得的收入

7. 下列各项收到的款项中，不属于“收入”的有（ ）。

A. 出租无形资产收到的租金 B. 销售商品收取的增值税

C. 出售原材料收到的价款 D. 出售固定资产收到的价款

8. 根据谨慎性的要求，在对不确定因素进行判断时，应该（ ）。

A. 不要高估资产和预计收益 B. 合理估计可能发生的损失和费用

C. 充分估计可能取得的收益和利润 D. 设置秘密准备

9. 下列各项中，属于利得的有（ ）。

A. 接受捐赠收入 B. 报废固定资产的净收益

C. 库存现金的溢余 D. 以现金清偿债务形成的债务重组收益

10. 下列事项中，体现实质重于形式要求的是（ ）。

A. 售后回购销售方式下不确认收入 B. 原材料按计划成本核算

C. 融资租入设备的核算 D. 处置固定资产的核算

11. 财务报表至少应当包括（ ）。

A. 资产负债表 B. 利润表 C. 现金流量表 D. 费用明细表

三、判断题

1. 一般情况下，对于会计要素的计量，应采用历史成本计量属性。 （ ）

2. 对于会计要素的计量，应当采用公允价值计量属性。 （ ）

3. 收入的确认一定会引起资产的增加。 ( )

4. 经济利益的流入包括所有者投入的资本。 ( )

5. 费用的流出包括向所有者分配的利润。 ( )

6. 只有实现收入或投资者投入资本,才能引起经济利益的流入。 ( )

7. 收入应当最终会导致所有者权益的增加。 ( )

8. 负债是企业承担的义务。 ( )

9. 会计信息质量要求的重要性是指金额较大的信息是重要的,而金额较小的信息是不重要的。 ( )

10. 可靠性原则要求企业应当在符合重要性和成本效益原则的前提下,保证会计信息的完整性。 ( )

11. 会计信息质量的可比性,要求企业不能变更会计政策。 ( )

12. 谨慎性要求企业对交易或者事项进行会计确认、计量和报告时应当保持应有的谨慎,充分估计资产和收益。 ( )

13. 即使可以判断企业不能持续经营了,仍应按持续经营的假设进行日常会计处理。 ( )

14. 实质重于形式要求企业应当按照交易或者事项的经济实质进行会计确认、计量和报告,不应仅以交易或者事项的法律形式为依据。 ( )

第二章　货币资金

学习要点

1. 货币资金的内容；
2. 货币资金的管理目标和原则；
3. 银行账户管理和银行结算方式；
4. 货币资金的核算和管理。

第一节　货币资金的含义及其管理

一、货币资金的含义

货币资金是以货币形态存在的资产，是流动性最强的流动资产，在经济活动中起着非常重要的作用。货币资金从本质上讲属于金融资产范畴，由于其会计处理的特殊性，本章单独加以阐述。根据货币资金的存放地点及其用途的不同，货币资金分为库存现金、银行存款和其他货币资金。这里的现金是指企业的库存现金；银行存款是指企业存放在银行或其他金融机构的可随时支用的各种款项；其他货币资金是指除库存现金和银行存款以外的货币资金，包括企业的外埠存款、银行本票存款、银行汇票存款、信用卡存款、信用证存款和存出保证金等内容。

货币资金是企业资产的重要组成部分，作为价值尺度、流通手段（交换媒介）和支付手段，具有最大的流动性和普遍的可接受性，可以统称为现金，即广义的现金。西方会计惯例所称的现金即为广义的现金概念，它包括一切有购买力的、可以自由流通和转让的交换媒介，如库存现金、银行活期存款、其他存款以及银行可接受的并能随时转换成即时购买力的票据、有价证券、货币市场基金等可转让凭单。

通常我国会计惯例所称的现金为库存现金，即狭义的现金。在会计实务中，由于存放地点和用途不同，也将库存现金、银行存款和其他货币资金分别进行核算，以控制货币资金的合理使用，加强货币资金的安全管理。到了期末，则合并为“货币资金”项目，列示于资产负债表中。在现金流量表中，现金的概念除了库存现金、银行存款、其他货币资金外，还包括具有很强支付能力的现金等价物，即企业持有的期限短、流动性强、易于转换为已知金额的现金、价值变动风险很小的投资。

二、货币资金的管理

货币资金的流转贯穿着企业从起点到终点的整个生命过程，企业会计要素的增减变动都与货币资金账户密切相关。货币资金的特殊性决定了货币资金管理的重要性。从流动性看，货币资金是流动性最强的资产，是各种商品、劳务交换的媒介物，可以随时作为购买或支付的工具投入流通，也可以随时将现金存入银行，供以后随时支用。在使用中，货币资金不受任何契约的限制，具有极大的诱惑力，是企业各种资产中最容易被人挪用和侵吞的对象。因此，应充分重视和加强企业货币资金的管理和控制。

（一）管理和控制货币资金的目标

1. 确保货币资金的安全性

通过限制接近、职务分离、授权批准、定期盘点等手段，使货币资金处于较为严密的保护中，减少被盗用、侵吞和挪用的可能性。

2. 确保货币资金的合法性

货币资金业务的内部控制制度，就是要使相关审批手续规范化、制度化，以减少某些不必要的支出，确保货币资金的合法性。

3. 确保货币资金核算的正确性

从程序上来保证所有现金收入和支出得到真实完整的记录和反映，减少出错的概率，保护货币资金的完整性。

4. 保证企业在生产经营中有充足的货币资金

货币资金是企业的稀缺性资源，必须科学合理地规划和控制每一笔货币资金，以满足企业经营的需要。

5. 提高货币资金的效益

积极运用闲置的货币资金，充分发挥资金的效能。

（二）货币资金内部控制制度

一个完整的货币资金内部控制系统，应涉及货币资金管理的各方面和各层次。对企业而言，比较重要的几个方面应该包括现金收入的内部控制制度、现金支出的内部控制制度、库存现金管理制度、定额备用金管理制度、现金预算管理制度、银行存款控制制度、其他货币资金控制制度以及票据和印章管理制度等。

为了规范企业的内部会计控制，财政部于 2001 年 6 月 22 日发布了《内部会计控制规范——基本规范（试行）》和《内部会计控制规范——货币资金（试行）》。作为《中华人民共和国会计法》（以下简称《会计法》）的配套规章，这两个规范是强化内部监督管理、整顿和规范经济秩序的重要举措。

《内部会计控制规范——货币资金（试行）》强调单位负责人对本单位货币资金内部控制的建立健全和有效实施以及货币资金的安全完整负责。该规范适用于国家机关、社会团体、公司、企事业单位和其他经济组织。其中特别强调：

（1）建立货币资金业务的岗位责任制，明确相关部门和岗位的职责权限，确保办理货币资金业务的不相容岗位相互分离、制约和监督。单位不得由一人办理货币资金业务的全过程。出纳人员不得兼任稽核、会计档案保管和收入、支出、费用、债权债务账目的登记工作。

（2）办理货币资金业务，应当配备合格的人员，并根据单位具体情况进行岗位轮换。对相关人员提出了良好的会计业务素质和职业道德要求。

(3) 建立严格的货币资金业务授权批准制度，明确审批人的授权批准方式、权限、程序、责任和相关控制措施，规定经办人的职责范围和工作要求。严禁未经授权的机构或人员办理货币资金业务或直接接触货币资金。

(4) 加强票据管理，明确各种票据的购买、保管、领用、背书转让、注销等环节的职责权限和程序，并专设登记簿进行记录，防止空白票据的遗失和被盗用。

(5) 加强银行预留印鉴的管理。加强财务专用章和个人名章的管理，严格履行签字或盖章手续。

(6) 建立对货币资金业务的监督检查制度，明确监督检查机构或人员的职责权限，定期和不定期地进行检查。如监督检查是否存在货币资金业务不相容职务混岗的现象、货币资金授权批准制度的执行情况、支付款项印章的保管情况、票据的保管情况等。对监督检查过程中发现的货币资金内部控制中的薄弱环节，应当及时采取措施，加以纠正和完善。

货币资金中库存现金和银行存款所占比重较大，因此，对现金和银行存款实施内部控制是货币资金控制和管理的重点。

第二节 库存现金

一、库存现金管理制度

库存现金是指企业拥有的由出纳人员保管的各种货币，包括人民币和外币，它是流动性最强的资产。企业应严格遵守国家现金管理制度和结算制度，在规定范围内使用现金，保证现金收支核算的正确性，监督现金使用的合法性与合理性。

(一) 现金的使用范围

根据国务院颁发的《现金管理暂行条例》的有关规定，允许企业使用现金结算的范围包括：(1) 职工工资、津贴；(2) 个人劳务报酬；(3) 根据国家规定颁发给个人的科学技术、文化艺术、体育等各种奖金；(4) 各种劳保、福利费用以及国家规定的对个人的其他支出；(5) 向个人收购农副产品和其他物资的款项；(6) 出差人员必须随身携带的差旅费；(7) 结算起点(1 000 元人民币)以下的零星开支；(8) 中国人民银行确定需要支付现金的其他支出。

属于上述现金结算范围的支出，企业可以根据需要向银行提取现金支付；不属于上述现金结算范围的其他款项的支付，一律通过银行转账进行结算。

(二) 库存现金的限额

库存现金的限额是指各单位为保证日常零星开支的需要，由开户银行核定允许各单位留存现金的最高数额。库存现金的限额，由开户银行根据开户单位的实际需要和距离银行远近等情况核定。各单位每日的库存现金结存数不得超过核定限额，超过的现金部分应及时存入银行；不足定额的部分，可向银行提取现金补足。这一限额原则上按照单位 3～5 天日常零星开支的需要为标准，可以根据单位的实际需要做调整，如边远地区和交通不便地区开户单位的库存现金限额可多于 5 天，但不得超过 15 天的日常零星开支。库存现金限额一经核定，开户单位必须严格遵守。企业需要增加或减少库存现金限额的单位，应向开户银行提出申请，由开户银行核定。

（三）现金收支的规定

企业应当按照中国人民银行规定的现金管理办法和财政部有关各单位货币资金管理和控制的规定，办理有关现金收支业务。办理现金收支业务时，应当遵守以下几项规定：

(1) 企业的现金收入应于当日送存开户银行。确有困难的，由开户银行确定送存时间。

(2) 企业支付现金，可以从本单位库存现金中支付或从开户银行提取，但不能从现金收入中直接支付，即不得"坐支现金"。如果因特殊情况确实需要坐支现金的，应事先报经开户银行审查批准，由开户银行核定坐支范围和限额，并按月向开户银行报送坐支金额及其使用情况。

(3) 从开户银行提取现金时，应如实写明提取现金的用途，并由本单位财会部门负责人签字盖章，经开户银行审查批准后予以支付。因采购地点不确定、交通不便、抢险救灾及其他特殊情况必须使用现金的单位，还必须向开户银行提出书面申请。

(4) 不准用不符合制度的凭证顶替库存现金，要杜绝"白条顶库"现象，防止用不符合财务制度的凭证顶替库存现金；不得设置"小金库"，保留账外公款；不得利用其他单位和个人存入或支取现金，将企业收入以个人名义存入储蓄；不得谎报用途套取现金；等等。

银行对于违反上述规定的企业，将按照违规金额的一定比例予以处罚。

近几年来，西方国家许多公司在控制现金收入时，广泛地采用了银行存款箱制度，即由公司的开户银行为公司设立专门的邮政信箱，客户的汇款直接寄入该邮政信箱而不寄给公司的会计部门。银行每日数次派人开启该邮政信箱，并将各项汇款记入公司的存款账户，同时向公司提供汇款通知书、存款存根或其他顾客函件，公司根据汇款通知书等凭证登记现金日记账、银行存款和有关明细账。这一制度可避免企业人员直接接触收入的现金并加速现金的存解，从而强化公司的现金管理和控制制度。

二、库存现金的核算

（一）库存现金收支的核算

为了加强对现金的管理，保证现金的安全，企业必须设置"现金日记账"，按照现金业务发生的先后顺序逐笔按时序登记。每日终了，应根据登记的"现金日记账"结余数与实际库存数进行核对，做到账实相符。月份终了，"现金日记账"的余额必须与"库存现金"总账科目的余额核对相符。有外币现金收支业务的企业，应当按照人民币现金、外币现金的币种设置现金账户进行明细核算。

实际业务发生时，"库存现金"总分类科目借方登记现金的增加，贷方登记现金的减少，余额在借方，表示期末结存的库存现金。涉及库存现金收入的业务时，借记"库存现金"科目，贷记有关科目；涉及库存现金支付业务时，贷记"库存现金"科目，借记有关科目。

例 2-1 从开户银行提取现金 5 000 元，以备临时支用。应做如下会计分录：

借：库存现金	5 000	
贷：银行存款		5 000

例 2-2 出售废料，收入现金 400 元。应做如下会计分录：

借：库存现金	400	
贷：其他业务收入		400

例 2-3 企业收取罚款收入现金 1 000 元。应做如下会计分录：

借：库存现金	1 000	
贷：营业外收入		1 000

例 2-4 小王出差,暂借差旅费 2 000 元。应做如下会计分录:

借:其他应收款——小王　　2 000

　贷:库存现金　　2 000

例 2-5 小王出差归来,经审核,报销差旅费 1 650 元,借款余额交回现金。应做如下会计分录:

借:库存现金　　350

　管理费用　　1 650

　贷:其他应收款——小王　　2 000

例 2-6 企业行政管理部门以现金购买办公用品 700 元,直接交付使用。应做如下会计分录:

借:管理费用　　700

　贷:库存现金　　700

例 2-7 企业行政管理部门以现金支付保洁人员工资 2 700 元。应做如下会计分录:

借:管理费用　　2 700

　贷:应付职工薪酬　　2 700

借:应付职工薪酬　　2 700

　贷:库存现金　　2 700

(二) 备用金的核算

企业在日常经营过程中会频繁地发生小额零星开支。根据重要性原则,可以建立定额备用金制度,以简化审核、审批及逐项签发支票的手续,满足企业内部经常使用现金的部门和人员在较短时期内(约 1~2 周)日常零星开支的需要。

实行定额备用金制度的企业,一般应事先由会计部门根据实际需要提出一笔金额固定的备用金,其使用由专人进行管理,设置"备用金登记簿",以记录各项零星开支。管理人员凭使用的凭证收据、发票及各种报销凭证向会计部门报销,补足备用金定额。

企业各部门周转使用的备用金拨付、开支及核销不作为现金核算,直接开设"备用金"科目进行核算。不设"备用金"科目的企业,可以通过"其他应收款"科目核算。财务部门单独拨给企业内部各单位周转使用的备用金时,借记"备用金"科目,贷记"库存现金"或"银行存款"科目。自备用金支付零星支出,应根据有关的支出凭单,定期编制备用金报单,财务部门根据内部各单位提供的备用金报销清单,定期支付备用金,借记"管理费用"等科目,贷记"库存现金"或"银行存款"科目。除了增加或减少拨入的备用金外,使用或报销有关备用金支出时,不再通过"备用金"科目核算。

例 2-8 中海公司行政部门设立定额备用金,定额为 800 元。应做如下会计分录:

借:其他应收款　　800

　贷:银行存款(库存现金)　　800

15 天后,行政部门备用金管理人员凭各种发票到会计部门报销 400 元,会计部门签发现金支票一张,补足其备用金定额。应做如下会计分录:

借:管理费用(或其他有关费用)　　400

　贷:银行存款　　400

如果该项备用金没有继续设置的必要，则企业可以取消备用金。假设行政部门最后一次报销300元，并将多余现金交还。应做如下会计分录：

借：管理费用（或其他有关费用）　　300
　　库存现金　　500
　　贷：其他应收款　　800

(三) 现金清查和溢缺的会计处理

为了保证现金的安全完整，加强对出纳工作的监督，防止各种不法行为的发生，企业应定期或不定期地进行现金的清查。现金的清查包括出纳人员每日的清点核对以及组成清查小组的清查。清查的方法是实地盘点，即将库存现金实数与现金日记账余额进行核对。通过现金清查，可以了解现金管理制度的执行情况、是否有违法乱纪行为。

如果发现现金有待查明原因的现金短缺或溢余，应通过"待处理财产损溢"科目核算：属于现金短缺的，应按实际短缺额，借记"待处理财产损溢——待处理流动资产损溢"科目，贷记"库存现金"科目；属于现金溢余的，应按实际溢余的金额，借记"库存现金"科目，贷记"待处理财产损溢——待处理流动资产损溢"科目。待查明原因后按规定处理，其处理原则如下：

(1) 属于应由责任人赔偿的现金短缺部分，借记"其他应收款——现金短缺款（××个人）"或"库存现金"等科目，贷记"待处理财产损溢——流动资产损溢"科目；应由保险公司赔偿的部分，借记"其他应收款——应收保险理赔款"科目，贷记"待处理财产损溢——待处理流动资产损溢"科目；对于无法查明的其他原因，根据管理权限，经批准后处理，借记"管理费用——现金短缺"科目，贷记"待处理财产损溢——待处理流动资产损溢"科目。

(2) 属于应支付给有关人员或单位的现金溢余，应借记"待处理财产损溢——待处理流动资产损溢"科目，贷记"其他应付款——应付现金溢余（××个人或单位）"科目；属于无法查明原因的现金溢余，经批准后，借记"待处理财产损溢——待处理流动资产损溢"科目，贷记"营业外收入——现金溢余"科目。

例2-9　中海公司在进行现金清查时，发现现金溢余200元。应做如下会计分录：

借：库存现金　　200
　　贷：待处理财产损溢——待处理流动资产损溢　　200

上述现金溢余的原因如果无法查清，经批准转为营业外收入。应做如下会计分录：

借：待处理财产损溢——待处理流动资产损溢　　200
　　贷：营业外收入——现金溢余　　200

例2-10　大海公司在进行现金清查时，发现库存现金短缺350元。应做如下会计分录：

借：待处理财产损溢——待处理流动资产损溢　　350
　　贷：库存现金　　350

经查明，在上述现金短缺中，150元是由出纳人员张三的责任造成的，应由其赔款，另外200元无法查清原因，经批准转为管理费用。应做如下会计分录：

借：其他应收款——现金短缺款（张三）　　150
　　管理费用——现金短缺　　200
　　贷：待处理财产损溢——待处理流动资产损溢　　350

第三节 银行存款

一、银行存款管理制度

银行存款是企业存放在银行或其他金融机构的货币资金，包括人民币存款和外币存款。按照国家《支付结算办法》的规定，凡是独立核算的单位，都必须在当地银行开设账户，以办理存款、取款和转账等结算。企业在银行开立人民币存款账户，必须遵守中国人民银行《银行账户管理办法》的各项规定。

（一）银行账户的管理

银行存款账户分为基本存款账户、一般存款账户、临时存款账户和专用存款账户。基本存款账户是企业办理工资、奖金等日常转账结算和现金收付的账户；企业只能选择一家银行的一个营业机构开立一个基本存款账户。

一般存款账户是在基本存款账户以外的银行借款转存与基本存款户的存款人不在同一地点的附属不独立核算单位开立的账户，可以办理转账结算和现金交存，但不能进行现金的支取。

临时存款账户是企业因临时经营活动需要而开立的账户，可以办理转账和根据国家现金管理的规定办理现金收付。

专用存款账户是企业因特定用途而开立的账户。

企业在银行开设账户后，必须遵守现金管理制度和支付结算办法，除按核定的限额保留库存现金外，超过限额的现金必须存入银行；企业与其他单位之间的一切货币收付业务，除了在规定范围内可以用现金结算方式直接以现金收付外，都必须通过银行办理转账结算。

（二）银行结算纪律

转账结算是指银行通过划转款项或通过银行结算票据的给付来完成结算过程的结算形式。企业通过银行办理支付结算时，应当认真执行国家各项管理办法和结算制度。中国人民银行 1997 年 9 月 19 日颁布的《支付结算办法》规定：

单位和个人办理支付结算，不准签发没有资金保证的票据或远期支票，套取银行信用；不准签发、取得和转让没有真实交易和债权债务的票据，套取银行和他人资金；不准无理拒绝付款，任意占用他人资金；不准违反规定开立和使用账户。

二、银行结算方式

根据中国人民银行有关支付结算办法的规定，目前企业发生的货币资金收付业务可以采用银行本票、银行汇票、商业汇票、支票、委托收款、托收承付、信用卡、信用证、汇兑等方式结算。

（一）银行本票

银行本票是由申请人申请，由银行签发，承诺自己在见票时无条件支付确定的金额给收款人或者持票人的票据。银行本票由银行签发并保证兑付，而且具有见票即付、支付功能强、信誉高等特点。

银行本票一律记名，允许背书转让。银行本票的付款期限自出票日起最长不超过2个月，在付款期内，银行本票见票即付。收款人将本票交存银行，银行即可为其入账。无论单位或个人，在同一票据交换区域支付各种款项，都可以使用银行本票。

超过提示付款期限不获付款的，在票据权利时效内向出票银行作出说明，并提供本人身份证或单位证明，可持银行本票向银行请求付款。银行本票遗失，失票人可以凭人民法院出具的其享有票据权利的证明，向出票银行请求付款或退款。

企业采用银行本票结算方式，应向银行提交"银行本票申请书"，填明收款人名称、申请人名称、支付金额、申请日期等事项并签章。企业将款项交存银行，取得银行签发的银行本票。核算时，根据"银行本票申请书"存根联及发票账单等有关凭证入账，若价款与本票面额不符，再多退少补；收款企业收到银行本票应填写进账单，连同银行本票一并送银行转账收款，根据银行盖章退回的进账单第一联和有关原始凭证编制收款凭证入账。

银行本票既可以用于转账，又可以按规定支取现金。在票面划去"转账"字样的，为现金本票，可以用于支取现金。无论单位或个人，在同一票据交换区域支付各种款项，都可以使用银行本票。用银行本票购买材料物资，销货方可以见票付货，购货方可以凭票提货；债权债务双方可以凭票清偿；收款人将本票交存银行，银行即可为其入账。

银行本票分为定额本票和不定额本票。定额本票的面值分别为1 000元、5 000元、10 000元和50 000元，不定额本票的起点为100元。

（二）银行汇票

银行汇票是汇款单位或个人将款项交给出票银行，由出票银行签发的，由其在见票时按照实际结算金额无条件支付给收款人或持票人的票据。银行汇票具有使用灵活、票随人到、兑现性强等特点，适用于先收款、后发货或钱货两清的商品交易。单位和个人的各种款项结算，均可使用银行汇票。

银行汇票采用记名方式，允许背书转让，银行汇票的付款期限为自出票日起1个月内。逾期的汇票，申请人可向出票银行作出说明，并提供有关证件，请求付款或退款。遗失的银行汇票，失票人可凭人民法院出具的其享有票据权利的证明，向出票银行请求付款或退款。

企业采用银行汇票核算时，应将款项交存当地银行，向出票银行填写"银行汇票申请书"，填明收款人名称、支付金额、申请人、申请日期等事项并签章，签章为其预留银行的印鉴。企业应根据"银行汇票委托书"存根联及发票账单等有关凭证入账。收款企业收到银行汇票，应填写进账单，并在汇票背面的"持票人向银行提示付款签章"处签章，签章应与预留银行的印鉴相同，同时将实际结算金额和多余金额准确、清晰地填入银行汇票和解讫通知的有关栏内，经审查无误后，连同银行汇票一并交开户银行办理结算。银行汇票的实际结算金额低于出票金额的，其多余金额由出票银行退交申请人。银行汇票既可以转账，又可以提取现金。

（三）商业汇票

商业汇票是由出票人签发的，委托付款人在指定的日期无条件支付确定的金额给收款人或者出票人的票据。商业汇票的付款期限由交易双方确定，最长不超过6个月。商业汇票的提示付款期限,自汇票到期日起10天。

商业汇票按其承兑人的不同,分为银行承兑汇票和商业承兑汇票。

1. 银行承兑汇票

银行承兑汇票是由在承兑银行开立存款账户的存款人签发,由银行承兑的汇票。承兑银行按票面金额向出票人收取万分之五的手续费,并承担在到期日凭汇票无条件付款的责任。购货企业应于汇票到期前将票款足额交存其开户银行,以备承兑银行在到期日后的见票当日支付票款。未能足额缴款的,承兑银行在见票当日凭汇票将无条件向持票人承兑款项,并向出票人收取按汇票金额每天万分之五的罚息。

2. 商业承兑汇票

商业承兑汇票是由银行以外的付款人承兑的商业汇票。商业承兑汇票可以由销货企业或购货企业签发,但由购货企业承兑。承兑时,购货企业应在汇票正面记载"承兑"字样和承兑日期并签章。承兑不得附有条件,否则视为拒绝承兑。销货企业应在提示付款期限内通过开户银行委托收款或直接向付款人提示付款,汇票到期时,购货企业的开户银行凭票将票款划给销货企业或办理贴现的银行。购货企业的存款不足时,开户银行应将汇票退还给销货企业,银行不承担付款责任,由购销双方自行处理;办理了贴现的,则作为购货企业对贴现银行的短期借款。

商业汇票的使用限于在银行设立存款账户的法人以及其他具有真实交易关系或债权债务关系的组织之间的结算。商业汇票可以背书转让,也可以在到期前向银行申请贴现。具有融资功能的商业汇票的结算方式,将商业信用纳入银行信用的轨道,使商业信用票据化,实现了融资和结算的结合,有利于缓解企业资金短缺情况。

(四)支票

支票是单位或个人签发的,委托办理支票存款业务的银行在见票时无条件支付确定的金额给收款人或持票人的票据。单位和个人的各种款项结算,均可以使用支票。支票由银行统一印制,分为现金支票、转账支票和普通支票。支票上印有"现金"字样的为现金支票,只可用于从银行支取现金;印有"转账"字样的为转账支票,转账支票只能通过银行转账,不能支取现金;支票上未印有"现金"或"转账"字样的为普通支票,普通支票可以用于支取现金,也可以用于转账。在普通支票左上角划两条平行线的,为划线支票。划线支票只能用于转账,不能支取现金。

支票一律记名,有效期限为10天。期限从签发次日算起,到期遇法定休假日顺延。超过付款期限的,持票人开户银行不予受理,付款人不予付款。在指定的地区,转账支票可以背书转让。

存款人领购支票,必须填写"票据和结算凭证领用单"并加盖预留银行印鉴。存款账户结清时,必须将剩余的空白支票全部交回银行注销。

企业财会部门在签发支票之前,出纳人员应该认真查明银行存款的账面结余数额,防止签发超过存款余额的空头支票。签发空头支票,银行除退票外,还按票面金额处以5%但不低于1 000元的罚款。持票人有权要求出票人赔偿支票金额2%的赔偿金。出票人预留银行的印鉴是银行审核支票付款的依据。

(五) 委托收款

委托收款是收款人委托银行向付款人收取款项的结算方式。无论是单位还是个人,都可凭已承兑商业汇票、债券、存单等付款人债务证明办理款项的结算。委托收款还适用于收取电费、电话费等付款人众多、分散的公共事业费等项目,适用范围较广;同城、异地均可采用,没有金额起点的限制。

企业委托开户银行收款时,应填写银行印制的委托收款凭证和有关债务证明。在委托收款凭证中,应写明付款单位的名称、收款单位名称、账号及开户银行、委托收款金额的大小写、款项内容、委托收款凭据名称及附寄单证张数等。

付款单位收到银行交给的委托收款凭证及债务证明,应签收并在3日内审查债务证明的真实性,在确认是否为本单位的债务之后,主动通知银行是否同意付款。如果不通知银行,银行视同付款人同意付款,并在第四日从企业账户中划出款项。

付款人在3日内审查债务证明后,认为债务证明或与此有关的事项符合拒绝付款的规定,应出具拒绝付款理由书和委托收款凭证第五联及持有的债务证明,通知银行拒绝付款。

(六) 托收承付

托收承付结算方式是根据购销合同由收款人发货后,委托银行向指定的异地付款人收取款项,付款人根据合同核对托收单证或验货后,向银行承认付款的一种结算方式。使用托收承付结算方式的收款单位和付款单位,必须是国有企业、供销合作社以及经营管理较好并经开户银行审查同意的城乡集体所有制工业企业。办理托收承付结算的款项,必须是商品交易以及因其产生的劳务供应和代垫费用等款项。代销、寄销、赊销商品的款项,不得办理托收承付结算。

使用托收承付结算方式的收付双方,必须签有符合《合同法》的购销合同,并在合同上订明使用托收承付结算方式;收付双方必须重合同、守信用;收款单位办理托收,必须具有商品确已发运的证件(包括铁路、航运、公路等运输部门签发的运单副本和邮局包裹回执);托收承付结算方式的每笔金额起点为10 000元,新华书店系统的托收承付结算每笔金额可降到1 000元。承付期为10天,在承付期内,主动通知银行是否同意付款。如果不通知银行,银行视为付款人同意付款,并在10天期满的次日上午银行开始营业时,将款项从企业账户中划出。拒绝付款的,应填写“拒绝付款理由书”。对于付款人逾期付款的,根据逾期金额和天数,按每天万分之五计算逾期赔偿金。

(七) 信用卡

信用卡是指商业银行向个人和单位发行的,凭以向特约单位购物、消费和向银行存取现金,具有消费信用的特制载体卡片。按使用对象分为单位卡和个人卡,按信誉等级分为金卡和普通卡。单位卡账户的资金一律从其基本存款账户转账存入,不得交存现金,不得将销货收入的款项存入其账户。单位卡不得用于10万元以上的商品交易、劳务供应款项的结算,不得支取现金。

信用卡在规定的范围和期限内允许善意透支。透支期限最长为60天。透支利息自签单或银行记账日起15天内按每天万分之五计算,超过15天按每天万分之十计算,超过30天或透支金额超过规定的,按每天万分之十五计算。透支按最后期限和最高透支额的最高利率档次计算。超过规定的范围和期限，经发卡行催收无效的，称为恶意透支，会影响企业或个人的信用。

(八) 信用证

信用证是由开证行根据进口人(申请人)的申请，向出口人(受益人)开出的一定金额的、在一定期限内凭出口人(受益人)提交的符合信用证条款的单据支付的付款承诺。信用证结算方式是国际结算的一种主要结算方式。

采用信用证结算方式时，付款人向开证行提交开证申请，并交保证金；收款单位收到信用证后，即备货装运，签发账单，连同运输单据和信用证，送交银行，根据退还的信用证等编制收款凭证；付款单位在接到开证行的通知时，根据付款的有关单据编制付款凭证。

银行存款的各种结算方式要结合业务的特点加以选择和运用。企业必须严格遵守银行支付结算办法规定的结算纪律。中国人民银行的《支付结算办法》中明确规定：不准签发没有资金保证的即期支票，套取银行信用；不准签发、取得和转让没有真实交易和债权的票据，套取银行和他人的资金；不准无理拒绝付款，任意占用他人的资金；不准违反规定开立和使用账户等。只有加强结算纪律，才能保证银行结算业务的正常进行，维护金融秩序。

三、银行存款业务的核算

企业在不同的结算方式下，应当根据有关的原始凭证编制银行存款的收付款凭证，并进行相应的账务处理。对于银行存款的核算，不仅包括总分类核算，还要进行银行存款的序时核算。

总分类核算由不担任出纳工作的会计人员根据银行存款收付款凭证逐笔登记，或根据到期编制的汇总记账凭证登记银行存款总分类账。为了总括反映银行存款的收支和结存情况，企业应设置“银行存款”科目，用于核算企业存入银行和其他金融机构的各种存款。该科目的借方登记银行存款的增加数，贷方登记银行存款的减少数，借方余额表示企业银行存款的结余数额。

企业将款项存入银行或其他金融机构时，借记“银行存款”科目，贷记“库存现金”“主营业务收入”“应收账款”等有关科目；提取或支付在银行或其他金融机构中的存款时，借记“库存现金”“应付账款”“材料采购”等有关科目，贷记“银行存款”科目。

例 2-11 长江公司为一般纳税人，增值税税率 13%，销售产品一批，货款为 100 000 元，增值税为 13 000 元，收到转账支票一张，送存开户银行。应做如下会计分录：

借：银行存款　　113 000
　　贷：主营业务收入　　100 000
　　　　应交税费——应交增值税(销项税额)　　13 000

例 2-12 长江公司接到开户银行通知，已经收到客户付来的委托收款的账项 10 000 元。应做如下会计分录：

借：银行存款　　10 000
　　贷：应收账款　　10 000

例 2-13 长江公司采购原材料一批，买价为 20 000 元，增值税为 2 600 元，以银行存款支付，材料已入库。应做如下会计分录：

借：原材料　　20 000
　　应交税费——应交增值税(进项税额)　　2 600
　　贷：银行存款　　22 600

例 2-14　长江公司接到开户银行通知，银行代扣水电费、通信费 15 000 元。应做如下会计分录：

借：管理费用　　15 000
　　贷：银行存款　　15 000

企业在银行的其他存款，如外埠存款、银行本票存款、银行汇票存款、信用卡信用证存款、在途货币资金等，不在“银行存款”科目核算，而是通过“其他货币资金”科目进行核算。

在进行银行存款总分类核算的同时，企业必须设置银行存款日记账来进行序时核算，以全面、连续地反映和监督银行存款的动态和结存情况。序时核算由企业的出纳人员根据银行存款的收款凭证和付款凭证，按照银行存款收付业务发生的时间顺序，逐日在银行存款日记账上进行登记，按日、按月结出收付合计数和余额。

四、银行存款的清查及其他

为了保证银行存款的安全和核算的正确，企业的出纳人员应定期核对银行存款日记账与银行对账单，如有不符，必须逐笔查明原因，查明是记账的错误还是由未达账项所引起的。如果是记账错误，按错账更正方法进行改正；对于未达账项，应编制“银行存款余额调节表”进行调节。调节后的银行存款余额，反映了企业实际可以动用的银行存款数额。

有外币存款的企业，应分别按人民币和外币设置“银行存款日记账”进行明细核算。

企业发生外币业务时，应将有关外币金额折合为记账本位币(人民币)记账。除另有规定外，所有与外币业务有关的账户，应采用业务发生时的汇率，也可以采用业务发生当期期初的汇率折合。

期末，各种外币账户(包括外币现金以及以外币结算的债权和债务)的期末余额，应按期末汇率折合为人民币。按照期末汇率折合的人民币金额与原账面人民币金额之间的换算差额，作为汇兑损益，计入当期财务费用。但以下两种情况除外：第一，筹建期间发生的汇兑损益，计入长期待摊费用；第二，与购建固定资产有关的外币专门借款产生的汇兑损益，按借款费用的处理原则处理。

因银行结售、购入外汇或不同外币兑换而产生的银行买入价、卖出价与折合汇率之间的兑换差额，计入当期财务费用。

企业应加强对银行存款的管理，如果有确凿证据表明存在银行或其他金融机构的款项已经部分不能收回，或者全部不能收回的，应当作为当期损失，冲减银行存款，借记“营业外支出”科目，贷记“银行存款”科目。

第四节　其他货币资金

在企业的经营资金中，除了现金和银行存款外，还会发生其他货币资金的收支业务，主要包括外埠存款、银行汇票存款、银行本票存款、在途货币资金、信用卡存款和信用证保证金存款等。这些货币资金的存款地点和用途与库存现金和银行存款不同,需设置“其他货币资金”科目进行核算。“其他货币资金”科目属于资产类科目,借方记录其他货币资金的增加数,贷方记录其他货币资金的减少数,月末借方余额反映其他货币资金的结余数额。在该科目下,按“外埠存款”“银行汇票存款”“银行本票存款”“存出投资款”“信用卡存款”“信用证保证金”分设明细账。

一、外埠存款的核算

外埠存款是指企业到外地进行临时或零星采购时,汇往采购地银行开立采购专户的款项。

企业汇出款项时,须填写汇款委托书,加盖“采购资金”字样。采购资金存款不计利息,除采购员差旅费可以支取少量现金外,一律转账。采购专户只付不收,付完结束账户。

例 2-15 长江公司委托当地银行汇 10 000 元到采购地银行开立专户。根据汇出款项凭证编制付款凭证分录:

借:其他货币资金——外埠存款	10 000	
贷:银行存款		10 000

公司收到采购人员交来的供货单位发票等报销凭证,材料买价为 8 000 元,增值税为 1 040 元。公司编制转账凭证分录如下:

借:原材料(库存商品)	8 000	
应交税费——应交增值税(进项税额)	1 040	
贷:其他货币资金——外埠存款		9 040

该项采购任务结束,收到退回的资金 960 元时,根据银行的收账通知编制收款凭证分录:

借:银行存款	960	
贷:其他货币资金——外埠存款		960

二、银行汇票存款的核算

银行汇票存款是指企业为取得银行汇票按照规定存入银行的款项。

例 2-16 长江公司在开户银行申请办理银行汇票,填写“银行汇票申请书”,并将款项 10 000 元交存银行。取得银行汇票后,根据银行退回的申请书存根联编制付款凭证分录:

借:其他货币资金——银行汇票存款	10 000	
贷:银行存款		10 000

公司使用银行汇票后,根据发票账单等有关凭证编制转账凭证分录:

借:原材料(库存商品)	8 000	
应交税费——应交增值税(进项税额)	1 040	
贷:其他货币资金——银行汇票存款		9 040

该项采购任务结束,收到退回的资金 960 元时(或因汇票超过付款期限等原因而退回款项)时,应根据银行转来的银行汇票第四联(多余款收账通知)编制收款凭证分录:

借:银行存款	960	
贷:其他货币资金——银行汇票存款		960

三、银行本票存款的核算

银行本票存款是指企业为取得银行本票按照规定存入银行的款项。

例 2-17 长江公司在开户银行申请办理银行本票，填写“银行本票申请书”，并将款项10 000元交存银行。取得银行本票后，根据银行退回的申请书存根联编制付款凭证分录：

借：其他货币资金——银行本票存款　　10 000

　　贷：银行存款　　10 000

公司使用银行本票后，根据发票账单等有关凭证编制转账凭证分录：

借：原材料（库存商品）　　8 000

　　应交税费——应交增值税（进项税额）　　1 040

　　贷：其他货币资金——银行本票存款　　9 040

该项采购任务结束，收到退回的资金960元时，应编制收款凭证分录：

借：银行存款　　960

　　贷：其他货币资金——银行本票存款　　960

若本票因超过付款期等原因要求退款时，应填写进账单一式两联，连同本票一并送交银行，根据银行盖章退回的进账单第一联编制收款凭证分录：

借：银行存款　　10 000

　　贷：其他货币资金——银行本票存款　　10 000

四、信用卡存款的核算

信用卡存款是指企业为取得信用卡按照规定存入银行卡专户的款项。

企业应按规定填制申请表，向银行缴纳备用金。银行开立信用卡存款专户，发给信用卡。根据银行盖章退回的进账单，借记“其他货币资金——信用卡存款”科目，贷记“银行存款”科目；企业收到银行转来的信用卡付款凭证及所附发票账单，经核对无误后，借记“管理费用”等有关科目，贷记“其他货币资金——信用卡存款”科目。

五、信用证保证金的核算

信用证保证金是指企业为取得信用证按规定存入银行信用证保证金专户的款项。

企业向银行申请开立信用证，应按规定向银行提交开证申请书、信用证申请人承诺书和购销合同。企业向银行缴纳保证金，应根据银行退回的进账单第一联编制付款凭证，借记“其他货币资金——信用证存款”科目，贷记“银行存款”科目；企业收到供货单位转来的信用卡结算凭证及所附发票账单，经核对无误后，借记“材料采购”“原材料”“库存商品”“应交税费——应交增值税（进项税额）”等科目，贷记“其他货币资金——信用证存款”科目；企业未用完的信用证保证金余额转回开户银行时，根据收款通知编制收款凭证，借记“银行存款”科目，贷记“其他货币资金——信用证存款”科目。

本章小结

货币资金是以货币形态存在的资产，是流动性最强的流动资产，在经济活动中起着非常重要的作用。它主要包括库存现金、银行存款和其他货币资金。

库存现金是指企业拥有的由出纳人员保管的各种货币，包括人民币和外币，它是流动性最强的资产。企业应严格遵守国家现金管理制度和结算制度，在规定范围内使用现金，保证现金收支核算的准确性,监督现金使用的合法性与合理性。

银行存款是企业存放在银行或其他金融机构的货币资金,包括人民币存款和外币存款。按照国家规定,凡是独立核算的单位,都必须在当地银行开设账户,以办理结算。企业与其他单位之间的一切货币收付业务,除了在规定范围内可以用现金结算方式直接以现金收付外,都必须通过银行办理转账结算。

根据中国人民银行有关支付结算办法的规定,目前企业发生的货币资金收付业务可以采用银行本票、银行汇票、商业汇票、支票、委托收款、托收承付、信用卡、信用证、汇兑等方式进行结算。在不同的结算方式下,进行相应的账务处理。

企业在银行的其他存款,如外埠存款、银行汇票存款、银行本票存款、信用卡存款、信用证保证金存款等,需要设置"其他货币资金"科目进行核算。

对现金和银行存款实施内部控制是货币资金控制和管理的重点。货币资金管理和控制的目标在于确保货币资金的安全性、合法性和核算的准确性,并从程序上保证企业在生产经营中有充足的货币资金,满足企业经营的需要,提高货币资金的效益。

复习思考题

1. 企业的货币资金包括哪些内容?
2. 货币资金的管理目标和原则是什么?如何进行货币资金的管理?
3. 如何加强库存现金的管理?
4. 企业有哪些银行结算方式?结算程序如何进行?
5. 其他货币资金有哪些?如何进行会计处理?
6. 如何进行银行存款的核对?

自测题

一、单项选择题

1. 作为企业的辅助结算账户,用于借款转存、借款归还和其他结算的账户是(　　)。

A. 基本存款账户　　B. 一般存款账户

C. 专用存款账户　　D. 临时存款账户

2. 商业汇票的付款期限,最长不得超过(　　)。

A. 1个月　　B. 2个月　　C. 6个月　　D. 1年

3. 某企业于2019年2月28日签发一张期限为5个月的商业承兑汇票,则该票据到期日为(　　)。

A. 7月28日　　B. 7月30日

C. 7月31日　　D. 8月1日

4. 对于单位银行结算账户的存款人只能在银行开立一个账户的是(　　)。

A. 基本存款账户　　B. 一般存款账户

C. 专用存款账户　　D. 临时存款账户

5. 下列各项中,通过"其他货币资金"科目核算的是(　　)。

A. 支付的押金　　B. 银行本票存款
C. 出差人员的差旅费　　D. 备用金

6. 下列各项中,可以用现金支付的是(　　)。
A. 购入固定资产,支付价款 50 000 元
B. 偿还所欠债务,金额 2 000 元
C. 向一般纳税企业购入原材料,支付价款 4 000 元
D. 职工甲的暂借差旅费 3 600 元

7. 根据《支付结算办法》的规定,银行本票的提示付款期限为(　　)。
A. 自出票日起 10 日　　B. 自出票日起 1 个月
C. 自出票日起 2 个月　　D. 自出票日起 6 个月

8. 根据《支付结算办法》的规定,支票的提示付款期限为(　　)。
A. 自出票日起 10 日　　B. 自出票日起 1 个月
C. 自出票日起 2 个月　　D. 自出票日起 6 个月

9. 企业现金清查中,对于现金短缺,如果经查明应由相关责任人赔偿的,经批准后应计入(　　)。
A. 财务费用　　B. 管理费用　　C. 其他应收款　　D. 营业外支出

10. 企业存入证券公司 20 万元银行存款,准备购买债券作为企业的交易性金融资产,但是尚未进行交易,则应该借记的科目为"(　　)"。
A. 银行存款　　B. 其他应收款
C. 其他货币资金　　D. 交易性金融资产

二、多项选择题

1. 按现行制度规定,不能用"应收票据"及"应付票据"核算的是(　　)。
A. 银行本票存款　　B. 银行承兑汇票
C. 银行汇票存款　　D. 商业承兑汇票

2. 下列各项中,不属于其他货币资金的有(　　)。
A. 备用金　　B. 存出投资款
C. 银行承兑汇票　　D. 银行汇票存款

3. 可以用于异地结算的方式包括(　　)。
A. 银行本票　　B. 银行汇票　　C. 委托收款　　D. 商业汇票

4. 不能列为现金范围的有(　　)。
A. 存款不足支票　　B. 暂借差旅费收据
C. 由出纳保管的邮票　　D. 预付费用

5. 可以使用现金的有(　　)。
A. 职工工资、津贴　　B. 暂借差旅费
C. 向个人收购农副产品　　D. 采购物资的价款

6. 可以用于同城结算的方式包括(　　)。
A. 银行本票　　B. 支票　　C. 委托收款　　D. 商业汇票

7. 可能作为商业汇票规定的付款期限的是(　　)。
A. 5 个月　　B. 6 个月　　C. 8 个月　　D. 1 年

8. 根据承兑人的不同，商业汇票可以分为(　　)。

A. 商业承兑汇票　　B. 带息票据　　C. 银行承兑汇票　　D. 不带息票据

三、判断题

1. 某企业于2019年5月20日签发一张期限90天的商业承兑汇票，则该票据到期日为8月20日。(　　)

2. 乙公司2019年10月10日售出商品，当日收到面值100 000元，年利率为5%，期限6个月的商业承兑汇票一张。企业取得该票据时的入账价值为102 500元。(　　)

3. 企业现金清查中发现的库存现金短缺200元，在查明原因前应借记“管理费用”科目。(　　)

4. 企业因去外地采购货物而开立的银行结算账户是一般存款账户。(　　)

5. 某企业对基本生产车间所需备用金采用定额备用金制度，当生产车间报销日常管理支出而补足其备用金定额时，应借记“制造费用”科目。(　　)

6. 企业现金清查中，对于现金溢余如果属于应支付给有关人员或单位的，经过批准后应记入的会计科目是“管理费用”。(　　)

练习题

习题一

一、目的：练习库存现金和定额备用金的核算。

二、资料：

爱利公司2019年2月份的有关业务如下：

(1) 2月1日，职工王仪出差，预借差旅费700元，签发支票一张。

(2) 2月2日，从银行提取现金15 000元，备发工资。

(3) 2月5日，发放现金工资12 000元给职工。

(4) 2月10日，现金清查时，发现短缺300元。

(5) 2月14日，王仪报销差旅费650元，多余50元现金交回。

(6) 2月15日，给某管理部门设置备用金，定额为700元，以现金支付。

(7) 2月16日，查明并经过批准，短缺现金中的100元为出纳员的责任，另外200元无法查明原因，批准后予以结转。

(8) 2月20日，某管理部门报销，支付邮电费、报刊费、市内交通费120元和招待费430元，以现金补足其备用金。

(9) 2月28日，经过讨论，决定给某管理部门取消备用金200元。

三、要求：假设企业的备用金通过“其他应收款”科目核算，为上述业务编制有关会计分录。

习题二

一、目的：练习银行存款和其他货币资金的核算。

二、资料：

2019年6月，微微公司有关货币资金的业务如下：

(1) 6月5日，委托当地银行汇款28 000元到采购地银行设立采购专户。

(2) 6月10日，收到采购材料的发票及有关凭证，货款金额为20 000元，商品的增值税税率为13%，商品已经运到。该项采购任务结束，收回多余资金。

(3) 6月17日，企业办理信用卡，缴存信用卡备用金存款80 000元。

(4) 6月21日，收到下属单位的汇款通知，已汇出款项12 000元。6月30日，公司尚未收到上述款项。

(5) 6月25日，接到开户银行通知，已经收到客户付来的委托收款的款项20 000元。

(6) 6月27日，经办人员报销用信用卡消费的业务招待费14 000元。

三、要求：根据以上资料，为上述业务编制会计分录。

第三章　应 收 款 项

学习要点

1. 应收票据的核算；
2. 应收账款的计量与核算；
3. 坏账准备的计提及核算；
4. 预付账款和其他应收款项。

第一节　应收款项的含义

应收款项是企业在经营或非经营活动中形成的，应向有关债务人收取的各种债权。企业的应收款项既可以是在经营活动中提供产品、商品或劳务而取得的向其他单位或个人收取的货币、财物，或得到劳务补偿的要求权，如应收账款、应收票据和预付账款等项目，也可以是在企业经营活动之外产生和形成的各种其他应收和暂付款项，如应收的赔款、罚款、租金、备用金、包装物押金和股利等其他应收款项。企业因为采购等原因而预先支付的预付款项，也作为流动资产在这里进行核算。不同的是，应收款项的收取对象是货币资金，而预付款项的收取对象则是有关商品或劳务。由于应收账款、应收票据、其他应收款项和预付账款的核算内容及结算方式不同，企业应分别进行核算。

企业在资产负债表上列为流动资产的各种应收款项，仅是指在 1 年以内或一个经营周期以内可以收回的各种应收款和预付款，不包括 1 年以上的长期债权。在市场经济下，应收款项是企业流动资产的重要组成部分，它的核算和管理不仅关系到企业偿债能力和现金流量的指标，还直接关系到企业资产的安全和完整，关系到企业未来的盈利能力和持续经营发展的能力。因此，不仅要重视应收款项的准确核算，而且要特别加强对各项应收款项的管理。

第二节　应 收 票 据

应收票据是指企业因销售商品、产品、提供劳务等而收到的商业汇票。在我国，大部分票据都是即期票据，可以即期收款或存入银行成为货币资金，不需要作为应收票据核算。

一、应收票据到期日的确定

商业汇票按承兑人不同，分为商业承兑汇票和银行承兑汇票；商业汇票按其是否计息，分为带息商业票据和不带息商业票据。我国商业票据的期限较短，一般不超过 6 个月。票据的期限是指签发日至到期日的时间间隔，可以按月表示，也可以按日表示。

票据的期限按月表示时，应以到期月份中与出票日相同的那一天为到期日，而不论各月份实际日历天数是多少。例如，4 月 20 日签发的 3 个月期票据，到期日应为 7 月 20 日；月末签发的票据，不论月份大小，以到期月份的最后一天为到期日。例如，1 月 31 日签发的 1 个月期票据，到期日应为 2 月 28 日。与此同时，计算利息时，利率要换算成月利率(年利率÷12)。

票据的期限按日表示时，应从出票日起按实际经历天数计算。通常，出票日和到期日只能计算其中的一天，即“算头不算尾”或“算尾不算头”。例如，4 月 20 日签发的 90 天期票据，到期日应为 7 月 19 日。因为 4 月份剩余 10 天(签发日不算)，5 月份实有 31 天，6 月份实有 30 天，7 月份应该还有 19 天(90 - 10 - 31 - 30)，即到期日为 7 月 19 日(到期日算)。在实际业务中，为了计算方便，常把一年定为 360 天，并将年利率换算成日利率(年利率÷360)。

二、应收票据取得的核算

企业无论收到带息票据或不带息票据，均可以按照应收票据的面值入账；对于带息的应收票据，其到期价值等于应收票据的面值和利息的合计数；而不带息票据的到期价值就等于应收票据的面值。

带息票据的票据到期价值＝票据面值×(1＋年利率×票据到期天数÷360)

或：

带息票据的票据到期价值＝票据面值×(1＋年利率×票据到期月数÷12)

企业通过“应收票据”科目进行应收票据的核算。当企业因销售商品、产品或提供劳务而取得商业汇票时，按应收票据的票面金额借记“应收票据”科目，贷记“主营业务收入”“应交税费——应交增值税(销项税额)”等科目；收到用于抵付以往应收账款的票据时，借记“应收票据”科目，贷记“应收账款”科目。

例 3 - 1 甲公司于 2019 年 9 月 1 日向乙公司销售产品一批，货款为 100 000 元，适用的增值税税率为 13%，货已发出。按合同约定 3 个月后付款，乙公司交给甲公司一张 3 个月的不带息商业承兑汇票，面值为 113 000 元。甲公司应编制会计分录如下：

借：应收票据	113 000	
贷：主营业务收入		100 000
应交税费——应交增值税(销项税额)		13 000

例 3 - 2 甲公司于 2019 年 10 月 1 日收到丙公司一张 3 个月的带息商业承兑汇票，票面利率为 6%。面值 60 000 元，用于抵付以往的应收账款。甲公司应编制会计分录如下：

借：应收票据	60 000	
贷：应收账款		60 000

三、应收票据持有和到期的核算

对于持有带息的应收票据，应在期末计提利息，计提的利息确认为应收利息。计息时，按应收票据的票面价值和确定的利率以及票据持有的期间计提利息，借记“应收利息”科目，贷记“财务费用”科目。

到期收回的，按票面金额借记“银行存款”科目，贷记“应收票据”“财务费用”科目；对于商业承兑汇票到期后，承兑人违约拒付或无力偿还票款的，收款企业应将到期票据的票面金额转入“应收账款”科目。

例3－3 甲公司在2019年9月1日向丁公司销售产品一批，货款为200 000元，适用的增值税税率为13%，货已发出。按合同约定6个月后付款，甲公司收到6个月的商业承兑汇票一张，面值为226 000元，票面利率为6%。甲公司应编制会计分录如下：

(1) 收到票据时：

借：应收票据　226 000

　贷：主营业务收入　200 000

　　应交税费——应交增值税(销项税额)　26 000

(2) 2019年12月31日，计提4个月的票据利息时：

226 000×6%×4÷12＝4 520(元)

借：应收利息　4 520

　贷：财务费用　4 520

(3) 应收票据到期，收回货款时：

2个月的票据利息＝226 000×6%×2÷12＝2 260(元)

收款金额＝226 000×(1＋6%×6÷12)＝232 780(元)

借：银行存款　232 780

　贷：应收票据　226 000

　　应收利息　4 520

　　财务费用　2 260

例3－4 甲公司在2019年9月1日收到乙公司的不计息商业承兑汇票113 000元。如果3个月后该票据到期时，乙公司无力偿还，则甲公司应将票面金额转入“应收账款”科目。甲公司应编制会计分录如下：

借：应收账款　113 000

　贷：应收票据　113 000

四、应收票据贴现

企业如果出现资金紧张，可以将持有的未到期商业汇票向其开户银行申请贴现，以满足资金需求。贴现是指持票人将未到期的商业汇票背书后转让给银行，银行受理后从票据到期值中扣除按银行贴现率计算确定的贴现息后，将余额付持票人的业务活动。票据贴现实质上是企业的一种融资行为，相当于取得了银行的短期借款。企业付给银行的利息称为贴现利息，银行计算贴现利息的利率称为贴现率，从银行获得的票据到期值扣除贴现利息后的款项，称为贴现额。票据贴现的有关计算公式如下：

贴现额＝票据到期值－贴现利息

贴现利息＝票据到期价值×贴现率×贴现天数÷360

贴现期＝票据期限－企业已持有时间

按照中国人民银行《支付结算办法》的规定，实付贴现金额按到期价值扣除贴现日至汇票到期前一日的利息计算。承兑人在异地的，贴现利息的计算应另加 3 天的划款日期。

企业持未到期的应收票据向银行贴现并不具追索权时，按实际收到贴现额，借记“银行存款”科目，按应收票据的账面价值，贷记“应收票据”科目，按其差额，借记或贷记“财务费用”科目。

例 3-5 公司因急需资金，于 6 月 20 日将持有的出票日期为 5 月 21 日、期限为 120 天、面值为 80 000 元的不带息商业承兑汇票到银行贴现，银行年贴现率为 10%，且银行不拥有追索权。

该应收票据到期日为 9 月 18 日，已持有 30 天，贴现天数 120－30＝90(天)。

贴现息＝80 000×10%×90÷360＝2 000(元)

贴现净额＝80 000－2 000＝78 000(元)

有关会计分录如下：

借：银行存款	78 000	
财务费用	2 000	
贷：应收票据(无追索权)		80 000

如果银行拥有追索权，而贴现的商业汇票到期时可能出现承兑人银行账户不足支付的情况，根据实质重于形式的原则，从实质上看，与所贴现应收票据有关的风险和报酬并未转移，应收票据可能产生的风险仍由申请贴现的企业承担，属于以应收债权为质押取得的借款，则应贷记“短期借款”科目。银行将已贴现的票据退回申请贴现的企业，同时从贴现企业的账户中将票据款划回。此时，贴现企业应按所付票据本息转作“应收账款”。

企业如果需要，可以将持有的商业汇票除向其开户银行申请贴现以外，也可以将自己持有的未到期的商业汇票背书转让。背书人对票据的到期付款负连带责任。

第三节　应收账款

一、应收账款的确认

应收账款是企业在正常经营活动过程中因销售商品、产品或提供劳务等原因，应向购货客户或接受劳务单位收取的款项，是企业在采用赊销方式时取得的获取未来经济利益的权利。会计上对列入应收账款核算的范围有具体规定：

(1) 应收账款只包括因销售活动引起的应收销货款。其他原因产生的应收款项，如应收职工欠款、应收投资人的认股款、应收债务人的利息、应收保险公司赔款、应收已宣告分配的股利等，均不应列入应收账款。

(2) 应收账款是指流动资产性质的债权，不包括长期的债权，如购买的长期债券等。

(3) 应收账款是指本企业应收客户的款项，不包括本企业付出的各类存出保证金，如投标保证金和租入包装物保证金等。

应收账款的确认是对应收账款核算内容的判断，也是对应收账款入账时间的确定。由于应收账款通常是由企业的赊销业务引起的，其确认时间与收入的确认有关，即在收入实现时予以确认。

二、应收账款的计价

应收账款是企业因赊销商品、产品或提供劳务而形成的债权，具体包括销售货物或提供劳务的价款、增值税，以及代购货方垫付的包装费、运杂费等。在确定应收账款的入账价值时，通常应按实际发生额计价入账，同时还需要考虑有关的商业折扣和折让等因素。

(一) 商业折扣

商业折扣是指销货企业根据市场供需情况，或针对不同的顾客而给予价格上的优惠，是一种标价基础上的扣除。商业折扣是企业最常用的促销手段。企业为了鼓励客户多购商品，扩大市场占有份额，或降低积压库存，往往采用销量越多、价格越低的促销策略。例如，买 1 件 100 元，买 10 件给予 10%的折扣，或买 10 件送 1 件等。由于商业折扣后的实际售价在销售发生时即已确定，企业的应收账款额应按扣除商业折扣以后的实际售价确认，不需在账上单独反映，所以，商业折扣对应收账款的入账价值没有什么实质性的影响。

(二) 现金折扣

现金折扣是企业为了鼓励客户提前偿付货款而提供的债务扣除。现金折扣一般用符号“折扣/付款期限”来表示。例如，“2/10、1/20、n/30”表示企业允许最长的付款期限为 30 天，债务人在不同期限付款可享受不同比例的折扣：在 10 天内付款，销货企业将按商品售价的 2%给予折扣；在 20 天内付款，给予 1%的折扣；但客户在 20 天后付款，将不能享受现金折扣。现金折扣使销货企业收到应收账款的实际金额随客户的付款时间的变动而变动。在会计处理中，应收账款入账金额的确定有两种处理方法：一种是净价法，另一种是总价法。

净价法是将扣减现金折扣后的金额作为应收账款的入账价值。这种方法认为，客户一般都会提前付款，取得折扣。同时，将客户放弃享受折扣而多收的金额，作为销货企业提供信用而获取的收入，冲减财务费用。

总价法是将未扣减现金折扣前的实际售价(即总价)作为应收账款的入账价值。现金折扣只有客户在折扣期内支付货款时，才予以确认。在这种方法下，销售方把给予客户的现金折扣视为融资成本，会计上作为财务费用处理。

我国会计实务中通常采用总价法。

三、应收账款的核算

应收账款的核算，需要通过“应收账款”科目进行。该科目按客户名称设置明细账，进行明细分类核算。对于预收货款较少的企业，也可不专门设“预收账款”科目，直接将预收款业务记入“应收账款”科目，以简化核算。企业赊销时代客户垫付的运杂费、包装费等，也通过“应收账款”科目核算。

取得应收账款时，借记“应收账款”科目，按实现的营业收入，贷记“主营业务收入”科目，按专用发票上注明的增值税额，贷记“应交税费——应交增值税”等科目。收回应收账款时，按实收金额，借记“银行存款”等科目，贷记“应收账款”科目。

在债务人无力按正常条件还债的情况下，如果双方达成债务重组协议，企业实际收到的货币金额低于债权账面价值的差额，作为营业外支出，借记“银行存款”“坏账准备”“营业外支出”

等科目，贷记“应收账款”科目。

除了销售折扣、现金折扣外，对于已售出的商品，有时还会发生购货方因其质量等问题要求退货或减让部分价款的情况，即销售退回或折让。发生销售退回与折让时，直接冲减已入账的应收账款，借记“主营业务收入”“应交税费——应交增值税”科目，贷记“应收账款”科目。但是，这对销售时应收账款的入账金额的确定和会计处理没有影响。

（1）企业发生的应收账款，在没有商业折扣的情况下，按应收的全部金额入账。

例 3－6 某公司赊销给甲公司一批商品，按价目表标明的价格计算，金额为 100 000 元，适用的增值税税率为 13%，代购货单位垫付运杂费 7 000 元，已办妥委托银行收款手续。该公司应编制会计分录如下：

借：应收账款	120 000	
贷：主营业务收入		100 000
应交税费——应交增值税（销项税额）		13 000
银行存款		7 000

收到货款时：

借：银行存款	120 000	
贷：应收账款		120 000

（2）企业发生的应收账款，在有商业折扣的情况下，应按扣除商业折扣后的金额入账。

例 3－7 某公司赊销给乙公司一批商品，按价目表标明的价格计算，金额为 1 000 000 元，由于销售数量较大，销货方给予 10%的商业折扣，金额为 100 000 元，销货方应收账款的入账金额为 900 000 元，适用的增值税税率为 13%。该公司应编制会计分录如下：

借：应收账款	1 017 000	
贷：主营业务收入		900 000
应交税费——应交增值税（销项税额）		117 000

收到货款时：

借：银行存款	1 017 000	
贷：应收账款		1 017 000

（3）企业发生的应收账款，在有现金折扣的情况下，采用总价法入账。发生的现金折扣作为财务费用处理。

例 3－8 某公司赊销给丙企业一批商品，按价目表标明的价格计算，金额为 100 000 元，适用的增值税税率为 13%，已办妥委托银行收款手续。为了鼓励客户提前付款，尽早回笼资金，公司提供“2/10、n/30”的现金折扣条件（假定计算现金折扣时不考虑增值税）。该公司应编制会计分录如下：

借：应收账款	113 000	
贷：主营业务收入		100 000
应交税费——应交增值税（销项税额）		13 000

如果在 10 天内收到货款，则应编制会计分录如下：

借：银行存款	111 000	
财务费用	2 000	
贷：应收账款		113 000

如果超过折扣期限收到货款，则应编制会计分录如下：

借：银行存款　　113 000

　贷：应收账款　　113 000

四、应收账款的转让及债务重组

除了常用的融资手段外，企业利用应收账款转让进行融资的方式也逐渐被重视和接受。通常有两种方式，即以应收账款为抵押进行银行贴现借款和应收账款让售。

应收账款抵押借款是指持有应收账款的企业与信贷机构或代理商订立合同，以应收账款作为担保品，在规定的期限内企业有权在一定额度内借用资金的一种融资方式。签订合同时，确定信贷机构或代理商借给企业资金所占应收账款的比率，一般为应收账款的70%～90%，根据债权人的信用情况和风险因素决定。借款企业在借款时，以应收账款为担保，相关的风险和报酬并没有实质性转移，不应冲减所用应收账款的账面价值，抵押方继续保留应收账款的权益，同时也要承担坏账的责任。到期收不回来，银行有权向借款企业追索。企业以应收账款取得质押借款时，按照实际收到的款项，借记“银行存款”科目，按实际支付的手续费，借记“财务费用”科目，按银行贷款本金，贷记“短期借款”等科目。并根据债务单位的情况，按照《企业会计制度》的规定合理计提与用于抵押的应收账款相关的坏账准备。

应收账款让售是指企业将应收账款出让给信贷机构，筹集所需资金的一种方式。企业筹措的资金是根据销售发票金额减去允许客户在付款时扣除的现金折扣、信贷机构收取的佣金以及可能发生的销售退回和折让等扣款后的余额确定。扣款的比例由双方协商确定，一般为10%左右。让售方式相当于一种销售行为，要确认损益；让售既转移了收款权利，同时也转移了坏账风险。应收账款让售后，假若出现应收账款拖欠或客户无力清偿，则企业无须承担任何责任，信贷机构不能向企业追索，只能自己追索或承担损失。

而债务重组是指债权人按照其与债务人达成的协议或法院的裁决同意债务人修改债务条件的事项。债权人之所以愿意与债务人进行债务重组，主要是为了最大限度地回收债权，避免更大的损失。

对于债权人而言，由于债务重组主要是围绕“应收账款”进行的，因此让步是债务重组的重要特征，并由此使债权人产生重组损失。

会计制度规定，债务人以低于应付债务账面价值的现金清偿某项债务，债权人应将重组债权的账面价值与收到的现金之间的差额确认为当期损失；债务人以修改其他债务条件进行债务重组，如果重组应收债权的账面价值大于将来应收金额，债权人应将重组应收债权的账面价值减记至将来应收金额，减记金额确认为当期损失。同时，根据《企业债务重组业务所得税处理办法》的规定，债务重组业务中债权人对债务人的让步，包括以低于债务计税成本的现金、非现金资产偿还债务等，债权人应当将重组债权的计税成本与收到的现金或者非现金资产的公允价值之间的差额，确认为当期的债务重组损失，冲减应纳税所得；以修改其他债务条件进行债务重组的，债权人应当将债权的计税成本减记至将来的应收金额，减记的金额确认为当期的债务重组损失。

第四节　坏账损失

在市场经济中，商业信用被越来越广泛地应用于经济活动的各个方面。企业商品交易中利用信用进行商品与劳务的赊销，是企业快速占领市场和促进盈利发展的有效手段，在强化企业市场竞争能力、扩大销售收入、节约存货资金占用以及降低存货管理成本方面有着很大的优势。但是，赊销意味着应计现金流入量与实际现金流入量时间上的不一致，容易产生货款拖欠甚至无法收回的信用风险，产生坏账。坏账是指企业无法收回或收回的可能性极小的应收账款。由于发生坏账使企业遭受的损失，称为坏账损失。而且，应收账款的增加，还会造成资金成本和管理费用的增加。因此，制定合理的信用政策，控制坏账损失的发生，是强化应收账款管理水平、提高企业经济效益的重要保证。

一、坏账损失的确认

企业确认坏账时，应当遵循会计核算的基本原则，具体分析各应收账款的特性、金额的大小、信用期限、债务人的信誉和当时的经营情况等因素。一般来讲，企业对有确凿证据表明该款项无法收回或收回的可能性不大，如债务单位已撤销、破产、资不抵债、现金流量严重不足、发生严重的自然灾害等导致停产而在短时间内无法偿付以及 3 年以上的应收款项等，具体包括：(1) 债务人死亡，以其遗产清偿后仍然无法收回；(2) 债务人破产，以其破产财产清偿后仍然无法收回；(3) 债务人较长时期内未履行其偿债义务，并有足够的证据表明无法收回或收回的可能性极小。

以上这些情况发生时，企业应该根据管理权限将其批准为坏账。

二、坏账准备的计提

确认坏账损失的方法有两种，即直接转销法和备抵法。

直接转销法是指在确定某笔应收款项确实无法收回时，才确认坏账损失，借记“信用减值损失”科目，同时注销该笔应收账款。虽然直接转销法的账务处理很简单，却忽视了坏账损失与赊销业务的联系，不符合权责发生制及收入与费用相配比的会计原则。

备抵法是指根据本年的赊销额和年末应收账款的余额，分析收回的可能性，预计可能产生的坏账损失，列为销售发生年度的费用，在某一应收账款被确认为坏账时，按确认的金额冲减坏账准备并转销相应的应收账款金额的一种核算方法。这种方法对可能收不回的应收账款进行预计，并及时作为坏账损失，体现了稳健原则，比较真实地反映了企业的财务状况。因此，企业一般采用备抵法核算坏账损失。

在采用备抵法时，要计提坏账准备，估计坏账损失。企业计提坏账准备的方法由企业自行选择。企业应当制定计提坏账准备的政策，明确计提坏账准备的范围、计提方法、账龄的划分和提取比例，根据其管理权限，经批准后，按照法律、行政法规的规定报有关各方备案，并备置于企业所在地。坏账准备的计提方法应该在有关会计政策和会计估计目录中明确，要遵循一贯性原则，不得随意变更。如需变更，应当按会计政策、会计估计变更的程序和方法处理，并在会计报表附注中予以说明。

在确定坏账准备的计提比例时，企业应当根据以往的经验，不仅要考虑债务方的实际财务状况、现金流量情况，还要充分考虑债务方的市场前景和资信状况等相关信息，予以综合分析并确定合理的计提比例。需要说明的是，在计提坏账准备时，要注意以下几个方面：

(1) 如前所述，除非有确凿证据表明该款项无法收回或收回的可能性不大(债务单位已撤销、破产、资不抵债、现金流量严重不足、发生严重的自然灾害等导致停产而在短时间内无法偿付以及3年以上的应收款项等)，可以全部列为坏账外，下列各种情况都不能全额提取坏账准备：① 当年发生的应收款项；② 计划对应收款项进行重组；③ 与关联方发生的应收款项；④ 其他已逾期、但无确凿证据表明不能收回的应收款项。

虽然规定与关联方发生的应收款项不能全额计提，但对企业与关联方之间发生的应收款项也应该与其他应收款项一样，在期末分析其可收回的可能性并预计可能发生的坏账损失，计提相应的坏账准备。如果有确凿证据表明关联方(债务单位)已撤销、破产、资不抵债、现金流量严重不足等，并且不准备对应收款项进行重组或无其他收回方式的，则对预计无法收回的应收关联方的款项也可以全额计提坏账准备。

(2) 对企业持有的未到期应收票据，一般不必计提坏账准备，而是等应收票据到期不能收回转入应收款项后，按规定计提坏账准备。但是，如有确凿证据证明不能够收回或收回的可能性不大时，应将其账面余额转入应收账款，并计提相应的坏账准备。

(3) 对企业的预付账款，一般不必计提坏账准备。但是，如有确凿证据表明其不符合预付账款性质，或者因供货单位破产、撤销等原因已不可能再收到所购货物的，应当将原计入预付账款的金额转入其他应收款，并按规定计提坏账准备。

(4) 如果不考虑企业的实际情况，故意在上年度对某应收账款全额计提坏账准备，而在本年度该应收账款又全额收回的行为，被认为是故意设立秘密准备，应作为重大会计差错进行处理。

对已确认为坏账的应收账款，并不意味着企业放弃了追索权，一旦重新收回，应及时入账。

三、坏账损失的会计处理

为了加强应收账款的管理水平，合理控制坏账损失的发生，我国企业会计制度规定，应采用备抵法，核算坏账准备的提取、坏账损失的发生以及已确认坏账的重新收回。

采用备抵法，企业应设置“坏账准备”科目。该科目的借方登记确认坏账时应予注销的数额，贷方登记本期提取的坏账准备以及已确认坏账重新收回注销额的转回，其期末余额通常在贷方，表示已经计提尚未注销的坏账准备，在期末资产负债表上列为应收账款的减项。

本期应提取的坏账准备通过比较期末坏账准备的应有金额与坏账调整前“坏账准备”科目的实际贷方余额来确定。

当期末坏账准备的应有金额大于坏账调整前“坏账准备”科目的贷方余额时，应按其差额提取坏账准备，借记“信用减值损失”科目，贷记“坏账准备”科目。

当期末坏账准备的应有金额小于坏账调整前“坏账准备”科目的贷方余额时，应按其差额冲减已计提的坏账准备，借记“坏账准备”科目，贷记“信用减值损失”科目。如果按应收账款计算的坏账准备金额为零，应将“坏账准备”科目的余额全部冲回。

实际发生坏账时，借记“坏账准备”科目，贷记“应收账款”“其他应收款”等科目。如果已确认并转销的坏账以后又重新收回，则应按收回的金额，借记“应收账款”科目，贷记“坏账准备”科目；同时，借记“银行存款”科目，贷记“应收账款”“其他应收款”等科目。

企业采用备抵法进行坏账核算时，首先应按期估计坏账损失。估计坏账损失的方法有余额百分比法、账龄分析法和销货百分比法等。

(一) 余额百分比法

应收账款余额百分比法是根据会计期末应收账款的余额和估计的坏账率，确定本期期末坏账准备的应有余额，估计坏账损失的方法。本期期末估计的这一余额也就是本期期末应收账款余额中可能会成为坏账的数额，它与应收账款抵销的净额即为可变现净值。企业一般根据以前年度实际发生的坏账与其相关的应收账款的关系，估计一个平均坏账百分比，即坏账率。期末坏账准备的应有余额与当期坏账调整前“坏账准备”科目贷方余额的差异，即为本期应计提或应冲销的坏账损失。

例3-9 某企业自2019年开始采用备抵法处理坏账损失，年末应收账款余额为1 000 000元，坏账准备的提取比例为5%。2019年年末计提的坏账准备为50 000元(1 000 000×5%)。

借：信用减值损失　　50 000

　　贷：坏账准备　　50 000

2020年，企业发现有30 000元的应收账款无法收回，确认为坏账损失，其中甲公司10 000元，乙公司20 000元。冲销坏账时：

借：坏账准备　　30 000

　　贷：应收账款——甲公司　　10 000

　　　　　　　　——乙公司　　20 000

2020年年末，企业的应收账款余额为1 300 000元，按本年年末应收账款的余额应有的坏账准备为65 000元(1 300 000×5%)。调整前坏账准备的余额为20 000元(50 000－30 000)，本年度应计提的坏账准备金额为45 000元(65 000－20 000)。本年度计提坏账准备的账务处理如下：

借：信用减值损失　　45 000

　　贷：坏账准备　　45 000

2021年10月，接到银行通知，企业上年度确认为坏账的甲公司的应收账款10 000元重新收回，款项已存入银行。有关账务处理如下：

借：应收账款——甲公司　　10 000

　　贷：坏账准备　　10 000

借：银行存款　　10 000

　　贷：应收账款——甲公司　　10 000

2021年年末，企业的应收账款余额为1 200 000元，按本年年末应收账款的余额应有的坏账准备为60 000元(1 200 000×5%)。调整前坏账准备的余额为75 000元(65 000＋10 000)，本年度应计提的坏账准备金额为－15 000元(60 000－75 000)，即应冲销15 000元。本年度冲销坏账准备的账务处理如下：

借：坏账准备　　15 000

　　贷：信用减值损失　　15 000

(二) 账龄分析法

应收账款账龄分析法是根据应收款项账龄的长短来估计坏账的方法。账龄指的是顾客所欠账款的时间。根据应收账款明细账上各账户账龄的长短，分别确定坏账百分比。一般情况下，账龄越长，产生坏账的可能性就越大，因此，估计的坏账比率也就越大。采用这种方法，企业要根据账龄分析表所提供的信息，按各类账龄分别估计其可能成为坏账的部分，确定本期应有的坏账准备金额，计提坏账损失。

例 3-10 某企业 2020 年 12 月 31 日的应收账款账龄及估计坏账损失如表 3-1 所示。该企业 2020 年 12 月 31 日估计应有的坏账损失为 4 600 元，所以，坏账准备应有的余额为 4 600 元。

表 3-1 应收账款账龄及估计坏账损失 单位：元

应收账款账龄	应收账款余额	估计损失比率(%)	估计损失金额
未到期	80 000	0.5	400
过期 1 个月	40 000	1	400
过期 2 个月	50 000	2	1 000
过期 3 个月	60 000	3	1 800
过期 3 个月以上	20 000	5	1 000
合 计	250 000		4 600

假设该企业在调整前坏账准备的贷方余额为 3 000 元，则还应计提 1 600 元(4 600－3 000)。有关账务处理如下：

借：信用减值损失 1 600

贷：坏账准备 1 600

假设该企业在调整前坏账准备的贷方余额为 5 000 元，则该企业应冲减 400 元。有关账务处理如下：

借：坏账准备 400

贷：信用减值损失 400

(三) 销货百分比法

销货百分比法是根据赊销金额的一定百分比估计坏账损失的方法。企业可以根据以往的经验和有关资料，估计坏账损失与赊销金额之间的比率，也可采用其他更合理的方法进行估计。

例 3-11 某企业 2020 年全年的赊销金额为 1 000 000 元，根据以往的经验和有关客户的资料，估计坏账损失率为 2%。该企业应计提的坏账准备为 20 000 元，其账务处理如下：

借：信用减值损失 20 000

贷：坏账准备 20 000

在这种方法下，需要经常检查坏账损失率是否合理，如发现差距过大，应及时做出调整。

企业应根据具体情况和应收账款实际可收回的可能性，选择恰当的方法，确定坏账准备金额，计提坏账损失；否则，将被视为滥用会计估计，作为重大会计差错进行更正处理。

第五节 预付账款和其他应收款

一、预付账款的核算

预付账款是指企业按照购货合同或劳务合同的规定，预先支付给供货方或提供劳务方的账款。与应收账款一样，预付账款也是企业的短期债权，是企业的资产。但是，应收账款是由企业销货引起的，是应向购货方收取的款项；预付账款是由企业购货引起的，是预先付给供货方的款项。因此，为了加强对预付账款的管理，企业发生的预付账款业务，一般应单独设置“预付账款”科目进行核算。

当企业向供货方预付货款时，按预付金额借记“预付账款”科目，贷记“银行存款”科目；收到预购的材料或商品时，根据发票上注明的材料或商品价款，借记“材料采购”“原材料”等科目，按专用发票上注明的增值税，借记“应交税费——应交增值税额(进项税额)”科目，贷记“预付账款”科目；补付货款的，按补付金额借记“预付账款”科目，贷记“银行存款”科目；供货方退回货款时，借记“银行存款”科目，贷记“预付账款”科目。

预付账款业务不多的企业，也可以不单独设置“预付账款”科目，将预付账款业务放在“应付账款”科目核算。预付货款时，借记“应付账款”科目，贷记“银行存款”科目；收到材料或商品时，借记“材料采购”“原材料”“应交税费——应交增值税额(进项税额)”科目，贷记“应付账款”科目。但在编制会计报表时，仍然需要将预付账款与应付账款项目分别列示。

例3-12 甲公司从乙公司购买材料一批，买价为200 000元，适用的增值税税率为13%。供货合同规定预付货款180 000元，其余款项在收到材料后支付。该企业的原材料按实际成本计价核算。

(1) 预付货款时：

借：预付账款　　180 000

　　贷：银行存款　　180 000

(2) 收到材料并补付货款时：

借：原材料　　200 000

　　应交税费——应交增值税(进项税额)　　26 000

　　贷：预付账款——乙公司　　226 000

借：预付账款——乙公司　　46 000

　　贷：银行存款　　46 000

如果实际收到的材料买价为150 000元，专用发票上注明的增值税税额为19 500元，应退回货款10 500元。

如果有确凿证据表明其不符合预付账款的性质，或者因供货单位破产、撤销等原因已无望再收到所购货物的，应将原记入预付账款的金额转入其他应收款，按规定计提坏账准备。企业应按预计不能收到所购货物的预付账款的账面余额，借记“其他应收款——预付账款转入”科目，贷记“预付账款”科目。除转入“其他应收款”科目的预付账款外，其他预付账款不必计提坏账准备。

二、其他应收款的核算

其他应收款是指企业除应收票据、应收账款和预付账款以外的各种应收、暂付款项，是企业发生的非营业活动的应收短期债权。它主要包括：(1) 应收的各种赔款、罚款；(2) 存出的保证金；(3) 应收出租包装物的租金；(4) 预付给企业各内部单位或个人的备用金；(5) 应收取的各种垫付款项；(6) 其他不属上述各项的应收、暂付款项。其他应收款是企业流动资产的组成部分，企业发生的其他应收款业务一般应单独归类，设置“其他应收款”科目进行核算，以便区别于购销业务产生的应收项目。企业发生其他应收款时，借记“其他应收款”科目，贷记有关科目；收回其他应收款时，借记有关科目，贷记“其他应收款”科目。

为了加强对其他应收款的核算和管理，企业应建立各项规章制度，并定期对其他应收款进行检查，预计可能发生的坏账损失，计提相应的坏账准备。

本章小结

应收款项是企业在经营或非经营活动中形成的，应向有关债务人收取的各种债权，主要包括应收账款、应收票据和其他应收款等。企业因为采购等原因而预先支付的预付款项，也作为流动资产进行核算。

应收账款是企业在正常经营活动过程中因销售商品、产品或提供劳务等原因，应向购货客户或接受劳务单位收取的款项，是企业在采用赊销方式时取得的获取未来经济利益的权利。会计上对列入应收账款核算的范围作出了具体规定。应收账款应在收入实现时予以确认，而且按实际发生额计价入账。在考虑有关折扣和折让等因素的会计处理中，应收账款入账金额的确定通常采用总价法。

债务重组是指债权人按照其与债务人达成的协议或法院的裁决同意债务人修改债务条件的事项。进行债务重组主要是为了最大限度地回收债权，从而避免更大的损失。

坏账是指企业无法收回或收回的可能性极小的应收账款。由于发生坏账使企业遭受的损失，称为坏账损失。在会计实务中，一般采用备抵法核算坏账准备的提取、坏账损失的发生以及已确认坏账的重新收回。估计坏账损失的方法有余额百分比法、账龄分析法和销货百分比法等。

我国的应收票据主要是指企业因销售商品、产品、提供劳务等而收到的商业汇票。按承兑人不同，分为商业承兑汇票和银行承兑汇票；按是否计息，分为带息票据和不带息票据。我国商业票据的期限较短，一般不超过6个月。票据的期限可以按月表示，也可以按日表示。

预付账款和应收账款一样，是企业的债权资产，一般应单独设置“预付账款”科目进行核算。

其他应收款是指企业除应收票据、应收账款和预付账款以外的各种应收、暂付款项。为了加强对其他应收款的核算和管理，企业应建立各项规章制度，并定期对其他应收款进行检查。

复习思考题

1. 应收款项包括哪些内容？应收款项有何特点？
2. 如何进行应收款项的确认？
3. 应收款项的确认要考虑哪些因素？
4. 在备抵法下，估计坏账损失的方法有哪几种？
5. 如何确认企业的坏账损失？全额计提坏账损失的条件是什么？
6. 商业汇票的到期日和到期值如何确定？

自测题

一、单项选择题

1. 某企业销售商品一批，买价为10万元，增值税税率为13%。为购买方垫付的运杂费2万元，款项尚未收回，该企业确认的应收账款应该是(　　)万元。

A. 10　　B. 12　　C. 11.3　　D. 13.3

2. 2019年12月31日，甲公司对应收A公司的账款进行减值测试。应收账款余额为1 000 000元，坏账准备余额为40 000元，甲公司根据A公司的资信情况确定按应收账款期末余额的10%提取坏账准备。甲公司2019年年末提取坏账准备的会计分录为(　　)。

A. 借：信用减值损失——计提的坏账准备　　140 000
　　贷：坏账准备　　140 000

B. 借：信用减值损失——计提的坏账准备　　100 000
　　贷：坏账准备　　100 000

C. 借：信用减值损失——计提的坏账准备　　60 000
　　贷：坏账准备　　60 000

D. 借：信用减值损失——计提的坏账准备　　40 000
　　贷：坏账准备　　40 000

3. 某企业2019年8月1日销售商品，并于当日收到面值50 000元、年利率6%、期限3个月的商业承兑汇票一张。2019年11月1日票据到期付款人无力付款，则转作应收账款的金额为(　　)元。

A. 50 000　　B. 50 750　　C. 50 250　　D. 50 500

4. 企业为尽早回笼资金而给予客户的优惠条件称为(　　)。

A. 销货折扣　　B. 数量折扣　　C. 现金折扣　　D. 销货退回和折让

5. 某企业于2019年5月10日签发一张期限为90天的商业承兑汇票，到期日为(　　)。

A. 8月10日　　B. 8月9日　　C. 8月7日　　D. 8月8日

6. 企业向购货方收取的代垫运杂费应借记的科目是(　　)。

A. “其他应收款”　　B. “应收票据”　　C. “应收账款”　　D. “预付账款”

二、多项选择题

1. 下列各项中，构成应收账款入账价值的有(　　)。

A. 确认商品销售收入时尚未收到的价款　　B. 确认销售收入时尚未收到的增值税

C. 代购货方垫付的包装费　　D. 销售货物发生的商业折扣

2. 下列项目中，应通过“其他应收款”科目核算的有(　　)。

A. 拨付给企业各内部单位的备用金　　B. 应收的各种罚款

C. 收取的各种押金　　D. 应向职工收取的各种垫付款项

三、判断题

1. 不单独设置“预收账款”科目的企业，预收的账款可以在“应收账款”科目中核算。(　　)

2. 其他应收款是指除应收票据、应收账款、预付账款等经营活动以外的其他各种应收款项，但不包括暂付款项。(　　)

3. 若证明应收款项发生减值的，应当直接冲减应收款项的账面价值。（ ）

4. 商业承兑汇票到期无力支付时，将应收票据的面值和应计利息一起转为应收账款。（ ）

5. 2月28日开出的期限2个月的票据，到期日为4月28日。（ ）

6. 3月31日开出的期限60天的票据，到期日为5月31日。（ ）

7. 应收票据贴现时，贴现净额一定大于账面价值。（ ）

8. 客户享受的现金折扣和商业折扣，均确认为财务费用。（ ）

练习题

习题一

一、目的：练习商业折扣和现金折扣的账务处理。

二、资料：威海公司销售甲产品一批，不含税标价为100万元，增值税税率为13%，商业折扣为10%，现金折扣条件为“10/10、5/20、n/30”。客户于第12天付款，假设计算现金折扣时不考虑增值税部分。

三、要求：根据上述资料，按总价法编制销售产品和收款时的会计分录。

习题二

一、目的：练习应收账款的账务处理。

二、资料：唯物公司自2018年开始采用备抵法处理坏账损失。2018年年末，应收账款的余额为400万元，提取的比例为5%。2019年，有关应收账款的部分业务如下：

(1) 甲公司所欠的一笔货款8万元，经确认无法收回，转为坏账。

(2) 上年确认为坏账的乙公司应收账款3万元重新收回。

(3) 2019年年末，应收账款的余额为80万元。

三、要求：根据上述资料，编制有关业务及计提坏账准备的会计分录。

习题三

一、目的：练习应收账款和应收票据的账务处理。

二、资料：微微公司自2018年开始采用备抵法处理坏账损失，年末应收账款余额为100万元，提取的比例为5%。2019年，该公司有关应收账款的部分业务如下：

(1) 7月1日，向乙公司销售商品，售价为100万元，增值税税率为13%，收到购货方当天开出的不计息银行承兑汇票一张，期限为3个月。

(2) 向甲公司销售商品20万元，增值税税率为13%，付款条件为“2/10、1/20、n/30”。

(3) 第八天接到银行通知，已收到甲公司付来的货款，企业当即入账。

(4) 8月7日，收到客户B公司交来的面值为6万元、期限为90天、票面利率为6%的商业承兑汇票一张，用于抵付所欠货款。

(5) 公司所欠的一笔货款4万元，经确认无法收回，转为坏账。

(6) 上年确认为坏账的丙公司的应收账款2万元重新收回。

(7) 乙公司的票据到期兑现，而B公司的商业承兑汇票到期时，B公司无力支付。

(8) 2019年年末，应收账款余额110万元，按5%计提坏账准备。

三、要求：根据上述资料，编制必要的会计分录。

习题四

一、目的：练习应收账款坏账的处理。

二、资料：文化公司从2019年年末开始计提坏账准备。2019年年初，“应收账款”科目的借方余额为200 000元。其中，3个月期的有50 000元，半年期的有60 000元，1年期的有20 000元，2年期的有30 000元，2年以上的有40 000元。本年度确认坏账48 000元，收回已确认的坏账43 500元。年末，“应收账款”科目的借方余额为120 000元。其中，3个月期的有20 000元，半年期的有30 000元，1年期的有10 000元，2年期的有15 000元，2年以上的有45 000元。假定该公司没有其他有关坏账的业务。

三、要求：

1. 假定该公司采用应收账款余额百分比法计提坏账准备，坏账准备的提取比例为5%，计算2019年年末应计提的坏账准备。

2. 假定该公司采用账龄分析法计提坏账准备，计提比例3个月期的为3%，6个月期的为5%，1年期的为10%，2年期的为20%，2年以上的为30%。计算2019年年末应计提的坏账准备。

习题五

一、目的：练习应收款项的核算。

二、资料：甲公司为增值税一般纳税人，增值税税率为13%。2019年12月1日，甲公司“应收账款”科目借方余额为500万元，“坏账准备”科目贷方余额为25万元，企业通过对应收款项的信用风险特征进行分析，确定计提坏账准备的比例为期末应收账款余额的5%。

12月份，甲公司甲生如下相关业务：

(1) 12月5日，向乙公司销商品一批，按商品价目表标明的价格计算的金额为1 000万元(不含增值税)，由于是成批销售，甲公司给予乙公司10%的商业折扣。

(2) 12月9日，一客户破产，根据清算程序，有应收账款40万元不能收回，确认为坏账。

(3) 12月11日，收到乙公司的销货款500万元，存入银行。

(4) 12月21日，收到已转销为坏账的应收账款10万元，存入银行。

(5) 12月30日，向丙企业销售商品一批，增值税专用发票上注明的售价为100万元，增值税税额为13万元。甲公司为了及早收回货款而在合同中规定现金折扣条件为“2/10，1/20，n/30”。假定现金折扣不考虑增值税。

(6) 第九天收到丙公司货款。

(7) 2019年末应收账余额80万元。

三、要求：

1. 编制甲公司上述业务的会计分录。

2. 计算甲公司本期应计提的坏账准备并编制会计分录。

第四章　存　　货

学习要点

1. 存货的范围和确认条件；
2. 存货的初始计量及其核算；
3. 存货发出的计价方法；
4. 存货的实际成本核算和计划成本核算；
5. 存货的期末计量及其核算。

第一节　存货及其确认条件

一、存货的定义

存货是指企业在日常生产经营过程中持有以备出售的产成品或商品，或者仍然处在生产过程中的在产品，或者在生产过程或提供劳务过程中耗用的材料、物料等。它是企业流动资产的重要组成部分。存货区别于固定资产等非流动资产的最基本的特征是，企业持有存货的最终目的是为了出售，不论是可供直接出售，还是需经过进一步加工后才能出售，如企业的产成品、商品、原材料等。

需要说明的是，本章所述及的存货，不包括农林牧等企业的消耗性生物资产以及建筑安装企业建造合同的存货。

二、存货的分类

企业的存货因经济性质不同而有所区别。

商品流通企业的主要存货是库存商品。如各类商场或超市，通常购买商品用于销售，即为库存商品。除了库存商品以外，商业企业的存货还有少量的物料用品，委托代销商品等。

服务性行业的企业，如会计师事务所、咨询机构、宾馆等，既不生产产品，也不经销商品。这些企业的存货主要为各种物料用品，如办公用品、家具等供企业日常经营活动所用。

制造业的存货，虽然行业各不相同，如服装行业、食品行业、汽车业等，生产的产品各种各样，但它们的存货构成内容并无多大差别，主要包括原材料、在产品、半成品、库存商品、委托加工物资、周转材料等。

(1) 原材料，指企业在生产过程中经加工改变其形态或性质并构成产品实体的各种原料及主要材料、辅助材料、外购半成品(外购件)、修理品(备品、备件)、燃料等。为建造固定资产等各项工程而储备的各种材料，虽然同属于材料，但是由于用于建造固定资产等各项工程，不符合存货的定义，因此不能作为企业的存货进行核算。

(2) 在产品，指企业正在制造、尚未完工的生产物，包括正在各个生产工序加工的产品，以及已加工完毕但尚未检验或已检验但尚未办理入库手续的产品。

(3) 半成品，指经过一定生产过程并已检验合格交付半成品仓库保管，未制造完工成为产成品，仍需进一步加工的中间产品，但不包括从一个生产车间转给另一个生产车间继续加工的自制半成品以及不能单独计算成本的自制半成品。

(4) 库存商品，也称产成品，指工业企业已经完成全部生产过程并验收合格入库，可以按照合同规定的条件送交订货单位，或者可以作为商品对外销售的产品。企业接受外来原材料加工制造的代制品和为外单位加工修理的代修品，制造和修理完成验收入库后，应视同企业的产成品。

(5) 委托加工物资，指企业委托外单位加工的各种物质。

(6) 周转材料，指企业能够多次使用、逐渐转移其价值但仍保持原有形态不确认为固定资产的材料，如包装物和低值易耗品。其中，包装物是指为了包装本企业商品而储备的和在销售中周转使用的各种包装容器，如桶、瓶、坛、袋等。但是，在销售中使用的捆扎材料、包装纸等不作为包装物，而作为原材料中的包装材料进行核算。低值易耗品是指价值较低、使用期限相对较短、在使用过程中保持原有实物形态不变，但又不符合固定资产确认条件的各种用具物品，如工具、管理用具、玻璃器皿、劳动保护用品以及在经营过程中周转使用的容器等。

三、存货的确认条件

企业存货包括的货品广泛而具体，存货的购销业务复杂而频繁。因而，根据什么原则确认企业的存货，并在资产负债表上予以揭示，将直接影响到企业财务状况和经营成果的准确性。

为了正确核算存货，企业必须按照相关制度，严格限定其核算范围。某个项目要确认为存货，首先要符合存货的定义，并同时满足以下两个条件：

(一) 与该存货相关的经济利益很可能流入企业

资产最重要的特征是预期会给企业带来经济利益。而存货是企业的一项重要的流动资产，因此，对存货的确认，关键是判断其是否很可能给企业带来经济利益。通常，拥有存货的控制权是与该存货相关的经济利益很可能流入本企业的一个重要标志。在判断企业是否已取得商品控制权时，企业应当考虑下列迹象：

(1) 企业就该存货负有现时付款义务。

(2) 企业已拥有该存货的法定所有权。

(3) 企业已实物占有该存货。

(4) 企业已取得或保留该存货所有权上的主要风险和报酬。

(5) 企业已接受该存货。

(6) 其他表明企业已取得存货控制权的迹象。

拥有存货法定所有权是认定存货的主要形式。此外，存货所有权上的风险和报酬的转移也是一种重要的认定标准。

(二) 该存货的成本能够可靠地计量

资产确认的一项基本条件是成本或者价值能够可靠地计量。因此,要确认存货这一资产,还必须能够对其成本进行可靠的计量。存货的成本能够可靠地计量必须以取得的确凿证据为依据,并且具有可验证性,才能确认为企业的存货。

存货所有权上的风险和报酬的转移一般会随着所有权凭证的转移或实物的交付而转移。如企业购入的商品在质量、规格等方面不符合合同规定的要求,销售方仍未根据正常的保证条款予以弥补,因而销售方仍负有责任,则商品所有权上的主要风险和报酬尚未转移。

同时,一项货品的法定所有权或控制权若归企业所有,则不论其实物处于何处,均应列为企业的存货;相反,如果企业对一项货品没有法定所有权,即使其实物存于企业的仓库内,也不应列为企业的存货。具体包括以下情况:

(1) 从购入方面分析,已经购入但尚未收到的在途商品;根据合同货款在约定的将来支付的已运达并验收入库的货品,应该列为企业的存货。

(2) 根据购货合同约定按"起运地交货"方式交货的,即使货款尚未支付,货品尚未运达,只要货品已起运交货就应列入企业的存货中;如果购货合同中约定是"目的地交货"方式发运的,即使货款已经支付,但只要货品尚未运达规定的地点,就不应列为企业的存货。

(3) 从销售方面分析,凡依照销售合同已经开具销售发票,所有权已经转移的货品,不管货品是否已经运离企业,或货款是否已经收到,都不应列为企业的存货;反之,货品的所有权尚未转移,即使货物已经运离企业,该项货品仍应作为企业的存货,如分期收款销售商品。

(4) 关于代销商品,在售出以前,代销商品的所有权属于委托方,应作为委托方的存货处理。同理,列为企业存货的尚有委托外单位加工以满足本企业特定需要的委托加工材料,而外单位委托本企业加工的委托加工材料,不应列入本企业的存货中。

需要注意的是,为建造固定资产等各项工程而储备的各种物资,虽然也具有存货的某些特征(如流动性),但它们并不符合存货的定义,因此不能作为企业存货进行核算;企业的特准储备以及按国家指令专项储备的资产也不符合存货定义,因而也不属于企业的存货。

第二节 存货取得和发出的计价方法

一、存货的初始计量

《企业会计准则——存货》规定:企业取得存货应当按照成本进行计量。这表明,企业存货入账价值的确定应遵循历史成本原则,以实际成本为基础进行初始计量。

企业的存货可以通过多种途径取得,可以外购、进一步加工取得,也可以通过非货币性交易、投资者投入、债务重组等方式取得。由于企业存货的取得主要是通过外购和自制两条途径,因此,存货成本包括采购成本、加工成本和其他成本三部分。从理论上讲,凡与取得存货有关的支出,均应计入存货的实际成本,但在会计实务中,不同途径取得的存货,其成本构成的内容是不同的。

(一) 存货的采购成本

企业外购存货主要包括原材料和商品。外购存货的成本即存货的采购成本,指企业物资从采购到入库前所发生的全部支出，外购存货的实际成本包括购买价款、相关税费、运输费、装卸费、保险费以及其他可归属于存货采购成本的费用。

其中，存货的购买价款是指购入存货时发票上列示的价款，但不包括按规定可以抵扣的增值税额。存货的相关税费是指购买存货发生的进口关税、消费税、资源税和不能抵扣的增值税额以及相应的教育费附加等应计入存货采购成本的税费。其他可归属于存货采购成本的费用是指采购成本中除上述各项外的可归属于存货采购的费用，如采购过程中发生的仓储费、包装费等、运输途中的合理损耗、入库前的挑选整理费等。

另外，用于非应纳增值税项目或免征增值税项目以及未能取得增值税专用发票或完税凭证而支付的增值税，以及认定为小规模纳税人的企业所支付的增值税，一律计入所购货物的采购成本。根据重要性原则，零星的市内运杂费、采购人员的差旅费、采购部门的费用，可不列入存货的采购成本，直接在管理费用中列支。

商品流通企业在采购过程中发生的运杂费、装卸费、保险费以及其他可以归属于存货采购成本的费用等进货费用，应当计入该存货的采购成本。在会计实务中，也可以将发生的进货费用先进行归集，期末根据所购的存销情况，按成本动因的相关性，选择合理的标准，分配计入各存货成本。对于已售商品的进货费用，计入主营业务成本；对于未售商品的进货费用，计入期末存货成本；采购商品的进货费用金额较小的，可以在发生时直接计入当期销售费用。

（二）存货的加工成本

企业通过进一步加工取得的存货，主要包括产成品、在产品、半成品、委托加工物资等。存货的加工成本是指存货加工的过程中发生的追加费用，包括直接人工和制造费用，但不包括直接由材料存货转移来的价值。其中，直接人工是指企业在生产产品过程中发生的直接从事产品生产和劳务提供人员的职工薪酬。

制造费用是指企业为生产产品和提供劳务而发生的各项间接费用。制造费用是一种间接生产成本，包括企业生产部门（如生产车间）管理人员的职工薪酬、折旧费、办公费、水电费、机物料消耗、劳动保护费、季节性和修理期间的停工损失等。

（三）存货的其他成本

存货的其他成本是指除了采购成本、加工成本以外的，使存货达到目前场所和状态所发生的其他支出。如企业设计产品发生的产品设计费用通常计入当期损溢，但是为特定客户设计产品所发生的，可直接认定的产品设计费用应计入存货的成本。

（四）其他方式取得的存货成本

企业取得存货的其他方式主要包括接受投资者投入、非货币性资产交换、债务重组、企业合并、接受捐赠等。

1. 投资者投入的存货成本

投资者投入存货的成本，应当按照投资合同或协议约定的价值确定，但合同或协议约定价值不公允的除外。在投资合同或协议约定价值不公允的情况下，按照该项存货的公允价值作为其入账价值。

2. 通过非货币性资产交换取得的存货成本

企业通过非货币性资产交换方式取得的存货，其成本应当按照《企业会计准则第 7 号——非货币性资产交换》的规定确定。

(1) 不涉及补价的：

① 非货币性资产交换具有商业实质且公允价值能够可靠计量的，应当以换出资产的公允价值和应支付的相关税费，作为换入资产的成本。换出资产的公允价值与其账面价值的差额，确认为当期损益。

② 非货币性资产交换不具有商业实质，或者虽然具有商业实质但资产的公允价值均不能可靠计量的，应当以换出资产账面价值为基础确定换入资产成本，无论是否支付补价，均不确认损益。

通过非货币性交易换入的存货，应当以换出资产的公允价值和应支付的相关税费，作为换入资产的成本。

(2) 支付补价的：应当以换出资产的公允价值加上支付的补价(即换入资产的公允价值)和应支付的相关税费，作为换入资产的成本；换出资产的公允价值与其账面价值的差额，确认为当期损益。

(3) 收到补价的：应当以换入资产的公允价值(或换出资产的公允价值减去补价)和应支付的相关税费，作为换入资产的成本。换出资产的公允价值与其账面价值的差额，确认为当期损益。同时，该项存货的后续计量和披露应当执行《企业会计准则第 1 号——存货》(以下简称《存货准则》)的规定。

3. 通过债务重组方式取得的存货成本

企业通过债务重组方式取得的存货，其成本应当按照《企业会计准则第 12 号——债务重组》的规定确定。

债权人应当对受让的存货按其公允价值入账，重组债权的账面余额与受让存货的公允价值之间的差额，确认为债务重组损失，作为营业外支出。

4. 通过企业合并方式取得的存货成本

企业通过企业合并方式取得的存货，其成本应当按照《企业会计准则第 20 号——企业合并》的规定确定。

5. 盘盈的存货成本

盘盈的存货应按其重置成本作为入账价值，并通过“待处理财产损溢”科目核算。

6. 委托外单位加工的存货成本

委托外单位加工的存货成本，包括加工过程中耗用的原材料、半成品成本、加工费用以及往返运输费用、装卸费、保险费以及按规定应计入成本的税费，但不包括企业垫付的应向购买者收取的增值税。

在确定存货成本的过程中，应当注意，下列费用应当在发生时确认为当期损益，不计入存货成本：

(1) 非正常消耗的直接材料、直接人工和制造费用，应计入当期损益，不得计入存货成本。如企业超定额的废品损失以及由自然灾害而发生的直接材料、直接人工及制造费用。

(2) 仓储费用，指企业在采购入库后发生的储存费用，应计入当期损益。但不包括在生产过程中为达到下一个生产阶段所必需的费用。

(3) 不能归属于使存货达到目前场所和状态的其他支出，不符合存货的定义和确认条件，应在发生时计入当期损益，不得计入存货成本。

二、发出存货的计量

在生产经营过程中，企业的存货不断流转，本期期末存货结转到下期，作为下期的期初存货，继续流动。在实际工作中，由于企业性质不同、规模不一，存货的收发频繁，且各批存货的数量和成本又各不相同，商品的成本流转与实物流转往往不一致。企业应当根据各类存货的实物流转方式和企业管理的要求以及存货的性质等实际情况，合理地选择发出存货成本的计算方法，以确定当期发出存货的实际成本。

对于性质和用途相似的存货，应当采用相同的成本计算方法确定发出存货的实际成本。根据存货成本流转的假设，在日常核算中，发出存货的成本可以采用实际成本计价，如个别认定法、加权平均法、移动加权平均法、先进先出法等，也可以采用计划成本法计价；对于商品流通企业，还可以采用毛利率法和零售价格法。企业不得采用后进先出法确定发出存货的成本。

存货计价正确与否，不仅影响本期的资产计价、销售成本、利润和税金及收益的分配等方面，进而影响下期资产负债表和损益表的有关项目，而且对存货的安全和资金的周转也有较大的影响。此外，存货信息的提供会影响产品的定价决策、成本的来源、生产计划、业绩的考核和利益的分配等各个方面。因此，企业一定要根据各类存货的实际情况选择发出存货的计价方法，以强化存货的控制和管理。下面将通过例子对各种方法予以说明。

（一）个别认定法

个别认定法是指对库存和发出的每一特定货物或每一批特定货物分别按其购入或生产时所确定的单位成本计算各批发出存货和期末存货成本的方法。采用个别认定法，要求为每一货品设置详细的存货记录，以便辨认每个或每批存货发出、期末存货所属的购货批别或生产通知单号码，确认对应的发票价格或对应生产成本单上的单位成本。

例 4－1 某公司 2019 年 12 月份存货 A 的收入、发出和库存情况如表 4－1 所示。

表 4－1 2019 年 12 月份存货 A 的收入、发出和库存情况

日期	收入		发出		成本（元）	结存（件）
	数量（件）	单位成本（元）	数量（件）	单位成本（元）		
12 月 1 日结存					6 000	300
12 月 6 日购入	900	24			21 600	1 200
12 月 10 日发出			800			400
12 月 21 日购入	600	28			16 800	1 000
12 月 26 日发出			600			400
12 月 31 日购入	200	32			6 400	600

经具体认定，若 12 月 10 日发出的 A 产品中，属于期初结存的有 100 件，属于 12 月 6 日购入的有 700 件；12 月 26 日发出的 A 产品中，属于期初结存的有 50 件，属于 12 月 21 日购入的有 550 件，则 12 月份 A 产品的发出实际成本为 35 200 元，期末存货成本为 15 600 元。

采用个别认定法计算发出存货的成本和期末存货的成本比较合理、准确，看似简单合理，而且在定期盘存法或永续盘存法下都可使用，但实务操作的工作量繁重，实行起来并非容易。所以，个别计价法适用于一般不能替代使用的存货以及为特定项目专门购入或制造的存货，如珠宝、名画等贵重物品。

(二) 加权平均法

加权平均法是根据期初结存存货和本期收入存货的实际成本和数量，期末一次计算出存货的本月加权平均单价，从而确定本期发出存货成本和期末结存存货成本的一种方法。其计算公式如下：

$$存货加权平均单价=\frac{期初结存存货成本+本期收入存货成本}{期初结存存货数量+本期收入存货数量}$$

$$本月发出存货成本=本月发出存货数量\times加权平均单价$$

$$月末结存存货成本=月末库存存货数量\times加权平均单价$$

例 4-2 仍以例 4-1 中 A 存货的资料为例，采用加权平均法计算如下：

A 存货加权平均单价=(6 000+21 600+16 800+6 400)÷(300+900+600+200)=25.4(元)

则本月发出存货的成本为 35 560 元，月末结存存货的成本为 15 240 元。

采用加权平均法，在月末计算一次加权平均单价，比较简单，而且价格上涨或下跌时对存货成本的分摊较为折中，是比较常用的计价方法。但是，采用这种方法平时无法及时了解存货的发出和结存的单价及金额，不利于存货的控制和管理。

(三) 移动加权平均法

移动加权平均法是指在每次购货后，根据账面结存的数量和结存成本，计算出新的移动平均单价，从而确定本期发出存货成本和结存存货成本的一种方法。采用这一方法，发出存货的单价将随每次购货而变动。具体计算方式如下：

$$移动加权平均单价=\frac{原有结存存货成本+本期收入存货成本}{原有结存存货数量+本期收入存货数量}$$

$$本期发出存货成本=本期发出存货数量\times本期发货前的加权平均单价$$

$$月末结存存货成本=月末库存存货数量\times月末存货的加权平均单价$$

例 4-3 续用例 4-1 的资料，其计算结果如表 4-2 所示。

表 4-2 移动加权平均法下存货成本的计算 单位：元

日 期	收 入			发 出			结 存		
	数量(件)	单价	金额	数量(件)	单价	金额	数量(件)	单价	金额
12 月 1 日							300	20	6 000
12 月 6 日	900	24	21 600				1 200	23	27 600
12 月 10 日				800	23	18 400	400	23	9 200
12 月 21 日	600	28	16 800				1 000	26	26 000

续表

日期	收入			发出			结存		
	数量（件）	单价	金额	数量（件）	单价	金额	数量（件）	单价	金额
12月26日				600	26	15 600	400	26	10 400
12月31日	200	32	6 400				600	28	16 800

第一批购货后的平均单价为：

(6 000＋21 600)÷(300＋900)＝23(元)

12月10日，发出的800件A存货的单价为23元，成本为18 400元，结存成本为9 200元(23×400)。

12月21日，购货后的平均单价为：

(9 200＋16 800)÷(400＋600)＝26(元)

12月26日，发出的600件A存货的单价为26元，成本为15 600元，结存成本为10 400元。

12月21日，购货后的平均单价为：

(10 400＋6 400)÷(400＋200)＝28(元)

该存货月末结存600件，结存成本为16 800元。本月发出存货的成本为34 000元。

采用移动加权平均法能使管理人员及时了解存货的收入、发出和结存情况，克服加权平均法的缺点，而且计算的平均单价以及发出和结存的存货成本比较客观。但采用这种方法，每次进货都要重新计算一次平均单价，计算工作量较大，对收、发货较频繁的企业不适用。

(四) 先进先出法

先进先出法是以先购入的存货先发出或耗用这样一种存货实物流转假设为前提，并根据先购入的存货成本先转出的成本流转次序，对发出存货和期末存货进行计价的一种方法。

例4-4 续用例4-1的资料，其计算结果如表4-3所示。

表4-3 先进先出法下存货成本的计算 单位：元

日期	收入			发出			结存		
	数量（件）	单价	金额	数量（件）	单价	金额	数量（件）	单价	金额
12月1日							300	20	6 000
12月6日	900	24	21 600				1 200		27 600
12月10日				300 500	20 24	6 000 12 000	400	24	0 9 600
12月21日	600	28	16 800				1 000		26 400
12月26日				400 200	24 28	9 600 5 600	400	28	11 200
12月31日	200	32	6 400				600		17 600

12 月 10 日发出的 800 件 A 存货中，有 300 件是期初结存的，500 件是 12 月 6 日购入的，发出存货成本为 18 000 元，结存成本为 9 600 元。

12 月 26 日发出的 600 件 A 存货中，有 400 件是 12 月 6 日购入的，200 件是 12 月 21 日购入的，发出存货成本为 15 200 元，结存成本为 11 200 元。

该存货月末结存的 600 件中，有 400 件是 12 月 21 日购入的，200 件是 12 月 31 日购入的，结存成本为 17 600 元。本月发出存货成本为 33 200 元。

采用先进先出法，发出存货成本靠近前期，存货成本按最近购货的成本确定，期末存货成本比较接近现行的市场价值。其优点是使企业不能随意挑选存货计价，以调整当期利润；缺点是工作量比较烦琐，特别对于存货进出量频繁的企业更是如此。当物价上涨时，采用先进先出法会低估发出存货的成本，并虚增企业当期利润，会多交所得税从而引起现金流出的增加。

（五）计划成本法

计划成本法是指企业存货的收入、发出和结余均按预先制定的计划成本计价。平时收到存货时，按计划成本入账，并及时将实际成本与计划成本的差额记入成本差异科目。领用、发出的存货，也按计划成本计算，月份终了时，再将应负担的成本差异按一定比例进行分配，将本月发出存货的计划成本调整为实际成本。采用计划成本法的企业，应制定各种存货的计划成本目录，在年度内一般不做调整。

采用计划成本法不仅可以简化存货的日常核算工作，随时了解存货的收、发、存情况，还可以用来考核采购部门的工作业绩，使会计部门对存货的金额核算与仓库的数量核算统一起来，从而加强对存货的控制。在我国制造企业中，计划成本法是一种广泛应用的存货计价方法。

关于计划成本法中材料成本差异的分摊以及商品流通企业的计价方法，在下面的核算中结合例子进行介绍。

第三节　原材料的核算

一、原材料核算的内容

原材料是指企业用于制造产品并构成产品实体的购入物品，以及购入的用于产品生产但不构成产品实体的辅助性物资等。按其经济内容，原材料可分为：

1. 原料及主要材料

这是指直接用于产品制造，经过加工后能构成产品主要实体的材料，如钢铁厂的矿砂、纺织厂用的原棉等。

2. 辅助材料

这是指直接用于生产，在生产中起辅助作用，不构成产品主要实体的各种材料。如化工厂用的各种催化剂，机器运转中用的润滑油。

3. 外购半成品

这是指从外部购入需要本企业进一步加工或装配的已完成一定生产步骤的半成品。外购半成品和原料及主要材料有时很难划分，因此有的企业将外购半成品归入原材料。

4. 修理用备件

这是指为修理本企业的机器设备和运输设备等从外部购入的专用零部件。如果储备数量不大，占用资金不多，也可以将其并入辅助材料。

5. 包装材料

这是指企业专门用于包装所生产产品的各种材料。

6. 燃料

这是指在工艺技术过程中用于燃烧取得热能的各种材料。

二、按实际成本计价的原材料收发的核算

(一) 原材料分类账的设置

企业会计制度规定，存货的日常核算可以按实际成本核算，也可以按计划成本核算。对于规模较小、存货品种简单、采购业务不多的企业，可以采用实际成本核算。存货按实际成本核算的特点是：从存货收发凭证到明细分类账和总分类账，全部按实际成本计价。

在企业的生产经营活动中，无论是取得材料的入库，各个部门材料的领退，自制、委托加工材料的出入库，材料废料的回收以及材料的对外销售等业务，都应该严格按照存货管理制度的规定，办理相关出入库手续，填制和审核收发凭证、账簿，进行材料日常收发的明细分类核算和总分类核算。

原材料的明细分类核算包括数量核算和金额核算两个部分。数量核算通常由企业仓库保管人员负责，而金额核算由企业会计人员负责。材料收发业务频繁，可以在仓库设置“材料卡片账”，登记材料收发结存数量的明细记录；会计部门设置材料明细账，核算各种材料的收发、结存数量和金额，以便仓库和会计部门相互监督和制约。为了减少工作量，也可以将仓库按品种、规格设置的材料卡片与会计部门设置的材料明细分类账合并，由仓库负责登记材料收发数量，会计部门定期稽核账单，并在材料收发凭证上标价，登记金额，同样可以起到相互监督和制约的作用。原材料的明细分类账应该按材料的品种、规格设置，采用数量金额式，分收入、发出和结存三栏进行登记。根据收料凭证，顺时逐笔登记“收入”栏的数量、单价和金额；根据发料凭证，选择不同的存货发出计价方法，计算发出材料和结存材料的实际成本，登记“发出”栏和“结存”栏的数量、单价和金额。材料明细分类账的格式如表 4－4 所示。

表 4－4　材料明细分类账

材料类别：
材料编号：　　　　材料名称及规格：A 材料　　　　单位：元/千克

日期	凭证号数	摘要	收入			发出			结存		
			数量	单价	金额	数量	单价	金额	数量	单价	金额
12 月 1 日		结存							300	20	6 000
12 月 6 日		购入	900	24	21 600				1 200	23	27 600
12 月 10 日		领用				800	23	18 400	400	23	9 200
12 月 21 日		购入	600	28	16 800				1 000	26	26 000
12 月 26 日		领用				600	26	15 600	400	26	10 400
12 月 31 日		购入	200	32	6 400				600	28	16 800
合　计			1 700		44 800	1 400		34 000	600	28	16 800

为了总括反映原材料的增减变动和结存情况，按照我国现行会计制度的规定，在实际成本核算时，企业应设“原材料”“在途物资”等科目进行会计核算。

“原材料”属于资产类科目，用来核算企业各种途径增加的库存材料的收发和结存情况。在采用实际成本计价时，其借方登记入库材料的实际成本；贷方登记发出材料的实际成本；余额在借方，表示库存材料的实际成本。

“在途物资”属于资产类科目，用来核算企业购入的尚未到达或尚未验收入库的各种在途物资的采购和入库情况。其借方登记支付或承付的在途物资价款和应承担的运杂费等采购成本；贷方登记已经验收入库的在途物资的实际成本；余额在借方，表示月末尚未到达的各种在途物资的采购成本。

(二) 外购原材料的核算

外购原材料时，由于结算方式和采购地点的不同，原材料的入库时间与付款时间不一定完全同步，相应地，在会计处理上也有所不同。具体有以下几种情况(以一般纳税人企业为例)：

1. 发票账单与材料同时到达

对于发票账单与材料同时到达的采购业务，企业应该在支付货款或开出承兑商业汇票，材料验收入库后，根据发票账单等结算凭证确定的材料成本，借记“原材料”科目进行核算。根据取得的增值税专用发票上注明的税额，借记“应交税费——应交增值税(进项税额)”科目；按实际支付的款项或应付票据的面值，贷记“银行存款”或“应付票据”等科目。

例 4-5 某企业为一般纳税人，增值税税率 13%，从红星公司购入甲材料一批，取得的增值税专用发票上记载的原材料价款为 100 000 元，增值税税额为 13 000 元，另外支付采购费用 1 500 元(假设不考虑增值税)。发票等结算凭证已经收到，货款已通过银行转账支付。应编制会计分录如下：

借：原材料	101 500	
应交税费——应交增值税(进项税额)	13 000	
贷：银行存款		114 500

2. 在途物资

对于已经付款或已开出承兑商业汇票，但原材料尚未到达的采购业务，应根据发票账单等结算凭证，借记“在途物资”“应交税费”科目，贷记“银行存款”或“应付票据”等科目；待原材料到达、验收入库后，根据收料单，借记“原材料”科目，贷记“在途物资”科目。

例 4-6 某企业为一般纳税人，从红星公司购入乙材料一批 1 000 千克，单价 100 元，取得的增值税专用发票上记载的原材料价款为 100 000 元，增值税税额为 13 000 元，并假设购入材料的发票等结算凭证已到，货款已通过银行转账支付，但材料尚未到达。应编制会计分录如下：

(1) 收到发票等结算凭证时：

借：在途物资	100 000	
应交税费——应交增值税(进项税额)	13 000	
贷：银行存款		113 000

(2) 材料到达、验收入库时：

借：原材料	100 000	
贷：在途物资		100 000

3. 无发票到料

对于材料已到达并已验收入库，而发票账单等结算凭证未到的采购业务，平时可以不做处理。期末按材料的暂估价值入账，在下月初，用红字冲销原暂估入账金额，待收到发票账单后再按照实际金额记账。即对于材料已到达并已验收入库，而发票账单等结算凭证未到，货款尚未支付的采购业务，应于期末按材料的暂估价值，借记"原材料"科目，贷记"应付账款——暂估应付账款"科目。下月初，用红字冲销原暂估入账金额，以便下月付款或开出承兑商业汇票后，按正常程序，借记"原材料""应交税费——应交增值税(进项税额)"科目，贷记"银行存款"或"应付票据"等科目。

例 4-7 某企业为一般纳税人，从红星公司购入丙材料一批，假设购入的丙材料已经到达并已验收入库，但发票等结算凭证没有收到，货款尚未支付。月末，估计这批材料的价格为 90 000 元。应编制会计分录如下：

(1) 材料到达，验收入库时：

借：原材料	90 000	
贷：应付账款——暂估应付账款		90 000

(2) 下月初，用红字冲销原暂估入账金额：

借：原材料	(90 000)	
贷：应付账款——暂估应付账款		(90 000)

(3) 收到发票等结算凭证，取得的增值税专用发票上记载的原材料价款为 100 000 元，增值税税额为 13 000 元：

借：原材料	100 000	
应交税费——应交增值税(进项税额)	13 000	
贷：银行存款		113 000

4. 货款已经预付，材料尚未验收入库

采用预付货款的方式采购材料，应在预付材料价款时，按照实际预付金，借记"预付账款"科目，贷记"银行存款"科目；已经预付货款的材料验收时，根据发票账单等所列的价款、税额等，借记"原材料"科目和"应交税费——应交增值税(进项税额)"科目，贷记"预付账款"科目；预付款项不足时，按补付金额，借记"预付账款"科目，贷记"银行存款"科目；收回多付的款项时，借记"银行存款"科目，贷记"预付账款"科目。具体核算可参见第三章例 3-12 的相关内容。

5. 材料损耗的处理

需要注意的是：企业在核算外购材料业务时，对于采购途中发生的材料短缺和毁损，不能全部计入材料的采购成本，而应根据造成短缺或毁损的原因分别处理。

对于定额内合理的途中损耗，计入材料的采购成本。

对于能确定由供应单位、运输单位、保险公司或其他过失人负责赔偿的，应向有关单位或责任人索赔，短缺和毁损的材料成本连同所负担的增值税税额一起，借记"应收账款"或"其他应收款"科目，贷记"在途物资""应交税费——应交增值税(进项税额转出)"科目。

对于待查明原因和需要报经批准才能处理的损失，应将短缺和毁损的材料成本连同所负担的增值税税额一起，从"在途物资"科目转入"待处理财产损溢"科目，查明原因后再分别处理：属于应由过失人负责赔偿的，将其损失从"待处理财产损溢"科目转入"应收账款"或"其他应收款”科目；属于自然灾害造成的损失，应按扣除残料价值和保险公司赔偿后的净损失，从“待处理财产损溢”科目转入“营业外支出——非常损失”科目；属于无法收回的其他损失，报经批准后，将其从“待处理财产损溢”科目转入“管理费用”科目。

例4－8 沿用例4－6的资料，如果下月收到材料时发现短缺50千克，经确认，短缺材料的合理损耗为2%，即20千克，其余的损失由相关过失人赔偿。

20千克的合理损耗计入采购成本；由过失人负责赔偿的30千克原材料，单价100元，应负担以下损失：

100×30＋100×30×13%＝3 390(元)

入库材料的实际成本为：

100 000－3 000＝97 000(元)

结转入库成本和确认损失时的会计分录如下：

借：其他应收款　　3 390
　贷：在途物资　　3 000
　　应交税费——应交增值税(进项税额转出)　　390

借：原材料　　97 000
　贷：在途物资　　97 000

(三) 通过进一步加工取得的原材料

通过进一步加工取得的存货可以是自己生产的，也可以是委托外单位加工的存货，包括原材料、库存商品等。

自制并已验收入库的原材料，按实际成本，借记“原材料”“自制半成品”科目，贷记“生产成本”科目。

委托外单位加工的原材料的会计处理，包括发出委托加工材料、支付加工费用和税金、加工完成收回等环节，通过“委托加工物资”科目核算。

例4－9 某企业委托甲公司加工材料一批(属于应税消费品)。原材料的成本为200 000元，支付的加工费为70 000元(不含增值税)，消费税税率为10%，受托方代收代交的消费税为30 000元，材料加工收回后仍然按原材料进行核算和管理，加工费用等已经支付。双方适用的增值税税率为13%。有关账务处理如下：

(1) 发出委托加工材料等物资时，应将物资的成本由“原材料”“库存商品”等科目转入“委托加工物资”科目。应编制会计分录如下：

借：委托加工物资　　200 000
　贷：原材料　　200 000

(2) 支付加工费用、消费税、增值税时：

增值税进项税额＝70 000×13%＝9 100(元)

消费税组成计税价格＝(200 000＋70 000)÷(1－10%)＝300 000(元)

代收代交的消费税＝300 000×10%＝30 000(元)

支付的加工费用直接计入委托加工成本，应缴纳的增值税计入进项税额，对于由受托方代收代交的消费税则分两种情况进行处理：

① 如果材料加工收回后直接用于销售，则受托方代收代交的消费税计入委托加工成本。

应编制会计分录如下：

借：委托加工物资　　100 000
　　应交税费——应交增值税(进项税额)　　9 100
　　贷：银行存款　　109 100

② 如果材料加工收回后，用于继续生产应税消费品的，则受托方代收代交的消费税30 000元可以抵扣，不必计入成本。应编制会计分录如下：

借：委托加工物资　　70 000
　　应交税费——应交增值税(进项税额)　　9 100
　　　　　　——应交消费税　　30 000
　　贷：银行存款　　109 100

(3) 加工完成收回后直接用于销售时，应编制会计分录如下：

借：原材料(库存商品)　　300 000
　　贷：委托加工物资　　300 000

加工完成收回后的材料用于继续生产应税消费品时，应编制会计分录如下：

借：原材料(库存商品)　　270 000
　　贷：委托加工物资　　270 000

(四) 投资者投入原材料的核算

初始投资者投入的原材料，按投资合同或协议约定的价值，借记“原材料”科目；取得增值税专用发票的，按发票上注明的增值税税额，借记“应交税费——应交增值税(进项税额)”科目；按获得的权益份额，贷记“实收资本”(或“股本”)等科目。

例 4-10　某企业接受初始投资者投入的原材料一批，投资合同确定确认的价值为100 000元，增值税专用发票上注明的增值税税额为13 000元。

借：原材料　　100 000
　　应交税费——应交增值税(进项税额)　　13 000
　　贷：实收资本　　113 000

(五) 通过非货币性资产交换方式取得的原材料的核算

例 4-11　某企业以原价为50 000元，已计提折旧20 000元的设备，换取公允价值为20 000元的材料一批，未取得增值税发票。支付的相关税费为3 000元。企业应编制会计分录如下：

(1) 如果设备公允价值为20 000元：

借：固定资产清理　　30 000
　　累计折旧　　20 000
　　贷：固定资产　　50 000

借：原材料　　23 000
　　资产处置损益　　10 000
　　贷：固定资产清理　　30 000
　　　　银行存款　　3 000

(2) 如果设备公允价值为 30 000 元，收到补价 10 000 元：

借：原材料　　23 000

　　银行存款　　10 000

　　贷：固定资产清理　　30 000

　　　　银行存款　　3 000

(3) 如果设备公允价值为 18 000 元，支付补价 2 000 元：

借：原材料　　23 000

　　资产处置损益　　12 000

　　贷：固定资产清理　　30 000

　　　　银行存款　　5 000

企业应当以换出资产的公允价值加上支付的补价和应支付的相关税费，作为换入资产的成本；换出资产的公允价值与账面价值的差额，计入当期损益。

(六) 发出原材料的核算

为了简化日常核算工作，平时可以只进行材料的明细核算，以反映材料的收发、结存情况。月末，根据领用部门填制的领料单，分别相关用途，汇总编制发料汇总表，进行总分类核算。企业生产经营过程领用的原材料，根据发料汇总表，按实际成本，借记"生产成本""制造费用""销售费用""管理费用"等科目，贷记"原材料"科目。

例 4－12 根据发料汇总表的记录，企业 9 月份基本生产车间领用甲材料 80 000 元，辅助生产车间领用甲材料 8 000 元，车间管理部门领用乙材料 10 000 元，企业行政管理部门领用乙材料 5 000 元。企业应编制会计分录如下：

借：生产成本——基本生产成本　　80 000

　　　　　　——辅助生产成本　　8 000

　　制造费用　　10 000

　　管理费用　　5 000

　　贷：原材料——甲材料　　88 000

　　　　　　　——乙材料　　15 000

专设销售机构、福利等部门领用的原材料，按实际成本加上不予抵扣的增值税，借记"销售费用""应付职工薪酬"等科目；按实际成本，贷记"原材料"科目；按不予抵扣的增值税税额，贷记"应交税费——应交增值税(进项税额转出)"科目。

对于出售的原材料，企业应当按已收或应收的价款，借记"银行存款""应收账款"等科目；按实现的营业收入，贷记"其他业务收入"等科目；按应交的增值税税额，贷记"应交税费——应交增值税(销项税额)"科目；按出售原材料的实际成本，借记"其他业务成本"科目，贷记"原材料"科目。

三、按计划成本计价的原材料收发的核算

我国现行会计制度规定，原材料收发、结存的总分类账和明细账均按计划成本登记，原材料的实际成本与计划成本的差异通过"材料成本差异"科目核算。月份终了，通过"材料成本差异"科目，将发出原材料的计划成本调整为实际成本。

(一) 科目设置

企业应设“原材料”“材料采购”“材料成本差异”等科目，进行原材料的计划成本核算。

1. “原材料”科目

在计划成本法下，本科目完全采用计划成本记账。其借方登记入库材料的计划成本；贷方登记发出材料的计划成本；余额在借方，表示期末库存材料的计划成本。

2. “材料采购”科目

本科目用来核算材料采购过程所发生的全部实际成本。其借方归集存货采购过程中的实际成本，包括材料采购价格、存货运费、合理损耗、入库前的挑选整理费和进口存货应由买方负担的关税等；其贷方反映转入原材料科目计划成本的金额。借方大于贷方，表示超支，从本科目的贷方将差额转入“材料成本差异”科目的借方；贷方大于借方，表示节约，从本科目的借方将差额转入“材料成本差异”科目的贷方；月末余额在借方，表示未入库的在途材料的实际成本。

3. “材料成本差异”科目

本科目用来反映已入库材料的实际成本与计划成本的差异的形成和结转，借方登记已验收入库材料的实际成本大于计划成本的差异的超支差异，贷方登记已验收入库材料的实际成本小于计划成本的差异的节约差异。本月发出材料应负担的节约差异，从借方转出；应负担的超支差异，从贷方转出。期末余额在借方，表示库存材料的超支差异；期末余额在贷方，则表示库存材料的节约差异。

(二) 计划成本法下购入原材料的核算

外购材料按计划成本同实际成本法一样，会由于结算方式和采购地点的不同，造成原材料的入库时间与付款时间不一定完全同步，从而使会计处理有所不同。下面分别以发票账单与材料同时到达、无发票到料及在途材料的情况举例说明。

例 4-13 某企业为一般纳税人，增值税税率 13%(下同)。该企业发生的材料采购业务如下：

(1) 9 月 2 日，从红星公司购入甲材料 10 000 千克，取得的增值税专用发票上记载的原材料价款为 100 000 元，增值税税额为 13 000 元，材料已经到达并验收入库，发票等结算凭证已经收到，货款已通过银行转账支付。该批材料的计划成本为 120 000 元。应编制会计分录如下：

借：材料采购	100 000	
应交税费——应交增值税(进项税额)	13 000	
贷：银行存款		113 000
借：原材料	120 000	
贷：材料采购		100 000
材料成本差异		20 000

该批材料的成本差异为节约 20 000 元。

注：入库材料的成本也可以到月末一次性结转。

(2) 9 月 5 日，从大地公司购入甲材料 4 000 千克，取得的增值税专用发票上记载的原材料价款为 60 000 元，增值税税额为 7 800 元，材料已经到达并验收入库，双方商定采用商业承兑汇票结算方式支付货款，已开出商业承兑汇票。该材料的计划成本为 48 000 元。应编制会计分录如下：

借：材料采购 60 000
　　应交税费——应交增值税（进项税额） 7 800
　　贷：应付票据 67 800
借：原材料 48 000
　　材料成本差异 12 000
　　贷：材料采购 60 000
该批材料的成本差异为超支 12 000 元。

（3）10 月 18 日，从红星公司购入甲材料 5 000 千克，材料已经运到，并已验收入库，但发票等结算凭证尚未收到，货款尚未支付。该批材料的计划成本为 60 000 元。企业应于月末按计划成本入账。有关会计分录如下：

借：原材料 60 000
　　贷：应付账款——暂估应付账款 60 000
下月初，用红字将上述分录予以冲回：
借：原材料 (60 000)
　　贷：应付账款——暂估应付账款 (60 000)

收到发票等结算凭证并支付货款时，按正常程序记账。取得的增值税专用发票上注明的价款为 70 000 元，增值税税额为 9 100 元。有关会计分录如下：

借：材料采购 70 000
　　应交税费——应交增值税（进项税额） 9 100
　　贷：银行存款 79 100
借：原材料 60 000
　　材料成本差异 10 000
　　贷：材料采购 70 000
该批材料的成本差异为超支 10 000 元，归属于收到材料的月份。

（4）10 月 28 日，从红星公司购入甲材料 1 000 千克，取得的增值税专用发票上记载的原材料价款为 14 000 元，增值税税额为 1 820 元，发票等结算凭证已经收到，货款已通过银行转账支付。该批材料的计划成本为 12 000 元，材料尚未收到。应编制会计分录如下：

借：材料采购 14 000
　　应交税费——应交增值税（进项税额） 1 820
　　贷：银行存款 15 820

（5）如果入库材料的成本到月末一次性结转，则在月末，汇总本月已经收到结算凭证的材料，比较其实际成本和计划成本，确定材料成本差异。

（三）计划成本法下发出原材料的核算

企业在采用计划成本法进行存货的日常核算时，到期末，还需要将发出存货和期末存货调整为实际成本。

实际成本＝计划成本±成本差异

在取得材料时，形成材料成本差异，在领用材料、出售材料、消耗材料时分摊差异。企业应该计算成本差异率，将期初和当期形成的材料成本差异，在当期已发出材料和期末结存材料间进行分配，并将属于已消耗材料应分摊的材料成本差异，从“材料成本差异”科目转入相关的成本费用科目。

分配材料成本差异时，可以按本月的材料成本差异率计算，也可以按上月的材料成本差异率计算。

$$本月材料成本差异率=\frac{月初结存材料的成本差异+本月收入材料的成本差异}{月初结存材料的计划成本+本月收入材料的计划成本}\times 100\%$$

$$上月材料成本差异率=\frac{月初结存材料的成本差异}{月初结存材料的计划成本}\times 100\%$$

本月发出材料应分摊的材料成本差异＝发出材料的计划成本×成本差异率

例 4-14 沿用例 4-13 的 9 月份资料，本月收入材料的计划成本为 168 000 元，节约差异 8 000 元。假定企业期初结存甲材料的计划成本为 32 000 元，“材料成本差异”科目的借方余额为 1 600 元。根据发料汇总表的记录，企业 9 月份基本生产车间领用材料 20 000 元，辅助生产车间领用材料 10 000 元，车间管理部门领用材料 2 000 元，企业行政管理部门领用材料 1 000 元。

根据相关资料，材料成本差异率计算如下：

$$本月材料成本差异率=\frac{1\,600-20\,000+12\,000}{32\,000+120\,000+48\,000}\times 100\%=-3.2\%$$

本月发出材料应分配的材料成本节约差异＝33 000×(－3.2%)＝－1 056

上月材料成本差异率＝1 600/32 000×100%＝5%

本月发出材料应分配的材料成本超支差异＝33 000×5%＝1 650(元)

发出材料的会计分录如下：

借：生产成本——基本生产成本	20 000	
——辅助生产成本	10 000	
制造费用	2 000	
管理费用	1 000	
贷：原材料		33 000

月末结转材料成本差异的会计分录如下：

采用本月材料成本差异率时：

借：材料成本差异	1 056	
贷：生产成本——基本生产成本		640
——辅助生产成本		320
制造费用		64
管理费用		32

采用上月材料成本差异率时：

借：生产成本——基本生产成本	1 000	
——辅助生产成本	500	
制造费用	100	
管理费用	50	
贷：材料成本差异		1 650

需要注意的是，在计算本月材料成本差异率时，本月收入材料的计划成本中不包含期末按估计价入账的无发票到料的计划成本。成本差异率可以分类计算，也可以按品种计算，但原材料、包装物、委托加工物资等不同的类别不宜采用综合差异率分摊差异。计算方法一经确定，不能随意改变。结转已发出材料的差异留在"材料成本差异"科目的余额，是期末结存原材料应负担的材料成本差异，作为原材料计划成本的调整项目。

第四节 周转材料的核算

一、周转材料的特点

周转材料是指企业能够多次使用、逐渐转移其价值但仍保持原有形态但不作为固定资产核算的各种劳动资料，包括工具、管理用具、玻璃器皿，以及在经营过程中周转使用的包装容器等各种用具物品，如包装物和低值易耗品以及建造承包企业的钢模板、木模板、脚手架等。

进行周转材料的核算，无论是外购、自制还是委托外单位加工的周转材料，其采购、入库、储存、领发、清查盘点可比照原材料，设置"周转材料"总账科目，同时可按类别、品种规格等设置数量金额式的明细账，进行周转材料收、发、存的日常核算。周转材料的日常核算既可以采用实际成本计价，也可以采用计划成本计价，其实际成本的构成内容与原材料的构成内容非常相似。

但在其使用、修理和报废等业务方面又有其不同之处，有些类似于固定资产，需要对成本进行摊销。周转材料作为劳动资料，可以多次参加生产经营活动而实物形态不变，其价值应按使用情况一次或分次转移到产品成本中去。周转材料转移到产品中的价值可在"周转材料"总账科目下增设"周转材料摊销"二级科目，也可以不设。

在采用计划成本计价时，可在"材料成本差异"科目下增设"周转材料成本差异"二级账，进行成本差异的核算。

进行周转材料成本核算的重点应是周转材料的成本摊销。

二、周转材料的摊销方法

周转材料常见的摊销方法主要有：一次转销法、分次摊销法和五五摊销法。通常情况下，对包装物和低值易耗品，应当采用一次转销法或者五五摊销法进行摊销；我国新企业会计准则取消了分次摊销法，只有企业（建造承包商）的钢模板、木模板、脚手架和其他周转材料等可采用分次摊销法。

企业采用一次转销法或者五五摊销法摊销对周转材料进行的摊销额，计入相关资产的成本或者当期损益。如果对相关的周转材料计提了存货跌价准备，还应结转已计提的存货跌价准备，冲减相关资产的成本或当期损益。

（一）一次转销法

一次转销法就是在领用周转材料时，将其全部价值一次结转至当期损益的一种方法。采用一次转销法，在领用时，应将周转材料（假定为低值易耗品）的全部价值一次性记入"管理费用""生产成本""销售费用"等科目。

周转材料报废时，应将报废的残料或残值冲销有关的成本或费用。在按计划成本进行周转材料的日常核算时，月末，还应通过“材料成本差异——周转材料成本差异”科目，将周转材料的计划成本调整为实际成本。

一次转销法的会计处理可归纳如下：

(1) 领用时：

借：制造费用　　××××

　　管理费用　　××××

　　销售费用等　　××××

　　贷：周转材料　　××××(实际成本或计划成本)

(2) 月末调整差异时：

借：制造费用　　××××

　　管理费用　　××××

　　销售费用等　　××××

　　贷：材料成本差异——周转材料差异　　××××(结转节约差异作相反分录)

例 4－15　某企业某月领用一批生产工具，其计划成本为 800 元；本月报废一批用具，计划成本为 200 元，残料为 30 元。周转材料的成本差异率为超支 1%，其会计分录如下：

(1) 领用生产工具时：

借：制造费用　　800

　　贷：周转材料　　800

(2) 报废用具时：

借：原材料　　30

　　贷：制造费用　　30

(3) 月末调整差异时：

借：制造费用　　8

　　贷：材料成本差异——周转材料差异　　8

一次转销法的优点是核算简便，适用于一次领用周转材料价值比较低、使用期短的周转材料。如果一次领用周转材料的价值较大，采用该法将会造成领用月份成本、费用负担过多，从而影响到产品成本或利润的准确性。此外，一次转销法会造成账外资产，不利于对账外资产的实物管理，为了弥补这一缺陷，应为账外资产设置“备查登记簿”，以便进行实物监督。

(二) 分次摊销法

分次摊销法是根据周转材料的原价和预计使用期限，按使用期间平均摊销其价值，在报废时注销其总成本的一种摊销方法。适用于价值的转移与使用时间相关性较大的周转材料的核算。采用分次摊销法摊销时，可通过“周转材料——周转材料摊销”科目核算，也可以通过“长期待摊费用”科目核算。前一种方法可比照后面讲述的五五摊销法，这里仅对后一种方法进行介绍。

如果采用“长期待摊费用”科目核算周转材料，在领用周转材料时，借记“长期待摊费用”科目，贷记“周转材料”科目；分月摊销时，借记“制造费用”或“管理费用”等科目，贷记“长期待摊费用”科目；周转材料报废时，残料或残值冲减当月的成本或费用。同样，如果周转材料是采用计划成本计价的，月末还要对当月领用的周转材料的计划成本进行调整。

例 4－16 某企业某月生产领用钢模板的计划成本为 36 000 元，规定分 3 年按月平均摊销，该周转材料的成本差异率为超支 2%，编制会计分录如下：

（1）领用时：

借：长期待摊费用 36 000

　　贷：周转材料 36 000

（2）月末调整差异时：

借：长期待摊费用 720

　　贷：材料成本差异——周转材料成本差异 720

（3）本月摊销时：

借：制造费用（36 720÷36） 1 020

　　贷：长期待摊费用 1 020

分次摊销法同样会造成账外资产的实物管理问题，同样可设备查簿进行实物监督。

（三）五五摊销法

五五摊销法是指在领用周转材料时摊销其一半价值，在报废时再摊销另一半价值的方法。在这种方法下，为了核算在用周转材料和周转材料的摊余价值，应在“周转材料”总账科目下，分设“在库周转材料”“在用周转材料”和“周转材料摊销”三个二级科目。在领用周转材料时，应按其实际成本或计划成本，借记“周转材料——在用周转材料”科目，贷记“周转材料——在库周转材料”科目，同时，摊销其一半价值，借记有关成本、费用科目，贷记“周转材料——周转材料摊销”科目，采用计划成本核算时，在月末还应调整成本差异；在报废周转材料时，应按回收残料的价值借记“原材料”等科目，按报废周转材料价值的一半减去残料价值后的余额，借记有关成本、费用科目，贷记“周转材料——周转材料摊销”科目，同时注销周转材料的账面价值，借记“周转材料——周转材料摊销”科目，贷记“周转材料——在用周转材料”科目。

例 4－17 乙公司的低值易耗品采用五五摊销法核算，行政管理部门领用管理用具一批，计划成本为 8 000 元，该月材料成本差异为超支 2%。乙公司应编制有关会计分录如下：

借：周转材料——在用 8 000

　　贷：周转材料——在库 8 000

借：管理费用 4 000

　　贷：周转材料——摊销 4 000

若上述低值易耗品报废，收回残料入库，估价 500 元，则应编制会计分录如下：

借：管理费用 3 500

　　原材料 500

　　贷：周转材料——摊销 4 000

借：周转材料——摊销 8 000

　　贷：周转材料——在用 8 000

借：管理费用 160

　　贷：材料成本差异——周转材料成本差异 160

相比采用分期摊销法核算时，除了需要在每个会计期间摊销成本外，其会计处理与采用五五摊销法相同。五五摊销法的优点是便于对周转材料进行实物监督，该法适用于每月领用、报废周转材料比较均衡的情况下。调整差异时，根据当月领用的周转材料的计划成本和差异率计算。

（四）包装物成本的处理原则

需要注意的是，如果企业使用的周转材料是包装物，则其成本应按发出包装物的不同用途分别进行处理。其处理原则如下：

（1）构成了产品实体的包装物，其成本计入产品的生产成本。

（2）随同产品销售单独计价的包装物，其收入单独计为其他业务收入，按配比原则，其成本也单独计为其他业务成本。

（3）随同产品销售不单独计价的包装物，没有单独计量收入，可以视为促进产品销售的支出，其成本计入销售费用。

（4）出租包装物的成本，其收入单独计为其他业务收入，其成本摊销后计为其他业务成本。

（5）出借包装物的成本，没有收入的，可以视为为方便顾客和促进产品销售的支出，其成本摊销计入销售费用。

无论是出租包装物还是出借包装物，一般都要收取押金。出租包装物有租金收入，其成本的摊销构成其他业务成本；而出借包装物没有收入，因而包装物成本的摊销作为期间费用处理。

第五节　库存商品的核算

商品流通企业的库存商品和制造企业的库存商品，在取得途径、成本构成、计价方法以及会计核算方面都有很大的区别。制造企业的库存商品主要是指企业自己生产加工的产成品、在产品和自制半成品；商品流通企业的库存商品是指商业企业外购的为销售而储备的商品。

一、制造企业库存商品的核算

产成品和自制半成品是产品制造企业重要的存货资产。产成品是指企业已经完成全部生产过程，验收合格入库的产品。自制半成品是指企业已经过一定的生产过程，但尚未制造完成为商品，仍需继续加工的中间产品。

对于加工完成后，送入半成品仓库，下一工序需要时再领用的自制半成品，需单独设置“自制半成品”科目进行核算。“自制半成品”科目的借方登记入库自制半成品的实际生产成本，贷方登记领用、发出和对外销售的自制半成品的成本，月末借方余额表示库存未用自制半成品的实际成本。检验入库时，按其实际成本借记“自制半成品”科目，贷记“生产成本”科目，领用自制半成品继续加工时，借记“生产成本”科目，贷记“自制半成品”科目。委托外单位加工的自制半成品，应在本科目中单独设置“委托加工半成品”明细科目进行核算。

为了核算库存产成品的成本，企业应设置“库存商品——产成品”科目，本科目的借方登记已经完成生产过程并已验收入库产成品的生产成本；贷方登记发出（售出）产成品的实际成本，月末借方余额表示库存产成品的实际成本。对于生产入库的产成品，可以在平时登记数量，月末根据产品成本计算单或产品成本汇总表等凭证计算入库产成品的实际成本，借记“库存商品”科目，贷记“生产成本”科目，月末结转已销产成品成本时，从“库存商品”科目贷方转入“主营业务成本”“分期收款发出商品”等科目的借方。

制造企业有关库存商品成本的计算和收发业务的会计核算，将在“成本会计”课程的有关内容中重点学习。

二、商品流通企业存货的核算

商品流通企业经销的商品一般种类繁多，规格齐全，而且进出频繁。若按每种商品计算并结转销售成本，工作量很大。对于商品批发企业，由于其同类商品的毛利率大致相同，常常会选择毛利率法对商品存货进行核算。而零售企业的库存商品除了存放在仓库中的商品外，还包括存放在柜台内、门市部、委托其他单位代管代销的商品，通常要求按商品零售价格标价，比较重视商品的零售价格。所以，为了满足管理上的需要，在会计实务中，百货商店、超级大卖场等商品零售企业广泛采用零售价格法进行成本核算。

（一）毛利率法

毛利率法是根据本期销售净额乘以上期实际（或本月计划）毛利率估算本期销售毛利，并据以计算发出存货成本和期末结存存货成本的一种方法。采用这种方法计算，要分几个步骤：

第一，根据前期实际销售资料或本期计划数估算毛利率，公式如下：

$$\text{毛利率}=\frac{\text{销售毛利}}{\text{销售净额}}\times 100\%=\frac{\text{销售净额}-\text{销售成本}}{\text{销售净额}}\times 100\%$$

第二，根据确定的毛利率计算本期发出存货的销售成本，公式如下：

$$\begin{aligned}\text{本期销售净额}&=\text{商品销售收入}-\text{销售退回与折让}\\\text{本期销售毛利}&=\text{本期销售净额}\times\text{毛利率}\\\text{本期销售成本}&=\text{本期销售净额}-\text{本期销售毛利}\\&=\text{本期销售净额}\times(1-\text{毛利率})\end{aligned}$$

第三，根据公式计算期末存货成本：

$$\text{期末存货成本}=\text{期初存货成本}+\text{本期购货成本}-\text{本期销售成本}$$

例 4-18　某商场月初洗涤用品存货成本 80 000 元，本月购货净额 920 000 元，本期销售收入总额 610 000 元，发生销售退回与折让 10 000 元，上期该类商品毛利率为 20%，该类商品本月已销存货成本及月末存货成本计算如下：

本月销售净额＝610 000－10 000＝600 000（元）

本期销售毛利＝600 000×20%＝120 000（元）

本期销售成本＝600 000－120 000＝480 000（元）

或：

本期销售成本＝600 000×（1－20%）＝480 000（元）

月末存货成本＝80 000＋920 000－480 000＝520 000（元）

采用毛利率法计算本期销售成本和期末存货成本，商品明细账平时只要登记数量，而不需要登记金额，而且商品销售成本可以按商品大类销售额计算并结转，计算简便，也可简化核算工作。但在每季末的最后一个月最好再根据月末结存数量，按照最后进价法等计价方法，测算月末存货实际成本和销售成本，以提高成本计算的准确性。

（二）售价金额核算法

采用这种方法核算时，平时商品的购进、储存和销售都要求按售价计账，售价和进价之间的差额确认为商品进销差价，通过“商品进销差价”科目核算。期末计算进销差价率与已销商品应分摊的进销差价，计算出本期销售商品的成本，并据以计算期末存货的成本。

$$进销差价率=\frac{期初库存商品进销差价+本期购入商品进销差价}{期初库存商品售价+本期购入商品售价}\times 100\%$$

已销售商品应分摊的进销差价＝本期商品销售收入×进销差价率

已销商品的实际成本＝本期商品销售收入－已销售商品应分摊的进销差价

期末库存商品的实际成本＝期初库存商品进价成本＋本期购入商品进价成本－已销商品的实际成本

例 4－19 某商场本年度 8 月初库存商品的进价成本为 80 000 元，售价总额为 120 000 元；本期购入该商品的进价成本为 50 000 元，售价总额为 80 000 元，本期销售收入为 60 000 元。有关业务处理如下：

商品采购、入库时（有关增值税的分录略）的分录为：

借：在途物资	50 000	
贷：银行存款		50 000
借：库存商品	80 000	
贷：在途物资		50 000
商品进销差价		30 000

确认本期销售收入时：

借：银行存款	60 000	
贷：主营业务收入		60 000

平时结转商品销售成本时：

借：主营业务成本	60 000	
贷：库存商品		60 000

$$进销差价率=\frac{40\,000+30\,000}{120\,000+80\,000}\times 100\%=35\%$$

本期已销商品应分摊的进销差价＝60 000×35%＝21 000（元）

根据已销商品应分摊的进销差价冲转销售成本：

借：商品进销差价	21 000	
贷：主营业务成本		21 000

经过转账，本期已销商品销售成本调整为实际成本 39 000 元（60 000－21 000）。

将上述业务过账后，“库存商品”和“商品进销差价”科目的账面记录如下：

库存商品

期初余额	120 000	本期销售	60 000
本期购货	80 000		
期末余额	140 000		

商品进销差价

		期初余额	40 000
本期转销	21 000	本期增加	30 000
		期末余额	49 000

会计期末，为了客观地反映企业期末库存商品的实际价值，企业在编制资产负债表时，按“库存商品”科目的期末余额扣除“商品进销差价”科目的期末余额的差额 91 000 元，即期末库存商品的实际成本，列示于存货项目中。

第六节 存货的期末计量

一、存货数量的盘存方法

存货计价是否正确取决于存货数量的确定是否准确和存货计价方法的选择是否恰当，而企业存货数量要靠盘存来确定。常用的存货数量盘存方法主要有永续盘存制和实地盘存制两种。

（一）永续盘存制

永续盘存制也称账面盘存制，是指对存货项目设置明细账，逐笔或逐日地登记存货收入、发出的数量和金额，并随时记列结存存货的数量和金额的一种存货盘存方法。采用这种方法，可以通过会计账簿资料，完整地反映存货的收入、发出和结存情况，随时反映每一笔存货的收、发、存的状态。采用永续盘存制，并不排除对存货的实物盘点。为了核对存货的账面记录，每年至少应对存货进行一次全面盘点。企业通过账簿记录结合不定期的实地盘点，将实际盘存数与账存数相核对，查明溢余原因，以利于加强存货的管理。永续盘存制的缺点是存货明细记录的工作量大。

（二）实地盘存制

实地盘存制也称定期盘存制，是指会计期末通过对全部存货进行实地盘点，以确定期末存货的结存数量，然后分别乘以各项存货的盘存单价，计算出期末存货的成本，据以倒轧出本期已耗用或已销售存货成本的一种方法。采用这种方法，平时只记录有关存货取得时的数量和金额，不记录其发出数量和成本。期末，通过实地盘点确定期末存货的实际结存数量，据以计算期末存货成本，然后计算出当期耗用或销货成本。这一方法在工业企业称为“以存计耗”，在商品流通企业称为“以存计销”。在采用历史成本计价的前提下，可以根据“期初存货成本＋本期购货成本＝本期耗用或销货成本＋期末存货成本”的关系表示为：

本期耗用或销货成本＝期初存货成本＋本期购货成本－期末存货成本

其中，期初存货成本和本期购货成本这两项数字可以直接从账簿记录中取得，期末存货成本通过实地盘点确定，利用上述公式，即可计算出本期销货成本。实地盘存制的主要优点是简化存货的日常核算工作，但是不能随时反映存货的收入、发出和结存情况，不便于管理人员掌握情况；由于"以存计销"和"以存计耗"，使所有原因造成的存货减少的成本全部挤入耗用或销货成本，容易掩盖存货管理中存在的问题，不利于存货的控制和管理；而且，到期末盘点时才能结转耗用或销货成本，不能随时结转成本。所以，实地盘存制仅适用于那些自然消耗大、数量不稳定的鲜活商品等。

企业可以根据存货特点和管理要求选择盘存制度，不论采用何种方法，前后各期都应保持一致。

(三) 存货盘盈、盘亏的处理

企业进行存货清查盘点，确定存货盘存的实际库存数，并与存货的账面记录进行核对。实存数小于账存数的，为盘亏；反之则为盘盈。对于盘盈、盘亏的存货，通过"待处理财产损溢"科目进行核算。批准以前，通过"待处理财产损溢"科目调整存货账面记录。盘盈的，增加存货成本；盘亏的，减少存货成本。批准以后，在期末结账以前处理完毕。盘盈的，冲减管理费用。盘亏的，分别以下情况进行处理：属于自然损耗产生的定额内损耗，计入管理费用；由于计量收发差错和管理不善等原因造成的存货短缺或毁损，扣除残料价值、保险赔偿和过失人赔偿的净损失，计入管理费用；由于自然灾害或意外事故等原因造成的存货毁损，扣除保险赔偿和过失人赔偿后的净损失，计入营业外支出。

例 4－20 甲公司为增值税一般纳税人，增值税税率为 13%。公司于年末进行财产清查，通过实地盘点，确定 A 材料的实际库存数量 19 800 千克，而"账存实存对比表"中该材料的期末账面结存数量为 20 000 千克，确定短缺 200 千克。该材料实际单位成本为 50 元。批准前应做如下会计分录：

借：待处理财产损溢——待处理流动资产损溢	11 300	
贷：原材料		10 000
应交税费——应交增值税(进项税额转出)		1 300

经审查，该盘亏的材料中，属于定额内的自然损耗 20 千克，材料成本和税金合计 1 130 元，管理员李某管理不善造成的存货短缺 80 千克，合计损失 4 520 元，属于灾害损失 100 千克，合计 5 650 元。会计分录为：

借：管理费用	1 130	
其他应收款——李某	4 520	
营业外支出	5 650	
贷：待处理财产损溢——待处理流动资产损溢		11 300

二、存货的期末计量

(一) 存货期末计量的原则

《企业会计准则——存货》规定："会计期末，应当按照成本与可变现净值孰低计量。"对于可变现净值低于存货成本的差额，要计提跌价准备，这是稳健原则在存货会计上的体现。

成本与可变现净值孰低法是指对期末存货按照成本与可变现净值两者之中较低者计价的方法。当成本低于可变现净值时，期末存货按成本计价；当可变现净值低于成本时，期末存货按可变现净值计价。

这里的“成本”，是指存货的历史成本，即按前面介绍的先进先出法等存货计价方法计算出的期末存货的实际成本；“可变现净值”，是指企业在正常生产经营中，以估计售价减去预计完工成本及销售所必需费用和相关税金后的金额。

可变现净值＝估计售价－预计完工成本－销售所需费用－相关税金

成本与可变现净值孰低计量的理论基础主要是使存货符合资产的定义。当存货的可变现净值下跌至成本以下时，表明该存货给企业带来的未来经济利益低于其账面成本，因而应将这部分损失从资产价值中扣除，计入当期损益；否则，当存货的可变现净值低于成本时，如果仍然以其成本计量，就会出现虚计资产的现象。

（二）可变现净值的确定

企业确定存货的可变现净值，应当以取得的确凿证据为基础，并且考虑持有存货的目的、资产负债表日后事项的影响等因素。

1. 企业直接用于出售的产品、商品和原材料等存货

可变现净值＝估计售价－估计的销售费用和相关税费

(1) 为执行销售合同或者劳务合同而持有的存货，通常应当以产成品或商品的合同价格作为其可变现净值的计算基础。

(2) 如果企业持有存货的数量多于销售合同订购数量，超出部分的存货可变现净值应当以产成品或商品的一般销售价格（即市场销售价格）作为计算基础。

(3) 如果企业持有存货的数量少于销售合同订购数量，实际持有与该销售合同相关的存货应以销售合同所规定的价格作为可变现净值的计算基础。如果该合同为亏损合同，还应同时按照《企业会计准则第 13 号——或有事项》的规定处理。

(4) 没有销售合同约定的存货（不包括用于出售的材料），其可变现净值应当以产成品或商品一般销售价格作为计算基础。

2. 企业用于消耗的材料存货

对于材料存货应当区分以下两种情况确定其期末价值：

(1) 对于为生产而持有的材料等，如果用其生产的产成品的可变现净值预计高于成本，说明存货没有发生减值，则该材料仍然应当按照成本计量。这里的“材料”指原材料、在产品、委托加工材料等。“可变现净值高于成本”中的成本是指产成品的生产成本。

(2) 如果材料价格的下降表明产成品的可变现净值低于成本，说明存货发生了减值，则该材料应当按可变现净值计量，应该计提资产减值。

产成品的可变现净值＝以该材料所生产的产成品的估计售价－至完工时估计将要发生的成本－销售费用及其他税费

（三）存货减值迹象的判断

企业要定期检查，重新确定存货的可变现净值。对于发现存在以下情形之一的，通常表明

存货的可变现净值低于成本，可以认为存货已经发生减值，要计提存货跌价准备：

(1) 该存货的市场价格持续下跌，并且在可预见的未来无回升的希望。

(2) 企业使用该项原材料生产的产品的成本大于产品的销售价格。

(3) 企业因产品更新换代，原有库存原材料已不适应新产品的需要，而该原材料的市场价格又低于其账面成本。

(4) 因企业所提供的商品或劳务过时或消费者偏好改变而使市场的需求发生变化，导致市场价格逐渐下跌。

(5) 其他足以证明该项存货实质上已经发生减值的情形。

(6) 特殊情况下，存货存在下列情形之一的，通常表明存货的可变现净值为零：

① 已霉烂变质的存货；

② 已过期且无转让价值的存货；

③ 生产中已不再需要，并且已无使用价值和转让价值的存货；

④ 其他足以证明已无使用价值和转让价值的存货。

如果可变现净值下跌至成本以下，仍然以其历史成本计量，就会虚增资产；相反，如果为了调节当期损益，有意低估期末存货的可变现净值，也会影响提供会计信息的真实性。因此对期末存货可变现净值进行估计的标准和方法，要尽可能客观正确，以保证确认存货跌价损失的准确性。

(四) 计提存货跌价准备的方法

企业采用成本与可变现净值孰低法对存货进行期末计价时，通常有以下三种方法可供选择。

1. 单项比较法

单项比较法也称逐项比较法或个别比较法，是指将存货中每一项存货的成本和可变现净值进行比较，每项存货均取其较低者，确定期末结存存货的成本，并且将成本高于可变现净值的差额作为计提的存货跌价准备。

2. 分类比较法

分类比较法是指将存货中每一类存货的成本与可变现净值进行比较，每类存货取其较低者，确定期末结存存货的成本。

3. 综合比较法

综合比较法也称总额比较法，是指将全部存货的成本与可变现净值总额进行比较，以较低者作为期末结存存货的成本。这种方法虽然简单，但不够准确，常常不能满足存货管理的要求。

根据《企业会计准则》的规定，企业在计提存货跌价准备时通常应当以单个存货项目为基础。在这种方式下，存货跌价准备应当按照单个存货项目计提，并根据管理要求及存货的特点，具体规定存货项目的确定标准。一个存货项目可是某一型号和规格的材料，也可以是某一品牌和规格的商品等；对于数量繁多、单价较低的存货，可以按存货类别计量成本总额与可变现净值总额；如果某些存货具有类似目的或最终用途并与在同一地区生产和销售的产品系列相关，且实际上难以将其与该产品系列的其他项目区别开来进行估价，则可以采用综合比较法，合并计提存货跌价准备。

例 4－21 某企业有 A、B、C、D 四种存货，按其性质的不同，分为甲、乙两大类。各种存货的成本与可变现净值已经确定，现分别按三种方法确定期末结存存货的价值，如表 4－5 所示。

表 4－5 期末存货成本与可变现净值的比较 单位：元

项 目	成 本	可变现净值	单项比较法	分类比较法	总额比较法
A 存货	2 000	2 400	2 000		
B 存货	3 000	2 800	2 800		
甲类存货	5 000	5 200		5 000	
C 存货	4 000	6 000	4 000		
D 存货	9 000	3 000	3 000		
乙类存货	13 000	9 000		9 000	
总 计	18 000	14 200	11 800	14 000	14 200

可见，企业按单项比较法确定的期末存货成本最低，为 118 000 元，因为单项比较法所确定的都是各项存货的最低价。这种方法比较准确而且最符合稳健原则，但工作量大。而采用总额时，各项存货的差额相互抵销使得期末存货成本总额较高，分类比较法则介于两者之间。

（五）成本与可变现净值孰低法的会计处理

会计实务要求采用备抵法，进行存货跌价损失的核算，即在确认当期存货跌价损失的同时，计提存货跌价准备，将可变现净值低于成本的金额记入“存货跌价准备”科目，单独进行核算，而不直接转销存货的期末余额。采用备抵法时，要求每当期末，将可变现净值低于成本的应计提跌价准备金额与“存货跌价准备”科目的余额（已提金额）进行比较，如果应计提金额大于已提金额，要补提；应计提金额小于已提金额时，要冲减多提部分。提取和补提存货跌价准备时，借记“资产减值损失——计提的存货跌价准备”科目，贷记“存货跌价准备”科目；如有确凿证据表明以前减记存货价值的不利影响因素已经消失，已计提跌价准备的存货的价值得以恢复时，要冲减跌价准备，借记“存货跌价准备”科目，贷记“资产减值损失——计提的存货跌价准备”科目，但其冲减金额应以“存货跌价准备”科目的余额为限。

例 4－22 某企业 2019 年开始采用成本与可变现净值孰低法进行期末存货计价。年末，存货的账面成本为 600 000 元，企业所提供商品的市场价格逐渐下跌，预计可变现净值为 550 000 元，应计提的存货跌价准备为 50 000 元。应编制会计分录如下：

借：资产减值损失——计提的存货跌价准备 50 000

　　贷：存货跌价准备 50 000

假设 2020 年年末相同种类存货的账面成本为 610 000 元，存货的可变现净值为 490 000 元，应计提的存货跌价准备为 120 000 元。因为“存货跌价准备”科目的余额已计提 50 000 元，所以，应补提存货跌价准备 70 000 元。应编制会计分录如下：

借：资产减值损失——计提的存货跌价准备 70 000

　　贷：存货跌价准备 70 000

企业的存货在符合条件的情况下，可以转回计提的存货跌价准备。存货跌价准备转回的条件是以前减记存货价值的影响因素已经消失，而不是在当期造成存货可变现净值高于成本的其他影响因素。

当符合存货跌价准备转回的条件时，应在原已计提的存货跌价准备的金额内转回。即在对该项存货、该类存货或该合并存货已计提的存货跌价准备的金额内转回。转回的存货跌价准备与计提该准备的存货项目或类别应当存在直接对应关系，但转回的金额以将存货跌价准备余额冲减至零为限。

例 4-22(续) 假设 2021 年末相同种类存货的账面成本为 620 000 元，由于以前减记存货价值的不利影响因素已经消失，因而存货价格有所上升，预计存货的可变现净值为 580 000 元。则应计提的存货跌价准备为 40 000 元，小于已提的 120 000 元，应冲减存货跌价准备 80 000 元。应编制会计分录如下：

借：存货跌价准备　　80 000

　　贷：资产减值损失——计提的存货跌价准备　　80 000

假设 2022 年末相同种类存货的价格继续上升，存货的账面成本为 600 000 元，存货的可变现净值为 650 000 元，按成本与可变现净值孰低原则，应按成本计量，不需要计提存货跌价准备。所以，要冲减已提的存货跌价准备 40 000 元，将“存货跌价准备”科目的余额冲减至零。应编制会计分录如下：

借：存货跌价准备　　40 000

　　贷：资产减值损失——计提的存货跌价准备　　40 000

如果企业销售已经计提了存货跌价准备的存货，则在结转销售成本的同时，应按比例结转对其已计提的存货跌价准备，并冲减当期的主营业务成本。

对于因债务重组、非货币性交易转出的存货，应同时结转已计提的存货跌价准备，但不冲减当期的主营业务成本，按债务重组和非货币性交易的原则进行处理。

本章小结

存货是指企业在生产经营过程中为出售或耗用的各种资产，它是企业流动资产的重要组成部分。存货的确认与计量必须按照有关制度，严格限定其核算范围。某个项目要确认为存货，既要符合存货的定义，又要同时满足以下两个条件：一是该存货包含的经济利益很可能流入企业，二是该存货的成本可以可靠地计量。

企业的存货按其经济用途的不同，可以分为商品、产成品、在产品、半成品、各类原材料以及包装物、低值易耗品、委托代销商品等。

企业的存货可以通过多种途径取得，可以自制、外购，也可以通过非货币性交易、投资者投入、债务重组等方式取得。存货入账价值的确定应遵循历史成本原则，以实际成本为基础。不同的存货取得方式不同，其成本构成和会计处理也有所区别。

在会计实务中，发出存货的成本可以采用实际成本计价，如个别认定法、加权平均法、移动加权平均法、先进先出法等，也可以采用计划成本计价。对于商品流通企业，还可以采用零售价格法和毛利率法以简化日常核算。企业存货数量要靠盘存来确定。常用的存货数量盘存方法主要有实地盘存制和永续盘存制两种。商品流通企业常常会选择毛利率法对商品存货进行核算。而零售企业的库存商品广泛采用零售价格法进行成本核算。

《企业会计准则第1号——存货》规定:“会计期末,应当按照成本与可变现净值孰低计量。”对于可变现净值低于存货成本的差额,要计提跌价准备,单独进行核算,而不直接转销存货的期末余额,这是稳健原则在存货会计上的体现。

复习思考题

1. 存货的确认范围和条件有哪些?
2. 企业存货的计价方法有哪些?
3. 如何进行企业存货的实际成本计价?
4. 试比较存货数量的确定方法。
5. 如何进行企业存货的计划成本计价?
6. 周转材料的成本摊销方法有哪些?其适用性如何?
7. 如何对企业周转材料进行核算?
8. 什么叫成本与可变现净值孰低法?如何进行成本与可变现净值孰低法的会计处理?

自测题

一、单项选择题

1.“存货跌价准备”科目贷方余额反映的是( )。

A. 存货的可变现净值　　B. 存货的可变现净值低于其成本的差额

C. 当期应计提的存货跌价准备　　D. 当期应冲减的存货跌价准备

2. 企业为增值税一般纳税企业,购入A材料1 000千克,增值税专用发票上注明的买价为300万元,增值税税额为39万元,该批A材料在运输途中发生1%的合理损耗,实际验收入库990千克,在入库前发生挑选整理费用2万元。该批入库A材料的实际总成本为( )万元。

A. 302　　B. 300　　C. 341　　D. 299

3. 12月31日,大海公司库存A材料的成本800万元,市场购买价格760万元,假设不发生其他购买费用,用A材料生产的甲产品的可变现净值为1 200万元,甲产品的成本为1 180万元。12月31日A材料的价值为( )万元。

A. 760　　B. 800　　C. 1 200　　D. 1 080

4. 甲公司发出实际成本为140万元的原材料,委托乙公司加工成半成品,收回后用于连续生产应税消费品。甲公司、乙公司支付加工费4万元和增值税0.52万元,另支付消费税16万元。假定不考虑其他相关税费,甲公司收回该批半成品的入账价值为( )万元。

A. 144　　B. 144.52　　C. 160　　D. 160.52

5. 下列会计处理中,不正确的是( )。

A. 由于管理不善造成的存货净损失计入管理费用

B. 非正常原因造成的存货净损失计入营业外支出

C. 以存货抵偿债务结转的相关存货跌价准备冲减管理费用

D. 为特定客户设计产品发生的可直接确定的设计费用计入相关产品成本

6. 对下列存货盘亏或损毁事项进行处理时,企业不应当计入管理费用的有( )。

A. 由于定额内损耗造成的存货盘亏净损失
B. 由于核算差错造成的存货盘亏净损失
C. 由于自然灾害造成的存货毁损净损失
D. 由于收发计量原因造成的存货盘亏净损失

7. 在物价持续下跌的情况下,发出存货采用(　　)更能体现谨慎性原则。
A. 移动加权平均法　　B. 月末一次加权平均法
C. 个别计价法　　D. 先进先出法

8. 随同产品销售单独计价的包装物成本,应计入(　　)。
A. 销售费用　　B. 其他业务成本
C. 制造费用　　D. 生产成本

9. 企业进行材料清查时,对于盘亏的材料,应先记入"待处理财产损溢"科目,待期末或报批准后,对于应由过失人赔偿的损失计入(　　)科目。
A. "管理费用"　　B. "其他应收款"
C. "营业外支出"　　D. "销售费用"

10. 下列有关确定存货可变现净值基础的表述,不正确的是(　　)。
A. 有销售合同的库存商品以该库存商品的合同售价为基础
B. 无销售合同的库存商品以该库存商品的估计售价为基础
C. 用于生产有销售合同产品的材料以该材料的市场价格为基础
D. 用于出售且无销售合同的材料以该材料的市场价格为基础

二、多项选择题

1. 依据《企业会计准则》的规定,企业可以用于结转发出存货成本计价方法的有(　　)。
A. 先进先出法　　B. 加权平均法
C. 个别计价法　　D. 后进先出法

2. 下列各项中,增值税一般纳税企业应计入收回委托加工物资成本的有(　　)。
A. 支付的加工费
B. 随同加工费支付的增值税
C. 支付的收回后继续加工的委托加工物资的消费税
D. 支付的收回后直接销售的委托加工物资的消费税

3. 下列费用应当在发生时不计入存货成本,而确认为当期损益的有(　　)。
A. 非正常消耗的直接材料　　B. 仓储费用
C. 无法抵扣的增值税　　D. 购买价

4. 下列有关存货会计处理的表述中,正确的有(　　)。
A. 因自然灾害造成的存货净损失,计入营业外支出
B. 存货采购入库前的挑选整理费用应计入存货成本
C. 一般纳税人进口原材料缴纳的增值税,计入相关原材料的成本
D. 结转商品销售成本时,将相关存货跌价准备调整主营业务成本

5. 企业期末编制资产负债表时,下列各项中,应包括在"存货"项目中的有(　　)。
A. 委托代销商品　　B. 周转材料
C. 为在建工程购入的工程物资　　D. 约定将于未来购入的商品

6. 下列项目中,应确认为购货企业存货的有( )。

A. 销售方已确认销售,但尚未发运给购货方的商品

B. 购销双方已签协议约定,但尚未办理商品购买手续

C. 未收到销售方结算发票,但已运抵购货方验收入库的商品

D. 购货方已付款购进,但尚在运输途中的商品

7. 下列项目中,构成企业存货实际成本的有( )。

A. 自然灾害造成的原材料净损失

B. 入库后的挑选整理费

C. 运输途中的合理损耗

D. 小规模纳税人购货时的增值税进项税额

8. 下列税金中,应作为存货价值入账的有( )。

A. 小规模纳税人购入存货时支付的增值税

B. 进口商品应支付的关税

C. 签订购买存货合同时交纳的印花税

D. 收回后用于直接对外销售的委托加工消费品支付的消费税

三、判断题

1. 如果与该存货有关的经济利益很可能流入企业,该存货就可以予以确认。 ( )

2. 企业应在每一资产负债表日,比较存货成本与可变现净值计算出的差额,就是当期应计提的存货跌价准备。 ( )

3. 企业计提的存货跌价准备,应计入当期损益的管理费用。 ( )

4. 需要缴纳消费税的委托加工物资,受托方代收代交的消费税计入委托加工物资成本。 ( )

5. 产成品和原材料等直接用于出售的存货,可变现净值=估计售价-估计的销售费用和相关税金。 ( )

6. 企业计提了存货跌价准备,如果其中有部分存货已经销售,则企业在结转销售成本时,应同时结转对其已计提的存货跌价准备。 ( )

7. 对于因债务重组转出的存货,不需要结转已计提的存货跌价准备。 ( )

8. 发出包装物和低值易耗品的摊销方法有一次转销法、分次摊销法和五五摊销法。 ( )

9. 企业应当采用后进先出法、加权平均法或者个别计价法确定发出存货的实际成本。 ( )

10. 对于数量繁多、单价较低的存货,可以不按单个存货项目计提存货跌价准备。 ( )

练习题

习题一

一、目的:练习发出材料的成本计价。

二、资料:某公司 2019 年 12 月份存货 B 的收入、发出和库存情况如下表所示。

日　期	收　入		发　出		总成本(元)	结存数量(件)
	数量(件)	单位成本(元)	数量(件)	单位成本(元)		
12月1日结存	5 000	10			50 000	5 000
12月8日购入	6 000	12			72 000	11 000
12月17日发出			10 000			1 000
12月27日购入	7 000	14			98 000	8 000
12月28日发出			6 000			2 000
12月29日购入	2 000	16			32 000	4 000

三、要求：根据上述资料，分别采用个别认定法(假设12月17日发出的10 000件中有6 000件是8日购入的，12月28日发出的6 000件是27日购入的)、先进先出法和加权平均法，计算发出材料的成本。

习题二

一、目的：练习材料的实际成本的核算。

二、资料：某工业企业为一般纳税人，10月份发生以下业务(假设采购费用不考虑增值税)：

(1) 2日，从红星公司购入甲材料2 000千克，取得的增值税专用发票上注明的原材料价款为20 000元，增值税税率为13%，另外支付采购费用2 000元。材料已运达企业。发票等结算凭证已经收到，款项已通过银行转账支付。

(2) 6日，购入乙材料一批5 000千克，取得的增值税专用发票上注明的原材料价款为20 000元，增值税税率为13%。购入材料的发票等结算凭证已经收到，货款及运费1 000元已通过银行转账支付，但材料尚未到达。

(3) 8日，收到上月采购的在途甲材料1 000千克，当时取得的专用发票上注明的原材料价款为10 000元，增值税税率为13%，材料验收合格入库。

(4) 10日，采购丙材料500千克，材料已经到达并已验收入库，但发票等结算凭证没有收到，货款尚未支付。月末，估计这批材料的价款为60 000元。

(5) 用预付货款的方式采购丁材料，预付款20 000元。

(6) 收到采购丁材料的发票等结算凭证，增值税专用发票上注明的原材料价款为18 000元，增值税税率为13%。材料验收合格入库，并结清货款。

(7) 收到6日购入的乙材料，实际收到的合格材料为4 900千克。经过确认，在损失的100千克材料中，责任人赔偿的为20千克(赔偿不考虑采购费用)，其余为企业的合理损耗。

(8) 企业接受投资者投入的甲材料一批，投资双方确认的价值为200 000元，收到的增值税专用发票注明的增值税税额为26 000元。

(9) 根据发料汇总表，企业10月份基本生产车间生产A产品领用甲材料20 000元，乙材料30 000元；生产B产品领用甲材料10 000元，乙材料8 000元。辅助生产车间领用甲材料5 000元，领用丙材料3 000元。车间管理部门领用乙材料4 000元。企业行政管理部门领用乙材料4 000元，领用丙材料2 000元。

三、要求：根据上述资料，编制必要的会计分录。

习题三

一、目的：练习材料的计划成本的核算。

二、资料：某企业为增值税一般纳税企业，增值税税率为13%(假设采购费用不考虑增值税)，材料按计划成本计价核算。甲材料的计划单位成本为每千克10元。甲材料科目的月初借方余额为67 000元，其中，无发票到料4 000元。“材料成本差异”科目月初贷方余额为1 800元，“材料采购”科目月初借方余额为8 800元。该企业3月份发生以下业务：

(1) 7日，企业上月已付款的购入甲材料800千克验收入库。

(2) 10日，从A公司购入甲材料3 000千克，增值税专用发票上注明的材料价款为30 000元，运费为1 000元。企业已用银行存款支付各种款项，材料尚未到达。

(3) 20日，从A公司购入的甲材料验收入库时发现短缺100千克，经查明为途中的自然损耗，按实收数量验收入库。

(4) 30日，汇总本月发料凭证，本月发出甲材料7 000千克，其中基本生产车间生产产品领用5 000千克，辅助生产车间领用1 000千克，车间管理部门领用800千克，企业行政管理部门领用200千克。

三、要求：

1. 采用本月材料成本差异率计算本月发出材料应负担的成本差异。

2. 根据上述资料，编制相关的会计分录。

习题四

一、目的：练习材料的计划成本的核算。

二、资料：某工业企业为一般纳税人，增值税税率为13%(假设采购费用不考虑增值税)，材料按计划成本计价核算。甲材料的计划单位成本为每千克10元。甲材料月初结存11 000千克，科目的借方余额为110 000元，材料成本差异月初为借方余额4 500元。该企业2月份发生以下业务：

(1) 2日，从红星公司购入甲材料2 000千克，取得的增值税专用发票上注明的原材料价款为20 000元，另外支付运费及其他采购费用2 000元。发票等结算凭证已经收到，款项已通过银行转账支付。该批材料的计划成本为20 000元。

(2) 5日，从大地公司购入甲材料8 000千克，取得的增值税专用发票上注明的原材料价款为60 000元，另外支付运费1 000元。已开出商业承兑汇票，但材料尚未到达。

(3) 从大地公司购入的甲材料8 000千克已经到达并验收，该材料的计划成本为80 000元，实际收到的合格材料为7 000千克。经过确认损失的1 000千克材料由责任人赔偿(赔偿不考虑采购费用)。

(4) 18日，从红星公司购入甲材料3 000千克，材料已经运到，并已验收入库，但发票等结算凭证尚未收到，货款尚未支付。该批材料的计划成本为30 000元。

(5) 根据发料汇总表的记录，企业生产车间领用甲材料1 000千克，车间管理部门领用甲材料200千克，企业行政管理部门领用甲材料100千克。

三、要求：根据上述资料，计算本月材料成本差异率，并编制相关的会计分录。

习题五

一、目的：练习存货期末计价的核算。

二、资料：企业从2019年开始采用成本与可变现净值孰低法进行期末存货计价。2019

年年末，存货的账面成本为 300 000 元，可变现净值为 250 000 元。假设 2020 年年末存货的种类和实际成本 300 000 元未发生变化(下同)，且存货的可变现净值为 280 000 元，2021 年年末存货的可变现净值为 240 000 元，2022 年年末存货的可变现净值为 320 000 元。

三、要求：根据上述资料，计算每年应计提的存货跌价准备，并编制相关的会计分录。

习题六

一、目的：练习周转材料的核算。

二、资料：某企业对低值易耗品采用计划成本法核算。基本生产车间领用低值易耗品一批，计划成本为 900 元，预计可以使用 15 个月，该低值易耗品采用一次转销法。行政管理部门的低值易耗品管理用具采用五五摊销法核算，本月报废低值易耗品一批，原来的计划成本为 5 000 元，收回残料估价 600 元入库。同时，领用新管理用具一批，计划成本为 3 000 元。低值易耗品的材料成本差异率为 5%。

三、要求：根据上述资料，编制低值易耗品领用、摊销、报废和结转差异的会计分录。

习题七

一、目的：练习毛利率法的计算。

二、资料：乙公司用品仓库在 2019 年 4 月 20 日发生火灾，尚未毁损的存货可变现净值为 20 000 元。4 月初日用品存货成本 240 000 元，4 月 1 日至 20 日购货净额 160 000 元，4 月 1 日至 20 日销售收入净额 300 000 元。本企业该类商品毛利率为 40%。

三、要求：按毛利率法估计企业的存货损失。

第五章　金融资产投资

学习要点

1. 金融资产的特点和分类；
2. 交易性金融资产的会计处理；
3. 以摊余成本计量的金融资产的会计处理；
4. 以公允价值计量且其变动计入其他综合收益的金融资产的会计处理；
5. 长期股权投资的成本法和权益法。

第一节　金融资产投资的特点和分类

一、金融工具和金融资产

要理解金融资产，首先要理解金融工具的概念。金融工具是指形成一方的金融资产并形成其他方的金融负债或权益工具的合同，通常包括金融资产、金融负债和权益工具，也可能包括一些尚未确认的项目。金融工具是具有法律效力的合同，其形成基础是信用，如有资金需求的企业、组织筹措资金时，依一定格式做成的书面文件，适应多种信用形式的需要，产生的商业票据、银行存款凭证、股票、债券等。任何金融工具都具有双重性质：对工具的发行者，它可以是一种债务，也可以是一种权益工具；对投资者，它就是一种金融资产。按照信用关系的不同，金融工具可以分为原生性金融工具和金融衍生工具，原生性金融工具如股票、债券、基金、商业票据等凭证，金融衍生工具如期货、期权、互换等。投资方持有的金融工具，即为金融资产。具体而言，金融资产是指企业持有的现金、其他方的权益工具以及符合下列条件之一的资产：

(1) 从其他方收取现金或其他金融资产的合同权利，如企业的银行存款、应收账款、应收票据和贷款等。

(2) 在潜在有利条件下，与其他方交换金融资产或金融负债的合同权利，如企业持有的看涨期权和看跌期权等。

(3) 将来需用或可用企业自身权益工具进行结算的非衍生金融工具合同，且企业根据该合同将收到可变数量的自身权益工具。

(4) 将来需用或可用企业自身权益工具进行结算的生金融工具等。

大部分金融资产的会计处理，如长期股权投资、收入、债务重组、股份支付、企业合并等金融工具上的权利及义务，现行准则体系都有相应的具体会计准则予以规范。本章所讨论的，主要涉及因企业股权投资、债权投资等金融投资过程中所形成的金融资产投资的会计处理。

二、金融资产投资的特点

作为企业的一项资产，因企业股权投资、债权投资所形成的金融资产，与企业的其他资产一样，能为企业带来经济利益的流入，但与其他资产带来的经济利益流入在形式上有所不同。企业其他资产是通过出售或通过参与企业经营为企业带来经济利益，而金融投资则通常是将企业的资产让渡给其他单位使用，通过其他单位使用并创造效益后以分配的方式取得的。

企业的投资内容丰富多样，既可以是购买国库券、公司债券等而获得债权的债权性投资，也可以是购买公司的普通股股票、认股权证而取得所有权的权益性投资，或购买优先股股票、可转换证券的混合性投资，以及购买开放式基金、封闭式基金、货币基金、集合理财等进行委托理财。在投资过程中，企业可以利用暂时闲置的资金购买股票、债券等有价证券，将其在市场上抛售，以获取比银行存款利息更高的收益；或者用暂时闲置的资产直接向其他单位投资，从其他单位分得更高的收益；也可以通过控制其他企业，取得垄断优势，控制被投资企业的重大经营决策，最终获取更大的投资收益。

三、金融资产的分类

企业进行的金融资产投资既可以是短期的，也可以是长期的，而且投资目的各不相同。企业应当结合自身业务特点、投资策略和风险管理要求，并根据其管理金融资产的业务模式和金融资产的合同现金流量特征，在初始确认时将金融资产划分为以下几类：

（1）以摊余成本计量的金融资产；

（2）以公允价值计量且其变动计入其他综合收益的金融资产；

（3）以公允价值计量且其变动计入当期损益的金融资产；

（4）长期股权投资。

某项金融资产在特定日期产生的现金流量，仅为对本金和以未偿付的本金金额为基础的利息，且企业管理该金融资产的业务模式是以收取合同现金流量为目标，则该金融资产应分类为以摊余成本计量的金融资产。以摊余成本计量的金融资产应当以摊余成本进行后续计量，并采用实际利率法确认持有期间的利息收入。

某项金融资产在特定日期产生的现金流量，仅为对本金和以未偿付的本金金额为基础的利息，但企业管理该金融资产的业务模式既是以收取合同现金流量为目标又是以出售该金融资产为目标，则该金融资产应分类为以公允价值计量且其变动计入其他综合收益的金融资产。该类金融资产应当按公允价值计量，且其变动计入其他综合收益。

除以摊余成本计量以及以公允价值计量且其变动计入其他综合收益的金融资产以外的金融资产，应分类为以公允价值计量且其变动计入当期损益的金额资产。该类金融资产应当按公允价值计量，且其变动计入当期损益。

长期股权投资，是指能够取得并意图长期持有被投资单位股份的投资，包括购入的股票和其他股权投资。长期股权投资的核算，可以根据投资性质采用成本法或权益法。

需要说明的是：作为金融资产，应当以预期信用损失为基础，按照三阶段法进行减值会计处理并确认损失准备；对其中某些金融资产，可以采用简易的减值会计处理方法确认损失准备。

金融资产的分类与金融资产计量密切相关。不同类别的金融资产，其初始计量和后续计量采用的基础和会计处理也不完全相同。因此，上述分类一经确定，不能随意变更。只有当企业改变其管理金融资产的业务模式时，应当按照规定对所有受影响的相关金融资产进行重分类。

第二节　交易性金融资产

一、交易性金融资产的确认

交易性金融资产是以公允价值计量且其变动计入当期损益的金融资产，是企业以交易为目的持有的金融投资，包括：

(1) 以出售(交易)为目标所持有的债权投资；

(2) 以出售(交易)为目标所持有的权益工具投资；

(3) 持有的非套期性质的衍生工具。具体是指能够随时变现的债券、股票、基金、可转换公司债券，以及不作为有效套期工具的衍生工具，以获得证券交易差价的投资。

此外，在初始确认时，如果能够消除或显著减少会计错配，企业可以将金融资产指定为以公允价值计量且其变动计入当期损益的金融资产，该指定一经做出，不得撤销。

交易性金融资产或直接指定为以公允价值计量且其变动计入当期损益的金融资产，应当以公允价值计量，而且其公允价值变动应计入当期损益。为了方便，后续统一表述为交易性金融资产。

企业可以在对交易性金融资产的现金流量管理的业务模式发生变化时，进行重分类。将交易性金融资产重分类为以摊余成本计量的金融资产，或以公允价值计量且其变动计入其他综合收益的金融资产。

二、交易性金融资产的核算

为了核算以交易目的持有的金融资产，企业应当设置“交易性金融资产”科目，反映交易性金融资产的增减变动情况和结果，并分别设置“成本”“公允价值变动”明细科目，进行明细核算。

(一) 交易性金融资产的初始计量

根据交易性金融资产的特征，其初始计量应以公允价值为基础，即企业取得交易性金融资产时，应当以公允价值确认其初始入账金额。所谓公允价值，是指市场参与者在计量日发生的有序交易中出售一项资产所能收到，或者转移一项负债所需支付的价格。对交易性金融资产而言，其初始确认金额按公允价值计量，指的就是金融资产购买日的市价或挂牌价格。

企业取得交易性金融资产时所发生的相关交易费用，直接计入当期损益，冲减投资收益。发生交易费用取得增值税专用发票的进项税额经认证后可从当月销项税额中扣除。交易费用，是指可直接归属于购买、发行或处置相关金融工具的增量费用。增量费用是指企业没有发生购买、发行或处置相关金融工具的情形，就不会发生的新增的外部费用，包括支付给代理机构、咨询机构、券商、证券交易所、政府相关部门等的手续费、佣金、相关税费以及其他必要支出，不包括债券的溢价、折价、融资费用和内部管理成本等。

企业取得交易性金融资产时，按交易性金融资产的公允价值，即金融资产购买日的市价或挂牌价格，借记"交易性金融资产——成本"科目；按发生的支付给券商的手续费和佣金等直接相关费用，借记"投资收益"科目；取得增值税专用发票的，按其注明的进项税额，借记"应交税费——应交增值税（进项税额）"科目，按实际支付的金额，贷记"银行存款"科目。

例 5-1 甲公司 2019 年 7 月 4 日从二级市场上购入乙公司普通股股票 20 000 股，每股面值为 1 元，每股价格为 10 元，另付相关交易费 800 元，取得增值税专用发票注明的进项税额 1 200 元，一并以银行存款支付。甲公司应编制会计分录如下：

借：交易性金融资产——成本	200 000	
投资收益	800	
应交税费——应交增值税（进项税额）	1 200	
贷：银行存款		202 000

如果企业取得交易性金融资产时已经包含已宣告发放的现金股利或已经到期的债券利息，则企业所支付的价款中包含的现金股利和债券利息本质上属于垫付性的债权，在确定交易性金融资产投资成本时，应从实际支付的全部价款中扣除，并进行单独核算。

例 5-2 假设乙公司在 2019 年 7 月 1 日宣告分派现金股利，每 10 股派发现金 3 元，并定于年 7 月 10 日起按 7 月 6 日的股东名册支付股利。甲公司在乙公司已宣告分派现金股利后的 7 月 4 日，从二级市场购入乙公司普通股股票 20 000 股，每股面值为 1 元，每股价格为 10 元，另付相关交易费 800 元，取得增值税专用发票注明的进项税额 1 200 元，一并以银行存款支付，则甲公司应编制会计分录如下：

借：交易性金融资产——成本	194 000	
投资收益	800	
应收股利	6 000	
应交税费——应交增值税（进项税额）	1 200	
贷：银行存款		202 000

甲公司在收到上述股利时：

借：银行存款	6 000	
贷：应收股利		6 000

所支付的价款中包含的现金股利属于垫付性的债权，不作为投资收益。

在购入时若发行公司已宣告分配股票股利的，投资企业只需在实际收到股票股利时作备查登记即可，不做分录。

企业购入债券时，也应按照购入时实际支付的全部价款登记入账。如果投资者所持债券是在两个付息日之间购入，对购入债券时支付的全部价款中包含已到期但尚未领取的利息，不构成债券的投资成本。类似于已宣告但尚未收到的现金股利，本质上属于垫付性的债权，并单独列示。

例 5-3 2019 年 1 月 5 日，甲公司以 106 000 元的价格购入乙公司在 2018 年 1 月 1 日发行的 2 年期、年利率 6%的债券，债券每年付息，到期一次还本。该债券的面值为 100 000 元。购入时乙公司 2018 年的利息尚未支付，另付手续费等相关交易费 500 元，一并以银行存款支付（假定不考虑相关税费）。

甲公司实际支付的价款中包含 2018 年已到付息期但尚未支付的利息 6 000 元。2019 年已到期尚未领取的利息 6 000 元应记入“应收利息”科目，应编制会计分录如下：

借：交易性金融资产——成本	100 000
投资收益	500
应收利息	6 000
贷：银行存款	106 500

收到上述 2018 年度的利息时：

借：银行存款	6 000
贷：应收利息	6 000

对购入债券时实际支付的全部价款中包含的尚未到期的债券利息，则包括在债券的投资成本中。

（二）交易性金融资产持有期间的收益

企业在取得交易性金融资产后，在持有期间会产生一定的收益，如持有股票资产的股利收入或持有债券资产的利息收入等，应确认为当期的投资收益。

例 5－4　甲公司 2019 年 12 月 10 日从二级市场上购入丙公司普通股股票 10 000 股，每股面值为 1 元，每股价格为 12 元，另付相关交易费 2 000 元，取得增值税专用发票注明的进项税额 7 200 元，一并以银行存款支付。丙公司在 2019 年 12 月 12 日宣告分派现金股利，每 10 股派发现金 3 元，并于 2019 年 12 月 15 日支付股利。

(1) 甲公司购买股票时，应编制会计分录如下：

借：交易性金融资产——成本	120 000
投资收益	2 000
应交税费——应交增值税(进项税额)	7 200
贷：银行存款	129 200

(2) 宣告分派现金股利时，应编制会计分录如下：

借：应收股利	3 000
贷：投资收益	3 000

(3) 公司在实际收到股利时，应编制会计分录如下：

借：银行存款	3 000
贷：应收股利	3 000

（三）交易性金融资产的公允价值变动

对交易性金融资产的后续计量，也应以公允价值为基础。即交易性金融资产的公允价值变动应直接计入当期损益。在资产负债表日，将交易性金融资产的公允价值高于账面余额的差额，借记“交易性金融资产——公允价值变动”科目，贷记“公允价值变动损益”科目；反之，公允价值低于账面余额的差额，借记“公允价值变动损益”科目，贷记“交易性金融资产——公允价值变动”科目。

例 5－5　大地公司持有丙公司股票 10 000 股，作为交易性金融资产的成本为 120 000 元，假设 2019 年 12 月 31 日股票每股市场价为 20 元，共计 200 000 元，则应确认的公允价值变动收益为 80 000 元。应编制会计分录如下：

借：交易性金融资产——公允价值变动　　80 000

　　贷：公允价值变动损益　　80 000

假设12月31日丙公司股票的市场价为10元，则应确认的公允价值变动损失为20 000元。应编制会计分录如下：

借：公允价值变动损益　　20 000

　　贷：交易性金融资产——公允价值变动　　20 000

当企业持有各种不同的交易性金融资产时，应当采用单项投资法确认交易性金融资产公允价值（或市价）的变动损益，就是按每一项交易性金融资产投资的成本与市价进行比较，以计算未实现利得或损益的方法。

（四）交易性金融资产的处置

企业将交易性金融资产出售变现时，实际收到的金额与交易性金融资产的账面余额的差额，确认为出售交易性金融资产的损益。按实际收到的金额，借记"银行存款"科目；按该金融资产的账面余额，贷记"交易性金融资产——成本"科目，贷记或借记"交易性金融资产——公允价值变动"科目，按其差额，贷记或借记"投资收益"科目。

例5-6　沿用例5-5的资料，假设2019年12月31日丙公司股票每股市场价为20元。2020年1月25日，大地公司将持有的丙公司股票10 000股（成本为120 000元）以市价25元出售（假定不考虑相关税费）。

大地公司确认出售投资损益的会计分录如下：

借：银行存款　　250 000

　　贷：交易性金融资产——成本　　120 000

　　　　　　　　　　　——公允价值变动　　80 000

　　　　投资收益　　50 000

假设12元购入的丙公司股票在2019年12月31日的市场价为10元。2020年1月25日，大地公司将持有的丙公司股票10 000股以市价7元出售（假定不考虑相关税费）。

大地公司确认出售投资损益的会计分录如下：

借：银行存款　　70 000

　　交易性金融资产——公允价值变动　　20 000

　　投资收益　　30 000

　　贷：交易性金融资产——成本　　120 000

例5-7　2018年1月5日，艾米公司从二级市场支付价款1 020 000元（含已到付息但尚未领取的利息20 000元）购入A公司发行的债券，另发生交易费用10 000元。该债券面值1 000 000元，剩余期限为2年，票面年利率为4%，每半年付息一次，艾米公司将其划分为交易性金融资产（假定不考虑相关税费）。

艾米公司的其他资料如下：

(1) 2018年1月8日，收到该债券2017年下半年利息20 000元；

(2) 2018年6月30日，该债券的公允价值为1 150 000元（不含利息）；

(3) 2018年7月8日，收到该债券半年利息；

(4) 2018年12月31日，该债券的公允价值为1 100 000元（不含利息）；

(5) 2019 年 1 月 8 日,收到该债券 2018 年下半年利息;

(6) 2019 年 1 月 16 日,艾米公司将该债券出售,取得价款 1 170 000 元。

假定不考虑其他因素,则艾米公司的账务处理如下:

(1) 2018 年 1 月 5 日,购入债券时:

借:交易性金融资产——成本	1 000 000	
应收利息	20 000	
投资收益	10 000	
贷:银行存款		1 030 000

(2) 2018 年 1 月 8 日,收到该债券 2017 年下半年利息时:

借:银行存款	20 000	
贷:应收利息		20 000

(3) 2018 年 6 月 30 日,确认债券公允价值变动和投资收益时:

借:交易性金融资产——公允价值变动	150 000	
贷:公允价值变动损益		150 000
借:应收利息	20 000	
贷:投资收益		20 000

(4) 2018 年 7 月 8 日,收到该债券上半年利息时:

借:银行存款	20 000	
贷:应收利息		20 000

(5) 2018 年 12 月 31 日,确认债券公允价值变动和投资收益时:

借:公允价值变动损益	50 000	
贷:交易性金融资产——公允价值变动		50 000
借:应收利息	20 000	
贷:投资收益		20 000

(6) 2019 年 1 月 8 日,收到该债券 2018 年下半年利息时:

借:银行存款	20 000	
贷:应收利息		20 000

(7) 2019 年 1 月 16 日,将该债券出售时:

借:银行存款	1 170 000	
公允价值变动损益	100 000	
贷:交易性金融资产——成本		1 000 000
——公允价值变动		100 000
投资收益		170 000

(五) 转让金融商品应交增值税

转让金融商品时,应当按照卖出价扣除买入价(不需要扣除已宣告未发放现金股利和已到期未领取的利息)后的余额作为销售额计算增值税,即转让金融商品按盈亏相抵后的余额为销售额。如果相抵后出现负差,可以结转至下一纳税期,与下期转让金融商品的销售额互抵,但年末仍然出现负差的,不得转入下一会计年度。

转让金融商品的月末，如果有转让收益，按应纳税额，借记“投资收益”科目，贷记“应交税费——转让金融商品应交增值税”科目；如果产生转让损失，则按可结转抵扣税额，借记“应交税费——转让金融商品应交增值税”科目，贷记“投资收益”科目。

年末，如果“应交税费——转让金融商品应交增值税”科目有借方余额，说明本年度转让损失无法弥补且不可以转入下一年度抵扣收益，因此，借记“投资收益”科目，贷记“应交税费——转让金融商品应交增值税”科目，将“应交税费——转让金融商品应交增值税”科目的借方余额转出。

例 5-8 根据例 5-4 和例 5-6 资料，假设 2020 年 1 月 25 日，丙公司股票每股市价为 25 元，大地公司将持有的丙公司股票 10 000 股以市价 25 元出售，成本 120 000 元，公允价值变动 80 000 元。大地公司确认出售投资损益后，应交增值税的计算如下：

转让金融商品应交增值税＝(250 000－120 000)/(1＋6%)×6%＝7 358.49(元)

应编制会计分录如下：

借：投资收益　　7 358.49

　贷：应交税费——转让金融商品应交增值税　　7 358.49

为了简单起见，假设后续金融资产核算举例都不考虑增值税。

(六) 交易性债权投资的重分类

企业可以在对债权投资的现金流量管理的业务模式发生变化时，对交易性债权投资进行重分类。

(1) 企业将一项以公允价值计量且其变动计入当期损益的交易性债权投资重分类为以摊余成本计量的债权投资时，应当以其在重分类日的公允价值作为债权投资新的账面余额。

(2) 企业将一项以公允价值计量且其变动计入当期损益的交易性债权投资重分类为以公允价值计量且其变动计入其他综合收益的其他债权投资时，应当继续以其在重分类日的公允价值计量该项其他债权投资。

对交易性债权投资进行重分类时，企业应当根据该项交易性债权投资的公允价值作为分类后的金融资产的初始确认日的公允价值，即本金，再根据该项债权的未来现金流量的终值(可收回的本金及利息)来确定其实际利率。

第三节　以摊余成本计量的债权投资

一、以摊余成本计量的债权投资的确认

分类为以摊余成本计量的债权投资，必须同时符合下列条件：

(1) 企业管理该债权投资的业务模式是以收取合同现金流量为目标。

(2) 该债权投资的合同条款规定，在特定日期产生的现金流量，仅为对本金和以未偿付本金金额为基础的利息的支付。

根据定义，以摊余成本计量的债权投资通常是指到期日固定、回收金额固定或可确定，且企业有明确的以收取合同现金流量为目标的非衍生金融资产。由于权益工具如股票等没有到期日，企业持有股票只能收到分配的股利以及清算时的剩余索取权，均不符合前述本金及利息

的定义，因此，以摊余成本计量的债权投资主要包括长期公司债券、企业债券或长期国债等债务工具投资。债权投资除具有到期日固定、回收金额固定或可确定的特性外，企业持有这种资产还必须有明确的意图和能力。

企业在持有债权投资时，企业应当评估相关资产的货币时间价值要素是否存在修正的可能，以确定其是否满足上述合同现金流量特征的要求。如果评估确定所持有的债权投资已经不符合本金及以未偿付本金为基础的利息的合同现金流量特征，或者管理层以客观事实为依据，改变了合同现金流量的业务模式，则应当对以摊余成本计量的债权投资进行重分类。

二、以摊余成本计量的债权投资的核算

以摊余成本计量的债权投资的会计处理，主要包括债权取得成本的计量、摊余成本的确定、持有期间的收益确认以及处置时损益的处理。

为了核算以摊余成本计量的债权投资(后续简称为债权投资)，企业应当设置“债权投资”科目，并分别“成本”“利息调整”“应计利息”进行明细核算。

(一) 债权投资的初始计量

企业取得的以摊余成本计量的债权投资，应该按照取得时所付出的代价即公允价值和相关交易费用合计确认初始投资成本，实际支付的价款中包括的已到期但尚未领取的债券利息，应单独确认为应收项目。

公司债券或国债的公允价值即购买价不一定等于其票面价值。债券的买价是根据到期票面金额及各期以票面利率计算的利息，按市场利率折现的金额(现值)。一般情况下，如果票面利率低于市场利率，则债券的发行价格低于面值，即按折价购入；如果票面利率高于市场利率，则债券的发行价格高于面值，按溢价购入；当票面利率与市场利率相等，则债券的发行价格就等于面值，按面值购买。

计入成本的交易费用是指可直接归属于购买、发行或处置债权投资新增的外部费用。

如果企业在计息起始日购入债券，作为以摊余成本计量的债权投资进行管理，则应按债券面值借记“债权投资——成本”科目；按实际支付的金额，贷记“银行存款”科目；按实际支付的金额与债券面值之间的差额，借记或贷记“债权投资——利息调整”科目。

如果在两个付息日之间购入债券，作为债权投资核算，按债券面值，借记“债权投资——成本”科目；对支付的价款中包含已到期但尚未领取的利息，属于垫付性的债权，记入“应收利息”科目，按实际支付的金额，贷记“银行存款”科目；按借贷方的差额，借记或贷记“债权投资——利息调整”科目。

对到期一次还本付息的债券而言，支付的价款中包含的利息，是债权投资成本的组成部分，直接在“债权投资——应计利息”科目核算。

例 5-9　2019 年 1 月 5 日，大地公司以银行存款 20 000 元，购买乙公司当日发行的 3 年期债券 20 张，作为债权投资进行核算和管理，支付的债券款中包括交易时的相关税费 200 元。债券每张面值为 1 000 元，票面利率为 5%，每年年末支付利息，到期一次还本。

大地公司应编制会计分录如下：

借：债权投资——成本	20 000	
贷：银行存款		20 000

例 5-10 2019 年 7 月 1 日，大地公司以银行存款 21 200 元，购买丙公司发行的 3 年期债券 20 张，作为以摊余成本计量的债权投资进行核算和管理，支付的债券款中包括交易时的相关税费 200 元和已经到期未支付的利息 500 元。债券每张面值为 1 000 元，票面利率为 5%，每年支付利息 2 次，到期一次还本。

应编制会计分录如下：

借：债权投资——成本	20 000	
——利息调整	700	
应收利息	500	
贷：银行存款		21 200

例 5-11 2019 年 1 月 6 日，大地公司以银行存款 18 700 元，购买丁公司当日发行的 3 年期债券 20 张，作为以摊余成本计量的债权投资进行核算和管理，支付的债券款中包括交易时的相关税费 200 元。债券每张面值为 1 000 元，票面利率为 5%，每年年末支付利息，到期一次还本。

应编制会计分录如下：

借：债权投资——成本	20 000	
贷：债权投资——利息调整		1 300
银行存款		18 700

（二）以摊余成本计量的债权投资的后续计量

以摊余成本计量的债权投资的后续计量，应当采用实际利率法，按照摊余成本计量。所谓实际利率法，是指按金融资产的摊余成本计算利息收入并将利息收入或利息费用分摊计入各会计期间的方法。摊余成本，是指债权投资初始确认金额经如下调整后的结果：

(1) 扣除已偿还的本金；

(2) 加上或减去采用实际利率法将该初始确认金额与到期日金额之间的差额进行摊销形成的累计摊销额；

(3) 扣除已发生的减值损失。

实际利率法下，应该按照摊余成本和实际利率计算确认利息收入。

企业的利息调整的摊销额即为债券每期收到的引起现金流入的票面利息与实际利息收入的差额，用公式表示如下：

票面利息＝面值×票面利率

实际利息收入＝期初债券摊余成本×实际利率

利息调整＝票面利息－实际利息收入

在资产负债表日，根据债权投资按面值和票面利率计算确定的应收利息，借记“应收利息”或“债权投资——应计利息”科目；按期初摊余成本和实际利率计算确定的利息收入，贷记“利息收入”科目；按其差额，贷记或借记“债权投资——利息调整”科目。

到期一次还本付息的债券利息，计入“债权投资——应计利息”科目，在到期时与本金一并支付。

例 5-12 2019 年 1 月 5 日，艾米公司以银行存款 210 484 元，溢价购入了甲公司当日发行的、面值为200 000元的6年期债券，作为以摊余成本计量的债权投资进行核算和管理，实际支付的债券款中包括交易时的相关税费300元。票面利率为5%，实际利率为4%。该债券于每年12月31日付息一次，到期一次还本。

艾米公司按实际利率法的摊销情况如表5-1所示。

表5-1　债权投资利息收入计算表

（实际利率法）

单位：元

付息日期	现金流入（票面利息）	实际利息收益	利息调整（溢价摊销）	期末摊余成本
	a=面值×5%	b=上期d×实际利率4%	$c=a-b$	d=上期$d-c$
2019年1月5日				210 484
2019年12月31日	10 000	8 419	1 581	208 903
2020年12月31日	10 000	8 356	1 644	207 259
2021年12月31日	10 000	8 290	1 710	205 549
2022年12月31日	10 000	8 222	1 778	203 771
2023年12月31日	10 000	8 151	1 849	201 922
2024年12月31日	10 000	8 078*	1 922*	200 000
合　计	60 000	49 516	10 484	

注：*含尾数调整。

艾米公司应编制会计分录如下：

(1) 2019年1月5日：

借：债权投资——成本　200 000

　　　　　——利息调整　10 484

　贷：银行存款　210 484

(2) 2019年12月31日，确认收入、收到利息时：

借：应收利息　10 000

　贷：债权投资——利息调整　1 581

　　　利息收入　8 419

借：银行存款　10 000

　贷：应收利息　10 000

(3) 2020年12月31日，确认收入、收到利息时：

借：应收利息　10 000

　贷：债权投资——利息调整　1 644

　　　利息收入　8 356

借：银行存款　10 000

　贷：应收利息　10 000

(4) 2021年12月31日，确认收入、收到利息时：

借：应收利息　10 000
　贷：债权投资——利息调整　1 710
　　利息收入　8 290
借：银行存款　10 000
　贷：应收利息　10 000

(5) 2022 年 12 月 31 日，确认收入、收到利息时：

借：应收利息　10 000
　贷：债权投资——利息调整　1 778
　　利息收入　8 222
借：银行存款　10 000
　贷：应收利息　10 000

(6) 2023 年 12 月 31 日，确认收入、收到利息时：

借：应收利息　10 000
　贷：债权投资——利息调整　1 849
　　利息收入　8 151
借：银行存款　10 000
　贷：应收利息　10 000

(7) 2024 年 12 月 31 日，确认收入、收到利息和本金时：

借：应收利息　10 000
　贷：债权投资——利息调整　1 922
　　利息收入　8 078
借：银行存款　10 000
　贷：应收利息　10 000
借：银行存款　200 000
　贷：债权投资——成本　200 000

例 5-13　2019 年 1 月 5 日，艾米公司以银行存款 190 148 元，折价购入丙公司当日发行的、面值为 200 000 元的 3 年期债券，作为以摊余成本计量的债权投资进行核算和管理，实际支付的债券款中包括交易时的相关税费 300 元。票面利率为 10%，发行时市场实际利率为 12%。该债券于每年 6 月 30 日及 12 月 31 日各付息一次，到期一次还本。

艾米公司按实际利率法的利息调整摊销情况如表 5-2 所示。

表 5-2　债权投资利息收入计算

(实际利率法)

单位：元

付息日期	现金流入(票面利息)	实际利息收益	利息调整(折价摊销)	期末摊余成本
	①=面值×5%	②=上期④×实际利率 6%	③=②-①	④=上期④+③
2019 年 1 月 1 日				190 148
2019 年 6 月 30 日	10 000	11 409	1 409	191 557

续　表

付息日期	现金流入（票面利息）	实际利息收益	利息调整（折价摊销）	期末摊余成本
	①=面值×5%	②=上期④×实际利率6%	③=②−①	④=上期④+③
2019年12月31日	10 000	11 493	1 493	193 050
2020年6月30日	10 000	11 583	1 583	194 633
2020年12月31日	10 000	11 678	1 678	196 311
2021年6月30日	10 000	11 779	1 779	198 090
2021年12月31日	10 000	11 910*	1 910*	200 000
合　计	60 000	69 852	9 852	—

注：* 含尾数调整。

艾米公司应编制会计分录如下：

(1) 2019年1月5日：

借：债权投资——成本　200 000

　　贷：债权投资——利息调整　9 852

　　　　银行存款　190 148

(2) 2019年6月30日，确认收入、收到利息时：

借：应收利息　10 000

　　债权投资——利息调整　1 409

　　贷：利息收入　11 409

借：银行存款　10 000

　　贷：应收利息　10 000

(3) 2019年12月31日，确认收入、收到利息时：

借：应收利息　10 000

　　债权投资——利息调整　1 493

　　贷：利息收入　11 493

借：银行存款　10 000

　　贷：应收利息　10 000

(4) 2020年6月30日，确认收入、收到利息时：

借：应收利息　10 000

　　债权投资——利息调整　1 583

　　贷：利息收入　11 583

借：银行存款　10 000

　　贷：应收利息　10 000

(5) 2020年12月31日，确认收入、收到利息时：

借：应收利息　　10 000

　　债权投资——利息调整　　1 678

　　贷：利息收入　　11 678

借：银行存款　　10 000

　　贷：应收利息　　10 000

(6) 2021 年 6 月 30 日，确认收入、收到利息时：

借：应收利息　　10 000

　　债权投资——利息调整　　1 779

　　贷：利息收入　　11 779

借：银行存款　　10 000

　　贷：应收利息　　10 000

(7) 2021 年 12 月 31 日，确认收入、收到利息和本金时：

借：应收利息　　10 000

　　债权投资——利息调整　　1 910

　　贷：利息收入　　11 910

借：银行存款　　10 000

　　贷：应收利息　　10 000

借：银行存款　　200 000

　　贷：债权投资——成本　　200 000

(三) 以摊余成本计量的债权投资的期末计价和提前出售

1. 债权投资的期末计价

以摊余成本计量的债权投资的期末计价，应当按摊余成本计量，不考虑公允价值变动的影响。同时，企业应当以预期信用损失为基础，对债权投资进行减值准备会计处理并确认损失。

除短期应收账款、合同资产及租赁应收款可以按照简化的方法，即直接按照相当于整个存续期内预期信用损失的金额计量其损失准备外，对其他所有金融资产减值损失的相关会计处理流程，都应当按照三阶段法进行会计处理。

企业应当在每个资产负债表日评估相关金融工具的信用风险自初始确认后是否已显著增加，并按照下列情形分别计量其损失准备、确认预期信用损失及其变动：

第一阶段：如果该金融工具的信用风险自初始确认后并未显著增加，企业应当按照相当于该金融工具未来 12 个月内预期信用损失的金额计量其损失准备，无论企业评估信用损失的基础是单项金融工具还是金融工具组合，由此形成的损失准备的增加或转回金额，应当作为减值损失或利得计入当期损益。

未来 12 个月内预期信用损失，是指因资产负债表日后 12 个月内(若金融工具的预计存续期少于 12 个月，则为预计存续期)可能发生的金融工具违约事件而导致的预期信用损失，是整个存续期预期信用损失的一部分。

在第一阶段，确认 12 个月信用损失，并基于账面总额计算利息收入。

第二阶段：如果该金融工具的信用风险自初始确认后已显著增加，企业应当按照相当于该金融工具整个存续期内预期信用损失的金额计量其损失准备。无论企业评估信用损失的基础是单项金融工具还是金融工具组合，由此形成的损失准备的增加或转回金额，应当作为减值损失或利得计入当期损益。

在第二阶段，确认整个存续期预期信用损失，并基于账面总额计算利息收入。

第三阶段：当对金融资产预期未来现金流量具有不利影响的一项或多项事件发生时，该金融资产成为已发生信用减值的金融资产。金融资产已发生信用减值的证据包括下列可观察信息：

(1) 发行方或债务人发生重大财务困难；

(2) 债务人违反合同，如偿付利息或本金违约或逾期等；

(3) 债权人出于与债务人财务困难有关的经济或合同考虑，给予债务人在任何其他情况下都不会做出的让步；

(4) 债务人很可能破产或进行其他财务重组；

(5) 发行方或债务人财务困难导致该金融资产的活跃市场消失；

(6) 以大幅折扣购买或源生一项金融资产，该折扣反映了发生信用损失的事实。

通常情况下，如果逾期超过 30 日，则表明金融工具的信用风险已经显著增加。除非企业在无须付出不必要的额外成本或努力的情况下即可获得合理且有依据的信息，证明即使逾期超过 30 日，信用风险自初始确认后仍未显著增加。如果企业在合同付款逾期超过 30 日前已确定信用风险显著增加，则应当按照整个存续期的预期信用损失确认损失准备。

如果交易对手方未按合同规定时间支付约定的款项，则表明该金融资产发生逾期。

在第三阶段，确认整个存续期预期信用损失，并基于账面价值，即摊余成本(账面余额减已计提的减值准备)计算利息收入。

无论哪个阶段，计算利息收入的利息率均为初始确认时计算得出的实际利率。

在资产负债表日，以摊余成本计量的债权投资发生信用损失时，应当将该金融资产价值减记至预计未来现金流量现值，减记的金额确认为资产减值损失，计入当期损益。债权投资确认减值损失后，如有客观证据表明该资产价值已经恢复，原确认的减值损失应当予以转回，计入当期损益(信用减值损失)。但该转回后的账面价值不应当超过假定不计提减值准备情况下该金融资产在转回日的摊余成本。

例 5-14　沿用例 5-13 的资料。由于丙公司出现了严重的财务困难，根据企业信用部门的评定结果，2021 年 6 月 30 日艾米公司持有的丙公司的债券已发生信用损失，其未来现金流量的现值约为 100 000 元，与表 5-2 的数据摊余价值 198 090 元相比较，艾米公司应计提该项债权投资的减值损失 98 090 元(198 090－100 000)，并编制会计分录如下：

借：信用减值损失　　98 090

　　贷：债权投资——减值准备　　98 090

需要注意的是，计算减值损失时将未来现金流量折成现值的利率应当采用原实际利率，计提减值损失后，确认以后期间利息收入的利率也应当是原实际利率，收到的利息与利息收入的差额即为减值后每期利息调整额。

2. 债权投资的提前出售

如果有客观证据表明企业管理金融资产的业务模式发生改变，使某项投资不再适合划分为债权投资，企业可能会将该项投资提前予以出售或进行重分类。在出售日，企业应调整折价、溢价摊销额和利息收入，将出售日债券的市价与债权投资的摊余成本相比较，计算出售投资利得或损失。

例 5-15 根据例 5-12 的资料，假设艾米公司于 2021 年 1 月 3 日提前将甲公司债券全部出售，得款 205 000 元。当天债券投资的摊余成本为 207 259 元。

艾米公司记录出售所得并确认出售损益的会计分录如下：

借：银行存款	205 000	
投资收益	2 259	
贷：债权投资——利息调整		7 259
——成本		200 000

3. 债权投资的重分类

如果有客观证据表明企业管理金融资产的业务模式发生改变，使某项投资不再适合划分为以摊余成本计量的金融资产，应当将其重分类为以公允价值计量的金融资产，并以公允价值进行后续计量。

（1）企业将一项以摊余成本计量的金融资产重分类为以公允价值计量且其变动计入当期损益的金融资产的，应当按照该资产在重分类日的公允价值进行计量。原账面价值与公允价值的差额计入当期损益。

（2）企业将一项以摊余成本计量的金融资产重分类为以公允价值计量且其变动计入其他综合收益的金融资产的，应当按照该资产在重分类日的公允价值进行计量。原账面价值与公允价值的差额计入其他综合收益。

第四节 以公允价值计量且其变动计入其他综合收益的金融工具

企业将该项金融资产分类为以公允价值计量且其变动计入其他综合收益的金融资产的，包括两种情况：一是合同现金流量特征是本金和以未偿付本金金额为基础的利息的支付，且企业管理现金流量的业务模式是既以收取合同现金流量为目标又以出售该金融资产为目标；二是合同现金流量特征未能满足本金和以未偿付本金金额为基础的利息的支付条件，但通过公允价值选择权，指定为以公允价值计量且其变动计入其他综合收益的金融资产。为方便说明，将上述两种分别表述为其他债权投资和其他权益工具投资。

一、其他债权投资的核算

对于以公允价值计量且其变动计入其他综合收益的其他债权投资，企业应设置“其他债权投资”科目，并分别“成本”“利息调整”等明细科目，核算其他债权投资业务的增减变动。具体涉及初始计量、后续计量和处置等会计处理如下：

（一）其他债权投资的初始计量

取得其他债权投资的成本，以该金融资产交易日的公允价值以及相关的交易费用作为初始计量的基础。支付的总价款中若包含已到期但尚未领取的利息，应单独进行核算。与交易性金融资产不同的是，其他债权投资的初始计量中包括了相关交易费用。这一点与以摊余成本计量的债权投资相类似。

企业取得其他债权投资时，应按债券的面值，借记“其他债权投资——成本”科目；按支付的价款中包含的已到期但尚未领取的利息，借记“应收利息”科目，按实际支付的金额，贷记“银行存款”等科目；按其差额，借记或贷记“其他债权投资——利息调整”科目。

（二）其他债权投资的后续计量和减值

企业取得的其他债权投资在持有期间所有产生的利得或损失，除减值损失或利得和汇兑损益之外，均应计入其他综合收益，直到该债权投资终止确认或被重分类。但是，采用实际利率法计算的债权投资利息应当计入当期损益，即实际利率法确认的计入当期损益的金额与以摊余成本计量的债权投资的计算方法相同。终止确认时，之前计入其他综合收益的累计利得或损失应当从其他综合收益中转出，计入当期损益。

1. 资产负债表日，其他债权投资的利息收益

其他债权投资为分期付息，一次还本债券投资的，应按面值和票面利率计算确定的应收利息，借记“应收利息”科目，按债券的摊余成本和实际利率计算确定的利息收入，贷记“利息收入”科目，按其差额，贷记或借记“其他债权投资——利息调整”科目。

其他债权投资为到期一次还本付息债券投资的，应按面值和票面利率计算确定的应收利息，借记“其他债权投资——应计利息”科目，按债券的摊余成本和实际利率计算确定的利息收入，贷记“利息收入”科目，按其差额，贷记或借记“其他债权投资——利息调整”科目。应计利息在到期时与本金一并收取。

2. 资产负债表日，其他债权投资的公允价值变动

资产负债表日，其他债权投资的公允价值变动应计入其他综合收益。其他债权投资公允价值高于其账面余额的差额，借记“其他债权投资——公允价值变动”科目，贷记“其他综合收益——其他债权投资公允价值变动”科目；公允价值低于其账面余额的差额，做相反的会计分录。在该金融资产终止确认时转入当期损益。

3. 其他债权投资的减值

以公允价值计量且其变动计入其他综合收益的其他债权投资，应当根据前述的金融资产减值要求，确认其减值损失，计入当期损益。按减值金额，借记“信用减值损失”科目，按从其他综合收益中转出的累计损失金额，贷记“其他综合收益——信用减值准备”科目。

（三）其他债权投资的处置

出售以公允价值计量且其变动计入其他综合收益的其他债权投资，应按实际收到的金额，借记“银行存款”科目，按其账面余额，贷记“其他债权投资——成本、应计利息”，贷记或借记“其他债权投资——公允价值变动、利息调整”科目，按从其他综合收益中转出的公允价值累计变动额，借记或贷记“其他综合收益——其他债权投资公允价值变动”科目。按从其他综合收益中转出的信用减值准备累计金额，贷记或借记“其他综合收益——信用减值准备”科目，按其差额，贷记或借记“投资收益”科目。

例 5－16 沿用例 5－12 的资料。2019 年 1 月 5 日，艾米公司以银行存款 210 484 元，溢价购入了甲公司当日发行的、面值为 200 000 元的 6 年期债券，作为以公允价值计量且其变动计入其他综合收益的其他债权投资进行管理。实际支付的债券款中包括交易时的相关税费

300 元。票面利率为 5%，实际利率为 4%。该债券于每年 12 月 31 日付息一次，到期一次还本。2021 年 1 月 4 日，艾米公司将该项债权投资全部出售，收到价款 215 000 元。

艾米公司在取得该项投资后，编制其他债权投资利息收入计算表，如表 5-3 所示。

表 5-3　其他债权投资利息收入计算表(实际利率法)　　单位：元

付息日期	现金流入(票面利息)	实际利息收益	利息调整(溢价摊销)	期末摊余成本公允价值
	a=面值×5%	b=上期 d×实际利率 4%	$c=a-b$	d=上期 $d-c$
2019 年 1 月 5 日				210 484
2019 年 12 月 31 日	10 000	8 419	1 581	208 903
2020 年 12 月 31 日	10 000	8 356	1 644	207 259

艾米公司在初始计量、后续计量及处置时应编制会计分录如下：

(1) 2019 年 1 月 5 日，购入债券时：

借：其他债权投资——成本　　200 000

　　　　　　　——利息调整　　10 484

　贷：银行存款　　210 484

(2) 2019 年 12 月 31 日，确认收入、收到利息时：

借：应收利息　　10 000

　贷：债权投资——利息调整　　1 581

　　　利息收入　　8 419

借：银行存款　　10 000

　贷：应收利息　　10 000

(3) 2019 年 12 月 31 日，假定该债权投资的公允价值为 209 903 元，应确认公允价值变动的影响如下：

借：其他债权投资——公允价值变动(209 903－208 903)　　1 000

　贷：其他综合收益——其他债权投资公允价值变动　　1 000

(4) 2020 年 12 月 31 日，确认收入、收到利息时：

借：应收利息　　10 000

　贷：债权投资——利息调整　　1 644

　　　利息收入　　8 356

借：银行存款　　10 000

　贷：应收利息　　10 000

(5) 2020 年 12 月 31 日，假定该债权投资的公允价值为 209 259 元，应确认公允价值变动的影响如下：

借：其他债权投资——公允价值变动(209 259－207 259)　　2 000

　贷：其他综合收益——其他债权投资公允价值变动　　2 000

(6) 2021 年 1 月 4 日，将该项债权投资全部出售，收到价款 215 000 元，应编制会计分录如下：

① 确认出售损益时：

借：银行存款	215 000	
贷：其他债权投资——成本		200 000
——利息调整(10 484—1 581—1 644)		7 259
——公允价值变动(1 000+2 000)		3 000
投资收益		4 741

② 将其他综合收益确认为当期损益时：

借：其他综合收益——其他债权投资公允价值变动	3 000	
贷：投资收益		3 000

二、其他权益工具投资

企业取得他方以成立子公司(控制)、合营企业(共同控制)或联营企业(重大影响)为目的的权益工具，应当确认为长期股权投资；除长期股权投资之外，均被认定为交易性的权益工具，以公允价值计量且其变动计入当期损益。但是企业为减少或显著降低会计错配，或者为评价业绩的需要，或者因为交易受限，可以将交易性的权益工具指定为以公允价值计量且其变动计入其他综合收益的金融资产，并按照规定确认股利收入。该指定一经做出，不得撤销。

为了核算企业非交易性权益工具投资，企业应设置“其他权益工具投资”科目，并分别“成本”和“公允价值变动”明细科目进行会计处理。

指定为以公允价值计量且其变动计入其他综合收益的非交易性权益工具投资与其他债权投资一样，其公允价值变动计入其他综合收益，除了股利收入计入当期损益外，其他的相关利得和损失，均计入其他综合收益。与其他债权投资不同的是，被指定的非交易性权益工具投资，期末不需要计提减值准备，且计入的其他综合收益后续不得转出。终止确认时，累积的公允价值变动应结转为留存收益，不得计入损益。

企业有关非交易性权益工具初始计量、后续计量及处置的会计处理如下：

(一) 其他权益工具投资的初始计量

企业取得其他权益工具投资时，以该金融资产交易日的公允价值以及相关的交易费用之和，扣除支付的价款中包含的已宣告未发放的现金股利金额，借记“其他权益工具投资——成本”科目，已宣告但未发放的现金股利，借记“应收股利”科目，按实际支付的金额，贷记“银行存款”科目。

(二) 其他权益工具投资的后续计量

其他权益工具投资持有期间取得收益的，与长期股权投资的成本法核算相仿，即在被投资方宣告分配股利时，按相应的份额确认投资收益。

资产负债表日，企业应当将其他权益工具投资的公允价值变动，确认为其他综合收益。其他权益工具投资的公允价值高于账面余额的差额，借记“其他权益工具投资——公允价值变动”科目，贷记“其他综合收益——其他权益工具投资公允价值变动”科目；反之，公允价值低于账面余额的差额，做相反分录。

(三) 其他权益工具投资的处置

企业出售非交易性权益工具投资时，按实际收到的金额，借记“银行存款”科目，按该金融资产的账面余额，贷记“其他权益工具投资——成本、公允价值变动”科目，按应从其综合收益中转出的公允价值累计变动额，借记或贷记“其他综合收益——其他权益工具投资公允价值变动”科目，按其差额，贷记或借记“盈余公积”“利润分配——未分配利润”等科目。

例 5-17 2019 年 11 月 8 日，艾米公司支付 800 万元从二级市场购入乙公司发行在外的股份 100 万股，其中包括 5 万元交易费用和已宣告发放的现金股利每股 1 元。

2019 年 11 月 28 日，收到乙公司发放的现金股利。

2019 年 12 月 31 日，该股票的每股市价为 10 元。

2020 年 4 月 15 日，乙公司宣告分配现金股利，每股 0.8 元。

2020 年 4 月 25 日，乙公司发放现金股利每股 0.8 元。

2020 年 12 月 31 日，该股票的每股市价为 9 元。

2021 年 1 月 10 日，艾米公司将持有的该股票全部出售，实际收到银行存款 1 000 万元。

假定不考虑其他因素，对此项非交易性的其他权益工具投资，应编制会计分录如下：

(1) 2019 年 11 月 8 日，取得投资时：

借：其他权益工具投资——成本	7 000 000	
应收股利	1 000 000	
贷：银行存款		8 000 000

(2) 11 月 28 日，收到现金股利时：

借：银行存款	1 000 000	
贷：应收股利		1 000 000

(3) 2019 年 12 月 31 日，确认公允价值变动 3 000 000 元时：

借：其他权益工具投资——公允价值变动	3 000 000	
贷：其他综合收益——其他权益工具投资公允价值变动		3 000 000

(4) 2020 年 4 月 15 日，乙公司宣告分配现金股利时：

借：应收股利	800 000	
贷：投资收益		800 000

(5) 2020 年 4 月 25 日，收到现金股利时：

借：银行存款	800 000	
贷：应收股利		800 000

(6) 2020 年 12 月 31 日，确认公允价值变动 1 000 000 元时：

借：其他综合收益——其他权益工具投资公允价值变动	1 000 000	
贷：其他权益工具投资——公允价值变动		1 000 000

(7) 2021 年 1 月 10 日，出售该项投资时：

借：银行存款	10 000 000	
贷：其他权益工具投资——成本		7 000 000
——公允价值变动		2 000 000
盈余公积(1 000 000×10%)		100 000
利润分配——未分配利润		900 000

借：其他综合收益——其他权益工具投资公允价值变动　　2 000 000
　贷：盈余公积(2 000 000×10%)　　200 000
　　利润分配——未分配利润　　1 800 000

三、其他债权投资的重分类

未被指定的其债权投资在企业对合同现金流量的业务管理模式发生变化时，可以对其进行重分类。

(1) 企业将一项以公允价值计量且其变动计入其他综合收益的其他债权投资重分类以摊余成本计量的债权投资，应当将之前计入其他综合收益的累积利得或损失转出，调整该债权投资在重分类日的公允价值，并以调整后的金额作为新的账面价值，即视同该债权投资一直以摊余成本计量。

(2) 企业将一项以公允价值计量且其变动计入其他综合收益的其他债权投资重分类为以公允价值计量且其变动计入当期损益的金融资产，应当继续以公允价值计量该项债权投资；同时，企业应当将之前计入的其他综合收益的累积利得或损失从其他综合收益中转入当期损益。

第五节　长期股权投资

一、长期股权投资及其分类

长期股权投资是指通过取得被投资企业股份而形成的期限在1年以上的各种股权性投资，包括购入的股票和其他权益投资等。现行企业会计准则所称长期股权投资，是指投资方对被投资单位实施控制、重大影响的权益性投资，以及对其合营企业的权益性投资。即长期股权投资按其对被投资单位产生的影响，分为控制、共同控制和重大影响三种类型。

(一) 对子公司的投资

对子公司的投资，是指投资方持有的能够对被投资单位施加控制的股权投资。投资方能够对被投资单位实施控制的，称为母公司，被投资单位为其子公司。控制是指投资方拥有被投资方的权力，通过参与被投资方的活动而享有可变回报，并且有能力运用对被投资方的权力影响其回报金额。可变回报的最主要表现是根据被投资方的盈利状况分配股利或利润。

投资方拥有对被投资方的权力，通常表现为表决权。如果投资方通过自身或其他企业直接或间接拥有被投资方50%以上的表决权，或者未能达到50%上的表决权，但通过考虑股权的分散程度、一致行动人、潜在的稀释权以及公司章程的约定等因素，在被投资方拥有半数以上的表决权，也可以认定投资方对被投资方拥有控制权。投资企业应当把子公司纳入合并财务报表的合并范围。

(二) 对合营企业的投资

对合营企业的投资是指投资方持有的构成合营企业合营安排的投资，即共同控制。共同控制是指按合同约定对某项经济活动所共有的控制，仅在与该项经济活动相关的重要财务和经营决策需要分享控制权的投资方一致同意时存在。在确定被投资单位是否为合营企业时，应当按照《企业会计准则第40号——合营安排》的有关规定进行判断。企业持有的能够与其他合营方一同对被投资单位实施共同控制的权益性投资，称为对合营企业的投资。

(三) 对联营企业的投资

对联营企业的投资，是指投资方能够对被投资单位施加重大影响的股权投资。投资方能够对被投资单位施加重大影响的，被投资单位为其联营企业。所谓重大影响，是指对一个企业的财务和经营政策有参与决策的权力，但并不能够控制或者与其他方一起共同控制这些政策的制定。在确定能否对被投资单位施加重大影响时，应当考虑投资方和其他方持有的被投资单位当期可转换公司债券、当期可执行认股权证等潜在表决权因素。投资方能够对被投资单位施加重大影响的，被投资单位为其联营企业。企业持有的能够对被投资单位施加重大影响的权益性投资，称为对联营企业的投资。

投资企业在持有长期股权投资期间，应当根据对被投资单位的能够施加的影响程度，分别采用成本法和权益法进行后续计量。其中，母公司对子公司的长期股权投资采用成本法核算，对联营企业和对合营企业的长期股权投资采用权益法核算。

二、长期股权投资的初始计量

长期股权投资初始成本的确定与其取得方式有关，企业取得长期股权投资的方式不同，其初始投资成本的确定也各不相同。长期股权投资初始投资成本的确定，应当分为企业合并形成的长期股权投资和其他方式取得的长期股权投资两种方式。

(一) 企业合并形成的长期股权投资

企业合并形成的长期股权投资初始成本的确定，分为同一控制下的企业合并与非同一控制下的企业合并两种情况。

1. 同一控制下的企业合并形成的长期股权投资

同一控制下的企业合并，是指参与合并的企业在合并前后均受同一方或相同的多方最终控制，且该控制并非暂时性的。

同一控制下的企业合并取得的长期股权投资，合并方以支付现金、转让非现金资产或承担债务方式作为合并对价的，应当在合并日按照取得被合并方所有者权益账面价值的份额作为长期股权投资的初始成本。长期股权投资初始成本与支付的现金、转让的非现金资产以及所承担债务账面价值之间的差额，应当调整资本公积；资本公积不足冲减的，调整盈余公积和未分配利润。

企业合并时，按照被合并方所有者权益账面价值的份额，借记“长期股权投资”科目；按照支付的对价，贷记“银行存款”等科目；按照借、贷方的差额，借记或贷记“资本公积”科目，“资本公积”科目的贷方余额不足冲减的，应当调整留存收益。在合并过程中发生的费用，计入当期损益，不计入投资成本。

例 5-18 甲公司支付现金700万元取得受同一方控制的乙公司60%的股权，投资时乙公司所有者权益的账面价值为1 000万元，其中资本公积为120万元。则甲公司对乙公司的初始投资成本应为600万元，初始投资成本与支付的现金之间的差额，冲减资本公积。

甲公司在取得长期股权投资时，应编制会计分录如下：

借：长期股权投资 6 000 000
资本公积 1 000 000
贷：银行存款 7 000 000

2. 非同一控制下的企业合并形成的长期股权投资

非同一控制下的企业合并，是指参与合并的各方在合并前后不受同一方或相同的多方最终控制。根据《企业会计准则》的规定，非同一控制下的企业合并，购买方应在购买日以取得对被购买方的控制权而付出的资产、发生或承担的负债以及发行的权益性证券的公允价值，即以换出资产的公允价值作为初始投资成本；换出资产的公允价值与其账面价值之间的差异，计入当期损益。

在购买日，按照合并成本，借记“长期股权投资”科目；按照支付的对价，贷记“银行存款”“固定资产清理”等科目；按照借、贷方的差额，借记或贷记“资产处置损益”科目。

例 5－19 甲公司以一台设备换取非同一方控制的丙公司 60%的股权，该固定资产的账面原价为 900 万元，已计提累计折旧 300 万元，公允价值为 800 万元。假定甲公司与丙公司在此之前不存在任何投资关系，不考虑其他相关税费，则甲公司对丙公司的初始投资成本为 800 万元。假定不考虑相关税费，甲公司应编制会计分录如下：

借：固定资产清理 6 000 000
累计折旧 3 000 000
贷：固定资产 9 000 000

借：长期股权投资 8 000 000
贷：固定资产清理 6 000 000
资产处置损益 2 000 000

（二）非企业合并形成的长期股权投资

企业除合并以外，还可以其他方式取得长期股权投资，如以支付现金取得的长期股权投资、以发行权益性证券取得的长期股权投资、接受投资者投入长期股权投资、通过非货币性资产交换取得长期股权投资、通过债务重组取得长期股权投资等。

1. 支付现金取得的长期股权投资

以支付现金取得的长期股权投资，应当按照实际支付的购买价款作为初始投资成本。初始投资成本包括与取得长期股权投资直接相关的费用、税金及其他必要支出。按照实际支付的价款及与相关的手续费、佣金等，借记“长期股权投资”科目；按照实际支付的价款及手续费、佣金等，贷记“银行存款”等科目。

例 5－20 艾米公司为了增加经营决策影响力，2019 年 1 月 10 日，在公开交易的股票市场上购买了天地公司的 500 万股股票，价值为 5 000 万元，占其股本总额的 30%，在购买过程中另外支付手续费、印花税等相关费用 40 万元。艾米公司应编制会计分录如下：

借：长期股权投资 50 400 000
贷：银行存款 50 400 000

2. 发行权益性证券取得的长期股权投资

以发行权益性证券取得的长期股权投资，应当按照发行权益性证券的公允价值作为初始投资成本。企业取得长期股权投资时，应按照权益性证券的公允价值，借记“长期股权投资”科目;按照权益性证券的面值,贷记“股本”科目;按其差额,贷记“资本公积”科目。与发行权益性证券有关的税费和其他直接相关费用,应当冲减溢价收入。

例 5-21 2019 年 7 月 10 日,艾米公司与天地公司达成合并协议,约定以增发的权益性证券作为对价向天地公司投资。当日,该企业共增发普通股股票 400 万股,每股面值为 1 元,实际发行价格为 6 元。另外,支付 100 万元的佣金和手续费。艾米公司应编制会计分录如下:

借:长期股权投资	24 000 000	
贷:股本		4 000 000
资本公积——股本溢价		20 000 000
借:资本公积——股本溢价	1 000 000	
贷:银行存款		1 000 000

3. 投资者投入的长期股权投资

投资者投入的长期股权投资,应当按照投资合同或协议约定的价值作为初始投资成本,但合同或协议约定价值不公允的除外。

接受投资者投入长期股权投资时,应当按照投资合同或协议约定的价值以及相关的税费,借记“长期股权投资”科目;按照投资者出资额相当于实收资本(或股本)的部分,贷记“实收资本”“股本”等科目;按照支付的相关税费,贷记“银行存款”等科目;按照借、贷方之间的差额,贷记“资本公积”科目。

例 5-22 2019 年 12 月 2 日,艾米公司接受乙公司所持有的丙公司的长期股权投资。对丙公司长期股权投资的账面余额为 212 万元。艾米公司和乙公司协议约定对丙公司长期股权投资的价值为 300 万元,占艾米公司所有者权益总额的 20%。假定 2019 年 12 月 2 日,艾米公司的所有者权益总额为 1 000 万元,不考虑其他相关税费。艾米公司应编制会计分录如下:

借:长期股权投资	3 000 000	
贷:实收资本		2 000 000
资本公积——股本溢价		1 000 000

4. 其他方式取得的长期股权投资

以其他方式取得的长期股权投资,如以非货币性资产交换、通过债务重组等方式取得的长期股权投资,可参见《非货币性资产交换》《债务重组》相关会计准则规定的处理方法。

企业长期股权投资的后续计量,应分别不同持股比例情况,采用成本法和权益法进行核算。

三、长期股权投资的成本法

(一) 长期股权投资的成本法及其适用范围

成本法是指长期股权投资按投资成本计价的方法。根据《企业会计准则》的规定,在投资企业能够对被投资单位实施控制的子公司长期股权投资,应当采用成本法核算。

在成本法下,无论是初始投资还是追加投资,都按照初始投资或追加投资时的成本作为长期股权投资的入账价值。采用成本法核算时,“长期股权投资”科目反映的是初始投资或追加投资的投资成本,但不能反映投资企业在被投资单位中所享有的权益。

长期股权投资持有期间取得的收益,应当按照享有被投资单位宣告发放的现金股利或利润确认投资收益,而不论股利或利润的性质是真实股利还是清算性股利。

(二) 长期股权投资成本法的核算

根据《企业会计准则》的规定,采用成本法核算的长期股权投资应当按照初始投资成本计价。除了追加或收回投资以外,不需要调整长期股权投资的账面值。被投资单位盈利或亏损均不需要作相应会计处理。

企业采用成本法核算长期股权投资的初始投资或追加投资时,按照初始投资或追加投资的初始投资成本或追加投资后的初始投资成本,作为长期股权投资的账面价值,借记"长期股权投资"科目,按实际支付的价款贷记"银行存款"科目;如果支付的价款包含宣告但未发放的现金股利,应单独列示,记入"应收股利"科目。持有期间被投资单位宣告分派的现金股利,应当按照持股比例,全额确认为当期投资收益,即借记"应收股利"科目,贷记"投资收益"科目。

例 5－23　艾米公司 2019 年 3 月 1 日以银行存款 1 500 万元购入乙公司 60%的股份,并准备长期持有。对乙公司的核算采用成本法。取得投资后,乙公司实现净收益及现金股利分派的情况如下:

2019 年净损益 2 000 万元,分配现金股利 1 400 万元;2020 年净损益 4 000 万元,分配现金股利 2 000 万元。艾米公司投资收益的计算及会计分录如下:

(1) 2019 年 3 月 1 日投资时:

借:长期股权投资	15 000 000	
贷:银行存款		15 000 000

(2) 2019 年度被投资单位分配发放现金股利 1 400 万元,应该按 60%确认本期收益时:

借:应收股利	8 400 000	
贷:投资收益		8 400 000

收到现金股利时:

借:银行存款	8 400 000	
贷:应收股利		8 400 000

(3) 2020 年度被投资单位分配发放现金股利 2 000 万元,应该按 60%确认本期收益时:

借:应收股利	1 200 000	
贷:投资收益		1 200 000

收到现金股利时:

借:银行存款	1 200 000	
贷:应收股利		1 200 000

四、长期股权投资的权益法

(一) 长期股权投资的权益法及其适用范围

权益法是指长期股权投资以初始投资成本计量后,在投资持有期间根据投资企业享有被投资单位所有者权益份额的变动对投资的账面价值进行调整的方法。投资企业对合营企业和联营企业的投资,是具有共同控制或重大影响的长期股权投资,应当采用权益法核算。

企业持有的长期股权投资如果采用权益法,投资企业在取得股权投资后,按应享有或应分担的被投资单位当年实现的净利润或发生的净亏损以取得投资时被投资单位各项可辨认净资产等的公允价值调整后的份额,调整投资的账面价值,并确认为当期投资损益。

投资企业应按被投资单位宣告分派的利润或现金股利计算应分得的部分,相应减少投资的账面价值。

投资企业确认被投资单位发生的净亏损，以长期股权投资的账面价值和其他实质上构成对被投资单位净投资的长期权益减记至零为限（投资企业负有承担额外损失义务的除外）；如果被投资单位以后各期实现净利润，投资企业应恢复投资的账面价值。计算调整投资的账面价值和确认投资损益时，应以取得被投资单位股权后发生的净损益为基础。

被投资单位除净损益以外的所有者权益的其他变动，也应根据具体情况调整投资的账面价值。

采用权益法核算时，投资账户反映的是投资企业在被投资企业的权益，即投资企业拥有被投资企业所有者权益份额的经济现实；同时，无论被投资企业分配多少利润或现金股利，或者在什么时间分配，投资企业享有被投资企业净利润的份额或应承担亏损的份额是真正实现的投资收益，而不受利润分配政策的影响，因此，投资收益反映了经济意义上的投资利益，体现了实质重于形式的原则。但是，在权益法下，投资收益的实现与现金流入的时间不相吻合，并且会计核算也比较复杂。

（二）长期股权投资成本的确认

采用权益法核算长期股权投资，企业需要设置“长期股权投资”总账科目，并分别“投资成本”“损益调整”“其他权益变动”等科目，进行明细核算。

企业采用权益法核算长期股权投资，长期股权投资初始成本大于投资时应享有被投资单位可辨认净资产公允价值份额的，不调整长期股权投资的初始成本；长期股权投资初始成本小于投资时应享有被投资单位可辨认净资产公允价值份额的，其差额应当计入当期损益（营业外收入），同时调整长期股权投资的成本。

取得时，借记“长期股权投资——投资成本”科目，贷记“银行存款”等科目。如果投资成本中包含了已宣告未发放的现金股利，则不计入投资成本，而应单独借记“应收股利”科目。

例 5－24 2019 年 1 月 1 日，艾米公司以银行存款 500 万元取得丙公司表决权股份的 40%，准备长期持有，艾米公司对丙公司有重大影响，会计上采用权益法核算。2018 年 12 月 31 日，丙公司年报显示其净资产的公允价值为 1 000 万元。假定不考虑其他因素，应编制会计分录如下：

借：长期股权投资——投资成本　　5 000 000

　贷：银行存款　　5 000 000

因为公司 40%净资产的公允价值为 400 万元，初始成本大于投资时应享有被投资单位可辨认净资产公允价值的份额，所以不需要对长期股权投资的初始成本进行调整。

假设 2018 年 12 月 31 日，丙公司年报显示其净资产公允价值为 2 000 万元，艾米公司的 40%净资产的公允价值为 800 万元，长期股权投资初始成本小于投资时应享有被投资单位可辨认净资产公允价值的份额，则应对长期股权投资的成本进行调整，并确认营业外收入 300 万元。应编制会计分录如下：

借：长期股权投资——投资成本　　8 000 000

　贷：银行存款　　5 000 000

　　营业外收入　　3 000 000

（三）持有期间投资损益的确认

采用权益法核算长期股权投资时，被投资单位当年实现的净利润或发生的净亏损，均会影响投资企业所有者权益的变动。因此，长期股权投资的账面价值也应做相应调整。

当年实现的净利润，投资企业应按所持表决权资本的比例计算应享有的份额，增加长期股权投资的账面价值，确认当期投资收益，并借记“长期股权投资——损益调整”科目，贷记“投资收益”科目。被投资单位宣告分派利润或现金股利时，投资企业按照应分得的部分，相应减少长期股权投资的账面价值，借记“应收股利”科目，贷记“长期股权投资——损益调整”科目。

投资企业确认被投资单位发生的净亏损，应当减少长期股权投资的账面价值，确认当期投资损失，借记“投资收益”科目，贷记“长期股权投资——损益调整”科目。

例 5－25 2019 年 1 月 5 日，艾米公司在公开交易的证券市场上购买大地公司的普通股股票 200 万股，取得大地公司表决权股份的 40%，准备长期持有，实际支付银行存款 800 万元。假设 2019 年 1 月 5 日公司可辨认净资产的公允价值等于长期股权投资的账面价值 1 800 万元；艾米公司对大地公司有重大影响，会计上采用权益法核算。2019 年度，大地公司实现净利润 150 万元；2020 年 3 月，大地公司宣告分派现金股利 100 万元；2020 年度，大地公司发生亏损 200 万元。艾米公司和大地公司适用的所得税税率均为 25%。假定不考虑其他因素，应编制会计分录如下：

(1) 2019 年，购入大地公司股票时享有权益 720 万元，支付款项 800 万元时：

借：长期股权投资——投资成本　　8 000 000
　　贷：银行存款　　8 000 000

(2) 2019 年，大地公司实现利润时：

借：长期股权投资——损益调整　　600 000
　　贷：投资收益　　600 000

(3) 2020 年 3 月，大地公司宣告分派现金股利时：

借：应收股利　　400 000
　　贷：长期股权投资——损益调整　　400 000
借：银行存款　　400 000
　　贷：应收股利　　400 000

(4) 2020 年年末，大地公司发生亏损时：

借：投资收益　　800 000
　　贷：长期股权投资——损益调整　　800 000

（四）对被投资单位净利润的调整

在采用权益法时，投资企业在确认应享有被投资单位实现的净损益的份额时，应当以取得投资时被投资单位各项可辨认资产等的公允价值为基础，对被投资单位的净利润进行调整后确认。调整内容主要包括以下两个方面：

一是被投资单位采用的会计政策及会计期间与投资企业不一致的，应按投资企业的会计政策及会计期间对被投资单位的财务报表进行调整。

二是以取得投资时被投资单位固定资产、无形资产的公允价值为基础计提的折旧额或摊销额，以及以投资企业取得投资时的公允价值为基础计算确定的资产减值准备金额等对被投资单位净利润的影响。

比如，以取得投资时被投资单位固定资产、无形资产的公允价值为基础计提的折旧额或摊销额，相对于被投资单位已计提的折旧额、摊销额之间存在差额的，应按其差额对被投资单位净损益进行调整，并按调整后的净损益和持股比例计算确认投资损益。在进行有关调整时，应当考虑具有重要性的项目。

例 5-26 甲公司 2019 年 1 月 1 日从证券市场上购入乙公司发行在外 30%的股份并准备长期持有，从而对乙公司能够施加重大影响，2019 年乙公司实现净利润 412 万元，假定乙公司除一台设备外，其他资产的公允价值与账面价值相等。该设备 2019 年 1 月 1 日的账面价值为 400 万元，公允价值为 520 万元，采用年限平均法计提折旧，预计尚可使用年限为 10 年。

乙公司按固定资产公允价值调整后的净利润＝412－(520－400)÷10＝400(万元)

确认损益调整，应编制会计分录如下：

借：长期股权投资——损益调整(400 万元×30%)　　1 200 000

　贷：投资收益　　1 200 000

假设 2020 年乙公司发生亏损 588 万元。

乙公司按固定资产公允价值调整后的净亏损＝－588－(520－400)÷10＝－600(万元)

借：投资收益　　1 800 000

　贷：长期股权投资——损益调整　　1 800 000

需要特别说明的是，投资企业在确认应分担被投资单位发生的亏损时，首先减计长期股权投资的账面价值。在长期股权投资的账面价值减记至零的情况下，对于未确认的投资损失，如果有长期权益项目的，应以其他长期权益的账面价值为限，继续确认投资损失，冲减长期应收项目等的账面价值。经过上述处理，投资企业仍需要承担额外损失弥补等义务的，应按预计将承担的义务金额确认预计负债，计入当期投资损失。

企业在实务操作过程中，在发生投资损失时，应借记"投资收益"科目，贷记"长期股权投资——损益调整""长期应收款"科目；需要承担额外义务的，应确认为当期损失，同时确认预计负债，借记"投资收益"科目，贷记"预计负债"科目。被投资单位于以后期间实现盈利的，应按以上相反顺序分别减计已确认的预计负债、恢复其他长期权益及长期股权投资账面价值，同时确认投资收益。

(五) 被投资单位除净损益外其他所有者权益变动的会计处理

在持股比例不变的情况下，对于被投资单位除净损益以外所有者权益的其他变动，投资企业按照持股比例计算应享有或承担的部分，调整长期股权投资的其他权益变动。

1. 对被投资单位其他综合收益变动的调整

如果被投资单位确认了其他综合收益会增加，也会影响被投资单位所有者权益的总额，投资企业应当根据其享有的份额，调整长期股权投资的账面价值，借记"长期股权投资"科目，贷记"其他综合收益"科目；如果被投资单位其他综合收益发生减少，则编制相反的会计分录。

例 5-27 艾米公司以银行存款 800 万元取得大地公司 40%的表决权股本，2019 年度大地公司因持有的其他权益工具投资的公允价值变动计入其他综合收益的金额为 250 万元。假定艾米公司与大地公司适用的会计政策、会计期间相同，并且不考虑其他因素，则应编制会计分录如下：

借：长期股权投资——其他综合收益　　1 000 000

　贷：其他综合收益　　1 000 000

2. 对被投资单位所有者权益其他变动的调整

被投资单位除了净损益、其他综合收益和分配利润以外的因素，如向其他股东增减股份、发行可分离交易的可转换公司债券中包含的权益成分、授予以权益结算的股份支付等原因，导致净权益发生变动的，投资企业应根据享有的份额调整“长期股权投资”科目以及“资本公积——其他资本公积”科目的账面价值。

例 5－28　甲公司持有乙公司 20%的股份，能够对乙公司的财务与经营政策产生重大影响。2019 年末乙公司发行了一笔可转换公司债券，其中可分离交易的权益成分的公允价值为 100 万元。则甲公司编制会计分录如下：

借：长期股权投资——其他权益变动　　200 000

　　贷：资本公积——其他资本公积　　200 000

五、长期股权投资的减值

企业持有的长期股权投资，应当定期对其账面价值逐项进行检查，至少于每年年末检查一次。如果可收回金额低于投资的账面价值，应将其差额确认为当期长期股权投资的减值损失。

可收回金额是指企业资产的出售净价与预期从该资产的持有和投资到期处置中形成的预计未来现金流量的现值两者之中的较高者。其中，出售净价是指资产的出售价格减去所发生的资产处置费用后的余额。

（一）长期股权投资计提减值准备的判断

企业持有的长期股权投资是否计提减值准备，需要分别以下情况确定。

1. 有市价的长期股权投资

有市价的长期股权投资，可根据以下迹象判断：

（1）市价持续 2 年低于账面价值；

（2）该项投资暂停交易 1 年或 1 年以上；

（3）被投资单位当年发生严重亏损，被投资单位持续 2 年发生亏损；

（4）被投资单位进行清理整顿、清算或出现其他不能持续经营的迹象。

2. 无市价的长期股权投资

无市价的长期股权投资，可根据以下迹象判断：

（1）影响被投资单位经营的政治或法律环境的变化，如税收、贸易等法规的颁布或修订，可能导致被投资单位出现巨额亏损；

（2）被投资单位所供应的商品或提供的劳务因产品过时或消费者偏好改变而使市场的需求发生变化，从而导致被投资单位的财务状况发生严重恶化；

（3）被投资单位所在行业的生产技术等发生重大变化，被投资单位已失去竞争能力，从而导致财务状况发生严重恶化，进行清理整顿、清算等；

（4）有证据表明该项投资实质上已经不能再给企业带来经济利益的其他情形。

（二）长期股权投资计提减值准备的核算

为了核算企业提取的长期股权投资减值准备，企业应设置“长期股权投资减值准备”科目。期末，根据预计可收回金额低于其账面价值的差额，借记“资产减值损失——计提的长期股权投资减值准备”科目，贷记“长期股权投资减值准备”科目。资产减值损失一经确认，在以后会计期间不得转回。

例 5-29 2019 年 12 月 31 日，艾米公司持有的作为长期股权投资并采用权益法进行核算的大地公司股票的账面价值为 840 万元，由于大地公司当年经营不善，资金周转发生困难，使得其股票市价大幅下跌至 340 万元，并且在短期内难以恢复，则首次对其计提长期股权投资减值准备时，应编制会计分录如下：

借：资产减值损失——计提的长期股权投资减值准备　　5 000 000
　贷：长期股权投资减值准备　　5 000 000

六、长期股权投资的处置

处置长期股权投资时，实际取得价款与长期股权投资账面价值的差额，确认为当期投资损益，同时结转已计提的资产减值准备。

企业处置长期股权投资时，按实际收取的价款，借记“银行存款”科目；已计提资产减值准备的，借记“长期股权投资减值准备”科目；按长期股权投资的账面价值，贷记“长期股权投资”科目；按其差额，借记或贷记“投资损益”科目。

采用权益法核算的长期股权投资，因被投资单位其他权益变动而计入“其他综合收益”科目或“其他资本公积”科目的金额，在处置该项投资时，应按相应比例转入当期损益，借记或贷记“其他综合收益”科目或“资本公积——其他资本公积”科目，贷记或借记“投资损益”科目。

例 5-30 2020 年 1 月 20 日，艾米公司将持有的作为长期股权投资并采用权益法进行核算的大地公司股票全部出售，实际收到款项 410 万元，账面价值为 340 万元。其中，投资成本为 800 万元，损益调整贷方余额为 60 万元，计入其他综合收益的权益变动为 100 万元，计入资本公积的其他权益变动为 20 万元，减值准备为 500 万元。应编制会计分录如下：

借：银行存款　　4 100 000
　长期股权投资减值准备　　5 000 000
　长期股权投资——损益调整　　600 000
　贷：长期股权投资——投资成本　　8 000 000
　　　　　　　——其他综合收益　　1 000 000
　　　　　　　——其他权益变动　　200 000
　　投资收益　　500 000
借：资本公积——其他资本公积　　200 000
　其他综合收益　　1 000 000
　贷：投资收益　　1 200 000

本章小结

企业的投资是指企业通过分配来增加财富，或为谋求其他利益，而将资产让渡给其他单位所获得的另一项资产。本章的金融资产投资，根据企业管理金融资产的业务模式和金融资产的合同现金流量特征，在初始确认时可划分为以下几类：

(1) 以摊余成本计量的金融资产；

(2) 以公允价值计量且其变动计入其他综合收益的金融资产；

(3) 以公允价值计量且其变动计入当期损益的金融资产；

(4) 长期股权投资。

交易性金融资产(包括直接指定为以公允价值计量且其变动计入当期损益的金融资产)的初始计量与后续计量，应以公允价值为基础，公允价值变动损益直接计入当期损益。

某项金融资产在特定日期产生的现金流量，仅为对本金和以未偿付的本金金额为基础的利息，且企业管理该金融资产的业务模式是以收取合同现金流量为目标，则该金融资产应分类为以摊余成本计量的金融资产。以摊余成本计量的金融资产应当以摊余成本进行后续计量，并采用实际利率法确认持有期间的利息收入。

某项金融资产在特定日期产生的现金流量，仅为对本金和以未偿付的本金金额为基础的利息，但企业管理该金融资产的业务模式既是以收取合同现金流量为目标又是出售该金融资产为目标，则该金融资产应分类为以公允价值计量且其变动计入其他综合收益的金融资产。该类金融资产应当按公允价值计量，且其变动计入其他综合收益。

长期股权投资初始成本的确定会因是否是企业合并形成的而有所不同。长期股权投资的类型主要有对子公司的投资、对合营企业的投资、对联营企业的投资以及其他长期股权投资。

长期股权投资的后续计量有成本法与权益法。投资企业对实施控制的子公司的长期股权投资，采用成本法进行后续计量。投资企业对被投资单位具有共同控制或重大影响的长期股权投资，应当采用权益法进行后续计量。

金融资产的分类与金融资产计量密切相关。不同类别的金融资产，其初始计量和后续计量采用的基础和会计处理也不完全相同。因此，上述分类一经确定，不能随意变更。只有当企业改变其管理金融资产的业务模式时，应当按照规定对所有受影响的相关金融资产进行重分类。

需要说明的是：作为金融资产，应当以预期信用损失为基础，按照三阶段法进行减值会计处理并确认损失准备；在资产负债表日，长期股权投资发生减值的，应当计提减值准备。长期股权投资减值准备一经提取，不得转回。

复习思考题

1. 什么是金融工具？企业的金融资产主要包括哪些内容？

2. 金融资产投资有哪些类型？各自的特点是什么？

3. 以摊余成本计量的债权投资，应当如何确定利息收入？

4. 以公允价值计量且其变动计入其他综合收益的金融资产包括哪些？其会计处理是怎样的？

5. 比较交易性金融资产与以公允价值计量且其变动计入其他综合收益的金融资产的会计处理。

6. 比较以摊余成本计量的债权投资与以公允价值计量且其变动计入其他综合收益的其他债权投资的会计处理。

7. 简述金融工具重分类的会计处理一般要求。

8. 如何确定长期股权投资的初始成本？

9. 长期股权投资的成本法和权益法的使用范围如何？

10. 简述金融资产增值税的会计处理。

自测题

一、单项选择题

1. 下列各项中，应反映在交易性金融资产的初始计量金额中的是(　　)。

A. 债券的买入价　　B. 支付的手续费

C. 支付的印花税　　D. 已到付息期但尚未领取的利息

2. 某企业购入上市公司股票，并划分为交易性金融资产，支付款项 1 000 万元，其中包括已宣告但尚未发放的现金股利 100 万元。另外，支付相关交易费用 10 万元。该项交易性金融资产的入账价值为(　　)万元。

A. 1 000　　B. 900　　C. 1 110　　D. 910

3. 甲公司支付 900 万元取得一项股权投资作为公允价值计量且其变动计入其他综合收益的金融资产核算，支付价款中包括已宣告尚未领取的现金股利 20 万元，另支付交易费用 10 万元。该项金融资产的入账价值为(　　)万元。

A. 890　　B. 910　　C. 880　　D. 900

4. 下列金融资产中，应按公允价值进行初始计量，且交易费用计入当期损益的是(　　)。

A. 交易性金融资产　　B. 以摊余成本计量的债权投资

C. 应收款项　　D. 其他债权投资

5. 下列各项不属于金融资产的是(　　)。

A. 库存现金　　B. 应收账款

C. 基金投资　　D. 存货

6. 出售以公允价值计量且其变动计入其他综合收益的其他债权投资时，按从“其他综合收益”科目中转出的公允价值累计变动额，转入(　　)科目。

A. “投资收益”　　B. “资本公积”

C. “营业外支出”　　D. “营业外收入”

7. 资产负债表日，以公允价值计量且其变动计入其他综合收益的其他债权投资的公允价值高于其摊余成本的差额时，应贷记(　　)科目。

A. “其他综合收益”　　B. “投资收益”

C. “资产减值损失”　　D. “公允价值变动损益”

8. 将以摊余成本计量的债权投资重分类为以公允价值计量且其变动计入其他综合收益的金融资产的，应在重分类日将按其公允价值与其账面余额的差额，贷记或借记(　　)科目。

A. “其他综合收益”　　B. “投资收益”

C. “营业外收入”　　D. “资产减值损失”

9. 转让金融商品时应当按照转让金融商品卖出价扣除后的余额作为销售额计算增值税，应予以扣除的项目是(　　)。

A. 已到期未领取的利息　　B. 已宣告未发放现金股利

C. 相关交易费用　　D. 买入价

10. 甲公司出资600万元，取得了乙公司60%的控股权，甲公司对该项长期股权投资应采用(　　)核算。

A. 权益法　　B. 成本法

C. 市价法　　D. 成本与市价孰低法

11. 长期股权投资采用权益法核算时，初始投资成本小于应享有被投资单位可辨认资产公允价值份额之间的差额，计入(　　)。

A. 投资收益　　B. 其他综合收益

C. 营业外收入　　D. 不调整初始投资成本

12. 应当按照规定对所有受影响的相关金融资产进行重分类的前提是，当企业改变其管理金融资产的(　　)。

A. 盈利模式　　B. 业务模式　　C 投资方式　　D. 投资目标

二、多项选择题

1. 长期股权投资的核算，可以根据投资方与被投资方的关系选择(　　)。

A. 成本法　　B. 权益法　　C. 加权平均法　　D. 计划成本法

2. 长期股权投资的权益法的适用范围包括(　　)。

A. 投资企业能够对被投资企业实施控制的长期股权投资

B. 投资企业对被投资企业具有共同控制的长期股权投资

C. 投资企业对被投资企业不具有共同控制或重大影响，并且在活跃市场中没有报价、公允价值不能可靠计量的长期股权投资

D. 投资企业对被投资企业具有重大影响的长期股权投资

3. 对长期股权投资采用权益法核算时，被投资企业发生的下列事项中，投资企业应该调整长期股权投资账面价值的有(　　)。

A. 被投资企业实现净利润　　B. 被投资企业宣告分配现金股利

C. 被投资企业购买固定资产　　D. 被投资企业计提盈余公积

4. 根据《企业会计准则第2号——长期股权投资》的规定，长期股权投资采用成本法核算时，下列各项中，可能会引起长期股权投资账面价值变动的有(　　)。

A. 追加投资　　B. 减少投资

C. 被投资企业实现净利润　　D. 被投资企业宣告发放现金股利

5. 企业取得的以摊余成本计量的债权投资，其初始投资成本包括(　　)。

A. 公允价值　　B. 相关交易费用

C. 未到期的债券利息　　D. 已宣告尚未发放的现金股利

6. 债权投资的后续计量应当采用实际利率法，按照摊余成本计量。确认摊余成本应调整的项目包括(　　)。

A. 已偿还的本金　　B. 已发生的减值损失

C. 累计摊销额　　D. 已到期但尚未领取的债券利息

三、判断题

1. 企业为取得交易性金融资产发生的交易费用，应计入其初始成本。　(　　)

2. 作为金融资产，应当以预期信用损失为基础，按照三阶段法进行减值会计处理并确认损失准备；对其中某些金融资产，可以采用简易的减值会计处理方法确认损失准备。　(　　)

3. 金融资产的分类与金融资产计量密切相关。不同类别的金融资产，其初始计量和后续计量采用的基础和会计处理也不完全相同。因此，分类一经确定，不能变更。（　　）

4. 交易性金融资产和以摊余成本计量的债权投资之间不能进行重分类。（　　）

5. 对交易性金融资产而言，其初始确认金额按公允价值计量，指的是购买日的市价或挂牌价格。（　　）

6. 转让金融商品时，应当按照卖出价扣除买入价后的余额作为销售额计算增值税，同时需要扣除已宣告未发放现金股利和已到期未领取的利息。（　　）

7. 企业取得摊余成本计量的债权投资时支付的交易费用应计入投资收益。（　　）

8. 当企业改变其管理金融资产的业务模式时，对所有受影响的相关金融资产之间都可以进行重分类。（　　）

9. 投资企业能够对被投资企业实施控制的长期股权投资应该采用成本法。（　　）

10. 债权投资的后续计量应当采用实际利率法，按照账面价值计量。（　　）

练习题

习题一

一、目的：练习交易性金融资产的账务处理。

二、资料：艾格公司有关交易性金融资产的资料如下：

(1) 2019 年 6 月 8 日，从二级市场上购入大地公司普通股股票 10 000 股，作为交易性金融资产，大地公司股票每股面值为 1 元，每股购入市价为 10 元，成交时另外支付相关交易费 2 000 元取得增值税专用发票注明的进项税额 6 000 元。

(2) 2019 年 7 月 5 日，大地公司宣告分派现金股利，每 10 股派发现金 4 元，并定于 7 月 12 日起按 7 月 6 日的股东名册支付股利。

(3) 2019 年 7 月 12 日，收到大地公司的现金股利。

(4) 2019 年 8 月 8 日，从二级市场上购入艾米公司普通股股票 20 000 股，作为交易性金融资产，每股购入市价为 10 元，成交时另外支付相关交易费 8 000 元，取得增值税专用发票注明的进项税额 12 000 元。艾米公司已于 2019 年 8 月 4 日宣告分派现金股利，每 10 股派发现金 10 元，并定于 2010 年 8 月 10 日起按 8 月 9 日的股东名册支付股利。

(5) 2019 年 8 月 10 日，收到艾米公司的现金股利。

(6) 2019 年 12 月 31 日，大地公司的股票市价为 4 元，艾米公司的股票市价为 20 元。

(7) 2020 年 2 月 1 日，出售大地公司股票 10 000 股，收到款项 60 000 元。

(8) 2020 年 2 月 6 日，出售艾米公司股票 20 000 股，收到款项 500 000 元。

三、要求：

1. 根据上述业务，编制会计分录。

2. 计算公司转让金融资产应交增值税。

习题二

一、目的：练习以摊余成本计量的金融资产的账务处理。

二、资料：2019 年 1 月 1 日，艾格公司以银行存款 20 600 元，购买乙公司当日发行的 5 年期债券，作为以摊余成本计量的金融资产进行核算和管理，支付的债券款中包括交易时的相关税费400元。债券面值为20 000元,票面利率为10%,市场利率为9.23%,每年年末支付利息,到期一次还本。

三、要求:

1. 根据实际利率法,编制债券利息收入摊销表。

2. 编制购入债券、计提利息、摊销、收到利息和债券到期偿还时的会计分录。

习题三

一、目的:练习长期股权投资的账务处理。

二、资料:艾格公司有关长期股权投资的资料如下:

(1) 2019年1月5日,以银行存款800万元购买了大地公司100万股普通股,准备长期持有,占大地公司总股本的20%,对大地公司的决策和经营有重大影响。2019年年初,大地公司净资产的合计金额为3 000万元。

(2) 大地公司2019年全年的净利润为200万元。

(3) 2020年3月,发放2019年的现金股利,每股0.3元。

(4) 2020年全年亏损180万元。

(5) 2020大地公司其他综合收益增加了100万元。

(6) 2021年2月5日,以500万元出售全部股权。

三、要求:编制相关的会计分录。

习题四

一、目的:练习长期股权投资的账务处理。

二、资料:甲公司有关长期股权投资的资料如下:

(1) 甲公司2019年1月18日从证券市场上购入乙公司发行在外30%的股份并准备长期持有,从而对乙公司能够施加重大影响,实际支付款项2 000万元(含已宣告但尚未发放的现金股利50万元)。2019年1月18日,乙公司可辨认净资产公允价值为6 600万元。假定乙公司除一台设备外,其他资产的公允价值与账面价值相等。该设备2019年1月18日的账面价值为120万元,公允价值为320万元,采用年限平均法计提折旧,预计尚可使用年限为10年。

(2) 2019年1月20日收到现金股利。

(3) 2019年12月31日乙公司其他债权投资的公允价值变动使乙公司其他综合收益增加了200万元。

(4) 2019年乙公司实现净利润420万元。

(5) 2020年3月10日,乙公司宣告分派现金股利100万元。

(6) 2020年3月25日,收到现金股利。

(7) 2020年乙公司实现净利润620万元。

(8) 2021年1月5日,甲公司将持有乙公司5%的股份对外转让,收到款项390万元存入银行。转让后持有乙公司25%的股份,对乙公司仍具有重大影响。

三、要求:

1. 编制上述有关业务的会计分录。

2. 计算2021年1月5日出售部分股份后长期股权投资的账面价值。

习题五

一、目的:练习非交易性其他权益工具投资的会计处理。

二、资料：2019 年 4 月 2 日，甲公司以 714 万元购入乙公司发行在外的股份 100 万股，其中包括 4 万元交易费用和已宣告未发放的现金股利每股 0.1 元。作为其他权益工具投资进行管理。4 月 10 日，甲公司收到乙公司发放的现金股利。2019 年 12 月 31 日，该股票的每股市价为 9 元。2020 年 7 月 15 日，乙公司宣告分配现金股利，每股 0.2 元。7 月 24 日，乙公司发放现金股利。2020 年 12 月 31 日，该股票的每股市价为 8 元。2021 年 1 月 5 日，甲公司将持有的该股票全部出售，实际收到银行存款 1 000 万元。假定不考虑其他因素。

三、要求：编制非交易性的其他权益工具投资相关的会计分录。

第六章　固 定 资 产

学习要点

1. 固定资产的确认；
2. 取得固定资产的核算；
3. 固定资产折旧；
4. 固定资产的后续支出；
5. 固定资产的处置；
6. 固定资产的期末计量。

第一节　固定资产的确认

一、固定资产的特征

固定资产，是企业为生产商品、提供劳务、出租或经营管理而持有，使用年限超过一个会计年度，而且价值较高的有形资产。

从固定资产的定义看，固定资产具有以下三个特征：

(一) 为生产商品、提供劳务、出租或经营管理而持有

企业持有固定资产的目的是为了生产商品、提供劳务、出租或经营管理，即企业持有的固定资产是企业的劳动工具或手段而不是用于出售的产品。其中“出租”的固定资产，是指企业以经营租赁方式出租的机器设备类固定资产，不包括以融资租赁方式出租的固定资产，也不包括以经营租赁方式出租的建筑物。对于以经营租赁方式出租的建筑物，则归属于企业的投资性房地产，而不属于固定资产。

(二) 使用寿命超过一个会计年度

固定资产的使用寿命，是指企业使用固定资产的预计期间，或者该固定资产所能生产产品或提供劳务的数量。通常情况下，固定资产的使用寿命是指固定资产预计可使用的期间，比如企业对自用房屋建筑物的预计使用年限，某些机器设备或运输设备等所能生产产品或提供劳务的数量，以及汽车或飞机等预计可以服务的行驶或飞行里程等。

固定资产的使用寿命超过一个会计年度，即意味着固定资产属于非流动资产，其价值在使用过程中逐渐消耗和磨损，并通过计提折旧的方式逐渐转移。

(三) 固定资产是有形资产

区别于企业的无形资产，固定资产是具有实物形态的长期资产。尽管有些无形资产可能同时符合固定资产的其他特征，为生产商品、提供劳务而持有，使用寿命超过一个会计年度，但是由于其没有实物形态，所以，不属于固定资产的范畴。

二、固定资产的确认条件

固定资产在符合定义的前提下，应当同时满足以下两个条件，才能加以确认：

(一) 与该固定资产有关的经济利益很可能流入企业

资产最重要的特征是预期会给企业带来经济利益。企业在确认固定资产时，需要判断与该项固定资产有关的经济利益是否很可能流入企业。如果与该项固定资产有关的经济利益很可能流入企业，并同时满足固定资产确认的其他条件，那么，企业应将其确认为固定资产。

在会计实务中，判断与固定资产有关的经济利益是否很可能流入企业，主要判断与该固定资产所有权相关的风险和报酬是否转移到了企业。通常，是否取得固定资产的所有权是判断相关的风险和报酬转移到企业的一个重要标志，但不是唯一的标志。

在有些情况下，例如，融资租入的固定资产，虽然所有权不属于企业，但与固定资产所有权相关的风险和报酬实质上已转移到了企业（承租人），因此，应将该项固定资产予以确认；对于购置的环保设备和安全设备等资产，其使用不能直接为企业带来经济利益，但是有助于企业从相关资产获得经济利益，或者将减少企业未来经济利益的流出，也符合固定资产确认的条件。

(二) 该固定资产的成本能够可靠地计量

成本能够可靠地计量是资产确认的一项基本条件。正常情况下，确定固定资产成本必须有确凿证据，但是有时也需要根据情况和资料，通过合理的估计确定固定资产的成本。如对于已达到预定可使用状态但尚未办理竣工决算的固定资产，需要根据工程预算、工程造价或者工程实际发生的成本等资料，按估计价值确定其成本，办理竣工决算后，再按照实际成本调整原来的暂估价值。如有些类别的固定资产在清理时需要花费不少的弃置费用，对这些弃置费用，企业需要作出合理的估计，并将其计入固定资产成本。

三、固定资产的分类

为了便于对固定资产进行管理，提高固定资产的使用效率，合理计算折旧及相关费用，并便于会计核算，固定资产可按不同标准进行分类。

(一) 按固定资产的经济用途分类

按经济用途，固定资产可以分为生产经营用固定资产和非生产经营用固定资产。

(1) 生产经营用固定资产，是指直接服务于企业生产、经营过程的各种固定资产，如生产经营用的房屋、建筑物、机器、设备、器具、工具等。

(2) 非生产经营用固定资产，是指不直接服务于企业生产、经营过程的各种固定资产，如职工宿舍、食堂、体育场馆、活动中心等使用的房屋、设备和其他固定资产等。

(二) 按固定资产的使用情况分类

按使用情况,固定资产可以分为使用中的固定资产(包括季节性或大修理期间停用的固定资产)、未使用固定资产、不需用固定资产以及租出的固定资产。

(1) 使用中的固定资产,是指正在使用中的经营性和非经营性的各种固定资产,包括因季节性经营或修理等原因而暂时停止使用的固定资产、企业经营租赁方式出租给其他单位使用的固定资产,以及内部替换使用的固定资产等。

(2) 未使用固定资产,是指已完工或已购建但尚未达到预定可使用状态的固定资产以及因进行改建、扩建等原因而暂停使用的固定资产,如企业购建的尚待安装的固定资产、因经营方向变更停止使用的固定资产等。

(3) 不需用固定资产,是指本企业多余或不适用的各种固定资产。

(4) 持有待售固定资产。同时满足下列条件的固定资产,应当划分为持有待售固定资产:① 已经就处置该项固定资产作出决议;② 企业已经与受让方签订了不可撤销的转让协议;③ 该项转让将在 1 年内完成。

(三) 按固定资产的经济用途和使用情况的综合分类

综合上述分类方法,可将企业的固定资产归纳为七大类:

(1) 生产经营用固定资产。

(2) 非生产经营用固定资产。

(3) 租出固定资产。

(4) 不需用固定资产。

(5) 未使用固定资产。

(6) 土地。这里的土地是指过去已经估价单独入账的土地。因征地而支付的补偿费,应计入与土地有关的房屋、建筑物的价值内,不单独作为土地价值。

此外,如果企业为赚取租金或资本增值,或者两者兼有而持有的房地产,如已出租的土地使用权、持有并准备增值后转让的土地使用权和已出租的建筑物等,应归类为投资性房地产,不应作为固定资产核算。

企业的固定资产有不同的取得途径,如外购的固定资产、自建的固定资产、接受捐赠的固定资产、投资者投入的固定资产、融资租入的固定资产、盘盈的固定资产、非货币性资产交换换入的固定资产、抵债取得的固定资产等。固定资产的不同来源,决定了其初始成本计量的区别。

会计实务中,由于不同企业的经营内容、经营规模等差异,划分固定资产的标准也不能强求一致,所以,各企业可根据制度中规定的标准,结合各自的具体情况,制定合理的固定资产目录、分类方法,确定固定资产折旧年限、折旧方法,作为固定资产的核算依据。

第二节 固定资产的初始计量

固定资产的初始计量,指确定固定资产的取得成本。固定资产应当按照成本进行初始计量。固定资产的成本,包括企业为购建某项固定资产达到预定可使用状态前所发生的一切合理的、必要的支出,包括直接发生的价款、运杂费、包装费和安装成本等,也包括间接发生的,如应承担的借款利息、外币借款折算差额以及应分摊的其他间接费用。

特殊行业的特定固定资产,确定其初始入账成本时还应考虑弃置费用。

购买固定资产的价款超过正常信用条件延期支付,固定资产的成本以购买价款的现值为基础确定。

在实务中,企业取得固定资产的方式不同,成本的具体构成内容及确定方法也不尽相同。

一、外购固定资产的成本

企业外购固定资产的成本,包括购买价款、相关税费、使固定资产达到预定可使用状态前所发生的可归属于该项资产的运输费、装卸费、安装费和专业人员服务费等。企业支付的允许抵扣的新购入设备的增值税,不需计入固定资产的成本,作为进项税额单独核算。

外购固定资产是否达到预定可使用状态,需要根据具体情况进行分析判断。

(一) 购入不需要安装的固定资产

购入不需要安装的固定资产,即购入后即可达到预定可使用状态的固定资产,发生的所有费用包括购买价款、相关税费、使固定资产达到预定可使用状态前所发生的可归属于该项资产的费用,直接计入固定资产成本。

例 6-1 A 企业购入一台管理部门用汽车,取得的增值税专用发票上注明的设备价款为 100 万元,增值税税率为 13%,另支付保险费等采购费用 3 万元(假设不考虑增值税,下同),直接投入使用。应编制会计分录如下:

借:固定资产	1 030 000	
应交税费——应交增值税(进项税额)	130 000	
贷:银行存款		1 160 000

在购入一项固定资产时,购买价格可分为即时付款和延期付款两种价格。分期付款购入固定资产,如果实质上已经具有融资的性质,应以现购价格作为购入固定资产的初始成本。每一次付款额中,一部分为支付本金,还有一部分为支付利息。

例 6-2 B 企业于 2019 年 1 月购入不需要安装的大型设备,该机器的现值为 600 万元。合同规定,在未来 4 年内,每年年末支付 200 万元,共需付款 800 万元(假定不考虑增值税)。取得设备时,应以该机器的现值作为该项固定资产的初始成本,并编制会计分录如下:

(1) 2019 年 1 月 1 日,购入机器时:

借:固定资产	6 000 000	
贷:长期应付款		6 000 000

(2) 年末支付 200 万元时:

借:长期应付款	1 500 000	
财务费用	500 000	
贷:银行存款		2 000 000

(二) 购入需要安装的固定资产

外购需要安装的固定资产，即只有安装调试后，达到设计要求或合同规定的标准，该项固定资产才可发挥作用的，则应该将外购的成本计入在建工程，待安装完毕后，再连同安装成本一起转入固定资产。

例 6-3　A 企业于 2019 年 2 月购入一台需要安装的固定资产，取得增值税专用发票，设备的价款为 100 万元，增值税为 13 万元，另支付运费 1 万元，其他采购费用 2 万元。交付安装，安装设备时，耗用材料为 1 万元，人工费用为 6 万元，其他费用为 20 万元。设备安装完毕达到预定可使用状态后投入使用。应编制会计分录如下：

(1) 购买时：

借：在建工程　　1 030 000
　　应交税费——应交增值税(进项税额)　　130 000
　　贷：银行存款　　1 160 000

(2) 安装时：

借：在建工程　　270 000
　　贷：原材料　　10 000
　　　　应付职工薪酬　　60 000
　　　　银行存款　　200 000

(3) 设备安装完毕交付使用，固定资产的入账价值为 130 万元时：

借：固定资产　　1 300 000
　　贷：在建工程　　1 300 000

(三) 同时购入多项没有单独标价的资产

在实务中，企业可能以一笔款项同时购入多项没有单独标价的资产。如果这些资产均符合固定资产的定义，并满足固定资产的确认条件，则应将各项资产单独确认为固定资产，并按各项固定资产公允价值的比例对总成本进行分配，分别确定各项固定资产的成本。

例 6-4　某公司于 2019 年 2 月 3 日购入 A、B、C 三套与技术更新无关的设备，可直接投入使用。根据合同，已支付应计入设备成本的价款、采购费用和税金共计 1 200 万元，三套生产设备的市场价格分别为 A 设备 240 万元、B 设备 480 万元、C 设备 720 万元。

根据公允价值的比例进行分配：

A 设备成本＝240÷(240＋480＋720)×1 200＝200(万元)

B 设备成本＝480÷(240＋480＋720)×1 200＝400(万元)

C 设备成本＝720÷(240＋480＋720)×1 200＝600(万元)

应编制会计分录如下：

借：固定资产——A　　2 000 000
　　　　　　——B　　4 000 000
　　　　　　——C　　6 000 000
　　贷：银行存款　　12 000 000

二、自行建造固定资产的成本

企业有时会根据需要自行建造经营所需的固定资产，包括自己制造生产经营所需的机器设备等，如自制企业特殊需要的车床；企业自行建造房屋、建筑物、各种设施以及进行大型设备的安装工程，如大型生产线的安装工程、固定资产新建、改建和大修理工程等。

自行建造固定资产的成本，由建造该项资产达到预定可使用状态前所发生的必要支出构成。包括工程物资成本、人工成本、缴纳的相关税费、应予资本化的借款费用以及应分摊的间接费用等。

企业自行建造固定资产包括自营建造和出包建造两种方式。无论采用何种方式，所建工程都应当按照实际发生的支出确定其工程成本并单独核算。

企业自营方式建造固定资产，发生的工程成本应通过“在建工程”科目核算，工程完工达到预定可使用状态时，从“在建工程”科目转入“固定资产”科目。企业以自营方式建造固定资产，其成本应当按照直接材料、直接人工、直接机械施工费等计量。

企业为建造固定资产准备的各种物资的采购和领用，按照实际成本分种类进行核算。工程完工后，剩余的工程物资按其成本转为本企业存货。建造固定资产领用工程物资、原材料或库存商品，应按其实际成本转入所建工程成本。建造固定资产应负担的职工薪酬、辅助生产部门为之提供的水、电、运输等劳务，以及其他必要支出等也应计入所建工程项目的成本。与自行建造资产相关的，符合资本化条件，应计入所建造固定资产成本的借款费用，按照《企业会计准则第 17 号——借款费用》的有关规定处理。

例 6-5 企业为建造固定资产采购工程物资一批，买价为 20 万元，增值税为 2.6 万元。建造过程中耗用了所有的工程物资，并领用生产用原材料 10 万元、支付人工费用 30 万元、计提工程用设备折旧费 25 万元、应资本化的借款利息 15 万元，工程完工并交付使用。编制的相关会计分录如下：

借：工程物资	200 000	
应交税费——应交增值税(进项税额)	26 000	
贷：银行存款		226 000
借：在建工程	200 000	
贷：工程物资		200 000
借：在建工程	100 000	
贷：原材料		100 000
借：在建工程	300 000	
贷：应付职工薪酬		300 000
借：在建工程	250 000	
贷：累计折旧		250 000
借：在建工程	150 000	
贷：应付利息		150 000
借：固定资产	1 000 000	
贷：在建工程		1 000 000

三、投资者投入的固定资产

投资者投入固定资产的成本，应当按照投资合同或协议约定的价值确定，但合同或协议约定价值不公允的除外。在投资合同或协议约定价值不公允的情况下，按照该项固定资产的公允价值作为入账价值。

企业收到投资者投入的固定资产时，借记“固定资产”科目；按确认的权益份额，贷记“股本”或“实收资本”等科目，差额记入“资本公积”科目。

例6-6 甲公司为股份公司，经营1年后，接受投资者C追加投入的一生产设备作为投资。该设备原价为150万元，已提折旧20万元，公允价值为120万元，合同约定按公允价值计价，换取面值1元的股票20万股。假设不考虑相关税费。

借：固定资产　　1 200 000
　贷：股本　　200 000
　　　资本公积——股本溢价　　1 000 000

四、抵偿债务取得的固定资产

通过债务重组，债务人以抵偿债务方式取得的固定资产，按公允价值加上支付的相关税费作为固定资产的初始成本。

放弃的应收债权的账面价值与固定资产公允价值间的差额，确认为营业外支出。

例6-7 B公司欠A公司账款40万元，A公司已计提坏账准备1万元。现B公司以原价为35万元，已折旧5万元，公允价值36万元的设备抵付账款。假设不考虑相关税费。

A公司编制的会计分录如下：

借：固定资产　　360 000
　　坏账准备　　10 000
　　营业外支出——债务重组损失　　30 000
　贷：应收账款　　400 000

五、非货币性资产交换取得的固定资产

在有商业实质的前提下，通过非货币性交换取得固定资产，如果其公允价值能够可靠地计量，其会计处理如下：

(1) 不涉及补价的：以换出资产的公允价值加上相关税费，作为固定资产的初始成本。换出资产公允价值与换出资产账面价值间的差异确认为当期损益。

(2) 支付补价的：以换出资产的公允价值加上相关税费和支付的补价，作为固定资产的初始成本。换出资产公允价值与换出资产账面价值间的差异确认为当期损益。

(3) 收到补价的：以换出资产的公允价值加上相关税费，减去收到的补价，作为固定资产的初始成本。换出资产公允价值与换出资产账面价值间的差异确认为当期损益。

例6-8 A公司有一设备原价为30万元，已提折旧7.5万元，与B公司原价为32万元、已提折旧6万元的车辆进行非货币性资产交换。目前该两项商品的公允价值均为23万元。交换过程双方均开具了增值税专用发票，不含税价23万元，税率13%。假设不考虑其他税费。

先确认需要清理的固定资产账面余额，对于A公司：

借：固定资产清理　　225 000
　　累计折旧　　75 000
　贷：固定资产——设备　　300 000

借：固定资产清理 29 900

　贷：应交税费——应交增值税(销售项税额) 29 900

借：固定资产——车辆 230 000

　应交税费——应交增值税(销售项税额) 29 900

　贷：固定资产清理 259 900

借：固定资产清理 5 000

　贷：资产处置损益 5 000

其中：资产处置损益的金额就是换出资产的公允价值23万元与其账面价值22.5万元(原价30万元—折旧7.5万元)的差异。

例6-9 A公司设备原价为30万元，折旧7.5万元；换取的车辆原价为32万元，折旧6万元。假设设备的公允价值为23万元，车辆的公允价值为24万元，则A公司应支付B公司1万元。假设不考虑增值税及其他税费。

对于支付补价的A公司：

借：固定资产清理 225 000

　累计折旧 75 000

　贷：固定资产——设备 300 000

借：固定资产——车辆 240 000

　贷：固定资产清理 225 000

　　银行存款 10 000

　　资产处置损益 5 000

其中：资产处置损益的金额就是换出资产的公允价值23万元与其账面价值22.5万元(原价30万元—折旧7.5万元)的差异。

对于收到补价1万元的B公司：

借：固定资产清理 260 000

　累计折旧 60 000

　贷：固定资产——车辆 320 000

借：固定资产——设备 230 000

　银行存款 10 000

　资产处置损益 20 000

　贷：固定资产清理 260 000

其中：资产处置损益的金额就是换出资产的公允价值24万元与其账面价值26万元(原价32万元—折旧6万元)的差异。

根据上述举例，经分析可以发现，换出资产的公允价值与账面价值间的差异，确认为当期损益。当公允价值大于账面价值时，确认为资产处置收益；当公允价值小于账面价值时，确认为资产处置损失，与收到补价以及支付补价没有直接关系。

企业合并、融资租赁等方式取得的固定资产成本，应分别按照《企业会计准则——企业合并》《企业会计准则——融资租赁》等的规定确定。

第三节 固定资产折旧

一、固定资产折旧的含义

企业的固定资产在使用过程中，会因为发生了物质的磨损或自然的侵蚀而逐渐变旧，我们称这种损耗为有形损耗。物质除了有形损耗外，还会由于技术进步、过时等原因造成无形损耗，这些资产的损耗在日常生活中可称为折旧。而会计上所说的折旧，主要是指折旧费用，是将过去固定资产价值转移所发生的成本按照会计上的权责发生制和配比原则等，采用系统的方法分摊到固定资产服务的各个期间，以便正确计量各个期间的损益。

从折旧的实质看，折旧可以定义为：采用系统的方法将固定资产的成本分摊到预计固定资产各受益期间的过程。因为折旧不是对资产的计价过程，而是依据资产的有形损耗或无形损耗，系统地对应计折旧额进行分摊的一种手段。应计折旧额，是指应当计提折旧的固定资产的原价扣除其预计净残值后的余额，如果已对固定资产计提减值准备，还应当扣除已计提的固定资产减值准备累计金额。固定资产的折旧过程，不是为了获取固定资产重置成本的过程，它不会为企业带来现金流量。而固定资产的折余价值或净值，仅反映固定资产的账面价值，与固定资产的市价无关。

二、影响固定资产折旧的因素

影响固定资产折旧的因素主要有以下几个方面：

(一) 固定资产原价

固定资产的原价是指固定资产的成本，是固定资产最初取得时的价值，不同的固定资产来源，由不同的原始价值构成。如果计提折旧时，固定资产的原始价值已发生减值，还应扣除固定资产的减值准备。

(二) 预计净残值

预计净残值是指假定固定资产预计使用寿命已满并处于使用寿命终了时的预期状态，企业目前从该项资产处置中获得的扣除预计处置费用后的金额。在实务中，常用固定资产原价的一定百分比进行估计。

(三) 固定资产减值准备

固定资产减值准备是指固定资产已计提的固定资产减值准备的累计金额。对于计提减值准备的固定资产，应当根据调整后的固定资产账面余额扣减累计折旧和累计减值准备后的账面价值，考虑预计净残值后，在剩余使用寿命内重新计算折旧额。

(四) 固定资产的使用寿命

固定资产的使用寿命是指企业使用固定资产的预计期间，或者该固定资产所能生产产品或提供劳务的数量。通常根据固定资产的有形损耗、无形损耗、预计生产能力或实物产量以及法律或类似的限制来确定。企业确定固定资产使用寿命时，应当考虑下列因素：

(1) 该项资产预计生产能力或实物产量；

(2) 该项资产预计有形损耗，如设备使用中发生磨损、房屋建筑物受到自然侵蚀等；

(3) 该项资产预计无形损耗，如因新技术的出现而使现有的资产技术水平相对陈旧、市场需求变化使产品过时等；

(4) 法律或者类似规定对该项资产使用的限制。

某些固定资产的使用寿命可能受法律或类似规定的约束。如对于融资租赁的固定资产，根据《企业会计准则第 21 号——租赁》的规定，能够合理确定租赁期届满时将会取得租赁资产所有权的，应当在租赁资产使用寿命内计提折旧；如果无法合理确定租赁期届满时能够取得租赁资产所有权的，应当在租赁期与租赁资产使用寿命两者中较短的期间内计提折旧。

三、计提折旧的固定资产的范围

我国《企业会计准则》规定，企业应当对所有的固定资产计提折旧，但是，已提足折旧仍继续使用的固定资产和单独计价入账的土地除外。

在确定计提折旧的范围时还应注意以下几点：

(1) 固定资产应当按月计提折旧，并根据用途计入相关资产的成本或者当期损益。当月增加的固定资产，当月不计提折旧，从下月起计提折旧；当月减少的固定资产，当月仍计提折旧，从下月起不计提折旧。

(2) 固定资产提足折旧后，不论能否继续使用，或是否继续使用，均不再计提折旧，提前报废的固定资产也不再补提折旧。

(3) 更新改造过程停止使用的固定资产，不计提折旧，而对于大修理停用的和季节性停用的固定资产，应该计提折旧。

(4) 已达到预定可使用状态但尚未办理竣工决算的固定资产，应当按照估计价值确定其成本，并计提折旧；待办理竣工决算后再按实际成本调整原来的暂估价值，但对于原已计提的折旧额不需要进行调整。

四、固定资产折旧方法

企业应当根据与固定资产有关的经济利益的预期实现方式，合理选择折旧方法。可选用的折旧方法包括年限平均法、工作量法、双倍余额递减法和年数总和法等。固定资产的折旧方法一经确定，不得随意变更。如需变更，应当符合《企业会计准则第 4 号——固定资产》第十九条的规定。如固定资产给企业带来的经济利益的方式发生重大变化，企业可以相应地改变折旧方法。

(一) 年限平均法

年限平均法又称直线法，是指将固定资产的应计折旧额均衡地分摊到固定资产预计使用寿命内的一种方法。其计算公式如下：

$$\text{固定资产年折旧额}=\frac{\text{固定资产原值}-\text{预计净残值}}{\text{预计使用年限}}$$

$$=\text{固定资产原值}\times(1-\text{预计净残值率})\div\text{预计使用年限}$$

在实务中，通常按照固定资产的月折旧率来计算折旧，其计算公式如下：

$$固定资产月折旧率=\frac{1-预计净残值率}{预计使用年限\times 12}$$

$$月折旧额=固定资产原价\times 月折旧率$$

例6-10 甲公司的一台管理用设备原价为1 000万元，预计可使用10年，预计净残值率为4%。甲公司每月应计提的折旧额计算如下：

$$年折旧率=\frac{1-4\%}{10}\times 100\%=9.6\%$$

$$月折旧率=\frac{9.6\%}{12}=0.8\%$$

月折旧额=1 000×0.8%=8(万元)

甲公司可做如下会计分录：

借：管理费用　　80 000

　　贷：累计折旧　　80 000

采用这种方法计算的每期折旧额均相等。采用年限平均法计算固定资产折旧虽然比较简便，但它没有考虑固定资产在不同使用年限提供的经济效益和发生的维修费用的不同等因素。年限平均法适用于各个时期固定资产的使用程度大致相同或固定资产的价值损耗主要受自然侵蚀的情况，如房屋、建筑物等。

采用年限平均法时，如果某类固定资产在以后月份计提折旧，则不需再按公式逐一计算，可通过固定资产折旧计算表，按照本月增加的固定资产本月不提折旧、本月减少的固定资产本月照提折旧的原则编制即可。

(二) 工作量法

工作量法，是根据实际工作量计算每期应提折旧额的一种方法。其计算公式如下：

$$单位工作量折旧额=\frac{固定资产原价\times(1-预计净残值率)}{预计总工作量}$$

$$某固定资产的月折旧额=该项固定资产当月工作量\times 单位工作量折旧额$$

例6-11 甲公司的一台机器设备原价为100万元，预计净残值率为5%，5年预计可生产产品1 900万件；本月实际生产产品20万件；假设甲公司没有对该机器设备计提减值准备，则该台机器设备的本月折旧额计算如下：

$$单位工作量折旧额=\frac{100\times(1-5\%)}{1\,900}=0.05(元/件)$$

本月折旧额=20×0.05=1(万元)

甲公司应做如下会计分录：

借：制造费用　　10 000

　　贷：累计折旧　　10 000

工作量法适用于固定资产的磨损主要是由使用程度引起的，并且各期的使用程度不同等情况，如运输工具、采掘设备以及季节性较强企业的生产设备等。

(三) 双倍余额递减法

双倍余额递减法,是指在不考虑固定资产预计净残值的情况下,根据每期期初固定资产原价减去累计折旧后的余额和双倍的直线法折旧率计算固定资产折旧的一种方法。其计算公式如下:

$$年折旧率=\frac{2}{预计使用寿命(年)}\times 100\%$$

$$年折旧额=固定资产账面净值\times 年折旧率$$

$$月折旧额=年折旧额\div 12$$

需要说明的是,在以上公式中,由于每年年初固定资产净值没有扣除预计净残值,因此,在应用双倍余额递减法计算折旧的固定资产,应在其折旧年限到期前两年内,将固定资产净值扣除预计净残值后的余额平均摊销。

例 6-12 甲公司某项设备原价为 120 万元,预计使用寿命为 5 年,预计净残值率为 4%;假设甲公司没有对该机器设备计提减值准备。

甲公司按双倍余额递减法计算折旧,每年折旧额计算如下:

年折旧率=2÷5×100%=40%

第一年应提的折旧额=120×40%=48(万元)

第二年应提的折旧额=(120−48)×40%=28.8(万元)

第三年应提的折旧额=(120−48−28.8)×40%=17.28(万元)

从第四年起改按年限平均法(直线法)计提折旧:

第四年、第五年应提的折旧额=(120−48−28.8−17.28−120×4%)÷2=10.56(万元)

(四) 年数总和法

年数总和法又称年限合计法,是将固定资产的原价减去预计净残值的余额,乘以一个逐年递减的分数来计算每年的折旧额。该递减分数的分子是固定资产尚可使用寿命,分母是预计使用寿命逐年数字之和。其计算公式如下:

$$年折旧率=\frac{尚可使用年限}{预计使用寿命的年数总和}\times 100\%$$

$$年折旧额=(固定资产原价-预计净残值)\times 年折旧率$$

$$月折旧额=年折旧额\div 12$$

例 6-13 沿用例 6-12 的资料,甲公司某项设备原价为 120 万元,预计使用寿命为 5 年,预计净残值率为 4%;假设甲公司没有对该机器设备计提减值准备。采用年数总和法计算各年折旧额,如表 6-1 所示。

表 6-1 折旧计算表(年数总和法) 单位:元

年 份	尚可使用年限	原价−净残值	年折旧率	每年折旧额	累计折旧
第 1 年	5	1 152 000	5/15	384 000	384 000
第 2 年	4	1 152 000	4/15	307 200	691 200

续　表

年　份	尚可使用年限	原价一净残值	年折旧率	每年折旧额	累计折旧
第 3 年	3	1 152 000	3/15	230 400	921 600
第 4 年	2	1 152 000	2/15	153 600	1 075 200
第 5 年	1	1 152 000	1/15	76 800	1 152 000

双倍余额递减法和年数总和法都属于加速折旧方法，其特点是在固定资产使用的早期多提折旧，后期少提折旧，其递减的速度逐年加快，从而相对加快折旧的速度。

采用加速折旧法的理由可以归纳如下：

(1) 加速折旧法是固定资产使用前期使用强度比较高，磨损程度比较大，应该多提折旧，后期则相反。采用加速折旧法可以使固定资产成本在估计使用寿命期内加快得到补偿。

(2) 加速折旧法还能为固定资产提供一个稳定的成本。因为固定资产在前期维护费和修理费比较低，折旧可以多提；随着固定资产的使用，维护费和修理费则逐渐增高，这时可以少提折旧，这样，与使用固定资产相关的成本在各个期间大致相同。

(3) 运用加速折旧法也是谨慎性原则的体现。前期提的折旧高，企业的利润就低，这样，企业在前期还可以少缴税，从而节约企业的现金流量。所以，不是所有的企业和行业都可以采用这种方法。要经过国家税务部门批准才可选用。加速折旧法一般适用于受高科技的影响而提前淘汰的固定资产，如计算机、数控机床等。

五、固定资产折旧的会计处理

固定资产应当按月计提折旧，计提的折旧应通过“累计折旧”科目核算，并根据用途计入相关资产的成本或者当期损益。其会计处理原则如下：

(1) 企业基本生产车间所使用的固定资产，其计提的折旧计入制造费用。

(2) 管理部门所使用的固定资产，其计提的折旧计入管理费用。

(3) 销售部门所使用的固定资产，其计提的折旧计入销售费用。

(4) 自行建造固定资产过程中使用的固定资产，其计提的折旧计入在建工程成本。

(5) 经营租出的固定资产，其计提的折旧额计入其他业务成本。

本月折旧＝上月折旧额＋上月增加固定资产应计提折旧－上月减少固定资产应计提折旧

例 6－14　甲公司 2019 年 1 月份固定资产计提折旧情况如下：生产车间厂房计提折旧 380 万元，设备计提折旧 20 万元。管理部门建筑物计提折旧 213 万元，运输工具计提折旧 87 万元。销售部门计提折旧 200 万元，经营租出的固定资产计提折旧 100 万元。

此外，生产车间 1 月份报废一台设备，原价为 120 万元，预计使用 10 年，按年限平均法计提折旧。新购置一台管理用设备，原价为 240 万元，预计使用 10 年。

2 月份生产车间新购置一台设备，原价为 240 万元，预计使用 10 年。销售部门报废一台设备，原价为 360 万元，预计使用 10 年。

要求计算 1 月份和 2 月份的折旧。

(1) 1 月份计提折旧的账务处理如下：

借：制造费用　　4 000 000
　　管理费用　　3 000 000
　　销售费用　　2 000 000
　　其他业务成本　　1 000 000
　　贷：累计折旧　　10 000 000

(2) 2月份计提折旧的金额只要考虑报废及新购置设备需要调整的应计折旧。因此,2月份计提折旧的账务处理如下:

借：制造费用　　3 990 000
　　管理费用　　3 020 000
　　销售费用　　2 000 000
　　其他业务成本　　1 000 000
　　贷：累计折旧　　10 010 000

第四节　固定资产的后续支出

固定资产的后续支出是指固定资产使用过程中发生的更新改造支出、修理费用等。固定资产取得后,为了使其能更好地为企业服务,企业还会发生一些后续支出。这些支出有的是为了维持其正常工作状态而发生的,有的是为了增加其服务潜力或延长其使用寿命而发生的。

一、固定资产后续支出的处理原则

后续支出的处理原则为:与固定资产有关的更新改造等后续支出,能够使该项资产为企业未来带来更多的经济利益,符合固定资产确认条件的,应当计入固定资产成本,同时将被替换部分的账面价值扣除;与固定资产有关的修理费用等后续支出,不符合固定资产确认条件的,应予费用化,计入当期损益。

在下列三种情况下,固定资产的后续支出可以资本化:(1) 资产的使用寿命可以延长;(2) 由该资产生产出的产品产量能够增加,从而实质性降低产品的成本;(3) 由该资产生产出的产品质量能够提高。

企业日常发生的固定资产的维修支出,以及一次性支出数额不大的支出,通常予以费用化。固定资产的改建、扩建、增置、替换、重新装配与安装、改良等支出,符合上述判断标准的,应予资本化。

二、费用化支出的会计处理

一般来说,与固定资产有关的修理费用等后续支出,仅是维持或恢复其正常的使用状态或生产效率,不会为企业未来带来更多的经济利益,不符合固定资产确认条件,应当根据不同情况分别在发生时计入当期管理费用或销售费用。

固定资产投入使用之后,由于固定资产磨损、使用情况等原因导致固定资产的局部损坏而发生日常修理费用,这些费用通常在发生时应直接计入当期损益。

企业生产车间和行政管理部门等发生的固定资产修理费用等后续支出,计入管理费用;企业专设销售机构的固定资产修理费用等后续支出，计入销售费用。

例 6－15 2019 年 3 月 3 日，甲公司对现有的一台生产用机器设备进行日常维护，维护过程中领用本企业原材料一批，价值为 4 000 元，应支付维护人员的工资为 8 000 元，其他费用 300 元。假设不考虑其他相关税费。

对机器设备的维护，仅仅是为了维护固定资产的正常使用而发生的，不产生未来的经济利益，因此应在其发生时直接确认为期间费用。其会计分录为：

借：管理费用　　12 300
　贷：原材料　　4 000
　　应付职工薪酬　　8 000
　　银行存款　　300

三、资本化支出的会计处理

固定资产发生可资本化的后续支出时，企业一般将固定资产的原价、已提折旧和减值准备转销，将固定资产的账面价值转入在建工程，停止计提折旧。将发生的资本化后续支出计入在建工程，在固定资产发生的后续支出完工并达到预定可使用状态时，再从在建工程转为固定资产，并按重新确定的固定资产原价、使用寿命、预计净残值和折旧方法计提折旧。固定资产发生的可资本化的后续支出，通过“在建工程”科目核算。当后续支出的资产完工，并达到预定可使用状态时，从“在建工程”科目转入“固定资产”科目。

例 6－16 企业于 2019 年 12 月 25 日对其现有的一条生产线进行改建，该生产线的原始成本为 100 万元，预计使用年限为 10 年，假设没有预计净残值。该固定资产使用直线法折旧，已使用 2 年，现经过 6 个月的重新改建，企业共发生人工费用为 10 万元，以银行存款支付改建费用 22 万元。经过重新改建，2020 年 6 月 25 日对该生产线达到预定可使用状态，并延长了使用年限，预计可以继续使用 10 年，预计净残值为 12 万元，采用使用年限法计提折旧，不考虑其他税费。重新改建工程应做如下会计分录：

(1) 固定资产转入改扩建时：

借：在建工程　　800 000
　　累计折旧　　200 000
　贷：固定资产　　1 000 000

(2) 发生改扩建工程支出时：

借：在建工程　　320 000
　贷：应付职工薪酬　　100 000
　　银行存款　　220 000

(3) 生产线改扩建工程达到预定可使用状态，固定资产的入账价值 112 万元时：

借：固定资产　　1 120 000
　贷：在建工程　　1 120 000

(4) 计提 2020 年的折旧时：

(112－12)/10×6/12＝5(万元)

借：制造费用　　50 000
　贷：累计折旧　　50 000

固定资产使用寿命、预计净残值和折旧方法的改变应作为会计估计变更，按照《企业会计准则第 28 号——会计政策、会计估计变更和差错更正》处理。

第五节 固定资产的处置

一、固定资产终止确认的条件

如果企业的固定资产在生产经营中不需用或不适用，应当予以终止确认。终止确认固定资产，应满足下列条件之一：

(一) 该固定资产处于处置状态

固定资产处置包括固定资产的出售、转让、报废或毁损、对外投资、非货币性资产交换、债务重组等。处于处置状态的固定资产不再用于生产商品、提供劳务、出租或经营管理，因此不再符合固定资产的定义，应予终止确认。

(二) 该固定资产预期通过使用或处置不能产生经济利益

固定资产的确认条件之一是“与该固定资产有关的经济利益很可能流入企业”，如果一项固定资产预期通过使用或处置不能产生经济利益，那么它就不再符合固定资产的定义和确认条件，应予终止确认。

二、固定资产处置的会计处理

企业处置固定资产的方式很多，可以将不需用固定资产变卖、投资、捐赠、置换、抵债等，还可以将不适用的固定资产报废等。

在我国的会计实务中，处置固定资产均通过“固定资产清理”科目核算。

企业因出售、转让、报废或毁损、对外投资、非货币性资产交换、债务重组等处置固定资产，其会计处理一般涉及以下几个方面：

(一) 固定资产转入清理

固定资产转入清理时，按固定资产账面价值，借记“固定资产清理”科目；按已计提的累计折旧，借记“累计折旧”科目；按已计提的减值准备，借记“固定资产减值准备”科目；按固定资产账面余额，贷记“固定资产”科目。

(二) 发生的清理费用

固定资产清理过程中发生的有关费用以及应支付的相关税费，借记“固定资产清理”科目，贷记“银行存款”“应交税费”等科目。

(三) 出售收入和残料收入的处理

企业收回出售固定资产的价款、残料价值和变价收入等，应冲减固定资产清理损失。按实际收到的出售价款以及残料变价收入等，借记“银行存款”“原材料”等科目，贷记“固定资产清理”科目。

（四）保险赔偿的处理

企业计算或收到的应由保险公司或过失人赔偿的损失，应冲减清理支出，借记“其他应收款”“银行存款”等科目，贷记“固定资产清理”科目。

（五）固定资产清理净损益的处理

固定资产清理完成后产生的净损益，依据固定资产处置方式的不同，分别采用不同的处理方法：

（1）因已丧失使用功能或因自然灾害发生毁损等原因而报废清理产生的利得或损失，应计入营业外收支。属于生产经营期间正常报废清理的处理损失，借记“营业外支出——处置非流动资产损失”科目，贷记“固定资产清理”科目；属于生产经营期间由于自然灾害等非正常原因造成的，借记“营业外支出——非常损失”科目，贷记“固定资产清理”科目。固定资产清理完成后的净收益，借记“固定资产清理”科目，贷记“营业外收入”科目。

例 6－17 公司有一台设备，因使用期满经批准报废。该设备原价为 18 400 元，累计已计提折旧 8 400 元，计提的资产减值准备 2 000 元。以银行存款支付清理费用 4 670 元，收到残料变卖收入 1 000 元。应做如下会计分录：

① 固定资产转入清理时：

借：固定资产清理	8 000	
累计折旧	8 400	
固定资产减值准备	2 000	
贷：固定资产		18 400

② 清理费用和相关税费时：

借：固定资产清理	4 670	
贷：银行存款		4 670

③ 收到残料变价收入时：

借：银行存款	1 000	
贷：固定资产清理		1 000

④ 结转固定资产净损益时：

借：营业外支出——处置非流动资产损失	11 670	
贷：固定资产清理		11 670

（2）属于生产经营期间正常处置，如出售、抵债、非货币性资产交换等处置产生的损失或收益，确认为资产处置损益。

例 6－18 企业出售一台设备，取得价款 35 000 元。该设备原价为 100 000 元，已提折旧 60 000 元。假设企业发生的清理费用为 5 000 元，计提的减值准备为 15 000 元。假设不考虑税费。企业应做如下会计分录：

① 将固定资产转入清理时：

借：固定资产清理	25 000	
累计折旧	60 000	
固定资产减值准备	15 000	
贷：固定资产		100 000

② 支付清理费用时：

借：固定资产清理　　5 000

　　贷：银行存款　　5 000

③ 出售时：

借：银行存款　　35 000

　　贷：固定资产清理　　35 000

④ 结转固定资产净损益时：

借：固定资产清理

　　贷：资产处置损益　　5 000

三、固定资产盘亏的会计处理

固定资产盘亏造成的损失，应当计入当期损益。企业在财产清查中盘亏的固定资产，按盘亏固定资产的账面价值，借记“待处理财产损溢”科目；按已计提的累计折旧和已计提的减值准备，借记“累计折旧”“固定资产减值准备”科目，按固定资产原价，贷记“固定资产”科目，并相应调整进项税额抵扣金额。按管理权限报经批准后处理时，按可收回的保险赔偿或过失人赔偿，借记“其他应收款”科目；按应计入营业外支出的金额，借记“营业外支出——盘亏损失”科目，贷记“待处理财产损溢”科目。

例 6－19　甲公司年末对固定资产进行清查时，发现管理部门丢失设备一台。该设备原价 24 000 元，已计提折旧 12 000 元。增值税税率 13%。经查，冷冻设备丢失的原因在于保管员看守不当。经批准，由保管员赔偿 3 560 元。应编制会计分录如下：

(1) 发现冷冻设备丢失时：

借：待处理财产损溢　　12 000

　　累计折旧　　12 000

　　贷：固定资产　　24 000

(2) 转出不可抵扣的进项税额 1 560 元：

借：待处理财产损溢　　1 560

　　贷：应交税费——应交增值税(进项税额转出)　　1 560

(3) 报经批准后：

借：其他应收款　　3 560

　　营业外支出——盘亏损失　　10 000

　　贷：待处理财产损溢　　13 560

第六节　固定资产的减值准备

由于固定资产发生损坏、技术陈旧或其他原因，导致固定资产的可收回金额低于其账面价值，说明固定资产发生了减值，应计提减值准备，以便真实反映企业的财务状况。

所谓可收回金额，是指资产的销售净价与预期从该资产的持续使用和使用寿命结束时的处置中形成的现金流量的现值两者之中的较高者。其中，销售净价是指资产的销售价格减去处置资产所发生的相关税费后的余额。

一、固定资产减值的判断

企业应当于期末或者至少在年度终了时对固定资产进行检查。如果发现存在下列情况，应当计算固定资产的可收回金额，以确定资产是否已经发生减值：

(1) 固定资产市价大幅度下跌，其跌幅大大高于因时间推移或正常使用而预计的下跌，并且预计在近期内不可能恢复；

(2) 企业所处经营环境，如技术、市场、经济或法律环境，或者产品营销市场在当期或在近期发生重大变化，并对企业产生负面影响；

(3) 同期市场利率等大幅度提高，进而很可能影响企业计算固定资产可收回金额的折现率，并导致固定资产可收回金额大幅度降低；

(4) 固定资产陈旧过时或发生实体损坏等；

(5) 固定资产预计使用方式发生重大不利变化，如企业计划终止或重组该资产所属的经营业务、提前处置资产等情形，从而对企业产生负面影响；

(6) 其他有可能表明资产已发生减值的情况。

二、固定资产减值的核算

如果固定资产的可收回金额低于其账面价值，企业应当按可收回金额低于账面价值的差额计提固定资产减值准备，并计入当期损益，固定资产减值准备应按单项资产计提。计提减值准备时，借记"资产减值损失——计提的固定资产减值准备"科目，贷记"固定资产减值准备"科目。以后再评估时，计提的减值损失不得转回。

例 6-20 企业 2019 年年末对其拥有的固定资产进行检查，发现一台设备发生减值，该设备原价为 100 000 元，已计提累计折旧为 30 000 元，尚可使用 5 年。经过测定，估计该设备为企业未来带来的现金流量的现值为 60 000 元。该固定资产发生 10 000 元的减值，假设该设备以前未发生过减值，甲公司应做如下会计分录：

借：资产减值损失——计提的固定资产减值准备　　10 000

　　贷：固定资产减值准备　　10 000

如果固定资产以前已经提过减值准备，而且本次应计提的减值准备高于已计提的减值准备，则应按其差额补提，借记"资产减值损失——计提的固定资产减值准备"科目，贷记"固定资产减值准备"科目。

已计提减值准备的固定资产，应当按照该固定资产的账面价值以及尚可使用寿命重新计算确定折旧率和折旧额。

本章小结

固定资产应是企业为生产商品、提供劳务、出租或经营管理而持有，使用年限超过一年而且价值较高的有形资产。固定资产的成本是指企业购建某项固定资产达到可使用状态前所发生的一切合理、必要的支出。企业通过外购、自行建造、非货币性资产交换以及债务重组等方式取得的固定资产，其成本的构成内容和会计处理各不相同。

除已提足折旧仍继续使用的固定资产和按照规定单独估价作为固定资产的土地外，企业应对所有的固定资产计提折旧。决定折旧额的因素有四种，即固定资产的原值、预计净残值、预计使用寿命和折旧方法。常见的折旧方法有年限平均法、工作量法、双倍余额法和年数总和法。在固定资产使用中的支出如果仅是维持或恢复其正常的使用状态或生产效率，应予以费用化；如果费用的发生能够使该项资产为企业未来带来更多的经济利益，则应予以资本化。在我国会计实务中，处置固定资产均通过“固定资产清理”科目核算。处置固定资产的净损益，确认为营业外收入或营业外支出。如果固定资产的可收回金额低于其账面价值，企业应当按可收回金额低于账面价值的差额计提固定资产减值准备，计入当期损益。

复习思考题

1. 固定资产有哪些分类方法？其意义何在？
2. 固定资产的取得方式有哪些？如何确定其取得成本？
3. 固定资产的折旧方法有哪些？如何选择？
4. 简述固定资产采用加速折旧法的理由。
5. 影响固定资产折旧的因素有哪些？
6. 固定资产的处置如何核算？
7. 如何判断固定资产的减值？

自测题

一、单项选择题

1. 以一笔款项购入多项没有单独标价的固定资产，应当按一定标准的比例分配总成本，确定各项固定资产的成本。这个标准是各项固定资产的(　　)。

A. 公允价值　　B. 可变现净值　　C. 预计净现值　　D. 账面价值

2. 甲公司属于一般纳税人，购入一台不需要安装就可投入使用的生产设备，取得的增值税专用发票上注明的设备价款为100万元，增值税13万元，支付保险费1万元，则固定资产成本为(　　)万元。

A. 113　　B. 101　　C. 114　　D. 100

3. 某项固定资产的原值为200 000元，预计净残值为2 000元，预计使用年限为5年，则在年数总和法下第二年的折旧额为(　　)元。

A. 26 400　　B. 52 800　　C. 40 000　　D. 39 600

4. 企业对一条生产线进行更新改造。该生产线的原价为120万元，已提折旧为60万元。改造过程中发生支出30万元，被替换部分的账面价值15万元。该生产线更新改造后的成本为(　　)万元。

A. 65　　B. 75　　C. 135　　D. 150

5. 甲公司设备一台原价为143万元，采用直线法计提折旧。预计使用10年，预计净残值3万元，已经使用5年。由于操作不当，该设备于年末报废，责成有关人员赔偿10万元，收回变价收入2万元，则该设备的报废净损失(　　)万元。假设不考虑增值税的影响。

A. 63　　B. 73　　C. 61　　D. 70

6. 企业以100万元购入A、B、C三项没有单独标价的固定资产。这三项资产的公允价值分别为30万元、40万元和50万元，则A固定资产的入账成本为(　　)万元。

A. 120　　B. 100　　C. 30　　D. 25

7. 某一般纳税人企业购入一台需要安装的生产设备，设备买价为100万元，增值税税额为13万元，支付的保险费3万元，安装时支付有关人员薪酬7万元。该固定资产的成本为(　　)万元。

A. 123　　B. 110　　C. 100　　D. 107

8. 某小规模纳税企业购入一台不需要安装的自用汽车，买价为100万元，增值税税额为13万元，支付的保险费3万元。该固定资产的成本为(　　)万元。

A. 113　　B. 116　　C. 103　　D. 100

9. 下列各项固定资产，不应当计提折旧的是(　　)。

A. 企业融资租入的固定资产　　B. 本月减少的固定资产

C. 已提足折旧仍继续使用的固定资产　　D. 经营租出的固定资产

10. 某企业2019年9月20日自行建造的一条生产线投入使用，该生产线建造成本为740万元，预计使用年限为5年，预计净残值为20万元。在采用年数总和法计提折旧的情况下，2020年该设备应计提的折旧额为(　　)万元。

A. 228　　B. 240　　C. 204　　D. 192

二、多项选择题

1. 下列固定资产中，不应计提折旧的固定资产有(　　)。

A. 经营租赁方式租入的固定资产　　B. 已提足折旧继续使用的固定资产

C. 正在改、扩建而停止使用的固定资产　　D. 单独估价作为入账的土地

2. 关于固定资产，下列说法中正确的有(　　)。

A. 固定资产后续支出计入固定资产成本的，应当终止确认被替换部分的账面价值

B. 固定资产盘亏造成的净损失，应当计入当期损益

C. 通过非货币性资产交换取得的固定资产成本，按换出资产的账面价值入账

D. 与固定资产有关的后续支出，不符合准则规定固定资产的确认条件的，应当计入固定资产成本

3. 影响固定资产折旧的因素包括(　　)。

A. 固定资产原价　　B. 预计净残值

C. 固定资产减值准备　　D. 固定资产的使用寿命

4. 应计提折旧的固定资产包括(　　)。

A. 季节性停用的固定资产　　B. 大修理停用的固定资产

C. 上月增加的固定资产　　D. 当月减少的固定资产

5. 以下表述中，正确的有(　　)。

A. 管理部门使用的固定资产，其计提的折旧应计入管理费用

B. 销售部门使用的固定资产，其计提的折旧应计入销售费用

C. 经营租出的固定资产，其计提的折旧应计入其他业务成本

D. 自行建造固定资产过程中使用的固定资产(假设只用于建造固定资产)，其计提的折旧

应计入管理费用

6. 下列各项中，影响固定资产清理净收益的因素应包括(　　)。

A. 转让不动产应缴纳的税金　　B. 出售固定资产的价款

C. 报废固定资产的原价　　D. 损毁固定资产取得的赔款

7. 下列有关固定资产折旧的会计处理中，不符合现行规定的有(　　)。

A. 自行建造的固定资产应自办理竣工结束时开始计提折旧

B. 因固定资产改良而停用的生产设备应继续计提折旧

C. 季节性停用的固定资产应继续计提折旧

D. 经营租入的固定资产不需要计提折旧

三、判断题

1. 固定资产的各组成部分具有不同使用寿命或者以不同方式为企业提供经济利益的，应当将各组成部分分别确认为单项固定资产。(　　)

2. 企业应对所有使用中的固定资产计提折旧。(　　)

3. 与固定资产有关的更新改造等后续支出，符合固定资产确认条件的，应当计入固定资产成本，同时将被替换部分的账面价值扣除。(　　)

4. 固定资产的修理费用应当直接计入当期管理费用。(　　)

5. 对于计提的固定资产减值准备，在以后期间价值恢复时，可以转回原已计提的减值准备金额。(　　)

6. 对于已达到预定可使用状态但尚未办理竣工决算的固定资产待办理竣工决算后，若实际成本与原暂估价值存在差异的，应调整已计提折旧。(　　)

7. 按双倍余额递减法计提的折旧额在任何时期都大于按平均年限法计提的折旧额。(　　)

8. 对于季节性停用的固定资产不应该计提折旧。(　　)

9. 某企业的一辆运货卡车的原价为600 000元，预计总行驶里程为500 000千米，预计报废时的净残值率为5%，本月行驶4 000千米，本月折旧额为4 560元。(　　)

10. 企业以一笔款项购入多项没有单独标价的固定资产，应将该款项按各项固定资产公允价值占公允价值总额的比例进行分配，分别确定各项固定资产的成本。(　　)

练习题

习题一

一、目的：练习固定资产初始计量的账务处理。

二、资料：A公司为一般纳税企业，适用增值税税率为13%，2019年发生如下经济业务。

(1) 购入一台不需要安装的管理部门用汽车，以银行存款支付设备价款200万元，增值税税率为13%，另支付运输费、装卸费用、保险费等采购费用6万元。设备已交付使用。

(2) 企业购入一台需要安装的与技术更新改造相关设备，买价为100万元，增值税为13万元，另支付运费1万元(假设不考虑增值税)，其他采购费用2万元。安装设备时，耗用材料2万元，人工费用5万元，其他费用3万元。完工后投入使用，并结转固定资产成本。

(3) 接受甲公司投入的一台设备，该设备原价为120万元，已提折旧为20万元，投资双方合同确认的公允价值为80万元，设备已交付使用。甲公司得到面值1元的A公司股权8万股。

(4) B公司前欠A公司账款100万元，A公司已经计提坏账准备20万元，经双方协商，现B公司以一原价为90万元、已累计折旧10万元、目前公允价值50万元的设备抵付所欠A公司账款(假设不考虑增值税)。

三、要求：根据上述经济业务，编制A公司有关会计分录。

习题二

一、目的：练习自行建造固定资产的账务处理。

二、资料：某一般纳税人企业2019年5月开始自行建造管理用固定资产，购入为工程准备的各种物资10万元，支付的增值税税额为1.3万元，实际领用工程物资90%，剩余物资转作企业生产用原材料；另外还领用了企业生产用的原材料一批，实际成本为3万元；工程人员工资7万元，企业辅助生产车间为工程提供有关职工薪酬4万元，计提工程用设备折旧费4万元、应资本化的借款利息3万元，工程于2019年12月15日完工并同时交付管理部门使用。该设备采用使用年限平均法计提折旧，预计使用年限为5年，预计净残值为2万元。

三、要求：

1. 计算工程完工交付使用时固定资产的入账价值。

2. 计算该设备在2020年、2021年应计提的折旧额。

3. 编制有关会计分录。

习题三

一、目的：练习固定资产处置的账务处理。

二、资料：某一般纳税人企业2019年12月2日购入生产用固定资产的总成本为400万元，款项已支付，设备投入使用。该设备预计净残值率为10%，使用期限为10年，采用直线法提取折旧。2021年12月31日，预计该固定资产的可收回金额为300万元，应计提资产减值，预计剩余使用期限为10年，继续使用2年后提前报废设备，支付清理费用1万元。

三、要求：编制计提折旧、减值和处置的会计分录。

习题四

一、目的：练习固定资产折旧的计提。

二、资料：甲公司2020年12月20日购入某项设备，直接投入使用。总价为100万元，预计净残值率为5%，预计使用年限为5年。

三、要求：

1. 按使用年限平均法计算每个会计年度应计提折旧额。

2. 按双倍余额递减法计算每个会计年度应计提折旧额。

3. 假设设备是在2020年3月5日购入，按双倍余额递减法计算每个会计年度每年应计提折旧额。

习题五

一、目的：练习固定资产的核算。

二、资料：大华公司2019年度发生如下经济业务，假设均不考虑相关税费。

(1) 公司收到债务人用以抵债的运输车一辆，公允价值270 000元，抵付以前欠公司货款300 000元，公司已经对该债权计提了坏账准备20 000元，卡车已交付使用。

(2) 公司将一台其原价为500 000元、已提折旧200 000元、公允价值为250 000元的不需用设备,换取B公司原价为300 000元、已提折旧60 000元的车辆。目前该车辆的公允价值均为260 000元,公司支付给B公司10 000元补价。假设不考虑相关税费。

(3) 公司收到大地公司投资转入的设备,该设备的账面原价为80 000元,已提折旧20 000元,经双方评估确认后,该设备的协议价为40 000元,换取面值1元的股票10 000股。

(4) 期末盘点,发现盘亏机器设备一台,账面原价为68 000元,累计折旧为26 000元。经上报审批,责任人赔偿20 000元,结转损益。假设不考虑增值税的影响。

(5) 公司的一台机床已经老化,决定提前报废,该机床的原始成本为50 000元,已提折旧30 000元,计提固定资产减值准备16 000元,报废发生清理费用1 000元,残料作价收入7 000元。

三、要求:根据以上资料,编制大华公司的有关会计分录。

第七章　无 形 资 产

学习要点

1. 无形资产的特征和确认条件；
2. 取得无形资产的核算；
3. 无形资产研发支出的账务处理；
4. 无形资产的摊销和减值；
5. 无形资产的处置。

第一节　无形资产的确认

一、无形资产的定义与特征

无形资产是指企业为进行生产经营活动而取得或自创、企业拥有或者控制的没有实物形态的可辨认非货币性资产。无形资产主要包括专利权、非专利技术、商标权、著作权、土地使用权和特许经营权等，企业自创的商誉以及未满足无形资产确认条件的其他项目，不能作为无形资产。

一般情况下，无形资产应具有以下特征：

（一）不具有实物形态但有价值

不具有实物形态是无形资产区别于其他资产的特征之一。与其他资产相比，无形资产虽然没有实物形态，但可能具有超常的盈利能力或巨大的潜在价值。无形资产通常表现为法律或合同关系所赋予的某种权利、某项技术或是某种获取超额利润的综合能力，比如，特许经营权、专利权、非专利技术等。不具有实物形态的无形资产为企业带来经济利益的方式也与其他资产不同，在很大程度上是通过自身所具有的技术等优势为企业带来未来经济利益。同时，无形资产的损耗也是无形的。

（二）由企业拥有或者控制并能为其带来未来经济利益的资源

预计能为企业带来未来经济利益，是作为一项资产的本质特征，成为无形资产的前提是其必须能够以一定的方式，直接或间接地为投资者创造效益，而且是必须能够在较长时期使企业获益。通常情况下，企业拥有或者控制的无形资产应当拥有其所有权并且能够为企业带来未来经济利益，或者控制了该无形资产产生的经济利益，具体表现为企业拥有该无形资产的法定所有权或者使用权，并受法律的保护。比如，企业申请依法取得了专利技术的法定所有权，企业与其他企业签订受到法律保护的转让商标权合约等。

（三）具有可辨认性

要作为无形资产进行核算，该资产必须是能够区别于其他资产可单独辨认的，如企业持有的专利权、非专利技术、商标权、土地使用权、特许权等。判断可辨认的标准有两种：

（1）能够从企业中分离或者划分出来，并能单独用于出售、转让、授予许可、租赁交换等；或者与有关的合同、资产、负债一起用于出售、转让、授予许可、租赁交换的，说明无形资产可以具有可辨认性。

（2）产生于合同性权利或其他法定权利，无论这些权利是否可以从企业或其他权利和义务中转移或者分离。如一方通过与另一方签订特许权合同而获得的特许使用权，通过法律程序申请获得的商标权、专利权等。

从可辨认性角度考虑，商誉是与企业整体价值联系在一起的，无法与企业分开，不具有可辨认性，不构成无形资产。

（四）属于非货币性资产

货币性资产主要有现金、银行存款、应收账款、应收票据和短期有价证券等。它们的共同特点是直接表现为固定的货币数额，或在将来收到一定货币数额的权利。无形资产一般不容易转化成现金，在很大程度上是通过某些权利、技术等优势为企业带来未来经济利益，因此，无法以固定或可确定的金额为企业带来未来经济利益的无形资产，属于非货币性资产。

（五）具有不确定性

无形资产能在较长的时期内供企业使用，使企业长期获得经济效益，属于一项长期性资产，但无形资产在持有过程中能够给企业提供未来经济效益的大小具有不确定性，无形资产创造价值的能力在很大程度上受企业外部因素的影响，如新技术更新换代的速度、新产品的市场接受程度等，其预期的获利能力不能准确地加以确定，而且无形资产的有效期限也具有不确定性。

无形资产通常是有偿取得的，但成本不代表未来价值，取得无形资产花费的代价构成无形资产的成本。但无形资产的取得成本不能代表其经济价值，一项取得成本较高的无形资产有可能为企业带来的经济效益较少，而取得成本较低的无形资产也可能给企业带来巨大的利益。

二、无形资产的确认条件

一个项目要确认为无形资产，首先应该符合无形资产的定义，并同时需要满足以下条件：

（一）与该无形资产有关的经济利益很可能流入企业

作为企业无形资产予以确认的项目，必须具备产生的利益很可能流入企业这项基本条件，具体表现为企业能够控制该无形资产产生的经济利益。通常情况下，无形资产产生的未来经济利益可能包括在销售商品、提供劳务的收入中，或者企业使用该项无形资产而减少或节约的成本中，或体现在获得的其他利益中。一般来说，如果企业有权获得某项无形资产产生的经济利益，同时又能约束其他人获得这些经济利益，则说明企业控制了该无形资产产生的经济利益。

实务中，要确定无形资产的经济利益是否很可能流入企业，需要进行职业判断，并考虑相关的因素，比如，企业是否存在相关的新技术、新产品以及利用相关技术或开发新产品市场的能力等。在实施判断时，企业的管理当局应对无形资产的预计使用寿命内存在的各种因素作出最稳健的估计。

(二) 该无形资产的成本能够可靠地计量

成本能够可靠地计量也是资产确认的一项基本条件。无形资产的初始计量应遵循历史成本原则，按照取得无形资产时所发生的实际成本入账。如内部产生的品牌、报刊名、刊头、客户名单和实质上类似项目，因其支出不能与整个业务开发成本区分开来，无法可靠计量成本，因此，不应确认为无形资产，同样，企业的自创商誉虽然符合无形资产的定义，但自创商誉过程中发生的支出却难以计量，也不能作为企业的无形资产予以确认。

三、无形资产的内容

企业的资产可分为可辨认资产和不可辨认资产。可辨认无形资产包括专利权、专有技术、商标权、著作权、特许权和土地使用权等；不可辨认又没有实物形态的资产，如商誉，可以是外来的，也可以是自创的。企业合并中形成的商誉可以确认为无形资产，而企业自创的商誉以及未满足无形资产确认条件的其他项目，不能作为无形资产。

(一) 专利权

专利权是指由国家专利主管机关依法授予权利人在法定期限内对某一发明创造所拥有的独占权和专有权，包括发明专利权、实用新型专利权和外观设计专利权。发明，是指对产品、方法或者其改进所提出的新的技术方案。实用新型，是指对产品的形状、构造或者其结合所提出的适于实用的新的技术方案。外观设计，是指对产品的形状、图案或者其结合以及色彩与形状、图案的结合所作出的富有美感并适用于工业应用的新设计。

专利权是允许持有人独家使用或控制的特权，但它并不保证一定能给持有者带来经济利益，有的专利权没有经济价值或经济价值很小，有的专利权会被淘汰。因此，企业不应将其所拥有的一切专利权资本化，作为无形资产管理和核算。专利权应当具有新颖性、先进性、实用性的特点。只有那些能够给企业带来较大经济价值，并且企业为此花费了支出的专利，或者是自行开发并按法律程序申请获取的专利权，才作为无形资产管理和核算。企业拥有的专利权受到国家法律的保护。发明专利权的期限为 20 年，实用新型专利权和外观设计专利权的期限为 10 年，均自申请日起计算。

(二) 专有技术

专有技术也称非专利技术，是指发明人垄断的、不为外界所知、具有实用价值的、在生产经营活动中已采用了的、不享有法律保护的、可以带来经济效益的各种先进技术、技能、知识和诀窍等。专有技术一般包括工业专有技术、商业贸易专有技术、管理专有技术等。工业专有技术是指在生产上已经采用，仅限于少数人知道，不享有专利权或发明权的生产、装配、修理、工艺或加工方法的技术知识;商业贸易专有技术是指具有保密性质的市场情报、原材料价格情报以及用户、竞争对象的情况的有关知识;管理专有技术是指生产组织的经营方式、管理方法、培训职工方法等保密知识。

由于非专利技术未经公开,亦未申请专利权,不受法律保护,因此它具有经济性、机密性、动态性等特点。非专利技术可以是自己开发研究的,也可以从外部购入。

(三)商标权

商标权是指企业专门在某种指定的商品上使用特定的名称、图案、标记的权利。经商标局核准注册的商标为注册商标,包括商品商标、服务商标和集体商标、证明商标;商标注册人享有商标专用权,受法律保护。商标权包括独占使用权和禁止使用权,具有排他性和延续性。我国《商标法》规定,注册商标的有效期为 10 年,自核准注册之日起计算。注册商标有效期满,需要继续使用的,应当在期满前 6 个月内申请续展注册;在此期间未能提出申请的,可以给予 6 个月的宽展期。宽展期满仍未提出申请的,注销其注册商标。每次续展注册的有效期为 10 年。企业商标可供自己使用,也可以转让或允许他人使用。

(四)著作权

著作权又称版权,是指著作权人对其著作依法享有的出版、发行等方面的专有权利,包括发表权、署名权、修改权、保护完整权、使用权和获得报酬权等。著作权可以转让、出售或者赠与。著作权一经注册,法律将保障权利人禁止他人翻印、仿制或其他侵权行为,著作权属于作者。世界各国对著作权的年限均有确定的有效期限。我国法律规定,著作权为著作权人终身享有,著作权人死亡后,继续享有 50 年,截止于作者死亡后第五十年的 12 月 31 日;如果是合作作品,截止于最后死亡的作者死亡后第五十年的 12 月 31 日。

(五)特许权

特许权又称经营特许权、专营权,是指企业在某一地区经营或销售某种特定商品的权利或是一家企业接受另一家企业使用其商标、商号、技术秘密等的权利。通常有两种形式:一种是由政府机关授权,准许企业使用或在一定地区享有经营某种业务的特权,如水、电、邮电通信等的专营权、烟草专卖权等;另一种指企业间依照签订的合同,有限期或无限期地使用另一家企业的某些权利,如连锁分店使用总店的名称等。特许权业务涉及特许权受让人和让与人两个方面。通常在特许权转让合同中规定了特许权转让的期限、转让人和受让人的权利和义务。会计上的特许权主要是指第二种情况。只有支付了费用取得的特许权,才能作为无形资产入账。

(六)土地使用权

土地使用权是指国家准许某一企业在一定期间对国有土地享有开发、利用、经营的权利。根据《中华人民共和国土地管理法》的规定:我国土地实行公有制,任何单位和个人不得侵占、买卖或者以其他形式非法转让。土地使用权可以是行政划拨得到的,也可以是投资者投入或以缴纳土地出让金方式外购取得的。通常情况下,作为投资性房地产或者作为固定资产核算的土地,按照投资性房地产或者固定资产核算;以缴纳土地出让金等方式外购的土地使用权、投资者投入等方式取得的土地使用权作为无形资产核算。

(七) 商誉

商誉是指企业获得超额收益的能力,通常是指企业由于所处的地理位置优越或由于信誉好而获得了客户的信任,或由于组织得当、生产经营效益高,或由于技术先进、掌握了生产的诀窍等原因而形成的无形价值。这种无形价值具体体现在该企业的获利能力超过了一般企业的获利水平。商誉与作为整体的企业有关,因此,它不能单独存在,也不能与企业可辨认的有形资产分开出售。商誉可以是自创的,也可以是外购的,但只有企业合并形成的才能作为无形资产入账,即只有企业在购买另外一个企业时,才能将商誉作为无形资产进行核算。

第二节 无形资产的初始计量

无形资产通常是按实际成本计量,即以取得无形资产并使之达到预定用途而发生的全部支出作为无形资产的成本。对于不同来源取得的无形资产,其初始成本的构成也不相同。

一、外购的无形资产

外购的无形资产应按其取得成本进行初始计量。取得成本包括购买价款、相关税费以及直接归属于使该项资产达到预定用途所发生的其他支出。其中的其他支出包括使无形资产达到预定用途所发生的专业服务费用、测试无形资产是否能够正常发挥作用的费用等。但不包括为引入新产品进行宣传发生的广告费、管理费用及其他间接费用以及无形资产已经达到预定用途以后发生的费用。购入无形资产时,按实际支付的价款,借记"无形资产"科目,贷记"银行存款"科目。

例 7-1 甲公司生产需要从乙公司购入一项专利权。实际支付的价款为 200 000 元,并支付相关专业服务费用 20 000 元,取得增值税专用发票注明的税率 6%,款项已通过银行转账支付。应编制会计分录如下:

借:无形资产——专利权	220 000	
应交税费——应交增值税(进项税额)	13 200	
贷:银行存款		233 200

需要注意的是,作为整批资产的一部分取得且能独立发挥作用的无形资产的入账价值,应根据取得各单项资产的公允价值的相对比例确定。如果该无形资产的相对价值较小,则无须单独核算,视为资产的组成部分核算。比如,作为电脑的附件随机购入金额相对较小的软件,无须单独核算;但如果是连同电脑购入、金额也相对较大的管理系统软件,则应单独核算。

二、投资者投入的无形资产

投资者投入的无形资产成本应当按照投资合同或协议约定的价值确定无形资产的取得成本。如果投资合同或协议约定价值不公允的,应按无形资产的公允价值作为无形资产初始成本入账。

企业收到投资者投入的无形资产时,借记"无形资产"科目,按确认的权益份额,贷记"实收资本”或“股本”等科目。

例 7-2 甲公司经营1年后，协议商定乙公司以其专有技术作为投资于甲公司，双方协议价格(等于公允价值)为100万元，甲公司取得增值税专用发票注明的税率6%，款项已通过银行转账支付。

借：无形资产——专有技术	1 000 000	
应交税费——应交增值税(进项税额)	60 000	
贷：实收资本(或股本)		1 000 000
银行存款		60 000

三、通过非货币性资产交换取得的无形资产成本

企业通过非货币性资产交换取得的无形资产，包括以投资、存货、固定资产或无形资产换入的无形资产等。

根据《企业会计准则第7号——非货币性资产交换》，非货币性资产交换具有商业实质且公允价值能够可靠计量的，在发生补价的情况下，支付补价方应当以换出资产的公允价值加上支付的补价和应支付的相关税费，作为换入无形资产的成本；收到补价方，应当以换出无形资产的公允价值和应支付的相关税费，减去收到的补价，作为换出无形资产的成本。

例 7-3 A公司有一设备原价为30万元，已累计折旧5万元，与B公司商标使用权进行非货币性资产交换。目前该两项商品的公允价值均为26万元。假设不考虑增值税的影响。

先确认需要固定资产账面余额，对于A公司：

借：固定资产清理	250 000	
累计折旧	50 000	
贷：固定资产		300 000
借：无形资产——商标权	260 000	
贷：固定资产清理		250 000
资产处置损益		10 000

四、通过债务重组取得的无形资产成本

根据《企业会计准则第12号——债务重组》，通过债务重组取得的无形资产，是指企业作为债权人取得的债务人用于偿还债务的非现金资产，且企业作为无形资产管理的资产。通过债务重组取得的无形资产成本，应当以其公允价值加上支付的相关税费入账。

例 7-4 经双方协商，B公司以公允价值为36万元的专利权抵所欠A公司账款40万元。A公司对该债权未计提坏账准备。假设不考虑增值税的影响。

借：无形资产——专利权	360 000	
营业外支出——债务重组损失	40 000	
贷：应收账款		400 000

五、土地使用权的处理

企业取得的土地使用权，通常应当按照取得时所支付的价款及相关税费确认为无形资产。

土地使用权用于自行开发建造地上建筑物时，仍作为无形资产核算，土地使用权与地上建

筑物分别进行摊销和提取折旧。

但需要说明以下几点：

(1) 对于房地产开发企业取得的土地使用权，如果用于建造对外出售的房屋建筑物，其成本应当计入房屋建筑物成本。

(2) 企业外购的房屋建筑物的价款中包括土地以及建筑物价值的，应当按照合理的方法(例如，公允价值比例)进行分配总价款；确实无法进行合理分配土地以及建筑物价值的，应当全部作为固定资产确认和计量。

(3) 对于企业改变土地使用权的用途，并将其用于出租或增值目的时，应将其转为投资性房地产。

例 7-5 某企业以公开招标方式购入一块土地的使用权，用于自行开发建造办公楼，转让价款为 5 000 000 元，款项已通过银行支付。应编制会计分录如下：

借：无形资产——土地使用权　　5 000 000

　贷：银行存款　　5 000 000

第三节 内部研发费用的确认和计量

对于企业自行进行的研究开发项目，为评价内部研发过程中发生的费用是否符合资本化的条件，以及研发成果是否满足无形资产的确认标准，企业应当将整个研发和资产的形成过程划分为研究阶段与开发阶段两部分。开发过程中发生的费用，在符合一定条件的情况下，才可以资本化，并确认为一项无形资产。在实务工作中，应当根据企业的实际情况以及相关信息予以判断。

一、研究阶段与开发阶段的划分

由于研究阶段与开发阶段的目标、对象、风险不同，其结果也会不同。研究阶段的结果多是研究报告等基础性成果；而开发阶段的结果则多是具体的新技术、新产品等。因此，企业应当区分研究阶段与开发阶段两个部分的费用分别进行核算。

(一) 研究阶段

研究阶段是指为获取新的技术和知识等进行的有计划的调查，如：意欲获取知识而进行的活动；研究成果或其他知识的应用研究、评价和最终选择；材料、设备、产品、工序、系统或服务替代品的研究等。研究阶段的特点在于：

1. 计划性

研究阶段是建立在有计划的调查基础上，即研发项目已经董事会或相关管理层的批准并着手收集相关资料、进行市场调查等。

2. 探索性

研究阶段基本上是探索性的，为进一步的开发活动进行资料及相关方面的准备，在这一阶段不会形成阶段性成果。

从研究活动的特点看，通过开发后是否会形成无形资产均具有很大的不确定性，企业也无法证明其能够带来未来经济利益的无形资产的存在，因此，研究阶段的有关支出在发生时，应当予以费用化计入当期损益。

（二）开发阶段

开发阶段是指在进行商业性生产或使用前，将研究成果或其他知识应用于某项计划或设计，以生产出新的或具有实质性改进的材料、装置、产品等。开发阶段的特点在于：

1. 针对性

开发阶段是建立在研究阶段基础上，因而，对项目的开发具有针对性。

2. 形成成果的可能性较大

进入开发阶段的研发项目往往形成成果的可能性较大。

进入开发阶段，很大程度上形成一项新产品或新技术的基本条件已经具备，如果企业有证据表明已经满足无形资产的定义及相关确认条件，则发生的开发支出可资本化，确认为无形资产的成本。

二、研发支出资本化的条件

在开发阶段，将有关研发支出资本化并计入无形资产成本，应该满足以下条件：

(1) 完成该无形资产以使其能够使用或出售在技术上具有可行性。企业在判断是否满足该条件时，应以目前阶段的成果为基础，提供相关的证据和材料，说明进一步开发所需的技术条件等已经具备。

(2) 具有完成该无形资产并使用或出售的意图。企业的管理当局应能够说明其持有拟开发某项产品或专利技术产品等的目的，并具有完成该项无形资产开发并使其能够使用或出售的可能性。

(3) 无形资产产生经济利益的方式明确。作为无形资产确认，其基本条件是能够为企业带来未来经济利益。企业应该能够证明运用该无形资产生产的产品存在市场或无形资产自身存在市场，并能够带来经济利益的流入；或者证明无形资产在内部使用时对企业的有用性。

(4) 有足够的技术、财务资源和其他资源支持，以完成该无形资产的开发，并有能力使用或出售该无形资产，包括为完成该项无形资产开发具有技术上的可靠性，以及能够证明企业财务资源和其他资源，足以支持完成该项无形资产的开发，并有能力使用或出售该无形资产。

(5) 归属于该无形资产开发阶段的支出能够可靠地计量。企业对于开发活动发生的支出应单独核算，同时用于支持多项开发活动的，应按照一定的标准进行分配，无法明确分配的，应予费用化计入当期损益。

三、内部研究开发费用的会计处理

内部研发形成的无形资产成本，由可直接归属于该资产的创造、生产并使该资产能够以管理层预定的方式运作的所有必要支出组成。初始运作损失、为运行该无形资产发生的培训支出等不构成无形资产的开发成本。

（一）内部研发费用的会计处理原则

企业内部研究和开发无形资产，其在研究阶段的支出全部费用化，计入当期损益。

开发阶段的支出符合条件的资本化，不符合资本化条件的计入当期损益。

对于确实无法区分研究阶段的支出和开发阶段的支出，应将其所发生的研发支出全部费用化，计入当期损益。

值得说明的是，内部开发无形资产的成本仅包括在满足资本化条件的时点至无形资产达到预定用途前发生的支出总和，对于达到资本化条件之前已经费用化计入当期损益的支出不再进行调整。

（二）研发支出的账务处理

内部研发无形资产的必要支出具体包括开发该无形资产时耗费的材料、劳务成本、注册费、在开发该无形资产过程中使用的其他专利权和特许权的摊销，以及按照借款费用的处理原则可资本化的利息支出。企业的研发支出通过“研发支出”科目进行核算，并分别“研发支出——费用化支出”“研发支出——资本化支出”明细科目，以归集满足资本化条件的研发支出和费用化支出。

（1）企业研发无形资产过程中发生的费用，都要先通过“研发支出”科目，不满足资本化条件的研发支出，借记“研发支出——费用化支出”科目；满足资本化条件的，借记“研发支出——资本化支出”科目，贷记“原材料”“累计折旧”“银行存款”“应付职工薪酬”等科目。

（2）资产负债表日，将“研发支出——费用化支出”科目归集的费用化支出结转至当期损益；而正在进行中的研究开发项目归集的“研发支出——资本化支出”科目的余额，不需要结转。

（3）研究开发项目达到预定用途形成无形资产的，应按“研发支出——资本化支出”科目的余额，借记“无形资产”科目，贷记“研发支出——资本化支出”科目；同时将“研发支出——费用化支出”科目归集的费用化支出结转至当期损益。

例 7-6 2019 年 1 月 20 日甲公司经董事会批准研发某项新产品专利技术，在研究开发新产品专利技术过程中发生材料费 60 万元，职工薪酬 100 万元，专项设备折旧 10 万元，以及其他费用 40 万元。其中，符合资本化条件的支出 70 万元。2019 年 12 月 20 日该专利技术已经达到预定用途。甲公司应编制会计分录如下：

（1）发生研发支出时：

借：研发支出——费用化支出	1 400 000	
——资本化支出	700 000	
贷：原材料		600 000
应付职工薪酬		1 000 000
累计折旧		100 000
银行存款		400 000

（2）该专利技术已经达到预定用途时：

借：管理费用	1 400 000	
无形资产	700 000	
贷：研发支出——费用化支出		1 400 000
——资本化支出		700 000

如果研发过程跨年度，则期末应该将费用化支出转入当期损益。

例 7-7 甲公司2019年在研究开发新产品专利技术过程中发生材料费60万元、人工工资100万元,以及其他费用40万元。其中,符合资本化条件的支出70万元。该专利技术未达到预定用途。2020年在研究开发新产品专利技术过程中发生材料费10万元、人工工资80万元,专项设备折旧费30万,以及其他费用20万元。其中,符合资本化条件的支出130万元。2021年1月5日该专利技术已经达到预定用途,投入使用。

① 2019年发生研发支出时:

借:研发支出——资本化支出	700 000	
——费用化支出	1 300 000	
贷:原材料		600 000
应付职工薪酬		1 000 000
银行存款		400 000

② 未达到预定用途,期末结转费用化支出时:

借:管理费用	1 300 000	
贷:研发支出——费用化支出		1 300 000

③ 2020年发生研发支出时:

借:研发支出——资本化支出	1 300 000	
——费用化支出	100 000	
贷:原材料		100 000
应付职工薪酬		800 000
累计折旧		300 000
银行存款		200 000

④ 2021年1月5日达到预定用途,结转成本时:

借:管理费用	100 000	
贷:研发支出——费用化支出		100 000
借:无形资产	2 000 000	
贷:研发支出——资本化支出		2 000 000

第四节 无形资产的后续计量

一、无形资产后续计量的原则

无形资产属于企业的长期资产,能在较长的时间里给企业带来效益。取得无形资产时,应分析判断其使用寿命是否有限,以决定无形资产的成本是否需要摊销。

(一) 估计无形资产的使用寿命

企业应当于取得无形资产时分析判断其使用寿命。大多数无形资产的使用寿命是有限的。对使用寿命有限的无形资产,企业应当估计使用寿命的年限或者构成使用寿命的产量等类似计量单位的数量,将无形资产成本在此使用寿命内进行摊销。无法预见无形资产期限的,视为使用寿命不确定的无形资产,无形资产不应摊销。

估计无形资产使用寿命应考虑的主要因素包括：

(1) 该资产通常的产品寿命周期，以及可获得的类似资产使用寿命的信息；

(2) 技术、工艺等方面的现实情况及对未来发展的估计；

(3) 以该资产在该行业运用的稳定性和生产的产品或服务的市场需求情况；

(4) 现在或潜在的竞争者预期采取的行动；

(5) 为维持该资产产生未来经济利益的能力所需要的维护支出，以及企业预计支付有关支出的能力；

(6) 对该资产的控制期限，以及对该资产使用的法律或类似限制，如特许使用期间、租赁期间等；

(7) 与企业持有的其他资产使用寿命的关联性等。

无形资产初始确认和计量后，在其后使用该项无形资产期间内应以成本减去累计摊销额或累计减值损失后的余额计量。

(二) 无形资产使用寿命的确定

源自合同性权利或其他法定权利取得的无形资产，其使用寿命不应超过合同性权利或其他法定权利的期限。但如果企业使用资产的预期的期限短于合同性权利或其他法定权利规定的期限的，则应当按照企业预期使用的期限确定其使用寿命。没有明确的合同或法律规定无形资产的使用寿命的，企业应当综合各方面情况，来确定无形资产为企业带来未来经济利益的期限。

企业至少应当于每年年度终了，对无形资产的使用寿命及摊销方法进行复核，如果有证据表明无形资产的使用寿命及摊销方法不同于以前的估计，企业应当变更该项无形资产的使用寿命，并作为会计估计变更进行处理。

对于使用寿命不确定的无形资产，如果有证据表明其使用寿命是有限的，则应视为会计估计变更，应当估计其使用寿命并按照使用寿命有限的无形资产的处理原则进行处理。

二、使用寿命有限的无形资产摊销

使用寿命有限的无形资产，应在其预计的使用寿命内采用系统合理的方法对应摊销金额进行摊销。应摊销金额，是指无形资产的成本扣除残值后的金额。已计提减值准备的无形资产，还应扣除已计提的无形资产减值准备累计金额。

(一) 摊销期和摊销方法

无形资产的摊销期自其可供使用(即其达到预定用途)时起至终止确认时止。无形资产摊销的起始和停止日期为：当月增加的无形资产，当月开始摊销；当月减少的无形资产，当月不再摊销。摊销方法包括直线法、生产总量法等。

无形资产的摊销一般应计入当期损益，但如果某项无形资产是专门用于生产某种产品或者其他资产，则无形资产的摊销费用应当计入相关资产的成本。

一般情况下，使用寿命有限的无形资产的残值为零。除非是有第三方承诺在无形资产使用寿命结束时购买该项无形资产；或者可以根据活跃市场得到无形资产预计残值信息，并且该市场在该项无形资产使用寿命结束时可能存在。

(二) 无形资产摊销的账务处理

使用寿命有限的无形资产应当在其使用寿命内,采用合理的摊销方法进行摊销。无形资产的摊销,通过"累计摊销"科目进行核算,并考虑该项无形资产所服务的对象,以此为基础将其摊销价值计入相关资产的成本或者当期损益。摊销企业自用的无形资产时,借记"管理费用"科目;摊销出租的无形资产,借记"其他业务成本"科目,贷记"累计摊销"科目。

例 7-8 2019 年 1 月 4 日,艾米公司从外单位购得一项非专利技术用于产品生产,支付价款 600 000 元,款项已支付,估计该项非专利技术的使用寿命为 10 年;同时,支付价款 80 000 元购入一项商标权,款项已支付,估计该商标权的使用寿命为 5 年。取得增值税专用发票注明的税率 6%。按直线法摊销无形资产。艾米公司的账务处理如下:

(1) 取得无形资产时:

借:无形资产——非专利技术	600 000	
——商标权	80 000	
应交税费——应交增值税(进项税额)	40 800	
贷:银行存款		720 800

(2) 按年摊销成本时:

借:制造费用	60 000	
管理费用	16 000	
贷:累计摊销		76 000

三、使用寿命不确定的无形资产

根据可获得的相关信息判断,如果无法合理估计某项无形资产的使用寿命的,应作为使用寿命不确定的无形资产进行核算。对于使用寿命不确定的无形资产,不需要摊销成本,但应当在每个会计期间进行减值测试。如经减值测试表明已发生减值,则需要计提相应的无形资产减值准备,借记"资产减值损失"科目,贷记"无形资产减值准备"科目。

例 7-9 2018 年年初,艾米公司购入一项市场领先的畅销产品的商标的成本为 50 万元,增值税税率 6%。该商标按照法律规定还有 5 年的使用寿命,但是综合判断,该商标将在不确定的期间内为企业带来现金流量。2019 年年末,公司对该商标按照资产减值的原则进行减值测试,该商标的公允价值为 10 万元,测试表明该商标已发生减值。艾米公司的账务处理如下:

(1) 购入商标时:

借:无形资产——商标权	500 000	
应交税费——应交增值税(进项税额)	30 000	
贷:银行存款		530 000

(2) 2018 年、2019 年摊销时:

借:管理费用	100 000	
贷:累计摊销		100 000

(3) 发生减值时:

借:资产减值损失——计提无形资产减值准备	200 000	
贷:无形资产减值准备		200 000

第五节 无形资产的处置

无形资产的处置，主要是指无形资产的出售、出租和报废。

一、无形资产的出售

企业所拥有的无形资产可以依法转让其所有权，也可以转让其使用权。企业转让无形资产的所有权，就是出售无形资产。企业出售无形资产，应按实际取得的转让收入，借记"银行存款"等科目；按已计提的摊销额，借记"累计摊销"科目，原已计提的减值准备，借记"无形资产减值准备"科目；按无形资产的账面余额，贷记"无形资产"科目；按应支付的相关税费，贷记"银行存款""应交税费"等科目；按其差额，贷记或借记"资产处置损益"科目。

例 7－10 艾米公司购入一项专利权，入账价值为 120 万元，该无形资产的有效年限为 10 年，预计使用年限为 6 年。2 年后，公司将拥有的该项专利权出售，取得收入 60 万元，增值税税率 6%，该项专利技术已计提的减值准备为 10 万元。有关账务处理如下：

虽然有效年限为 10 年，但是预计使用年限为 6 年，应该按 6 年进行摊销，每年 20 万元，使用两年后累计摊销 40 万元。

借：银行存款	600 000	
累计摊销	400 000	
无形资产减值准备	100 000	
资产处置损益	136 000	
贷：无形资产——专利权		1 200 000
应交税费——应交增值税（销项税额）		36 000

如果该公司转让该项专利技术取得收入为 90 万元，应交增值税 5.4 万元。账务处理为：

借：银行存款	900 000	
累计摊销	400 000	
无形资产减值准备	100 000	
贷：无形资产——专利权		1 200 000
资产处置损益		146 000
应交税费——应交增值税（销项税额）		54 000

二、无形资产的出租

将无形资产的使用权让渡给他人，并收取租金，计入其他业务成本。

企业将所拥有的无形资产的使用权让渡给他人，并收取租金，在这种情况下，受让方只取得无形资产的使用权，在合同规定的范围内合理使用，出让方仍保留对该项无形资产的所有权，因此，不必注销无形资产的账面价值，但仍需摊销其账面价值。让渡无形资产使用权而取得的租金收入，借记"银行存款"等科目，贷记"其他业务收入"等科目；摊销出租无形资产的成本并发生与转让有关的各种费用支出时，借记"其他业务成本"科目，贷记"累计摊销"等科目。

例 7－11 2019 年 7 月 1 日，艾米公司将一项专利技术出租给 B 企业使用，该专利技术账面余额为 200 万元，摊销期限为 10 年，出租合同规定，承租方每年必须付给出租方 25 万元专利技术使用费。公司的账务处理如下：

(1) 取得该项专利技术使用费时：

借：银行存款　　250 000

　　贷：其他业务收入　　250 000

(2) 按年对该项专利技术进行摊销时：

借：其他业务成本　　200 000

　　贷：累计摊销　　200 000

三、无形资产的报废

如果无形资产预期不能为企业带来未来经济利益，不再符合无形资产的定义，应将其报废并予以转销，其账面价值转作当期损益。例如，该无形资产已被其他新技术所替代或超过法律保护期，不能再为企业带来经济利益的，应予以报废，并转销成本。转销时，应按已计提的累计摊销，借记“累计摊销”科目；已计提减值准备的，借记“无形资产减值准备”科目；按其账面余额，贷记“无形资产”科目；按其差额，借记“营业外支出”科目。

例 7-12　艾米公司拥有某项专利技术，根据市场调查，用其生产的产品已没有市场，不能为企业带来未来经济利益，决定应予转销。转销时，该项专利技术的账面余额为 60 万元，摊销期限为 10 年，采用直线法进行摊销，已摊销了 6 年，计提的减值准备为 4 万元，假定不考虑其他相关因素。公司的账务处理如下：

借：累计摊销　　360 000

　　无形资产减值准备　　40 000

　　营业外支出——处置非流动资产损失　　200 000

　　贷：无形资产——专利权　　600 000

本章小结

无形资产是指企业拥有或者控制的没有实物形态的可辨认非货币性资产。无形资产通常包括专利权、专有技术、商标权、著作权、特许权、土地使用权等。企业自创的商誉以及未满足无形资产确认条件的其他项目，不能作为无形资产。

无形资产应当在符合定义的前提下，同时满足两个确认条件时，才能予以确认。一是与该资产有关的经济利益很可能流入企业，如果企业有权获得某项无形资产产生的经济利益，同时又能约束其他人获得这些经济利益，则说明企业控制了该无形资产，或者说控制了该无形资产产生的经济利益，具体表现为企业拥有该无形资产的法定所有权，或者使用权并受法律的保护。二是成本能够可靠地计量，对于无形资产来说，这个条件相对更为重要。无形资产通常是按实际成本计量，即以取得无形资产并使之达到预定用途而发生的全部支出，作为无形资产的成本。对于不同来源取得的无形资产，其初始成本构成也不尽相同。外购的无形资产成本包括购买价款、相关税费以及直接归属于使该项资产达到预定用途所发生的其他支出。对于企业自行进行的研究开发项目，应当区分研究阶段与开发阶段两个部分分别进行核算。在研究阶段的支出全部费用化，计入当期损益；开发阶段的支出符合条件的资本化，计入无形资产成本，而不符合资本化条件的计入当期损益。使用寿命有限的无形资产，它所具有的价值的权利或特权会随时间的推移而消失，因此，企业应将无形资产在其预计的使用寿命内采用系统合理的方法进行摊销。对于使用寿命不确定的无形资产，在持有期间内不需要摊销，但应当在每个会计期间进行减值测试。经减值测试表明已发生减值的，需要计提相应的减值准备。无形资产的处置，主要是指无形资产出售、对外出租、对外捐赠，或者是无法为企业带来未来经济利益时应予终止确认并转销。处置无形资产时，出售其所有权的净损益，记入“资产处置损益”科目；不能为企业带来经济利益时报废的无形资产净损益，记入“营业外支出”科目。

复习思考题

1. 无形资产有什么特征？
2. 确认无形资产要满足哪些条件？
3. 企业的无形资产有哪些？
4. 如何进行取得无形资产的核算？
5. 如何估计无形资产的有效年限？
6. 企业的研究开发费用如何处理？
7. 如何进行无形资产的处置？
8. 比较出售无形资产与报废无形资产时处置损益的区别。

自测题

一、单项选择题

1. 下列各项中，不属于无形资产的是（　　）。

A. 土地使用权　　B. 专利技术　　C. 专有技术　　D. 企业自创的商誉

2. 按照现行会计准则规定，下列各项中，股份有限公司应作为无形资产入账的是（　　）。

A. 开办费　　B. 商誉

C. 为获得土地使用权支付的土地出让金　　D. 研发新技术发生的项目研究费

3. 无形资产的期末借方余额，反映企业无形资产的（　　）。

A. 摊余价值　　B. 账面价值　　C. 可收回金额　　D. 成本

4. 某企业试研究开发一项新专利，发生各项研究费用 100 万元，开发费用 50 万元（符合资本化条件）。开发成功后申请专利权时，发生律师费及注册费等 5 万元，另发生广告费 3 万元。该项专利权的入账价值为（　　）万元。

A. 55　　B. 58　　C. 155　　D. 158

5. 由投资者投资转入的无形资产，合同或协议约定的价值（假定该价值是公允的）与其在注册资本中所占份额的差额记入的科目是“（　　）”。

A. 资本公积——资本（或股本）溢价　　B. 营业外收入

C. 资本公积——股权投资准备　　D. 财务费用

6. 甲公司出售无形资产的净收益应记入（　　）。

A. “资产处置损益”科目的借方

B.“营业外收入”科目的贷方

C.“资产处置损益”科目的贷方

D.“营业外支出”科目的借方

7. 企业改变自有土地使用权的用途，用于赚取租金或资本增值时，应将其转为(　　)。

A. 继续在无形资产中核算　　B. 固定资产

C. 投资性房地产　　D. 金融资产

8. 甲企业用一项专利权偿还所欠乙企业的债务 90 万元，专利权的账面原价为 100 万元，已计提的累计摊销额为 20 万元，减值准备 5 万元，则甲企业在债务重组中获得的损益为(　　)万元。

A. 利得 15　　B. 损失 10　　C. 利得 10　　D. 损失 15

9. 企业让渡无形资产使用权形成的租金收入，(　　)。

A. 计入营业外收入　　B. 计入其他业务收入

C. 冲减营业外支出　　D. 计入主营业务收入

二、多项选择题

1. 外购无形资产的成本，包括(　　)。

A. 购买价款

B. 可直接归属于使该项无形资产达到预定用途所发生的专业服务费

C. 其他相关税费

D. 可直接归属于使该项无形资产达到预定用途所发生的测试费

2. 企业按期计提无形资产的摊销，借方科目有可能为(　　)。

A.“管理费用”　　B.“其他业务成本”

C.“销售费用”　　D.“制造费用”

3. 对于企业自行进行的研究开发项目，在开发阶段，满足下列(　　)条件时，可将有关支出计入无形资产的成本。

A. 完成该无形资产以使其能够使用或出售在技术上具有可行性

B. 具有完成该无形资产并使用或出售的意图

C. 有足够的技术、财务和其他资源支持

D. 归属于该无形资产开发阶段的支出能够可靠地计量

4. 下列各项中，属于无形资产的确认条件的有(　　)。

A. 必须由企业拥有或者控制

B. 是没有实物形态的可辨认的非货币性资产

C. 与该无形资产有关的经济利益很可能流入企业

D. 该无形资产的成本能够可靠计量

5. 下列事项中，可能影响企业当期利润表中营业利润的有(　　)。

A. 计提无形资产减值准备

B. 接受其他单位捐赠的专利权

C. 出租无形资产取得的租金收入

D. 新技术项目研究过程中发生的人工费用

6. 下列有关无形资产的会计处理中，不正确的有(　　)。

A. 使用寿命不确定的无形资产，不需要摊销，但应于每个会计期末进行减值测试

B. 转让无形资产所有权取得的收入计入其他业务收入

C. 转让无形资产使用权取得的收入计入营业外收入

D. 投入使用的无形资产的成本都应进行摊销

三、判断题

1. 无形资产的成本只能采用直线法进行摊销。 ( )

2. 企业自行开发无形资产发生的研发支出，无论是否满足资本化条件，均应先在“研发支出”科目中归集。 ( )

3. 企业自行进行的研究开发项目，在研究阶段发生的有关支出，符合资本化条件的予以资本化。 ( )

4. 房地产开发企业取得的土地使用权用于建造对外出售的房屋建筑物的，其相关的土地使用权的价值应当计入所建造的房屋建筑物成本。 ( )

5. 无形资产应自可供使用当月起开始摊销，处置下月不再摊销。 ( )

6. 企业内部研究开发项目所发生的开发阶段支出都应当确认为无形资产。 ( )

7. 工业企业为建造生产车间而购入的土地使用权，应先通过“工程物资”核算。 ( )

8. 企业应当对所有的无形资产进行摊销，并冲减无形资产的成本。 ( )

9. 企业出售无形资产所取得的收入应通过“其他业务收入”科目核算；而出租无形资产取得的收入通过“营业外收支”科目核算。 ( )

10. 企业应当对使用寿命有限的无形资产进行摊销，使用寿命不确定的无形资产应在期末进行减值测试。 ( )

练习题

习题一

一、目的：练习无形资产的核算。

二、资料：公司在研究和开发一项新工艺，2019 年发生的各项研究、调查、试验等费用 20 万元，人工费用 80 万元，其中满足资本化条件的是 30 万元。2020 年 1 月至 4 月发生资本化支出 170 万元，其中人工费用 160 万元，场地设备和注册费等支出 10 万元，2020 年 4 月该项新工艺完成，达到预定可使用状态。

三、要求：编制相关的会计处理。

习题二

一、目的：练习无形资产的账务处理。

二、资料：公司为一般纳税人。有关其无形资产业务的资料如下：

(1) 2019 年 12 月 5 日，以银行存款 480 万元购入一项无形资产，增值税税率 6%。该无形资产的预计使用年限为 10 年，采用直线法摊销该无形资产。

(2) 2021 年 12 月 31 日对该无形资产进行减值测试时，该无形资产的公允价值净额为 360 万元。减值测试后该资产的使用年限不变。

(3) 2022 年 1 月 5 日，公司将该无形资产对外出售，取得价款 300 万元并收存银行，增值税税率 6%。

三、要求：

1. 编制购入、摊销、计提的减值准备、出售该无形资产的会计分录。

2. 计算2021年年底该无形资产的账面价值和减值准备金额。

3. 计算该无形资产出售形成的净损益。

习题三

一、目的：练习取得无形资产的核算。

二、资料：万万公司为一般纳税人。有关其无形资产的业务如下：

(1) 公司以公开招标方式购入一块土地的使用权用于建造厂房，转让价款为900万元，款项已支付。

(2) 公司因生产需要购入一项专利权：实际支付的价款为10元，增值税税率6%，款项已通过银行转账支付。

(3) 新投资者以一项专有技术作为投资，该专有技术的原账面价值为250万元，经协商确定其投资作价100万元，与公允价值相等，去的增值税专用发票，注明增值税税率6%。

(4) 公司应收乙公司账款的账面余额为100万元，由于乙公司无法偿付，经双方协商同意，以其拥有的公允价值70万元的专利权偿还剩余债务。未取得增值税专用发票，公司已计提坏账准备20万元。

(5) 公司有一项无形资产，原价为50万元，预计使用年限为5年，在使用1年后租给B公司，每年收取使用费15万元。

(6) 公司有一设备原价为50万元，已累计折旧35万元，换取B公司的商标使用权。目前该两项商品的公允价值均为20万元。假设不考虑相关税费。

(7) 公司拥有某专利技术的成本为800万元，已摊销金额为500万元，已计提减值准备为40万元。年末将该项专利技术出售，取得出售收入400万元，应缴纳的销项税24万元。

三、要求：根据上述资料，编制相关会计分录。

第八章　投资性房地产

学习要点

1. 投资性房地产的概念和确认条件；
2. 投资性房地产的初始计量；
3. 投资性房地产的后续计量；
4. 投资性房地产的转换；
5. 投资性房地产的处置。

第一节　投资性房地产的确认和初始计量

一、投资性房地产的概念

房地产是土地和房屋及其权属的总称。在我国，土地归国家或集体所有，公司只能取得土地使用权。因此，房地产中的土地是指土地使用权。房屋是指土地上的房屋等建筑物及构筑物。随着市场经济的发展和完善，房地产市场日益活跃，公司持有的房地产除了用作自身管理、生产经营活动场所和对外销售之外，出现了将房地产用于赚取租金或增值收益的活动。投资性房地产，是指为赚取租金或资本增值，或两者兼有而持有的房地产，主要包括已出租的土地使用权、持有并准备增值后转让的土地使用权和已出租的建筑物。投资性房地产应当能够单独计量和出售。

（一）属于投资性房地产的项目

1. 已出租的土地使用权

已出租的土地使用权，是指公司通过出让或转让方式取得的、以经营租赁方式出租的土地使用权。公司取得的土地使用权通常包括在一级市场上以缴纳土地出让金的方式取得土地使用权，也包括在二级市场上接受其他单位转让的土地使用权。对于以经营租赁方式租入土地使用权再转租给其他单位的，不能确认为投资性房地产。

2. 持有并准备增值后转让的土地使用权

持有并准备增值后转让的土地使用权，是指公司通过出让或转让方式取得的、准备增值后转让的土地使用权。这类土地使用权很可能给公司带来资本增值收益，符合投资性房地产的定义。但是，按照国家有关规定认定的闲置土地，不属于持有并准备增值后转让的土地使用权，也就不属于投资性房地产。

3. 已出租的建筑物

已出租的建筑物，是指公司拥有产权的、以经营租赁方式出租的建筑物，包括自行建造或开发活动完成后用于出租的建筑物。用于出租的建筑物是指公司拥有产权的建筑物。自租赁协议规定的租赁期开始日起，经营租出的建筑物才属于已出租的建筑物，而拟用于出租但尚未开发完工的建筑物，不属于投资性房地产。

例 8-1 甲公司与乙公司签订了一项经营租赁合同，乙公司将其持有产权的门面房出租给甲公司，为期 5 年。甲公司一开始将门面房装修后用于自行经营饰品店。2 年后，由于连续亏损，甲公司将饰品店转租给丙公司，以赚取租金差价。

例 8-1 中，对于甲公司而言，该门面房不属于其投资性房地产。对于乙公司而言，则属于其投资性房地产。

例 8-2 甲公司通过竞拍取得一块土地的使用权。甲公司按照合同规定对这块土地进行开发，建造了一栋商场，拟开发完工后用于整体出租。

例 8-2 中，该尚未完工的商场不属于投资性房地产。

公司将建筑物出租，按租赁协议向承租人提供的相关辅助服务在整个协议中不重大的，应当将该建筑物确认为投资性房地产。例如，公司将其办公楼出租，同时向承租人提供维护、保安等日常辅助服务，公司应当将其确认为投资性房地产。

（二）不属于投资性房地产的项目

1. 自用房地产

自用房地产是指为生产商品、提供劳务或者经营管理而持有的房地产。如公司生产经营用的厂房和办公楼属于固定资产；公司生产经营用的土地使用权属于无形资产。例如，公司拥有并自行经营的体育活动中心，体育活动中心的经营者在向顾客提供活动场所的同时，还提供教练、娱乐等其他服务，其经营目的主要是通过向客户提供服务取得服务收入，因此，公司自行经营体育中心是公司的经营场所。再如，公司出租给本公司职工居住的宿舍，虽然也收取租金，但间接为公司自身的生产经营服务，应当属于自用房地产。

2. 作为存货的房地产

作为存货的房地产通常是指房地产开发公司在正常经营过程中销售的或为销售而正在开发的商品房和土地。这部分房地产属于房地产开发公司的存货，具有存货性质的房地产不属于投资性房地产。

如果某项房地产，一部分用于赚取租金或资本增值，另一部分自用，那么对于能够单独计量和出售的、用于赚取租金或资本增值的部分，应当确认为投资性房地产；用于赚取租金或资本增值但又无法单独计量和出售的，则不能确认为投资性房地产。该项房地产中自用的部分，以及用于赚取租金或资本增值但又无法单独计量和出售的部分，应当确认为固定资产或无形资产。

二、投资性房地产的确认

将某个项目确认为投资性房地产，首先应当符合投资性房地产的定义，其次要同时满足投资性房地产的两个确认条件：(1) 与该投资性房地产有关的经济利益很可能流入公司；(2) 该投资性房地产的成本能够可靠地计量。

三、投资性房地产的初始计量

投资性房地产应当按照成本进行初始计量。

(一) 外购的投资性房地产

对于公司外购的房地产，只有在购入房地产的同时开始对外出租(自租赁期开始日起，下同)或用于资本增值，才能称为外购的投资性房地产。外购投资性房地产的成本，包括购买价款、相关税费和可直接归属于该资产的其他支出。

公司购入房地产，自用一段时间之后再改为出租或用于资本增值的，应当先将外购的房地产确认为固定资产或无形资产，自租赁期开始日或用于资本增值之日开始，才能从固定资产或无形资产转换为投资性房地产。

外购的土地使用权和建筑物，按照取得时的实际成本进行初始计量，借记“投资性房地产”科目，贷记“银行存款”等科目。取得时的实际成本包括购买价款、相关税费和可直接归属于该资产的其他支出。

例 8－3　2019 年 5 月，甲公司计划购入一层店铺用于对外出租。5 月 15 日，甲公司与乙公司签订了经营租赁合同，约定自店铺购买日起出租给乙公司，为期 5 年。6 月 5 日，甲公司实际购入店铺，共支付价款 2 000 万元。假设不考虑其他因素，甲公司采用成本模式进行后续计量。

甲公司的账务处理如下：

借：投资性房地产	20 000 000	
贷：银行存款		20 000 000

(二) 自行建造的投资性房地产

公司自行建造(或开发，下同)的房地产，只有在自行建造或开发活动完成(即达到预定可使用状态)的同时开始对外出租或用于资本增值，才能将自行建造的房地产确认为投资性房地产。自行建造投资性房地产的成本，由建造该项资产达到预定可使用状态前发生的必要支出构成，包括土地开发费、建筑成本、安装成本、应予以资本化的借款费用、支付的其他费用和分摊的间接费用等。

公司自行建造房地产达到预定可使用状态后一段时间才对外出租或用于资本增值的，应当先将自行建造的房地产确认为固定资产或无形资产，自租赁期开始日或用于资本增值之日开始，从固定资产或无形资产转换为投资性房地产。

(三) 其他方式取得的投资性房地产

其他方式取得的投资性房地产的成本，参照相关会计准则的规定处理。

(四) 非投资性房地产转换为投资性房地产

非投资性房地产转换为投资性房地产，实质上是因房地产用途发生改变而对房地产进行的重新分类。自用房地产或作为存货的房地产转为出租，应当在租赁期开始日确认投资性房地产。自用土地使用权转为持有准备增值后转让的土地使用权，应当在该土地使用权确已停止自用且管理当局形成转换决议的时点，确认投资性房地产。

第二节　投资性房地产的后续计量

投资性房地产的后续计量有成本和公允价值两种模式。公司通常采用成本模式计量，满足特定条件也可以采用公允价值模式计量。但是，同一公司只能采用一种模式对所有投资性房地产进行后续计量，不得同时采用两种计量模式。

一、采用成本模式进行后续计量的投资性房地产

采用成本模式对投资性房地产进行后续计量时，应当遵循以下会计处理原则：

(1) 外购的投资性房地产或自行建造的投资性房地产达到预定可使用状态时，按实际成本，借记"投资性房地产"科目，贷记"银行存款""在建工程"等科目。

(2) 采用成本模式计量的投资性房地产，应当按照固定资产或无形资产会计准则的有关规定，按期(月)计提折旧或摊销，借记"其他业务成本"等科目，贷记"投资性房地产累计折旧(摊销)"科目。

(3) 投资性房地产取得的租金收入，借记"银行存款"等科目，贷记"其他业务收入"等科目。

(4) 投资性房地产存在减值迹象的，测试后确定发生减值的，应当计提减值准备，借记"资产减值损失"科目，贷记"投资性房地产减值准备"科目。已经计提减值准备的投资性房地产，其减值损失在以后的会计期间不得转回。

例 8-4　甲公司的一层店铺出租给乙公司使用，已确认为投资性房地产，采用成本模式进行后续计量。按照直线法计提折旧，店铺成本 2 400 万元，使用寿命为 20 年，预计净残值为零。按照经营租赁合同，乙公司每月支付甲公司租金 18 万元。当年 12 月，这栋办公楼发生减值迹象，经减值测试，其可收回金额为 2 200 万元，此时办公楼的账面价值为 2 280 万元，以前未计提减值准备。假设不考虑其他因素。甲公司的账务处理如下：

(1) 计提折旧时：

每月计提的折旧＝2 400÷20÷12＝10(万元)

借：其他业务成本　　100 000

　　贷：投资性房地产累计折旧　　100 000

(2) 确认租金时：

借：银行存款(或其他应收款)　　180 000

　　贷：其他业务收入　　180 000

(3) 计提减值准备时：

借：资产减值损失　　800 000

　　贷：投资性房地产减值准备　　800 000

二、采用公允价值模式进行后续计量的投资性房地产

(一) 采用公允价值模式的前提条件

公司有确凿证据表明其投资性房地产的公允价值能够持续可靠取得的，才可以对投资性

房地产采用公允价值模式进行后续计量。

采用公允价值模式计量的投资性房地产，应当同时满足下列条件：

(1) 投资性房地产所在地有活跃的房地产交易市场。所在地，通常是指投资性房地产所在的城市。对于大中型城市，应当为投资性房地产所在的城区。

(2) 公司能够从活跃的房地产交易市场上取得同类或类似房地产的市场价格及其他相关信息，从而对投资性房地产的公允价值作出合理的估计。

(二) 采用公允价值模式进行后续计量的会计处理

采用公允价值模式对投资性房地产进行后续计量时，应当遵循以下会计处理原则：

(1) 外购的投资性房地产或自行建造的投资性房地产达到预定可使用状态时，按实际成本，借记“投资性房地产——成本”科目，贷记“银行存款”“在建工程”等科目。

(2) 投资性房地产采用公允价值模式进行后续计量的，不计提折旧或摊销，资产负债表日，按照公允价值为基础调整其账面价值，公允价值与原账面价值之间的差额计入当期损益。资产负债表日，公允价值高于其账面余额的差额，借记“投资性房地产——公允价值变动”科目，贷记“公允价值变动损益”科目；公允价值低于其账面余额的差额做相反的账务处理。

(3) 投资性房地产取得的租金收入，借记“银行存款”等科目，贷记“其他业务收入”等科目。

例 8-5　2019 年 11 月 1 日，甲公司与乙公司签订租赁协议，约定将甲公司开发的一栋精装修的办公楼开发完成的同时开始租赁给乙公司使用，租赁期为 10 年。当年 12 月 1 日，开发完成并开始起租，办公楼成本 6 000 万元。2019 年 12 月 31 日，该办公楼的公允价值为 6 300 万元。甲公司采用公允价值计量模式。其账务处理如下：

(1) 2019 年 12 月 1 日出租时：

借：投资性房地产——成本	60 000 000	
贷：开发成本		60 000 000

(2) 2019 年 12 月 31 日：

借：投资性房地产——公允价值变动	3 000 000	
贷：公允价值变动损益		3 000 000

三、投资性房地产后续计量模式的变更

公司对投资性房地产的计量模式一经确定，不得随意变更。以成本模式转为公允价值模式的，应当作为会计政策变更处理。企业应当将计量模式变更时产生的公允价值与账面价值的差额，去调整期初留存收益。

已采用公允价值模式计量的投资性房地产，不得从公允价值模式转为成本模式。

第三节　投资性房地产的转换和处置

一、投资性房地产与其他资产的转换

(一) 房地产的转换形式及转换日

房地产的转换，实质上是因房地产用途发生改变而对房地产进行的重新分类。公司必须

有确凿证据表明房地产用途发生改变，才能将投资性房地产转换为非投资性房地产或者将非投资性房地产转换为投资性房地产。房地产转换形式主要包括：

（1）投资性房地产开始自用，相应地由投资性房地产转换为自用的固定资产或无形资产。例如，公司将出租的厂房收回，并用于生产本公司的产品。转换日是指房地产达到自用状态，公司开始将房地产用于生产商品、提供劳务或者经营管理的日期。

（2）作为存货的房地产，改为出租，通常指房地产开发公司将其持有的开发产品以经营租赁的方式出租，相应地由存货转换为投资性房地产。转换日应当为租赁期开始日，即承租人有权行使其使用租赁资产权利的日期。

（3）自用建筑物停止自用，改为出租，相应地由固定资产转换为投资性房地产。转换日应当为租赁期开始日。

（4）自用土地使用权停止自用，用于赚取租金或资本增值，相应地由无形资产转换为投资性房地产。转换日是指公司停止将该项土地使用权用于生产商品、提供劳务或经营管理且管理当局作出房地产转换决议的日期。

（二）成本模式下的投资性房地产转换

1. 投资性房地产转为自用房地产

公司将原本用于赚取租金或资本增值的采用成本模式计量的房地产转换为自用房地产，应当将房地产转换前的账面价值作为转换后的入账价值。按投资性房地产的账面余额，借记“固定资产”或“无形资产”科目，贷记“投资性房地产”科目；按已计提的折旧或摊销，借记“投资性房地产累计折旧（摊销）”科目，贷记“累计折旧”或“累计摊销”科目；原已计提减值准备的，借记“投资性房地产减值准备”，贷记“固定资产减值准备”科目。

例 8-6 2019 年 6 月 23 日，甲公司将出租在外的厂房收回，用于本公司生产商品。该项房地产账面价值为 2 000 万元，其中，原价 2 900 万元，累计已提折旧 900 万元。假设甲公司采用成本计量模式。甲公司的账务处理如下：

借：固定资产	29 000 000	
投资性房地产累计折旧	9 000 000	
贷：投资性房地产		29 000 000
累计折旧		9 000 000

2. 作为存货的房地产转换为投资性房地产

公司将作为存货的房地产转换为采用成本模式计量的投资性房地产，应当按该项存货在转换日的账面价值，借记“投资性房地产”科目，原已计提跌价准备的，借记“存货跌价准备”科目，按其账面余额，贷记“开发产品”等科目。

例 8-7 甲公司从事房地产开发。2019 年 6 月 10 日，甲公司与乙公司签订了租赁协议，将其开发的一栋办公楼出租给乙公司使用，租赁期开始日为 2019 年 7 月 5 日。当天该办公楼的账面余额为 5 000 万元，未计提存货跌价准备，转换后采用成本模式计量。甲公司的账务处理如下：

借：投资性房地产	50 000 000	
贷：开发产品		50 000 000

3. 自用房地产转换为投资性房地产

企业将自用土地使用权或建筑物转换为以成本模式计量的投资性房地产时，应当按该项建筑物或土地使用权在转换日固定资产或无形资产的原价、累计折旧、减值准备等，分别转入"投资性房地产""投资性房地产累计折旧""投资性房地产减值准备"科目。

例 8-8 2019 年 6 月 10 日，甲公司与乙公司签订租赁协议，将本企业总部办公楼出租给乙公司使用，租赁期开始日为 2019 年 7 月 5 日，为期 5 年。当天该办公楼的原价为 5 000 万元，已计提折旧 1 000 万元，未计提固定资产减值准备，转换后采用成本模式计量。甲公司的账务处理如下：

借：投资性房地产　　50 000 000
　　累计折旧　　10 000 000
　贷：固定资产　　50 000 000
　　　投资性房地产累计折旧　　10 000 000

(三) 公允价值模式下的投资性房地产转换

1. 投资性房地产转为自用房地产

企业将采用公允价值模式计量的投资性房地产转换为自用房地产时，应当以其转换当日的公允价值作为自用房地产的账面价值，公允价值与原账面价值的差额计入当期损益。

例 8-9 2019 年 6 月 10 日，甲公司因租赁期满，将出租办公楼收回，作为办公楼用于本企业的行政管理。当天办公楼公允价值为 6 000 万元；在转换前采用公允价值模式计量，原账面价值为 5 400 万元，其中，成本为 5 000 万元，公允价值变动为增值 400 万元。甲公司的账务处理如下：

借：固定资产　　60 000 000
　贷：投资性房地产——成本　　50 000 000
　　　　　　　　　——公允价值变动　　4 000 000
　　　公允价值变动损益　　6 000 000

2. 作为存货或自用房地产转换为投资性房地产

企业将作为存货的房地产或自用房地产转换为采用公允价值模式计量的投资性房地产，应当按该项房地产、土地使用权或建筑物在转换日的公允价值入账。转换日的公允价值小于账面价值的，按其差额，计入公允价值变动损益；转换日的公允价值大于账面价值的，按其差额，计入其他综合收益；原已计提的存货跌价准备、资产减值准备，予以转销。

例 8-10 沿用例 8-8 资料，转换当天该办公楼的原价为 5 000 万元，已计提折旧 1 000 万元，公允价值为 3 500 万元，转换后采用公允价值模式计量。甲公司的账务处理如下：

借：投资性房地产　　35 000 000
　　累计折旧　　10 000 000
　　公允价值变动损益　　5 000 000
　贷：固定资产　　50 000 000

二、投资性房地产的处置

当投资性房地产被处置或者永久退出使用且预计不能从其处置中取得经济利益时，应当终止确认该项投资性房地产。

公司出售、转让、报废投资性房地产或者发生投资性房地产毁损时，应当将处置收入扣除其账面价值和相关税费后的金额计入当期损益，将实际收到的处置收入计入其他业务收入，所处置投资性房地产的账面价值计入其他业务成本。

（一）采用成本模式计量的投资性房地产的处置

处置投资性房地产时，应按实际收到的金额，借记“银行存款”等科目，贷记“其他业务收入”科目；按该项投资性房地产的累计折旧或累计摊销，借记“投资性房地产累计折旧（摊销）”科目；按该项投资性房地产的账面余额，贷记“投资性房地产”科目；按其差额，借记“其他业务成本”科目。已计提减值准备的予以结转。

例 8－11 甲公司将其出租给乙公司使用的写字楼确认为投资性房地产，采用成本模式计量。租赁期届满后，甲公司将该栋写字楼出售给乙公司，合同价款为 6 800 万元，乙公司用银行存款付清。出售时，该栋写字楼的原价为 5 000 万元，已计提折旧 3 000 万元。不考虑其他税费，其账务处理如下：

借：银行存款	68 000 000	
贷：其他业务收入		68 000 000
借：其他业务成本	20 000 000	
投资性房地产累计折旧	30 000 000	
贷：投资性房地产——写字楼		50 000 000

（二）采用公允价值模式计量的投资性房地产的处置

处置投资性房地产时，应按实际收到的金额，借记“银行存款”等科目，贷记“其他业务收入”科目。按该项投资性房地产的账面余额，借记“其他业务成本”科目，贷记“投资性房地产——成本”科目，贷记或借记“投资性房地产——公允价值变动”科目；同时，按该项投资性房地产的公允价值变动损益转入其他业务收入；按该项投资性房地产在转换日计入其他综合收益的金额，借记“其他综合收益”科目，贷记“其他业务收入”科目。

例 8－12 甲公司将其出租给乙公司使用的投资性房地产，采用公允价值模式计量。租赁期届满后，甲公司将该栋写字楼出售给乙公司，合同价款为 6 800 万元，乙公司用银行存款付清。出售时，该栋写字楼的成本为 5 000 万元，公允价值变动的借方余额为 800 万元。不考虑其他税费，甲公司的账务处理如下：

借：银行存款	68 000 000	
贷：其他业务收入		68 000 000
借：其他业务成本	58 000 000	
贷：投资性房地产——成本		50 000 000
——公允价值变动		8 000 000
借：公允价值变动损益	8 000 000	
贷：其他业务收入		8 000 000

本章小结

投资性房地产，是指为赚取租金或资本增值，或两者兼有而持有的房地产，主要包括已出租的土地使用权、持有并准备增值后转让的土地使用权和已出租的建筑物。自用房地产和作为存货的房地产不属于投资性房地产。

投资性房地产应当按照成本进行初始计量。投资性房地产的后续计量有成本和公允价值两种模式。公司通常应当采用成本模式计量，满足特定条件的也可以采用公允价值模式计量。采用成本模式计量的投资性房地产，应当按照固定资产或无形资产会计准则的有关规定处理。公司有确凿证据表明其投资性房地产的公允价值能够持续可靠取得的，才可以对投资性房地产采用公允价值模式进行后续计量。采用公允价值模式进行后续计量的投资性房地产，不计提折旧或摊销，资产负债表日，按照公允价值为基础调整其账面价值，公允价值与原账面价值之间的差额计入当期损益。

同一公司只能采用一种模式对所有投资性房地产进行后续计量，不得同时采用两种计量模式。计量模式一经确定，不得随意变更。以成本模式转为公允价值模式的，应当作为会计政策变更处理；已采用公允价值模式计量的，不得转为成本模式。

投资性房地产与其他资产的转换，实质上是因房地产用途发生改变而对房地产进行的重新分类。公司必须有确凿证据表明房地产用途发生改变，才能将投资性房地产转换为非投资性房地产或者将非投资性房地产转换为投资性房地产。

成本模式下的投资性房地产转换，按转换日的账面价值进行。公允价值模式下，企业将投资性房地产转换为自用房地产时，应当以其转换当日的公允价值作为自用房地产的账面价值，公允价值与原账面价值的差额计入当期损益；当企业将自用房地产转换为投资性房地产时，应当按该项房地产、土地使用权或建筑物在转换日的公允价值入账，同时，转换日的公允价值小于账面价值的，其差额计入公允价值变动损益；转换日的公允价值大于账面价值的，其差额计入其他综合收益。当投资性房地产被处置或者永久退出使用且预计不能从其处置中取得经济利益时，应当终止确认该项投资性房地产。

复习思考题

1. 投资性房地产包含哪些内容？
2. 如何进行投资性房地产的初始计量？
3. 成本模式下投资性房地产后续计量的原则是什么？
4. 投资性房地产采用公允价值模式的后续计量原则是什么？
5. 如何进行投资性房地产成本模式与公允价值模式的转换？
6. 如何进行将自用房地产转换为投资性房地产的会计处理？

自测题

一、单项选择题

1. 企业出售报废投资性房地产时，应当将处置收入计入（　　）。

A. 公允价值变动损益　　B. 营业外收入

C. 其他综合收益　　D. 其他业务收入

2. 企业对成本模式进行后续计量的投资性房地产摊销时，应该计入（　　）。

A. 投资收益　　B. 营业外收入
C. 管理费用　　D. 其他业务成本

3. 企业的投资性房地产采用公允价值计量模式。2019 年 1 月 1 日，某企业将一项固定资产转换为投资性房地产。该固定资产的原价为 100 万元，已提折旧 10 万元，已经计提的减值准备为 10 万元。该投资性房地产的公允价值为 70 万元。转换日投资性房地产的入账价值为(　　)万元。

A. 100　　B. 90　　C. 80　　D. 70

4. 下列各项中，不属于企业投资性房地产的是(　　)。

A. 房地产开发企业将作为存货的商品房以经营租赁方式出租
B. 企业开发完成后用于出租的房地产
C. 企业持有并准备增值后转让的土地使用权
D. 企业持有并准备增值后转让的厂房

5. 下列各项中，能够影响企业当期损益的是(　　)。

A. 采用公允价值计量模式，期末投资性房地产的公允价值高于账面余额
B. 采用成本计量模式，期末投资性房地产的可收回金额高于账面价值
C. 采用成本计量模式，期末投资性房地产的市价低于账面余额
D. 自用的房地产转换为采用公允价值模式计量的投资性房地产时，转换日房地产的公允价值大于账面价值

二、多项选择题

1. 下列各项中，不属于投资性房地产的是(　　)。

A. 企业持有的准备增值的房屋建筑物　　B. 企业以经营租赁方式租入的建筑物
C. 房地产企业开发的准备出售的房屋　　D. 企业持有的准备建造房屋的土地使用权

2. 关于投资性房地产的后续计量，下列说法中正确的有(　　)。

A. 采用公允价值模式计量的，不对投资性房地产计提折旧或进行摊销
B. 已采用公允价值模式计量的投资性房地产，不得从公允价值模式转为成本模式
C. 已经采用成本模式计量的，可以转为采用公允价值模式计量
D. 采用公允价值模式计量的，应对投资性房地产计提折旧或进行摊销

3. 下列情况中，企业将其他资产转换为投资性房地产的有(　　)。

A. 房地产企业将开发的准备出售的商品房改为出租
B. 自用办公楼停止出租改为自用
C. 原自用土地使用权停止自用改为出租
D. 出租的厂房收回改为自用

4. 关于投资性房地产的计量模式，下列说法中正确的是(　　)。

A. 已经采用成本模式计量的投资性房地产，应该对投资性房地产计提折旧
B. 采用公允价值模式计量的，不对投资性房地产进行减值准备
C. 企业对投资性房地产计量模式一经确定不得随意变更
D. 已经采用公允价值模式计量的投资性房地产，不得从公允价值模式转为成本模式

5. 企业对投资性房地产，可以采用公允价值模式进行后续计量的条件是(　　)。

A. 与该投资性房地产有关的经济利益很可能流入企业

B. 投资性房地产所在地有活跃的房地产交易市场

C. 企业能够从房地产交易市场上取得同类或类似房地产的市场价格及其他相关信息，从而对投资性房地产的公允价值作出合理的估计

D. 该投资性房地产的成本能够可靠地计量

三、判断题

1. 企业将作为管理用的一栋办公楼转换为采用公允价值模式计量的投资性房地产，转换当日的公允价值小于原账面价值的差额记入“公允价值变动损益”科目。（　　）

2. 企业将作为存货的房地产转换为采用公允价值模式计量的投资性房地产时，应该按该项房地产在转换日的公允价值入账。（　　）

3. 已采用公允价值模式计量的投资性房地产，可以从公允价值模式转为成本模式。（　　）

4. 企业不论在成本模式下还是在公允价值模式下，投资性房地产取得的租金收入，均确认为其他业务收入。（　　）

5. 企业持有的准备增值的建筑物作为投资性房地产进行核算。（　　）

练习题

习题一

一、目的：练习投资性房地产的成本模式。

二、资料：

有关大海公司投资性房地产的资料如下：

大海公司于2019年12月20日外购生产用厂房，成本为3 500万元，采用年限平均法计提折旧，预计可使用年限为20年，预计净残值为100万元。2021年12月10日，由于所生产的产品停产，大海公司决定将上述厂房以经营租赁方式对外出租，租期为2年，每年年末收取租金，每年年租金为200万元，起租日为2021年12月31日，到期日为2023年12月31日，对租出的投资性房地产采用成本模式计量，租出后，该厂房仍按原折旧方法、折旧年限和预计净残值计提折旧。

三、要求：编制租出厂房、收到租金、计提折旧的会计分录。

习题二

一、目的：练习投资性房地产的公允价值模式。

二、资料：

有关大地房地产公司投资性房地产的资料如下：

大地房地产公司于2019年1月1日将一幢商品房对外出租并采用公允价值模式计量，租期为3年，每年12月31日收取租金200万元。出租时，该幢商品房的成本为5 000万元，公允价值为6 000万元。2019年12月31日，该幢商品房的公允价值为6 300万元。2020年12月31日，该幢商品房的公允价值为6 600万元。2021年12月31日，该幢商品房的公允价值为6 700万元。2022年1月5日将该幢商品房对外出售，收到6 800万元，存入银行。

三、要求：编制大地公司上述经济业务的会计分录。

第九章 流动负债

学习要点

1. 负债的确认条件；
2. 短期借款及应付利息的核算；
3. 应付票据及应付账款的核算；
4. 企业职工薪酬的内容及会计处理；
5. 应交税费的内容及会计处理。

第一节 负债的确认与分类

一、负债的定义

负债是指企业过去的交易或者事项形成的、预期会导致经济利益流出企业的现时义务。负债是企业资产的来源之一，是债权人对企业资产的要求权。负债是由于企业过去发生的交易或事项所产生的现时义务。现时义务既可以是在法律意义上需要强制执行的具有约束力的合同或者法律法规规定的法定义务，也可以是根据企业多年来的习惯做法、公开的承诺或者公开宣布的政策而导致企业将承担的推定义务。如果只是计划、协议中的经济业务或谈判中的交易事项，就不能确认为企业的负债。企业承担的债务，可以用现金或实物资产偿还，也可以提供劳务偿还，或者用新的债务来偿还。负债的清偿会导致经济利益流出企业。

二、负债的确认条件

将一项现时义务确认为负债，不仅需要符合负债的定义，还需要同时满足以下两个条件：

(一) 与该义务有关的经济利益很可能流出企业

根据负债的定义，负债的一个本质特征是预期会导致经济利益流出企业。在实务中，由于经济环境的变化，履行义务所需流出的经济利益常常带有不确定性。如果有确凿证据表明，企业承担了现时义务，但是导致企业经济利益流出的可能性很小，就不符合负债的确认条件，不应将其作为负债予以确认。

(二) 未来流出的经济利益的金额能够可靠地计量

只有当有关未来流出企业的经济利益的金额应当能够可靠计量时，负债才能予以确认。

在实务中，企业承担的对于与法定义务有关的经济利益流出金额，通常可以根据合同或者法律规定的金额予以确定，就视为符合了确认的可计量条件。

三、负债的分类

负债可以按不同的标准进行分类。

（一）按流动性分类

按流动性，可将企业的负债分为流动负债和非流动负债。

流动负债是指将在1年或者超过1年的一个营业周期内偿还的债务，一般情况下，满足下列条件之一的，应当归类为流动负债：

（1）预计在一个正常营业周期中清偿；

（2）主要为交易目的而持有；

（3）自资产负债表日起1年内到期应予以清偿；

（4）企业无权自主地将清偿推迟至资产负债表日后1年以上。

流动负债主要包括短期借款、应付票据、应付账款、预收账款、应付职工薪酬、应付股利、应交税费等。流动负债以外的负债应当归类为非流动负债即长期负债，它是指偿还期超过1年的债务，主要包括长期借款、应付债券和长期应付款等。负债需要在特定的时日进行偿还，这是负债的一个重要特征。偿债能力是关于企业偿还债务的时间，一旦债务到期，企业能立刻偿还债务，则说明企业的偿债能力较强。

（二）按负债的金额是否确定分类

大部分负债的金额是确定的；有些负债金额需要视经营成果而定；还有少数负债的金额是需要估计的。

1. 金额确定的负债

金额确定的负债，是指到期日负债必须偿还，并且金额是确定的流动负债，如短期借款、应付票据、应付账款、应付职工薪酬等。

2. 金额视经营结果而定的负债

这种债务的金额必须等到一个会计期末，根据企业的经营情况才能计算确定，如应交税费、应付利润等。

3. 金额需估计的负债

在资产负债表编制日，有些负债的金额、到期日、债权人都无法准确确定，但负债确实存在，而且是由于过去或现在已经完成的经济业务所引起的，并必须于未来某一日偿付的经济义务，如预计负债、应付保修费等。对于这类负债，企业必须根据已经掌握的客观资料，凭借以往的经验，予以合理估计，如或有诉讼费用、产品质量担保估计负债、应付赠奖估计负债等。

（三）按负债的内容分类

企业针对不同负债的原因形成的债务内容不同，所面对的债权人也不同。

企业的负债除了常见的从银行或其他信贷机构贷款形成的银行借款以外，还可能是企业因购买商品形成的欠供应商的应付账款、应付票据，因接受劳务产生的欠职工的应付职工薪酬，欠国家税务部门的应交税费，欠股东已宣告未发放的现金股利等。

从理论上说，负债应该以未来支付货币的现值计价。由于流动负债时间较短，现值与终值相差不大，因此，流动负债通常按到期偿还的金额或面值计价，长期负债通常以未来支付货币的现值计价。

本章分别就短期借款、应付票据、应付账款、应付职工薪酬、应交税费等常见的流动负债进行阐述。

第二节　短期借款及应付利息

企业从银行或其他信贷机构取得借款，或者以发行债券的方式进行融资，构成了企业的负债，因负债而产生的借款费用如果不满足资本化的条件，则形成了企业新的债务，即应付利息。企业的短期借款以及因借款而产生的应付利息，都是企业比较常见的流动负债。

一、短期借款

短期借款是指企业因经营周转需要，向银行或其他金融机构等借入的期限在1年以下(含1年)的各种借款，是企业最常见的一种负债方式。企业由于季节性生产或资金临时性周转困难而出现资金暂时短缺时，可向银行或其他金融机构申请贷款，以保证生产经营的正常运转。企业借入的短期借款无论用于哪方面，只要借入了这笔资金，就构成了一项负债。对于企业发生的短期借款的取得与偿还，企业应设置“短期借款”科目核算，该科目的借方登记企业归还的短期借款数，贷方登记取得的短期借款数，余额在贷方，则表示期末尚未归还的数额。“短期借款”科目应按债权人(银行或金融机构名称)分设明细科目。对于短期借款的利息，企业应当按照权责发生制原则确定，并借记“财务费用”“利息支出(金融企业)”等科目，贷记“应付利息”等科目。

例9-1　公司于2019年1月2日向银行借入一笔生产经营用短期借款，共计120 000元，期限为6个月，利率为9%。根据与银行签署的借款协议，该项借款的本金到期后一次归还；利息分月预提，按季支付。

(1) 1月2日借入短期借款时：

借：银行存款	120 000	
贷：短期借款		120 000

(2) 1月末计提应计利息时：

借：财务费用(120 000×9%÷12)	900	
贷：应付利息		900

2月末计提2月份利息费用的处理与1月份相同。

(3) 3月末支付一季度利息时：

借：财务费用	900	
应付利息	1 800	
贷：银行存款		2 700

第二季度的会计处理同上。

(4) 到期偿还银行借款本金时：

借：短期借款　　120 000

　贷：银行存款　　120 000

二、应付利息

企业的应付利息既包括上述短期借款应负担的利息，也包括分期付息到期还本的长期借款、企业债券等应支付的利息。企业采用合同约定的名义利率计算确定利息费用时，应按名义利率计算的应付利息的金额，贷记“应付利息”科目；实际支付时，借记“应付利息”科目，贷记“银行存款”科目。分期付息到期还本的长期借款、企业债券等应支付的应付利息的核算，见非流动负债章节。

第三节　应付票据及应付账款

一、应付票据

应付票据是由收款人或付款人签发，要求付款人在指定日期支付确定金额给收款人或持票人的书面凭据。在企业购买材料、商品和接受劳务供应过程中开出的商业汇票，包括商业承兑汇票和银行承兑汇票。商业承兑汇票的承兑人为付款人，银行承兑汇票的承兑人为银行。在我国，应付票据通常是企业在经济交易中采用商业汇票方式而发生的，我国商业汇票的付款期一般为 6 个月。

（一）发生应付票据

企业因购买材料、商品和接受劳务供应等而开出、承兑的商业汇票，应当按其票面金额作为应付票据的入账金额，借记“原材料”“库存商品”“应付账款”“应交税费——应交增值税（进项税额）”等科目，贷记“应付票据”科目。

例 9－2　甲公司为增值税一般纳税人，于 2019 年 2 月 6 日开出一张面值为 56 500 元、期限 5 个月的不计息商业汇票，用于采购一批材料。增值税专用发票上注明的材料价款为 50 000 元，增值税税额为 6 500 元。该企业的有关会计分录如下：

借：原材料　　50 000

　应交税费——应交增值税（进项税额）　　6 500

　贷：应付票据　　56 500

假设上例中的商业汇票为银行承兑汇票，甲公司已缴纳承兑手续费 30 元。有关会计分录如下：

借：财务费用　　30

　贷：银行存款　　30

（二）偿还应付票据

应付票据到期支付票款时，应按账面余额予以结转，借记“应付票据”科目，贷记“银行存款”科目。

例 9-2(续) 沿用例 9-2 资料，甲公司开出的商业汇票到期，甲公司通知其开户银行以银行存款支付票款。

借：应付票据　　56 500
　贷：银行存款　　56 500

(三) 转销应付票据

应付商业承兑汇票到期，如企业无力支付票款，应将应付票据的账面余额转作应付账款，借记"应付票据"科目，贷记"应付账款"科目；银行承兑汇票到期，如企业无力支付票款，应将应付票据的账面余额转作短期借款，借记"应付票据"科目，贷记"短期借款"科目。

例 9-2(续) 假设上述商业汇票为商业承兑汇票，该汇票到期甲公司无力支付票款。有关会计分录如下：

借：应付票据　　56 500
　贷：应付账款　　56 500

假设上述商业汇票为银行承兑汇票，该汇票到期时甲公司无力支付票款。有关会计分录如下：

借：应付票据　　56 500
　贷：短期借款　　56 500

二、应付账款

应付账款是因购买材料、商品或接受劳务供应等而发生的债务。它是买卖双方在购销活动中由于取得物资与支付货款在时间上不一致而产生的负债，是一种普遍而常见的负债形式。

(一) 应付账款的确认和计量

理论上，应付账款的入账时间应以与所购买物资所有权有关的风险和报酬已经转移给买方或劳务已经接受为标志。而在实务中，应区别以下情况处理：

(1) 在物资和发票账单同时到达的情况下，应付账款一般待物资入库后，才按发票账单登记入账，以免购入的物资发生错、漏、破损等问题而再行调账。

(2) 在物资和发票账单未同时到达的情况下，由于这项负债已经形成，应先按估计的价款入账，待下月初再用红字予以冲回，待发票到达后再按发票价格入账。

(3) 在对外贸易中，如果购入物资是目的地交货，在物资到达后确认应付账款，而且应付账款不包括物资运达企业的运费；如果是起运点交货，则在物资运出供货方仓库时，确认应付账款，并且应付账款应该包括物资运达企业的运费。

(4) 应付账款一般按应付金额入账，而不考虑应付金额的现值。如果购入的资产在形成一笔应付账款时是带有现金折扣的，实务中采用总价法进行计量，应付账款的入账金额的确定按发票上记载的应付金额的总值确定。

(5) 企业将应付账款划转出去，或者将确实无法支付的应付账款直接转入营业外收入。

(二) 应付账款的核算

1. 一般采购业务

企业购入材料、商品等或接受劳务所产生的应付账款，应按应付金额入账。购入材料、商品等验收入库，但货款尚未支付。根据有关凭证，借记“材料采购”“原材料”等科目；按可抵扣的增值税税额，借记“应交税费——应交增值税（进项税额）”科目；按应付的价款，贷记“应付账款”科目。

例 9－3 甲公司为增值税一般纳税人。2019 年 3 月 1 日从 A 公司购入一批材料，货款为 100 000 元，增值税为 13 000 元，对方代垫运杂费 1 000 元。材料已运到并验收入库。该企业材料按实际成本核算，款项尚未支付。有关会计分录如下：

借：原材料	101 000	
应交税费——应交增值税（进项税额）	13 000	
贷：应付账款——A 公司		114 000
借：应付账款——A 公司	114 000	
贷：银行存款		114 000

2. 附有现金折扣条件的采购业务

应付账款附有现金折扣的，应按照扣除现金折扣前的应付账款总额入账。因在折扣期限内付款而获得的现金折扣，应在偿付应付账款时冲减财务费用。

例 9－4 乙百货商场于 2019 年 3 月 2 日，从 A 公司购入一批家电产品并验收入库。该批家电的价款为 100 万元，增值税为 13 万元。按照购货协议的规定，10 天内付清货款将获得 2％的现金折扣（假定计算现金折扣时不考虑增值税）。乙百货商场在 10 天内付款的有关会计分录如下：

借：库存商品	1 000 000	
应交税费——应交增值税（进项税额）	130 000	
贷：应付账款——A 公司		1 130 000
借：应付账款——A 公司	1 130 000	
贷：银行存款		1 110 000
财务费用		20 000

3. 转销应付账款

企业转销确实无法支付的应付账款（比如因债权人撤销等原因而产生无法支付的应付账款），应按其账面余额计入营业外收入，借记“应付账款”科目，贷记“营业外收入”科目。

例 9－5 2019 年 12 月 31 日，丁企业确定一笔应付账款 5 000 元为无法支付的款项，应予转销。该企业的有关会计分录如下：

借：应付账款	5 000	
贷：营业外收入		5 000

因债务重组引起的应付账款的转销，见后续章节。

三、预收账款

预收账款是指企业按照合同规定向购货单位预收的款项。企业向购货单位预收款项时，借记“银行存款”科目，贷记“预收账款”科目；销售实现时，按实现的收入和应交的增值税销项税额，借记“预收账款”科目，按照实现的营业收入，贷记“主营业务收入”“应交税费——应交增值税（销项税额）”等科目；企业收到购货单位补付的款项，借记“银行存款”科目，贷记“预收账款”科目；向购货单位退回其多付的款项时，借记“预收账款”科目，贷记“银行存款”科目。

例 9-6 大地公司为增值税一般纳税人。2019 年 4 月 4 日，与甲公司签订供货合同，货款金额共计 100 000 元，应缴纳增值税 13 000 元。根据购货合同规定。甲公司在购货合同签订一周内预付货款 80 000 元，剩余货款在交货后付清。2019 年 4 月 8 日，收到甲公司交来的预付款 80 000 元并存入银行，6 月 8 日甲公司验收合格后付清了剩余货款。有关会计处理如下：

(1) 收到预付款时：

借：银行存款 80 000

　贷：预收账款——甲公司 80 000

(2) 公司发货后，收到甲公司剩余货款时：

借：预收账款——甲公司 113 000

　贷：主营业务收入 100 000

　　应交税费——应交增值税(销项税额) 13 000

借：银行存款 33 000

　贷：预收账款——甲公司 33 000

需要说明的是，预收账款情况不多的企业也可不设"预收账款"科目，将预收的款项直接记入"应收账款"科目的贷方。

第四节　应付职工薪酬

一、职工薪酬的内容

职工薪酬，是指企业为获得职工提供的服务而给予各种形式的报酬以及其他相关支出，包括职工在职期间和离职后提供给职工的全部货币性薪酬和非货币性福利，企业提供给职工配偶、子女或其他被赡养人的福利以及对职工的股份支付等。职工薪酬可以分为短期薪酬、离职后福利、辞退福利和其他长期职工福利四大类，具体内容包括：

(一) 短期薪酬

1. 职工工资、奖金、津贴和补贴

这包括按照国家统计局的规定构成工资总额的计时工资、计件工资、支付给职工的超额劳动报酬和增收节支的劳动报酬，为了补偿职工特殊或额外的劳动消耗和因其他特殊原因支付给职工的津贴，以及为了保证职工工资水平不受物价影响支付给职工的物价补贴等。

2. 职工福利费

这是指在工资以外按照国家规定开支的职工福利费用，包括：职工困难补助；支付给因公伤亡职工配偶、子女或其他被赡养人的抚恤金；职工因公负伤赴外地就医路费；国家规定的其他职工福利支出，如企业内设医务室、活动中心等集体福利事业补贴等。

3. "三险一金"

社会保险费，是指企业按照国务院、各地方政府或企业年金计划规定的基准和比例计算，向社会保险经办机构缴纳的医疗保险费、工伤保险费和生育保险费。企业以购买商业保险形式提供给职工的各种保险待遇属于企业提供的职工薪酬，应当按照职工薪酬的原则进行确认、计量和披露。住房公积金，是指企业按照国务院《住房公积金管理条例》规定的基准和比例计算，向住房公积金管理机构缴存的住房公积金。

4. 工会经费和职工教育经费

这是指企业为了改善职工文化生活、为职工学习先进技术和提高文化水平和业务素质，用于开展工会活动和职工教育及职业技能培训等相关支出。

5. 非货币性福利、短期带薪缺勤、短期利润分享等

这包括企业以自己的产品或外购商品发放给职工作为福利，企业提供给职工无偿使用自己拥有的资产或租赁资产供职工无偿使用，比如提供住房、免费提供医疗保健服务等。

（二）离职后福利

（1）向社会保险经办机构缴纳的基本养老保险。

（2）向企业年金基金相关管理人缴纳的补充养老保险费。

（3）失业保险费。

（4）其他福利报酬。

（三）辞退福利

辞退福利是指因解除与职工的劳动关系而给予的补偿，是企业在职工劳动合同到期之前解除与职工的劳动关系，或者为鼓励职工自愿接受裁减而提出补偿建议的计划中给予职工的经济补偿。

（四）其他长期职工福利

其他长期职工福利，是指除短期薪酬、离职后福利、辞退福利之外所有的职工薪酬，包括长期带薪缺勤、长期残疾福利、长期利润分享计划等，如其他与获得职工提供的服务的相关支出，比如企业提供给职工以权益形式结算的认股权、现金股票增值权等。

其中，职工是指包括与企业订立正式劳动合同的所有人员，包括全职、兼职和临时职工，未与企业订立正式劳动合同但由企业正式任命的人员，以及虽与企业未订立正式劳动合同或企业未正式任命但为企业提供了类似服务的人员，也视同企业职工。

二、职工薪酬的确认和计量

（一）职工薪酬确认的原则

企业应当在职工为其提供服务的会计期间，将应付的职工薪酬（包括货币性职工薪酬和非货币性职工薪酬）确认为企业的负债，并根据职工提供服务的受益对象分别下列情况处理：

（1）应由生产产品、提供劳务负担的职工薪酬，计入产品成本或劳务成本。产品生产过程中发生的直接生产工人以及提供劳务过程中直接提供劳务的人员发生的职工薪酬，计入存货成本，但不包括辞退福利和非正常消耗职工薪酬。

（2）应由在建工程负担的职工薪酬，计入建造固定资产成本。

（3）应由无形资产负担的职工薪酬，计入无形资产成本。企业在自行研究和开发无形资产过程中发生的职工薪酬，符合无形资产资本化条件的，应当计入自行开发无形资产的成本。

（4）上述三项之外的其他职工薪酬，计入当期损益。除直接生产人员、直接提供劳务人员、建造固定资产人员、开发无形资产人员以外的职工，包括公司总部管理人员、董事会成员、监事会成员等的职工薪酬，因难以确定直接对应的受益对象，均应当在发生时计入当期损益。

(二)货币性职工薪酬的计量

对于货币性薪酬,在确定应付职工薪酬和应当计入成本费用的职工薪酬金额时,企业应当区分两种情况:

1. 具有明确计提标准的货币性薪酬

对于国务院有关部门、省、自治区、直辖市人民政府或经批准的企业年金计划规定了计提基础和计提比例的职工薪酬项目(如“五险一金”),企业应当按照规定的标准计提,确定应承担的职工薪酬义务。比如,企业应当按照国务院、所在地政府或企业年金计划规定的标准计量向社会保险机构缴纳医疗保险费、养老保险费、失业保险费、工伤保险费、生育保险费和住房公积金等应付职工薪酬金额。又如,企业应当按照国家相关规定,分别按照职工工资总额的比例计量应付职工薪酬的工会经费和职工教育经费金额。从业人员技术要求高、培训任务重、经济效益好的企业,可按照职工工资总额的2.5%的比例计提职工教育经费。

2. 没有明确计提标准的货币性薪酬

对于国家(包括省、市、自治区政府)相关法律法规没有明确规定计提基础和计提比例的职工薪酬,企业应当根据历史经验数据和自身实际情况,在规定范围内开支确认应付职工薪酬金额和应计入成本费用的薪酬金额。

三、货币性职工薪酬的核算

《企业会计准则——职工薪酬》对于我国职工薪酬的组成内容做了统一规定,并明确无论是工资性质的人工费用还是非工资性质的人工费用,货币性薪酬和非货币性福利都应当设置“应付职工薪酬”科目,按照“工资、奖金、津贴和补贴”“职工福利费”“社会保险费”“住房公积金”“工会经费”“职工教育经费”“非货币性福利”等应付职工薪酬项目设置明细科目,进行明细核算。外商投资企业按规定从净利润中提取的职工奖励及福利基金也在本科目核算。

(一)职工工资的核算

企业应当在职工为其提供服务的会计期间,根据职工提供服务的受益对象,将应确认的职工薪酬计入相关资产成本或当期损益,同时确认为应付职工薪酬。职工工资包括应支付给职工的计时工资、计件工资、奖金、津贴和补贴。

例9-7 2019年6月,艾格公司当月应发工资、奖金、津贴和补贴共计2 000万元,其中:直接生产人员1 000万元,生产部门管理人员200万元,公司管理部门人员360万元,专设销售机构人员100万元,建造厂房人员220万元,内部开发人员开发阶段工资120万元。有关会计分录如下(单位:万元):

(1)计提职工工资、奖金、津贴和补贴时:

借:生产成本	1 000	
制造费用	200	
管理费用	360	
销售费用	100	
在建工程	220	
研发支出——资本化支出	120	
贷:应付职工薪酬——工资、奖金、津贴和补贴		2 000

(2) 结算本月应付职工工资时：

企业按照有关规定向职工支付工资、奖金、津贴等，借记“应付职工薪酬——工资、奖金、津贴和补贴”科目，贷记“银行存款”“库存现金”等科目。企业从应付职工薪酬中扣除的各种款项(代垫的家属药费、应付职工宿舍租金、个人所得税等)，借记“应付职工薪酬”科目，贷记“银行存款”“库存现金”“其他应收款”“应交税费——应交个人所得税”等科目。

实务中，企业一般在每月发放工资前，先根据“工资结算汇总表”中的“实发金额”栏的合计数向开户银行提取现金，借记“库存现金”科目，贷记“银行存款”科目；然后向职工发放，或通过转账转入职工工资科目。

例 9-8 艾格公司根据“工资结算汇总表”结算本月应付职工工资总额 2 000 万元，假设企业代扣个人所得税 200 万元，代垫职工家属医药费 10 万元，实发工资 1 790 万元，余款通过银行结算。有关会计处理如下(单位：万元)：

借：应付职工薪酬——工资、奖金、津贴和补贴	1 790	
贷：银行存款		1 790
借：应付职工薪酬——工资、奖金、津贴和补贴	210	
贷：应交税费——应交个人所得税		200
其他应收款——代垫医药费		10

(二) 职工福利、社会保险费、住房公积金、工会经费、职工教育经费的核算

一般而言，对于企业应向社会保险经办机构缴纳的“五险一金”以及工会经费等，国家规定了统一标准，具体包括：

(1) 养老保险。养老保险缴费分两部分，单位负担的部分，全部划入统筹基金，个人负担的部分，全部划入个人科目。

(2) 医疗保险。医疗保险缴费：单位负担一定的比例，个人负担一定的比例。

(3) 失业保险。失业保险缴费：单位负担一定的比例，个人负担一定的比例。

(4) 工伤保险。单位每个月缴纳一定的比例，个人不用负担。工伤保险根据单位被划分的行业范围来确定其工伤费率。

(5) 生育保险。单位每个月缴纳一定的比例，个人不用负担。

(6) 住房公积金。公积金缴费比例，根据企业的实际情况确定。原则上最高缴费额不得超过职工平均工资的 10%。自 2010 年下半年起，上海市统一规定所有用人单位按工资的 12%办理缴纳住房公积金。单位和个人各负担工资的 12%。

(7) 对职工福利费等，企业可以根据实际情况予以规定，在工资总额的 14%范围内进行税前开支。

例 9-9 2019 年 6 月，丙企业下设一所职工食堂，企业对每个职工每月需补贴食堂 200 元，企业在岗职工共计 120 人，其中生产工人 100 人，车间管理人员 10 人，管理部门 10 人。丙企业计提职工福利费的会计分录如下：

借：生产成本	20 000	
制造费用	2 000	
管理费用	2 000	
贷：应付职工薪酬——职工福利费		24 000

企业向职工食堂、职工医院、生活困难职工等支付职工福利费时，借记“应付职工薪酬——职工福利”科目，贷记“银行存款”“库存现金”等科目。

例 9-10 沿用例 9-9 的资料，2019 年 6 月丙企业共支付 24 000 元补贴给食堂。有关会计分录如下：

借：应付职工薪酬——职工福利费　　24 000

　贷：银行存款　　24 000

例 9-11 2019 年 6 月，丙企业以现金支付职工张三困难补助 8 000 元。

借：应付职工薪酬——职工福利费　　8 000

　贷：库存现金　　8 000

计提社会保险费、住房公积金、工会经费、职工教育经费、职工福利的核算示例如下：

例 9-12 假设艾格公司 2019 年 6 月计提医疗保险费、养老保险费、失业保险费等社会保险 480 万元，计提住房公积金 210 万元，计提工会经费、职工福利各 40 万元，职工教育经费 30 万元。有关会计处理如下：

借：生产成本　　4 000 000

　制造费用　　800 000

　管理费用　　1 440 000

　销售费用　　400 000

　在建工程　　880 000

　研发支出——资本化支出　　480 000

　贷：应付职工薪酬——社会保险费　　4 800 000

　　　——住房公积金　　2 100 000

　　　——工会经费　　400 000

　　　——职工教育经费　　300 000

　　　——职工福利　　400 000

四、非货币性职工薪酬的核算

企业的非货币性薪酬主要为非货币性福利，通常包括：企业以自己生产的产品或其他有形资产发放给职工作为福利；以外购商品作为非货币性福利提供给职工；向职工提供自己拥有的资产无偿使用以及为职工无偿提供类似医疗保健服务等。非货币性福利和货币性的薪酬一样，都应当通过“应付职工薪酬”科目进行核算。

(一) 以自产产品或外购商品作为福利发放给职工

企业以其生产的产品作为非货币性福利的，应当按照该产品的公允价值和相关税费，计量应计入成本费用的职工薪酬金额，并确认为主营业务收入，其销售成本的结转和相关税费的处理视同销售。

例 9-13 经董事会决定，艾格公司对 100 名职工发放自行生产的液晶彩电作为福利。彩电的生产成本为 5 000 元，不含税价格为 7 000 元，增值税为 13%。其中生产工人 90 名，车间管理人员 5 名，高层管理人员 5 名。相关会计处理如下：

(1) 公司决定发放非货币性福利时：

借：生产成本　　711 900
　　制造费用　　39 550
　　管理费用　　39 550
　　贷：应付职工薪酬——非货币性福利（700 000×113%）　　791 000

（2）实际发放非货币性福利时：

借：应付职工薪酬——非货币性福利　　791 000
　　贷：主营业务收入　　700 000
　　　　应交税费——应交增值税（销项税额）　　91 000

借：主营业务成本　　500 000
　　贷：库存商品　　500 000

（二）以外购商品作为非货币性福利提供给职工作为福利

企业以外购商品作为非货币性福利提供给职工作为福利的，应当按照该商品的公允价值和相关税费，计量应计入成本费用的职工薪酬金额。

例 9-14　艾格公司为5位专设销售机构人员和5位分公司管理人员发放外购的手提电脑一台，电脑的购入成本为每台5 000元，增值税税率为13%。

电脑的售价金额＝5×5 000＋5×5 000＝50 000（元）

电脑的进项税额＝25 000×13%＋25 000×13%＝6 500（元）

公司决定发放非货币性福利时：

借：销售费用　　28 250
　　管理费用　　28 250
　　贷：应付职工薪酬——非货币性福利　　56 500

购买电脑时：

借：应付职工薪酬——非货币性福利　　56 500
　　贷：银行存款　　56 500

（三）将企业拥有的资产作为福利无偿提供给职工使用

将企业拥有的房屋、汽车等资产无偿提供给职工使用的，应当根据受益对象，将该住房每期应计提的折旧计入相关资产成本或当期损益，同时确认应付职工薪酬，借记“管理费用”“生产成本”“制造费用”等科目，贷记“应付职工薪酬——非货币性福利”科目，同时借记“应付职工薪酬——非货币性福利”科目，贷记“累计折旧”科目。

例 9-15　艾格公司为公司高管提供汽车免费使用，汽车每月计提折旧共计40 000元。

借：管理费用　　40 000
　　贷：应付职工薪酬——非货币性福利　　40 000

借：应付职工薪酬——非货币性福利　　40 000
　　贷：累计折旧　　40 000

租赁住房等资产供职工无偿使用的，应当根据受益对象，将每期应付的租金计入相关资产成本或当期损益，同时借记“应付职工薪酬——非货币性福利”科目。

例 9-16　艾格公司为公司副总裁以上高管租赁住房。假定月租金50 000元。该公司每月应做如下账务处理：

借：管理费用　　50 000

　　贷：应付职工薪酬——非货币性福利　　50 000

借：应付职工薪酬——非货币性福利　　50 000

　　贷：银行存款　　50 000

对于难以认定受益对象的非货币性福利，直接计入当期损益和应付职工薪酬。

五、辞退福利的核算

辞退福利包括两个方面：一是职工劳动合同到期前，不论职工本人是否愿意，企业决定解除与职工的劳动关系而给予的补偿；二是职工劳动合同到期前，为鼓励职工自愿接受裁减而给予的补偿，职工有权选择继续在职或接受补偿离职。

确认因解除劳动关系给予补偿而产生的预计负债，计入管理费用。企业职工薪酬中的辞退福利应当与正常退休养老金区分。

例 9－17　由于金融危机，丁公司管理层制定了一项辞退计划，计划从 2019 年 1 月 1 日起以职工自愿方式辞退彩电生产车间的职工 20 人。每人给予一次性货币补贴 5 万元，将于一个年度内实施。相关的会计处理如下：

借：管理费用　　1 000 000

　　贷：应付职工薪酬——辞退福利　　1 000 000

借：应付职工薪酬——辞退福利　　1 000 000

　　贷：银行存款　　1 000 000

第五节　应交税费

企业应定期根据一定时期内取得的营业收入和实现的利润，向国家缴纳各种税金，这些应交未交的税金就形成了企业的负债。应缴纳的税金，包括企业依法缴纳的增值税、消费税、企业所得税、资源税、土地增值税、城市维护建设税、房产税、土地使用税、车船税、印花税、教育费附加、矿产资源补偿费等税费，以及在上交国家之前由企业代扣代交的个人所得税等。企业应通过"应交税费"科目，总括反映各种税费的缴纳情况，并按照应交税费项目进行明细核算。企业缴纳的印花税、耕地占用税等不需要预计应交数的税金，不通过"应交税费"科目核算。一般情况下，企业的消费税、城市维护建设税、资源税、教育费附加及房产税、房产税、土地使用税、车船使用税、印花税等相关税费，记入"税金及附加"科目。

一、应交增值税的核算

（一）增值税的核算方法

增值税是以商品（含应税劳务、应税行为）在流转过程中产生的增值额作为计税依据而征收的一种流转税，按照我国先行增值税制度的规定，增值税是对在我国境内销售货物或者提供加工、修理修配劳务、服务、无形资产和不动产以及进口货物的企业、单位或个人，就其货物销售或提供服务的增值以及进口货物的金额为计税依据而课征的一种流转税。其中，"服务"是指提供交通运输服务、建筑服务、邮政服务、电信服务、金融服务、现代服务、生活服务。增值税是对商品和流通中各环节的新增价值或商品附加值进行征税，所以称为“增值税”。这里的“新增价值或商品附加值”是指企业的销售收入减去相应的外购材料、商品等成本后的余额。

为了加强增值税的征收管理，我国将纳税人按其规模大小及会计核算健全与否，划分为一般纳税人和小规模纳税人。

计算增值税的方法分为一般计税方法和简易计税方法。

1. 一般纳税人计税方法

一般纳税人是指年应税销售额超过财政部、国家税务总局规定标准的增值税纳税人。小规模纳税人是指年应税额未超过标准，并且会计核算不健全，不能提供准确税务资料的增值税纳税人。

增值税的一般计税方法，是先按当期销售额和适用税率计算出销项税额，然后以该销项税额对当期购进项目支付的税款及进项税额的差额为当期的应纳税额。应纳税额的计算公式为：

应纳税额＝销项税额－进项税额

按照规定，只有取得增值税专用发票的、进口货物有完税凭证的、购进免税农产品或收购废旧物资的，才能抵扣。在会计核算中，如果企业不能取得有关扣税凭证，就不能将进项税从销项税中扣除，其已支付的增值税只能计入购入货物或接受劳务的成本。

一般纳税人的基本税率为13％、9％、6％和零税率。

一般纳税人销售货物、劳务有形动产租赁服务或者进口货物，税率为13％。

纳税人销售交通运输、邮政、基础电信、建筑、不动产租赁服务，销售不动产，转让土地使用权，销售或者进口农产品、石油液化气、农药化肥等，税率为9％。

纳税人销售服务、无形资产等，税率为6％。

对于出口货物则实行零税率；但是，国务院另有规定的除外。

购进农产品的，扣除税率为9％。

2. 简易计税方法

小规模纳税人简易计税适用增值税征收率；增值税征收率一般为3％，国家另有规定的除外。

另：一般纳税人增值税基本税率为13％，如果发生财政部和国家税务总局规定的特定应税行为，可以选择适用简易计税方法计税，但一经选择，36个月内不得变更，适用增值税征收率。

增值税的简易计税方法是按照销售额与征收率计算应纳税额，不得抵进项税额。

应纳税额＝销售额×征收率

（二）一般纳税人增值税的科目设置

企业作为一般纳税人进行应交增值税的核算时，应在“应交税费”科目下设置“应交增值税”“未交增值税”“预缴增值税”“待抵扣进项税额”等明细科目。在“应交税费——应交增值税”科目下分别设置“进项税额”“已交税金”“销项税额”“进项税转出”“出口退税”“销项税额抵减”“转出多交增值税”“转出未交增值税”等专栏。“应交税金——应交增值税明细表”见表9-1。

表 9-1 应交税金——应交增值税明细表

<table>
<tr><th rowspan="2">略</th><th colspan="4">借 方</th><th colspan="5">贷 方</th><th rowspan="2">余额</th></tr>
<tr><th>合计</th><th>进项税额</th><th>已交税金</th><th>……</th><th>合计</th><th>销项税额</th><th>出口退税</th><th>进项税额转出</th><th>……</th></tr>
<tr><td></td><td></td><td></td><td></td><td></td><td></td><td></td><td></td><td></td><td></td><td></td></tr>
<tr><td></td><td></td><td></td><td></td><td></td><td></td><td></td><td></td><td></td><td></td><td></td></tr>
</table>

其中,"进项税额"专栏登记企业购入货物或接受应税劳务而支付的、准予从销项税额中抵扣的增值税税额。企业购入货物或者接受劳务支付的进项税额,用蓝字登记;退回所购货物应冲销的进项税额,用红字登记。

"销项税额"专栏登记企业销售货物或提供应税劳务应收取的增值税税额。企业销售货物或提供应税劳务应收取的销项税额,用蓝字登记;退回销售货物应冲销的销项税额,用红字登记。

"已交税金"专栏登记企业已缴纳的增值税税额。企业已缴纳的增值税用蓝字登记,退回多交的增值税用红字登记。

"出口退税"专栏登记企业出口货物,向海关办理报关手续后,凭出口报关单等有关凭证,向税务机关申报办理出口退税而收到的退回的税款。出口货物退回的增值税税额,用蓝字登记;出口货物办理退税后发生退货或者退关而补交已退的增值税税额,用红字登记。

"进项税额转出"专栏登记企业的购进货物、在产品、产成品发生非正常损失或购进货物改变用途用于非应税项目等不准予在销项税中抵扣,按规定应予转出的进项税额。

小规模纳税企业的增值税,应在"应交税费"科目下设置"应交增值税"明细科目进行核算,不需要再设置专栏。

(三) 一般纳税企业一般购销业务的核算

从税务角度看,一般纳税企业会计的核算要点包括:

(1) 可以使用增值税专用发票。企业销售货物或提供劳务可以开具增值税专用发票(或完税凭证、购进免税农产品凭证、外购物资支付的运输费用的结算单据),并分别标明价款和税额。

(2) 购入货物取得的增值税专用发票上注明的增值税税额可以用销项税额抵扣。

(3) 如果企业销售货物或者提供劳务采用销售额和销项税额合并定价方法的,将含税销售额还原为不含税销售额,并按不含税销售额计算销项税额。

不含税销售额=含税销售额÷(1+增值税税率)

销项税额=不含税销售额×增值税税率

例 9-18 企业为增值税一般纳税人,增值税税率为 13%,购入一批原材料,增值税专用发票上注明的原材料价款为 100 万元,增值税税额为 13 万元。还另行用银行存款支付运输费用 10 000 元,增值税税额为 900 元。材料采用实际成本法核算。该企业销售产品,不含税收入为 200 万元,货款尚未收到。相关的会计处理如下:

采购材料时:

借：原材料(1 000 000＋10 000)　　1 010 000
　　应交税费——应交增值税(进项税额)(130 000＋900)　　130 900
　　贷：银行存款　　1 140 900

销售产品时：

借：应收账款　　2 260 000
　　贷：主营业务收入　　2 000 000
　　　　应交税费——应交增值税(销项税额)　　260 000

(四) 一般纳税企业购入免税产品的核算

按照《增值税暂行条例》，企业购入免征增值税货物，一般不能抵扣增值税销项税额。但是对于购入的免税农产品，可以按照买价和规定的扣除率计算进项税额，并准予从企业的销项税额中抵扣。购进农产品，按照农产品收购发票或者销售发票上注明的农产品买价和 9%的扣除率计算的进项税额。进项税额的计算公式为：

进项税额＝买价×扣除率

企业购入免税农产品，按买价和规定的扣除率计算进项税额，借记“应交税费——应交增值税(进项税额)”科目；按买价扣除规定计算的进项税额后的差额，借记“材料采购”“原材料”“库存商品”等科目；按应付或实际支付的价款，贷记“应付账款”“银行存款”等科目。

例 9－19　某企业为增值税一般纳税人，本期收购农产品，实际支付的价款为 20 000 元，收购的农产品已验收入库，款项已经支付。应做如下账务处理：

借：原材料　　18 200
　　应交税费——应交增值税(进项税额)　　1 800
　　贷：银行存款　　20 000

进项税额＝购买价款×扣除率＝20 000×9%＝1 800(元)

(五) 不予抵扣项目的会计处理

按照《增值税暂行条例》及其实施细则的规定，购入货物时即能认定其进项税额不能抵扣的，如购入的货物直接用于免税项目、直接用于非应税项目，或者直接用于集体福利和个人消费的，进行会计处理时，其增值税专用发票上注明的增值税税额计入购入货物及接受劳务的成本。

例 9－20　企业为一般纳税人，购入一批商品用于集体福利，商品的价款及其他费用合计 30 000 元，增值税专用发票上注明的增值税税额为 3 900 元，款项尚未支付。有关会计分录如下：

借：库存商品　　33 900
　　贷：应付账款　　33 900

(六) 进项税额转出的会计处理

企业购进的货物发生非正常损失，以及将购进货物改变用途(如用于非应税项目、集体福利或个人消费等)，其进项税额应通过“应交税费——应交增值税(进项税额转出)”科目转入有关科目,借记“待处理财产损溢”“在建工程”“应付职工薪酬”等科目,贷记“应交税费——应交增值税(进项税额转出)”科目;属于转作待处理财产损失的进项税额,应与遭受非常损失的购进货物、在产品或库存商品的成本一并处理。

例 9-21 某企业为增值税一般纳税人,本期购入一批材料,增值税专用发票上注明的增值税税额为 13 万元,材料价款为 100 万元。材料已入库,货款已经支付。材料入库后,该企业将该批材料的 50%用于集体福利的工程建设项目。可做如下账务处理:

(1) 材料入库时:

借:原材料	1 000 000	
应交税费——应交增值税(进项税额)	130 000	
贷:银行存款		1 130 000

(2) 集体福利工程领用材料时:

借:在建工程	565 000	
贷:应交税费——应交增值税(进项税额转出)		65 000
原材料		500 000

例 9-22 企业库存材料因意外火灾毁损一批,有关增值税专用发票确认的成本为 10 000 元,增值税税额为 1 300 元。有关会计分录如下:

借:待处理财产损溢——待处理流动资产损溢	11 300	
贷:原材料		10 000
应交税费——应交增值税(进项税额转出)		1 300

(七) 视同销售的会计处理

企业的有些交易和事项从会计角度看不属于销售行为,不能确认为销售收入,但是按照税法规定,应视同对外销售处理,计算应交增值税。视同销售需要缴纳增值税的事项如企业将自产或委托加工的货物用于非应税项目、集体福利或个人消费,将自产、委托加工或购买的货物作为投资、分配给股东或投资者、无偿赠送他人等。

视同销售的业务发生时,企业应当借记“管理费用”“在建工程”“长期股权投资”“营业外支出”等科目,贷记“应交税费——应交增值税(销项税额)”等科目。

例 9-23 企业将自己生产的产品用于建造职工俱乐部。该批产品的成本为 200 000 元,计税价格为 300 000 元,增值税税率为 13%。有关会计分录如下:

借:在建工程	239 000	
贷:库存商品		200 000
应交税费——应交增值税(销项税额)		39 000

(八) 转出多交增值税和未交增值税的会计处理

为了分别反映增值税一般纳税人欠交增值税税款和待抵扣增值税的情况,确保企业及时足额上交增值税,避免出现企业用以前月份欠交增值税抵扣以后月份未抵扣的增值税的情况,企业应在“应交税费”科目下设置“未交增值税”明细科目,核算企业月份终了从“应交税费——应交增值税”科目转入的当月未交或多交的增值税;同时,在“应交税费——应交增值税”科目下设置“转出未交增值税”和“转出多交增值税”专栏。

月份终了，企业计算出当月应交未交的增值税，借记“应交税费——应交增值税——转出未交增值税”科目，贷记“应交税费——未交增值税”科目；当月多交的增值税，借记“应交税费——未交增值税”科目，贷记“应交税费——应交增值税——转出多交增值税”科目。

结转后，“应交税费——应交增值税”科目的余额代表企业尚未抵扣的增值税。

值得注意的是，企业当月缴纳当月的增值税，仍然通过“应交税费——应交增值税——已交税金”科目核算；当月缴纳以前各月未交的增值税，通过“应交税费——未交增值税”科目，不通过“应交税费——应交增值税——已交税金”科目核算。

(九) 小规模纳税企业的核算

一般情况下，小规模纳税企业销售货物或者提供应税劳务，只能开具普通发票，不能开具增值税专用发票。

小规模纳税企业购入货物无论是否具有增值税专用发票，其支付的增值税额均不计入进项税额，不得由销项税额抵扣，而应计入购入货物的成本。

小规模纳税企业销售货物或提供应税劳务，实行简易办法计算应纳增值税税额；其销售额不包括其应纳增值税税额。应根据不含税销售额乘以适当的税率计算应交增值税税额，直接记入“应交税费——应交增值税”科目。

例 9－24 企业为小规模纳税人，本期购入原材料，按照增值税专用发票上记载的原材料价款为 100 万元，支付的增值税税额为 13 万元，企业开出承兑商业汇票，材料已入库。该企业本期销售产品，销售总额为 103 万元(含税)，货款尚未收到。应做如下账务处理：

(1) 购进货物时：

借：原材料　　1 130 000

　　贷：应付票据　　1 130 000

(2) 销售货物时：

不含税价格＝103÷(1＋3%)＝100(万元)

应交增值税＝100×3%＝3(万元)

借：应收账款　　1 030 000

　　贷：主营业务收入　　1 000 000

　　　　应交税费——应交增值税(销项税额)　　30 000

二、应交消费税的核算

为了正确引导消费方向，国家在普遍征收增值税的基础上，选择部分消费品再征收一道消费税。消费税是对我国境内生产、委托加工和进口应税消费品的单位或个人的特定消费品征收的一种流转税。征收消费税的应税消费品，包括烟、酒及酒精、化妆品、护发护肤品、贵重首饰及珠宝玉石、鞭炮和烟火、汽油、柴油、汽车轮胎、摩托车、小汽车等。根据不同的应税消费品，消费税有从价定率和从量定额两种征收方法。采用从价定率方法计征消费税的税率从3%至45%不等。

(一) 应纳消费税税额的确定

消费税属于价内税，有从价计征和从量计征两种。从价计征的消费税的税基是销售额，如果销售额中已经包含增值税，应将其换算为不含增值税的销售额，即：

应税消费品的销售额＝含增值税的销售额÷(1＋增值税税率)

从价计征消费税的应纳税额＝应税消费品的销售额×适用税率

从量计征消费税的税基是销售数量。属于自产自用应税消费品的，为应税消费品的移送使用数量；属于委托加工应税消费品的，为纳税人收回的消费品数量；进口的应税消费品，为海关核定的应税消费品进口征税数量。

从量计征消费税的应纳税额＝应税消费品的销售数量×单位税额

(二) 应交消费税的会计处理

企业按规定应交的消费税，在“应交税费”科目下设置“应交消费税”明细科目核算，发生的消费税记入“税金及附加”“在建工程”“委托加工物资”等科目，贷记“应交税费——应交消费税”科目。

需要缴纳消费税的进口消费品，企业缴纳的消费税应直接计入进口消费品的成本，借记“库存商品”“原材料”“固定资产”等科目。

1. 企业销售应税消费品

企业销售一般应税消费品应交的消费税，应借记“税金及附加”科目，贷记“应交税费——应交消费税”科目。

例 9-25 某企业销售所生产的化妆品，价款 200 000 元(不含增值税)，适用的消费税税率为 30%，增值税税率为 13%。货款已收，化妆品成本 140 000 元。

相关会计处理如下：

应收取的增值税额＝200 000×13%＝26 000(元)

应缴纳的消费税＝200 000×30%＝60 000(元)

借：银行存款	226 000	
贷：主营业务收入		200 000
应交税费——应交增值税(销项税额)		26 000
借：税金及附加	60 000	
贷：应交税费——应交消费税		60 000
借：主营业务成本	140 000	
贷：库存商品		140 000

2. 自产自用应税消费品

企业将生产的应税消费品用于集体福利的工程等非生产项目时，按规定应缴纳的消费税，借记“在建工程”等科目，贷记“应交税费——应交消费税”科目。

例 9-26 企业在建工程领用自产柴油一批，成本 40 000 元，市场价 50 000 元，应交增值税 6 500 元，应交消费税 6 000 元。有关会计分录如下：

借：在建工程	625 000	
贷：库存商品		50 000
应交税费——应交增值税(销项税额)		6 500
——应交消费税		6 000

3. 企业委托外单位加工物资

如果是委托加工应税消费品，由受托方代扣代交税款。委托加工的应税消费品收回后，直接用于销售的，将代扣代交的消费税计入委托加工的应税消费品成本；收回后用于连续生产应税消费品的，所缴纳的税款准予按规定抵扣，待用委托加工的应税消费品生产出应缴纳消费税的产品时，再缴纳消费税。

例 9-27 企业交付给委托单位的材料成本为 50 万元，外单位收取的加工费为 4 万元，材料已经加工完毕并验收入库，加工费尚未支付，该委托加工应税消费品适用的税率为 10%，不考虑增值税。

该应税消费品的组成计税价格 $=\dfrac{50+4}{1-10\%}=60$（万元）

代扣代缴消费税 $=60\times10\%=6$（万元）

(1) 如果委托方收回该加工材料后继续用于生产应税消费品：

借：委托加工物资	500 000	
贷：原材料		500 000
借：委托加工物资	40 000	
应交税费——应交消费税	60 000	
贷：应付账款		100 000
借：原材料	540 000	
贷：委托加工物资		540 000

(2) 如果委托方收回加工后的材料直接用于销售，则委托方的会计处理如下：

借：委托加工物资	100 000	
贷：应付账款		100 000
借：原材料	600 000	
贷：委托加工物资		600 000

三、应交所得税的核算

所得税是以纳税人的所得额为课税对象的税收。我国所得税主要包括企业所得税和个人所得税。企业所得税是国家对企业生产经营所得或其他所得而依法征收的一种税金。所得税的特点是征税多少与企业的经济效益直接挂钩，以纳税人的实际负担能力为征税标准。所得税与前面涉及的流转税不同，流转税是对产品流转环节征收，而所得税是对企业应税利润征收。

（一）应纳税所得额的确定

企业应交所得税的计税依据是应纳税所得额。应纳税所得额是纳税人在纳税年度由于生产经营等取得的可以用货币计量的经济利益的流入，扣除税法规定准予扣除项目金额的净额。

应交所得税＝应纳税所得额×适用税率

2008 年 1 月 1 日起实行的《企业所得税法》规定，企业的所得税税率为 25%；符合条件的小型微利企业，按20%的税率征收所得税；国家需要重点扶持的高新技术企业，按15%的税率征收所得税。

(二) 应纳所得税的会计处理

企业应缴纳的所得税，在“应交税费”科目下设置“应交所得税”明细科目核算；当期应计入损益的所得税，作为一项费用，在净收益前扣除。企业按照一定方法计算并计入损益的所得税，借记“所得税费用”等科目，贷记“应交税费——应交所得税”科目。对于按照会计准则规定确定的账面价值与按照税法规定确定的计税基础之间的差异，分别应纳税暂时性差异与可抵扣暂时性差异，确认相关的递延所得税负债与递延所得税资产，并在此基础上确定每一会计期间的所得税费用。有关所得税的会计处理参见后续章节。

(三) 应交个人所得税

企业按规定计算的代扣代交的职工个人所得税，记入“应付职工薪酬”科目。

四、其他应交税费

其他应交税费是指除上述税费(应交增值税、应交消费税、应交所得税)以外的其他各种应上交国家的税费，包括应交资源税、应交土地增值税、应交城市维护建设税、应交房产税、应交土地使用税、应交车船税、应交教育费附加、应交矿产资源补偿费、应交个人所得税等税费，企业应在“应交税费”科目下设置相应的明细科目进行核算，贷方登记应缴纳的有关税费，借方登记已缴纳的有关税费，期末余额在贷方。

(一) 应交资源税

资源税是国家对在我国境内开采矿产品或者生产盐的单位和个人征收的一种税。资源税按照应税产品的课税数量和规定的单位税额计算。

企业按规定应交的资源税，在“应交税费”科目下设置“应交资源税”明细科目核算。

1. 销售应税产品相关的资源税

在会计核算时，企业按规定计算出销售应税产品应缴纳的资源税，借记“税金及附加”科目，贷记“应交税费——应交资源税”科目。

2. 自产自用产品相关的资源税

企业自产自用应税产品时，应税产品应缴纳的资源税，借记“生产成本”“制造费用”等科目，贷记“应交税费——应交资源税”科目。

例9-28 某企业将自产的煤炭1 000吨用于产品生产，每吨应交资源税6元。有关账务处理如下：

借：生产成本	6 000	
贷：应交税费——应交资源税		6 000

3. 收购未税矿产品相关的资源税

按照《资源税暂行条例》的规定，收购未税矿产品的单位为资源税的扣缴义务人。企业应按收购未税矿产品实际支付的收购款以及代扣代交的资源税，作为收购矿产品的成本。

4. 外购液体盐加工固体盐相关的资源税

企业外购液体盐加工固体盐的，所购入液体盐缴纳的资源税可以抵扣。购入液体盐时，按所允许抵扣的资源税，记入“应交税费——应交资源税”的借方，按外购价款扣除允许抵扣资源税后的数额作为采购物资的成本。

加工成固体盐后再销售时，按计算出的销售固体盐应交的资源税，借记“税金及附加”科目，贷记“应交税费——应交资源税”科目；将销售固体盐应纳资源税抵扣液体盐已纳资源税后的差额上交。

（二）应交土地增值税

我国自1994年起开征了土地增值税。转让国有土地使用权、地上建筑物及其附着物并取得收入的单位和个人，均应缴纳土地增值税。

土地增值税按照转让房地产所取得的增值额和规定的税率计算征收。这里的增值额是指转让房地产所取得的收入减除规定扣除项目金额后的余额。企业转让房地产所取得的收入，包括货币收入、实物收入和其他收入。

计算土地增值额的主要扣除项目有：(1) 取得土地使用权所支付的金额；(2) 开发土地的成本、费用；(3) 新建房屋及配套设施的成本、费用，或者旧房及建筑物的评估价格；(4) 与转让房地产有关的税金。

在会计处理时，企业缴纳的土地增值税通过“应交税费——应交土地增值税”科目核算。兼营房地产业务的企业，应由当期收入负担的土地增值税，作为“其他业务成本”；企业转让的土地使用权连同地上建筑物及其附着物一并在“固定资产”等科目核算的，转让时应交的土地增值税，借记“固定资产清理”科目，贷记“应交税费——应交土地增值税”；土地使用权在“无形资产”科目核算的，按实际收到的金额，借记“银行存款”科目，按应交的土地增值税，贷记“应交税费——应交土地增值税”，同时冲减“无形资产”账面价值，将其差额计入营业外收支。

例 9－29 某企业对外转让一栋厂房，根据税法规定计算的应交土地增值税为20 000元。有关会计处理如下：

(1) 计算应缴纳的土地增值税：

借：固定资产清理	20 000	
贷：应交税费——应交土地增值税		20 000

(2) 企业用银行存款缴纳应交土地增值税：

借：应交税费——应交土地增值税	20 000	
贷：银行存款		20 000

（三）应交教育费附加

企业按规定计算出应交的教育费附加，借记“税金及附加”科目，贷记“应交税费——应交教育费附加”科目。实际上交时，借记“应交税费——应交教育费附加”科目，贷记“银行存款”科目。

（四）城市维护建设税

为了加强城市的维护建设，扩大和稳定城市维护建设资金的来源，国家开征了城市维护建设税。在会计核算时，企业按规定计算出的城市维护建设税，借记“税金及附加”“其他业务成本”等科目，贷记“应交税费——应交城市维护建设税”科目。

(五) 应交房产税、土地使用税、车船税、印花税和矿产资源补偿费等

房产税是国家对在城市、县城、建制镇和工矿区征收的由产权所有人缴纳的一种税。房产税依照房产原值一次减除 10%～30%后的余额计算缴纳。没有房产原值作为依据的，由房产所在地税务机关参考同类房产核定；房产出租的，以房产租金收入为房产税的计税依据。

土地使用税是国家为了合理利用城镇土地，调节土地级差收入，提高土地使用效益，加强土地管理而开征的一种税，以纳税人实际占用的土地面积为计税依据，依照规定税额计算征收。

车船税由拥有并且使用车船的单位和个人缴纳，车船税按照适用税额计算缴纳。

企业按规定计算应交的房产税、土地使用税、车船税时，借记“税金及附加”科目，贷记“应交税费——应交房产税(或土地使用税、车船税)”科目。

印花税、契税和耕地占用税不需要通过“应交税费”科目核算。印花税是对书立、领受购销合同等凭证行为征收的税款，实行由纳税人根据规定自行计算应纳税额，购买并一次贴足印花税票的缴纳方法。因此，企业缴纳的印花税于购买印花税票时，直接作为税金及附加处理。

企业除了上述的流动负债以外，还有应付股利、其他应付款等其他流动负债。

应付股利包括应付给投资者的现金股利、应付给国家以及其他单位、个人的利润等。

其他应付款是指除应付账款、应付票据、预收账款、应付职工薪酬、应交税费、应付股利等经营活动以外的其他应付、暂收款项，如应付租入包装物租金、存入保证金等。

本章小结

负债是指企业过去的交易或者事项形成的、预期会导致经济利益流出企业的现时义务。负债的清偿会导致经济利益流出企业。流动负债是指将在一年或者超过一年的一个营业周期内偿还的债务，主要包括短期借款、应付票据、应付账款、预收账款、应付职工薪酬、应付股利、应交税费等。

短期借款是指企业向银行或其他金融机构等借入的期限在 1 年以下(含 1 年)的各种借款。企业的应付利息既包括上述短期借款应负担的利息，也包括分期付息到期还本的长期借款、企业债券等应支付的利息。

应付票据包括商业承兑汇票和银行承兑汇票。应付账款是因购买材料、商品或接受劳务供应等而发生的债务。一般按应付金额入账，而不考虑应付金额的现值，会计实务中现金折扣采用总价法核算。预收账款情况不多的企业，可直接通过应收账款科目核算。

职工薪酬，是指企业为获得职工提供的服务而给予各种形式的报酬以及其他相关支出，包括职工在职期间和离职后提供给职工的全部货币性薪酬和非货币性福利、企业提供给职工配偶、子女或其他被赡养人的福利以及对职工的股份支付等。具体内容包括职工工资、职工福利费、社会保险费、住房公积金、工会经费和职工教育经费、非货币性福利、辞退福利等。具有明确计提标准的货币性薪酬，企业应当按照规定的标准计提，确定应承担的职工薪酬义务；没有明确计提标准的货币性薪酬，企业应当根据历史经验数据和自身实际情况，计算确定应付职工薪酬金额和应计入成本费用的薪酬金额。

企业应缴纳的税金，包括增值税、消费税、所得税、资源税、土地增值税、城市维护建设税、房产税、土地使用税、车船税、教育费附加、矿产资源补偿费等税费。

复习思考题

1. 负债的确认必须具备哪些条件？
2. 职工薪酬包含哪些内容？
3. 如何进行货币性职工薪酬的核算？
4. 如何进行非货币性职工福利的核算？
5. 企业应交的税费有哪些？
6. 其他应付款包含哪些内容？

自测题

一、单项选择题

1. 下列行为中，在增值税处理上需要将进项税额转出的项目是(　　)。

A. 将外购的一批材料用于产品生产　　B. 在建工程领用一批专用物资

C. 将外购的原材料用于集体福利　　D. 将自产产品用于工程

2. 企业缴纳的下列税款，不应计入税金及附加的是(　　)。

A. 房产税　　B. 车船使用税　　C. 增值税　　D. 印花税

3. 甲公司本期应交房产税2万元，印花税1万元，土地增值税3万元，教育费附加1万元，则本期影响应交税费科目的金额是(　　)万元。

A. 7　　B. 6　　C. 5　　D. 3

4. 下列税金中，不应计入存货成本的是(　　)。

A. 由受托方代扣代交的委托加工直接用于对外销售的商品负担的消费税

B. 由受托方代扣代交的委托加工继续用于生产应税消费品负担的消费税

C. 小规模纳税企业购入生产用材料支付的增值税

D. 商品流通企业外购商品时所支付的运输费用

5. 企业对确实无法支付的应付账款，应转入(　　)科目。

A. “其他业务收入”　B. “盈余公积”　　C. “营业外收入”　　D. “资本公积”

二、多项选择题

1. 下列税金中，通过“应交税费”科目核算的有(　　)。

A. 消费税　　B. 资源税　　C. 印花税　　D. 所得税

2. 关于非货币性职工薪酬，下列说法中不正确的有(　　)。

A. 难以认定受益对象的非货币性福利，直接计入当期损益和应付职工薪酬

B. 企业将拥有的房屋等资产无偿提供给职工使用的，应当根据受益对象，按照该住房的公允价值计入相关资产成本或当期损益，同时确认应付职工薪酬

C. 企业租赁住房等资产供职工无偿使用的，应当根据受益对象，将每期应付的租金计入

相关资产成本或当期损益，并确认应付职工薪酬

D. 企业以其自产产品作为非货币性福利发放给职工的，应当根据受益对象，按照产品的账面价值，计入相关资产成本或当期损益，同时确认应付职工薪酬

3. 企业所发生的下列税费中，应记入“税金及附加”科目的有(　　)。

A. 出售不动产应交的增值税　　B. 按规定计提的教育费附加

C. 房地产企业出售商品房应交的房产税　　D. 印花税

4. 下列项目中，属于职工薪酬的有(　　)。

A. 职工出差报销的飞机票　　B. 非货币性福利

C. 职工津贴和补贴　　D. 因解除与职工的劳动关系给予的补偿

5. 下列项目中，应按国家规定的计提基础和计提比例确认为应付职工薪酬的有(　　)。

A. 养老保险费　　B. 医疗保险费　　C. 住房公积金　　D. 工会经费

6. 企业应付的职工薪酬，应分别下列情况处理(　　)。

A. 应由生产产品、提供劳务负担的职工薪酬，计入产品成本或劳务成本

B. 应由在建工程负担的职工薪酬，计入建造固定资产成本

C. 除A、B两项之外的其他职工薪酬，计入当期损益

D. 合理预计并确认辞退福利产生的应付职工薪酬，确认为管理费用

三、判断题

1. 企业为鼓励生产车间职工自愿接受裁减而给予的补偿，应记入“生产成本”科目。(　　)

2. 企业的非货币性福利属于职工薪酬。(　　)

3. 辞退福利是指职工劳动合同到期前，经职工本人同意后企业决定解除与职工的劳动关系而给予的补偿。(　　)

4. 预收账款不多的企业，可将预收的货款直接记入“应收账款”科目的贷方。(　　)

5. 所有没有取得增值税专用发票的购入物资所支付的增值税，都不计入进项税额。(　　)

6. 小规模纳税企业的应交增值税金额直接根据销售额按7%计算。(　　)

7. 耕地占用税、契税、印花税不需要通过应交税费科目核算，于发生时直接支付。(　　)

8. “五险一金”以及工会经费和职工教育经费等，应当按照国家规定的标准计提。(　　)

9. 企业发生的可转换公司债券转换过程中发生的交易费用，应当计入权益成分。(　　)

练习题

习题一

一、目的：练习流动负债的核算。

二、资料：

某企业为一般纳税人，增值税税率为13%，本月发生以下业务：

(1) 购进A商品一批，价款为400万元，增值税税率为13%，增值税税额为52万元，货款(价税合计)尚未支付。

(2) 本月销售A商品一批，销货款为600万元，增值税税率为13%，增值税税款为78万

元，货款已收到。

(3) 购入甲材料一批，增值税专用发票上注明的增值税税额为6.3万元，材料价款为50万元，材料已入库，货款已支付。

(4) 企业以库存商品20万元、计税价格30万元，对其他企业进行长期投资。

(5) 购进汽车一辆，价款为60万元，增值税税额为7.8万元，已投入使用，款项已支付。

(6) 从小规模纳税企业购入材料一批，含税价206万元，未取得增值税专用发票，税率3%。开出一张面值为206万元的1个月期的商业承兑汇票。

(7) 期末盘点，发现原材料盘亏10万元，经查是保管人责任，应全额赔偿。

(8) 企业以其生产的产品偿还所欠债务24万元。产品市场价20万元，成本18万元，开出增值税专用发票。

三、要求：根据以上业务，编制相关会计分录。

习题二

一、目的：练习应付职工薪酬的账务处理。

二、资料：

有关应付职工薪酬的资料如下：

(1) 2019年12月，公司当月应发工资4 000万元，其中：直接生产人员3 000万元，生产部门管理人员420万元，公司管理部门人员360万元，专设销售机构人员100万元，内部开发人员开发阶段工资120万元。根据当地政府规定，公司分别按照职工工资总额的10%、12%、2%和10.5%计提医疗保险费、养老保险费、失业保险费和住房公积金，分别按照工资总额的2%、2%和1.5%计提职工福利费、工会经费和职工教育经费。

(2) 假设扣除800万元的所得税、200万元的代垫职工医药费后将其余款项通过银行结算。

(3) 经董事会决定，公司对100名管理人员发放自行生产的液晶彩电作为福利。彩电的生产成本为5 000元，不含税价格为7 000元，增值税为13%。其中，车间管理人员为95名，高层管理人员5名。

(4) 公司为10位分公司管理人员发放外购的手提电脑一台，电脑的购入成本为每台5 000元，增值税税率为13%。

(5) 公司为公司高管提供汽车并免费使用。假定汽车每月计提折旧共计90 000元。

三、要求：编制会计分录。

第十章　非流动负债及债务重组

学习要点

1. 长期借款的会计处理；
2. 应付债券的会计处理；
3. 借款利息及借款费用资本化；
4. 债务重组的方式和会计处理。

非流动负债是指偿还期超过1年，或超过1年的一个经营周期以上的各种借款和其他债务，包括长期借款、应付债券、长期应付款、专项应付款、预计负债、递延所得税负债及其他非流动负债等。本章主要涉及长期借款、应付债券和借款费用资本化等内容。

第一节　长期借款

一、长期借款的科目设置

长期借款是指企业从银行或其他金融机构借入的偿还期在1年以上的各种借款。通过长期借款所筹集的资金往往有专门的用途，如用于企业筹建、用于固定资产投资、用于更新改造或扩大生产规模等项目，相应地，由此产生的利息支出就涉及借款费用资本化和费用化金额的确定。

企业应设置“长期借款”科目核算长期借款的取得和偿还情况，并按贷款种类，分别按“长期借款——本金”“长期借款——利息调整”科目进行明细核算。

企业的长期外币借款的本金和外币折合差额也都通过“长期借款”科目核算。长期外币借款的利息支出和外币折算差额，应当按照外币业务核算的有关办法，按期计入在建工程成本或当期财务费用。

二、长期借款的会计处理

(一) 取得长期借款

当企业取得长期借款时，按实际收到的款项，借记“银行存款”科目，贷记“长期借款——本金”科目；按借贷双方之间的差额，借记“长期借款——利息调整”科目。

例10-1　2019年1月2日某企业为改造一条生产流水线，借入期限为2年的长期专门借款300 000元，款项已存入银行。借款利率为6%，每年付息一次，期满后一次还清本金。根据上述业务，编制有关会计分录如下：

借：银行存款 300 000
　　贷：长期借款 300 000

(二) 长期借款的利息

在资产负债表日，企业长期借款的利息费用应当按照实际利率法计算确定。如果实际利率与合同利率相同或差异很小，可以按合同利率计算确定利息费用。

企业筹建期间的长期借款利息费用，计入管理费用；生产经营期间的借款利息，计入财务费用；如果长期借款用于购建固定资产或其他满足资本化条件资产的，在固定资产尚未达到预定可使用状态前所发生的应当资本化的利息支出数，计入在建工程成本或存货成本；无法满足资本化条件的借款费用，计入当期损益，借记"在建工程""财务费用"等科目，贷记"应付利息"科目，按其差额，贷记"长期借款——利息调整"科目。

长期借款的应付利息按合同借款本金和利率计算确定。

例 10－2 根据上例资料，年末，支付一年的长期借款利息 18 000 元，其中满足资本化条件的利息 8 000 元。根据业务，编制有关会计分录如下：

借：在建工程 8 000
　　财务费用 10 000
　　贷：应付利息 18 000
借：应付利息 18 000
　　贷：银行存款 18 000

(三) 到期归还借款

企业归还长期借款，按归还的长期借款本金借记"长期借款——本金"科目，按实际归还的款项贷记"银行存款"科目，按转销的利息调整金额贷记"长期借款——利息调整"科目，按借贷双方之间的差额借记"在建工程""财务费用"等科目。

例 10－3 某企业为建造一幢厂房，2019 年 1 月 5 日借入期限为两年的长期专门借款 1 000 000 元，款项已存入银行。借款利率为 9%，每年付息一次，期满后一次还清本金。2019 年年初以银行存款支付工程价款共计 600 000 元，2020 年年初又以银行存款支付工程费用 400 000 元。该厂房 2020 年 8 月底完工，达到预定可使用状态。假定不考虑闲置专门借款资金存款的利息收入或者投资收益。假设合同利率与实际利率相同，按合同利率核算借款利息。

根据上述业务，编制有关会计分录如下：

(1) 2019 年 1 月 5 日取得借款时：

借：银行存款 1 000 000
　　贷：长期借款 1 000 000

(2) 2019 年年初支付工程款时：

借：在建工程 600 000
　　贷：银行存款 600 000

(3) 2019 年 12 月 31 日计算应资本化利息时：

借：在建工程 90 000
　　贷：应付利息 90 000

(4) 2019 年 12 月 31 日支付借款利息时：

借：应付利息　　90 000

　　贷：银行存款　　90 000

(5) 2020 年年初支付工程款时：

借：在建工程　　400 000

　　贷：银行存款　　400 000

(6) 2020 年 8 月底达到预定可使用状态时：

(1 000 000×9%÷12)×8=60 000(元)

借：在建工程　　60 000

　　贷：应付利息　　60 000

借：固定资产　　1 150 000

　　贷：在建工程　　1 150 000

(7) 2020 年 12 月 31 日计算 4 个月应计入财务费用的利息：

(1 000 000×9%÷12)×4=30 000(元)

借：财务费用　　30 000

　　贷：应付利息　　30 000

(8) 2020 年 12 月 31 日支付利息时：

借：应付利息　　90 000

　　贷：银行存款　　90 000

(9) 2021 年 1 月 5 日到期还本时：

借：长期借款　　1 000 000

　　贷：银行存款　　1 000 000

第二节　应付债券

应付债券是企业筹集长期使用资金而发行的一种书面凭证。通常，该凭证载有债券的面值、利率、期限等。长期债券的偿还期通常在 1 年或一个营业周期以上。长期债券按不同的标准可分为：公司债券、企业债券、地方政府债券和国债；担保债券和无担保债券；记名债券和无记名债券；可赎回债券和可转换债券；普通债券和收益债券等。

一、债券价格的确定与发行

企业发行 1 年期以上的债券，构成了企业的长期负债。由于长期债券的入账价值应按未来支付债券本息的现值计价，贴现率为市场利率(实际利率)，市场利率通常选择同期限银行存款的利率，所以债券的发行价格受同期限银行存款利率的影响较大。根据公司债券票面利率与实际利率的关系，债券有按面值发行、溢价发行、折价发行三种发行方式。

假设其他条件不变，债券的票面利率高于同期银行存款利率时，可按超过债券票面价值的价格发行，称为溢价发行。溢价是企业以后各期多付利息而事先得到的补偿。

如果债权的票面利率低于同期银行存款利率，可按低于债券面值的价格发行，称为折价发行。折价是企业以后各期少付利息而预先给投资者的补偿。

如果债券的票面利率与同期银行存款利率相同,可按票面价格发行,称为按面值发行。

债券的溢价或折价本质上是发行债券企业在债券存续期间对利息费用的一种调整。然而,债券一经发行,债券信托合同就告成立。其后,无论市场利率如何变动,对已发行的债券没有影响,也不必调整会计处理。债券发行价格的公式如下:

债券发行价格=债券面值×1元的现值系数+债券利息×1元的年金现值系数

二、一般公司债券发行的会计处理

进行长期债券的会计处理时,应设置“应付债券”总账科目,并在该总账科目下设置“面值”“利息调整”和“应计利息”三个明细科目。

无论是按面值发行还是溢价发行或折价发行,均按债券面值记入“应付债券”科目的“面值”明细科目,实际收到的款项与面值的差额记入“利息调整”明细科目。企业发行债券时,按实际收到的款项借记“银行存款”“库存现金”等科目,按债券票面价值贷记“应付债券——面值”科目,按实际收到的款项与票面价值之间的差额贷记或借记“应付债券——利息调整”科目。

三、利息调整的摊销

发行债券时实际收到的款项与票面价值之间的差额即应付债券的利息调整,应该在确认应付利息时予以摊销,将按票面确认的应付利息调整为按实际利率计算的利息费用。

会计准则规定,债券利息调整在债券存续期间的摊销要求采用实际利率法。实际利率法是指按照应付债券的实际利率计算其摊余成本及各期利息费用的方法;实际利率是指将应付债券在债券存续期间的未来现金流量折现为该债券当前账面价值所使用的利率。

资产负债表日,对于分期付息、一次还本的债券,企业应按应付债券的摊余成本和实际利率计算确定的债券利息费用借记“在建工程”“制造费用”“财务费用”等科目,按票面利率计算确定的应付未付利息贷记“应付利息”科目,按其差额借记或贷记“应付债券——利息调整”科目。

例10-4 2019年12月31日,甲公司经批准发行3年期一次还本、分期付息的公司债券500 000元,用于公司办公楼工程,债券利息在每年12月31日支付,票面利率为年利率10%,债券发行时的市场利率为8%。工程于2021年12月28日完工。债券的实际发行价格为525 850元。

甲公司根据上述资料采用实际利率法和摊余成本计算确定的利息费用,如表10-1所示。

表10-1 利息费用摊销表 单位:元

付息日期	支付利息	利息费用	摊销的利息调整	应付债券摊余成本
2019年12月31日				525 850
2020年12月31日	50 000	42 068	7 932	517 918
2021年12月31日	50 000	41 433	8 567	509 351
2022年12月31日	50 000	40 649*	9 351	500 000

注:*为尾数调整。

根据表 10-1 的资料，甲公司的账务处理如下：

(1) 2019 年 12 月 31 日发行债券时：

借：银行存款　　525 850

　贷：应付债券——面值　　500 000

　　　　　　——利息调整　　25 850

(2) 2020 年 12 月 31 日计算利息费用时：

借：在建工程(工程完工前)　　42 068

　应付债券——利息调整　　7 932

　贷：应付利息　　50 000

借：应付利息　　50 000

　贷：银行存款　　50 000

2021 年确认利息费用的会计处理同 2020 年相似。

(3) 2022 年 12 月 31 日归还债券本金及最后一期利息费用时：

借：财务费用(工程完工后)　　40 649

　应付债券——面值　　500 000

　　　　　——利息调整　　9 351

　贷：银行存款　　550 000

对于一次还本付息的债券，按票面利率计算确定的应付未付利息，应贷记“应付债券——应计利息”科目。

四、债券到期的偿还

企业发行的债券通常分为到期一次还本付息或一次还本、分期付息两种。

采用一次还本、分期付息方式的，在每期支付利息时，借记“应付利息”科目，贷记“银行存款”科目；债券到期偿还本金并支付最后一期利息时，借记“应付债券——面值”“在建工程”“财务费用”等科目，贷记“银行存款”科目，按借贷双方之间的差额借记或贷记“应付债券——利息调整”科目。

采用一次还本付息方式的，企业应于债券到期支付债券本息时，借记“应付债券——面值、应计利息”科目，贷记“银行存款”科目。

五、可转换公司债券

我国发行可转换公司债券采取记名式无纸化发行方式，债券最短期限为 3 年，最长期限为 5 年。

可转换公司债券在未转换为股份前的会计核算以及偿还债券本息的会计核算与一般公司债券相同。债券持有者行使转换权利，将可转换公司债券转换为股份时，如债券面额不足转换 1 股股份的部分，企业应当以现金偿还。

对于到期不选择转换为股份的可转换公司债券，按照可转换公司债券募集说明书的约定，于期满后 5 个工作日内偿还本息。

(一) 可转换公司债券的初始确认

(1) 在初始确认时分拆负债成分和权益成分，将负债成分确认为应付债券，将权益成分确认为资本公积。

(2) 按负债成分未来现金流量进行折现，确认为应付债券的初始金额。

(3) 按发行价格总额扣除应付债券后确定权益成分的金额，计入其他权益工具。

交易费用在负债成分和权益成分之间按公允价值进行分摊。

(二) 可转换公司债券的会计处理

企业应设置"应付债券——可转换公司债券"科目，进行可转换公司债券的明细核算。

(1) 发行时，企业应按实际收到的款项，借记"银行存款"等科目；按可转换公司债券包含的负债成分面值，贷记"应付债券——可转换公司债券(面值)"科目；按权益成分的公允价值，贷记"其他权益工具"科目；按借贷双方之间的差额，借记或贷记"应付债券——可转换公司债券(利息调整)"科目。

(2) 持有期间的可转换公司债券，与一般公司债券类似，采用实际利率法进行利息调整的摊销。

(3) 可转换公司债券选择行使转换权，将债券转换为股票时，按可转换公司债券的余额，借记"应付债券——可转换公司债券"科目；按权益成分金额，借记"其他权益工具"科目；按股票面值总额，贷记"股本"科目；按其差额，贷记"资本公积——股本溢价"科目。

例 10-5 2019 年 1 月 1 日按面值发行 5 年期一次还本付息的可转换公司债券 2 亿元，票面利率为 6%，市场利率为 9%。可转换公司债券负债成分的公允价值为 176 656 400 元，权益成分为 23 343 600 元。1 年后全部按债券面值和应计利息之和转换为面值 1 元的股票，初始转股价为每股 10 元。

借：银行存款	200 000 000	
应付债券——可转换公司债券——利息调整	23 343 600	
贷：应付债券——可转换公司债券——面值		200 000 000
其他权益工具		23 343 600
借：财务费用等(176 656 400×9%)	15 899 076	
贷：应付债券——可转换公司债券——应计利息		12 000 000
——可转换公司债券——利息调整		3 899 076

转换的股份数＝(200 000 000＋12 000 000)÷10＝21 200 000(股)

借：应付债券——可转换公司债券——面值	200 000 000	
——可转换公司债券——应计利息	12 000 000	
其他权益工具	23 343 600	
贷：股本		21 200 000
应付债券——可转换公司债券——利息调整		19 444 524
资本公积——股本溢价		194 699 076

第三节 借款费用资本化

企业的借款包括专门借款和一般借款。

专门借款是指为购建或者生产符合资本化条件的资产而专门借入的款项。专门借款通常有明确的专门用途，即为购建或者生产某项符合资本化条件的资产而专门借入的，并通常具有标明该用途的借款合同。一般借款是指除专门借款之外的借款。相对于专门借款而言，一般借款在借入时，其用途通常没有特指用于符合资本化条件的资产的购建或者生产。

一、借款费用及其范围

借款费用是企业因借入资金所付出的代价，包括借款利息、折价或者溢价的摊销、辅助费用以及因外币借款而发生的汇兑差额等。

(一) 因借款而发生的利息

因借款而发生的利息，包括企业向银行或者其他金融机构等借入资金发生的利息，发行公司债券发生的利息，以及企业应承担的带息债务利息等。

(二) 因借款而发生的折价或溢价的摊销

因借款而发生的折价或者溢价摊销主要是指发行债券所发生的折价或者溢价在存续期间按实际利率对债券票面利息的调整金额。

(三) 因外币借款而发生的汇兑差额

因外币借款而发生的汇兑差额，是指由于汇率变动导致市场汇率与账面汇率出现差异，从而对外币借款本金及其利息的记账本位币金额所产生的影响金额。

(四) 因借款而发生的辅助费用

因借款而发生的辅助费用，是指企业在借款过程中发生的诸如手续费、佣金、印刷费等费用。

企业发生的权益性融资费用，不应包括在借款费用中。

二、借款费用的确认原则

根据借款费用准则的规定，借款费用确认的基本原则为：企业发生的借款费用，可直接归属于符合资本化条件的资产的购建或者生产的，应当予以资本化，计入相关资产成本；其他借款费用，应当在发生时根据其发生额确认为费用，计入当期损益。

符合资本化条件的资产是指需要经过相当长时间的购建或者生产活动才能达到预定可使用或者可销售状态的固定资产、投资性房地产和存货等。其中，“相当长时间”应当是指为资产的购建或者生产所必需的时间，通常为 1 年以上(含 1 年)。

符合资本化条件的存货，主要包括房地产开发企业开发的用于对外出售的房地产开发产品、企业制造的用于对外出售的大型机械设备等。这类存货通常需要经过相当长时间的建造或者生产过程，才能达到预定可销售状态。

建造合同成本、确认为无形资产的开发支出等在符合条件的情况下，也可以认定为符合资本化条件的资产。

三、借款费用资本化期间的确定

企业只有发生在资本化期间内的有关借款费用，才允许资本化。资本化期间的确定是借款费用确认和计量的重要前提。借款费用资本化期间，是指从借款费用开始资本化时到停止资本化时的期间，但不包括借款费用暂停资本化的期间。

（一）借款费用开始资本化的时点

借款费用必须同时满足以下三个条件时才可以开始资本化：

1. 资产支出已经发生

资产支出已经发生，是指企业已经发生了支付现金、转移非现金资产或者承担带息债务形式所发生的支出。其中，支付现金，是指用货币资金支付符合资本化条件的资产的购建或者生产支出；转移非现金资产，是指企业将自己的非现金资产直接用于符合资本化条件的资产的购建或者生产；承担带息债务，是指企业为了购建或者生产符合资本化条件的资产所需用物资等而承担的带息应付款项（如带息应付票据）。

2. 借款费用已经发生

借款费用已经发生，是指企业已经发生了因购建或者生产符合资本化条件的资产而专门借入款项的借款费用或者所占用的一般借款的借款费用。为建造一幢建设期为 2 年的厂房从银行专门借入款项当日开始计息，即应当认为借款费用已经发生。

3. 为使资产达到预定可使用或者可销售状态所必要的购建或者生产活动已经开始

为使资产达到预定可使用或者可销售状态所必要的购建生产活动已经开始，是指符合资本化条件的资产的实体建造或者生产工作已经开始，例如厂房的实际开工建造等。

企业只有在上述三个条件同时满足的情况下，有关借款费用才可开始资本化；只要其中有一个条件没有满足，借款费用就不能开始资本化。

在我国，因安排专门借款而发生的一次性支付的辅助费用，一般不考虑开始资本化的三个条件，应当在发生时予以资本化，如发行债券的手续费、初始借款手续费应当在实际支付时予以资本化。

（二）借款费用暂停资本化的时点

符合资本化条件的资产在购建或者生产过程中发生非正常中断且中断时间连续超过 3 个月的，应当暂停借款费用的资本化。非正常中断期间所发生的借款费用不应资本化，而应作为财务费用计入当期损益。

非正常中断，通常是由于企业管理决策上的原因或者其他不可预见的原因等导致的中断。比如，企业因与施工方发生了质量纠纷，或者工程、生产用料没有及时供应，或者资金周转发生了困难，或者施工、生产发生了安全事故，或者发生了与资产购建、生产有关的劳动纠纷等原因，导致资产购建或者生产活动发生中断，均属于非正常中断。

如果是因购建或者生产符合资本化条件的资产达到预定可使用或者可销售状态所必要的程序，或者事先可预见的不可抗力因素导致的中断，中断期间所发生的借款费用可以继续资本化，计入相关资产的成本。

（三）借款费用停止资本化的时点

购建或者生产符合资本化条件的资产达到预定可使用或者可销售状态时，借款费用应当停止资本化。在符合资本化条件的资产达到预定可使用或者可销售状态之后所发生的借款费用，应当在发生时根据其发生额确认为费用，计入当期损益。购建或者生产符合资本化条件的资产达到预定可使用或者可销售状态，可从以下几个方面来判断：

(1) 符合资本化条件的资产的实体建造(包括安装)或者生产工作已经全部完成或者实质上已经完成。

(2) 所购建或者生产的符合资本化条件的资产与设计要求、合同规定或者生产要求相符或者基本相符，即使有极个别与设计、合同或者生产要求不相符的地方，也不影响其正常使用或者销售。

(3) 继续发生在所购建或生产的符合资本化条件的资产上的支出金额很少或者几乎不再发生。

所购建或者生产的资产分别建造、分别完工的，企业应当区别情况界定借款费用停止资本化的时点。

所购建或者生产的符合资本化条件的资产的各部分分别完工，且为使该部分资产达到预定可使用或可销售状态所必要的购建或者生产活动实质上已经完成的，应当停止与该部分资产相关的借款费用的资本化。

企业购建或者生产的资产的各部分分别完工，但必须等到整体完工后才可使用或者对外销售的，应当在该资产整体完工时停止借款费用的资本化。

四、借款费用资本化金额的确定

借款费用的核算涉及每期借款费用发生的总额和应予资本化的借款费用金额，而每期应当计入当期损益的借款费用则根据当期实际发生的借款费用总额减去当期应予资本化的借款费用金额后的余额加以确认。因此，借款费用核算的关键是如何确定每期应予资本化的借款费用金额。

要确定每期应予资本化的借款费用金额，应当首先判断符合资本化条件的资产在购建或者生产过程所占用的资金来源，并按照下列规定确定：

(1) 为购建或者生产符合资本化条件的资产而借入专门借款的，应当以专门借款当期实际发生的利息费用，减去将尚未动用的借款资金存入银行取得的利息收入或进行暂时性投资取得的投资收益后的金额确定。

(2) 在确定一般借款利息费用应予资本化的金额时，应当与每期实际发生的资产支出金额挂钩，根据累计资产支出加权平均数乘以一般借款的资本化率确定。

对于借款辅助费用资本化金额与外币专门借款汇兑差额资本化金额，可以不必与资产支出挂钩，直接根据实际发生额计算确定。

需要强调的是，每一会计期间的利息资本化金额不应当超过当期相关借款实际发生的利息金额。

五、专门借款利息费用的核算

企业取得的专门借款，除了投入使用的资产支出外，可以将暂时闲置的专门借款资金存入银行取得利息收入或者进行暂时性投资获取投资收益。在这种情况下，企业应当将这些相关的利息收入或者投资收益从资本化金额中扣除。所以，在资本化期间内发生的企业专门借款的利息费用，应当以专门借款当期实际发生的利息费用减去将尚未动用的借款的利息收入或投资收益后的金额，确定为专门借款利息费用资本化的金额，计入符合资本化条件的资产的成本。在费用化期间发生的企业专门借款的利息费用，以当期实际发生的利息费用减去将尚未动用的借款的利息收入或投资收益后的金额，确定为当期损益。

例 10-6 C公司于2019年1月5日采用出包方式动工兴建一幢办公楼，2019年1月5日专门借款2 000万元，期限3年，年利率6%；分别于2019年1月5日和2020年1月5日支付工程款500万元及1 000万元，借款利息按年支付；闲置借款资金均用于债券投资，月收益率为0.5%。工程于2020年6月30日完工，达到预定可使用状态。

公司为建造办公楼应予资本化的利息金额计算如下：

2019年专门借款的利息金额＝2 000×6%＝120(万元)

2019年投资收益＝1 500×0.5%×12＝90(万元)

2019年的利息资本化金额＝120－90＝30(万元)

借：在建工程	300 000	
应收利息(或银行存款)	900 000	
贷：应付利息		1 200 000

2020年1月5日至6月30日的利息金额＝2 000×6%×6/12＝60(万元)

投资收益＝500×0.5%×6＝15(万元)

2020年的利息资本化金额＝60－15＝45(万元)

2020年6月30日：

借：在建工程	450 000	
应收利息(或银行存款)	150 000	
贷：应付利息		600 000

六、一般借款利息费用的核算

企业在购建或者生产符合资本化条件的资产时，如果专门借款资金不足，占用了一般借款资金的，应当根据为购建或者生产符合资本化条件的资产而发生的累计资产支出超过专门借款部分的资产支出加权平均数乘以所占用一般借款的资本化率，计算确定一般借款应予资本化的利息金额。

企业为购建或者生产符合资本化条件的资产并没有借入专门借款，而占用的是一般借款资金，则应以累计资产支出加权平均数为基础计算所占用的一般借款利息资本化金额。资本化率应当根据一般借款加权平均利率计算确定。用公式表示如下：

$$\text{一般借款利息费用资本化金额}(A)=\text{累计支出的加权平均数}(B)\times\text{资本化率}(C)$$

$$\text{累计支出的加权平均数}(B)=\sum\text{实际支出}\times\frac{\text{占用天数}}{\text{当期天数}}$$

$$\text{资本化率}(C)=\frac{\text{当期利息支出}(C_1)}{\text{占用本金的加权平均数}(C_2)}\times100\%$$

$$\text{当期利息支出}(C_1)=\text{借款本金}\times\text{利率}\times\frac{\text{占用天数}}{\text{当期天数}}$$

加权平均累计支出 $= \sum$ 每笔资产支出金额×每笔资产支出占用的天数÷会计期间涵盖的天数

例 10－7 假定C公司占用的是一般借款。2019年1月5日借款2 000万元，期限为3年，年利率为6%。2019年7月1日向银行借款4 000万元，期限为2年，年利率为8%，均按年支付利息。2019年1月5日、2019年7月1日、2020年1月5日分别支付工程款500万元、200万元和1 300万元。工程于2020年6月30日完工公司为建造办公楼应予资本化的利息金额计算如下：

2019年资本化率＝(2 000×6%＋4 000×8%×1/2)÷(2 000＋4 000×1/2)＝7%

累计资产支出加权平均数＝500＋200×1/2＝600(万元)

2019年资本化金额＝600×7%＝42(万元)

2019年实际发生借款利息费用＝2 000×6%＋4 000×8%×1/2＝280(万元)

借：在建工程	420 000	
财务费用	2 380 000	
贷：应付利息		2 800 000

2020年资本化率＝(2 000×6%＋4 000×8%)÷(2 000＋4 000)＝7.3%

累计资产支出加权平均数＝700×1/2＋1 300×1/2＝1 000(万元)

2020年资本化金额＝1 000×7.3%＝73(万元)，实际借款利息440万元。

借：在建工程	730 000	
财务费用	3 670 000	
贷：应付利息		4 400 000

第四节　债务重组

一、债务重组的定义

债务重组，是指在债务人发生财务困难的情况下，债权人按照其与债务人达成的协议或法院的裁定作出让步的事项。债务人发生财务困难是债务重组的前提条件，而债权人作出让步是债务重组的必要条件。

债务重组定义中的债务人发生财务困难，是指债务人出现资金周转困难或经营陷入困境，导致其无法或者没有能力按原定条件偿还债务；而债权人作出让步，是指债权人同意发生财务困难的债务人现在或者将来以低于重组债务账面价值的金额或者价值偿还债务。一般情况下，债权人作出让步的情形主要包括：债权人减免债务人部分债务本金或者利息、降低债务人应付债务的利率等。

二、债务重组的方式

企业进行债务重组主要采用以下几种方式：

(一) 以资产清偿债务

在这种债务重组方式下，债务人转让其资产给债权人以清偿债务。用于偿债的资产可以是现金、存货、固定资产、无形资产、股权投资等。而且以低于债务的账面价值的现金清偿债务才能确定为债务重组；如果以等量的现金偿还所欠债务，则不属于债务重组。

（二）将债务转为资本

在这种债务重组方式下，债务人将债务转为资本，同时债权人将债权转为股权。债务人根据转换协议，将应付可转换公司债券转为资本的，则属于正常情况下的债务转资本。债务转为资本的结果是，债务人因此而增加股本（或实收资本），债权人因此而增加股权。

（三）修改其他债务条件

这是指修改不包括上述第一、第二种情形在内的债务条件进行债务重组的方式，如减少债务本金、降低利率、免去应付未付的利息等。

（四）以上三种方式的组合

这是指采用以上三种方法共同清偿债务的债务重组形式。例如，以转让资产清偿某项债务的一部分，另一部分债务通过修改其他债务条件进行债务重组。

三、债务重组的会计处理

（一）以现金清偿债务

债务人以现金清偿债务的，债务人应当将重组债务的账面价值与支付的现金之间的差额确认为债务重组利得，作为营业外收入，计入当期损益；债权人应当将重组债权的账面价值与收到的现金之间的差额确认为债务重组损失，计入当期损益。重组债权已经计提减值准备的，应先冲减已计提的减值准备；冲减后仍有损失的，计入债务重组损失。

例 10－8 按借款合同的规定，乙公司应于 2019 年 4 月 1 日前偿付甲公司货款 24 000 元。由于乙公司发生财务困难，双方协议进行债务重组。甲公司同意减免乙公司 4 000 元债务，余额用现金立即偿清。乙公司转账支付了该笔剩余款项。甲公司已计提 1 000 元的坏账准备。相关的账务处理如下：

（1）乙公司的账务处理：

应付账款账面余额	24 000
减：支付的现金	20 000
债务重组利得	4 000

借：应付账款　　24 000
　贷：银行存款　　20 000
　　营业外收入——债务重组利得　　4 000

（2）甲公司的账务处理：

借：银行存款　　20 000
　营业外支出——债务重组损失　　3 000
　坏账准备　　1 000
　贷：应收账款　　24 000

（二）以非现金资产清偿债务

债务人以非现金资产清偿某项债务的，债务人应当将重组债务的账面价值与转让的非现金资产的公允价值之间的差额确认为债务重组利得，计入当期损益。转让的非现金资产的公允价值与其账面价值的差额作为转让资产损益，计入当期损益。债权人应当对受让的非现金资产按其公允价值入账，重组债权的账面余额与受让的非现金资产的公允价值之间的差额，确认为债务重组损失，计入当期损益；重组债权已经计提减值准备的，应当先将上述差额冲减已计提的减值准备；冲减后仍有损失的，计入债务重组损失。

例 10－9 按合同规定，甲公司应于 2019 年 4 月 1 日偿还金融机构长期借款 24 000 元。由于企业发生财务困难，双方协议进行债务重组。甲公司以其生产的产品偿还债务，免除利息 400 元。产品公允价值为 20 000 元，成本为 12 000 元，增值税税率为 13%。金融机构收到抵债的产品作为库存商品入库。甲公司的账务处理如下：

长期借款的账面余额和利息	24 400
减：所转让产品的公允价值	20 000
增值税销项税额(20 000×13%)	2 600
债务重组利得	1 800

借：长期借款　　24 000
　　应付利息　　400
　　贷：主营业务收入　　20 000
　　　　应交税费——应交增值税(销项税额)　　2 600
　　　　营业外收入——债务重组利得　　1 800

借：主营业务成本　　12 000
　　贷：库存商品　　12 000

例 10－10 甲、乙公司双方协议进行债务重组。甲同意乙以一台设备偿还购货款 24 000 元。设备原价为 30 000 元，已提折旧 12 000 元，设备公允价值为 20 000 元(假定不考虑税费)。乙公司的账务处理如下：

固定资产清理损益＝20 000－18 000＝2 000(元)

债务重组利得＝24 000－20 000＝4 000(元)

借：固定资产清理　　18 000
　　累计折旧　　12 000
　　贷：固定资产　　30 000

借：应付账款　　24 000
　　贷：固定资产清理　　20 000
　　　　营业外收入——债务重组利得　　4 000

借：固定资产清理　　2 000
　　贷：资产处置损益　　2 000

(三) 将债务转为资本

以债务转为资本方式进行债务重组的，应分别以下情况处理：债务人应将债权人因放弃债权而享有股份的面值总额确认为股本或实收资本；股份的公允价值总额与股本或实收资本之间的差额确认为资本公积。重组债务的账面价值与股份的公允价值总额之间的差额确认为债务重组利得，计入当期损益。债权人应将因放弃债权而享有的股权按公允价值计量。债权的账面余额与股权的公允价值之间的差额，先冲减已提取的减值准备后，确认为债务重组损失。

例 10－11　甲、乙公司双方协议采取将所欠债务 24 000 元转为乙公司股本的方式进行债务重组，假定乙公司以面值 1 元的 10 000 股股票抵偿该项债务，股票每股市价为 2 元。甲公司对其作为长期股权投资处理。应做会计处理如下：

应计入资本公积的金额＝20 000－10 000＝10 000(元)

应确认的债务重组利得＝24 000－20 000＝4 000(元)

借：应付账款	24 000	
贷：股本		10 000
资本公积——股本溢价		10 000
营业外收入——债务重组利得		4 000

四、修改其他债务条件

不附或有条件的债务重组，是指在债务重组中不存在或有应付(或应收)金额，该或有条件需要根据未来某种事项出现而发生的应付(或应收)金额，并且该未来事项的出现具有不确定性。

以修改其他债务条件的债务重组，但不附或有条件的，债务人应将修改其他债务条件后债务的公允价值作为重组后债务的入账价值。重组债务的账面价值与重组后债务的入账价值之间的差额计入损益。

对于债务人而言，以修改其他债务条件进行的债务重组修改后的债务条款如涉及或有应付金额，且该或有应付金额符合或有事项中有关预计负债确认条件的，债务人应当将该或有应付金额确认为预计负债。重组债务的账面价值与重组后债务的入账价值和预计负债金额之和的差额作为债务重组利得，计入营业外收入。

本章小结

负债是指企业过去的交易或者事项形成的，预期会导致经济利益流出企业的现时义务。长期负债是偿还期超过 1 年或大于 1 年的一个营业周期的负债，主要包括长期借款、应付债券和长期应付款等。

企业的借款包括专门借款和一般借款。企业发生的借款费用，可直接归属于符合资本化条件的资产的购建或者生产的，应当予以资本化，计入相关资产成本；其他借款费用，应当在发生时根据其发生额确认为费用，计入当期损益。

应付债券的发行可以有按面值发行、溢价发行、折价发行三种方式。债券的利息调整应该按实际利率法进行摊销，将按票面利率确认的应付利息调整为按实际利率计算的利息费用。

符合资本化条件的资产是指需要经过相当长时间的购建或者生产活动才能达到预定可使用或者可销售状态的固定资产、投资性房地产和存货等。

专门借款当期实际发生的利息费用，减去将尚未动用的借款资金存入银行取得的利息收入或进行暂时性投资取得的投资收益后的金额，确定专门借款利息的资本化金额。在确定一般借款利息费用应予资本化的金额时，应当与每期实际发生的资产支出金额挂钩，根据累计资产支出加权平均数乘以一般借款的资本化率计算确定。

债务重组，是指在债务人发生财务困难的情况下，债权人按照其与债务人达成的协议或法院的裁定作出让步的事项。债务人发生财务困难是债务重组的前提条件，而债权人作出让步是债务重组的必要条件。

企业进行债务重组主要采用的方式包括以资产清偿债务、将债务转为资本、修改其他债务条件或上述三种方式的组合。

复习思考题

1. 如何进行长期借款的核算？
2. 应付债券的发行方式有哪些？
3. 如何确定借款费用资本化的期间？
4. 债券溢价或折价发行的原因是什么？
5. 借款费用资本化的金额如何确定？
6. 债务重组的方式有哪些？

自测题

一、单项选择题

1. 债务重组的方式不包括(　　)。

A. 债务人以低于债务账面价值的现金清偿债务

B. 修改其他债务条件

C. 债务转为资本

D. 借新债还旧债

2. 以现金清偿债务的，债务人应当在满足负债终止确认条件时，终止确认重组债务，并将重组债务的账面价值与实际支付现金之间的差额计入(　　)。

A. 营业外收入　　B. 资本公积

C. 营业外支出　　D. 管理费用

3. 以债权转为股权的，受让股权的入账价值为(　　)。

A. 股权份额　　B. 股权的公允价值

C. 应付债务账面价值　　D. 应收债权账面价值

4. 以固定资产抵偿债务的，债权人收到的固定资产应按(　　)入账。

A. 账面价值　　B. 账面余额　　C. 公允价值　　D. 账面净值

5. 甲公司应收乙公司货款 1 000 万元，经磋商，双方同意按 700 万元结清该笔货款。甲公司已经计提 150 万元的坏账准备。在债务重组日，该事项对甲公司和乙公司的影响分别为(　　)。

A. 甲公司资本公积减少 300 万元，乙公司资本公积增加 300 万元

B. 甲公司营业外支出增加 150 万元，乙公司营业外收入增加 300 万元

C. 甲公司营业外支出增加 300 万元，乙公司营业外收入增加 300 万元

D. 甲公司营业外支出增加 150 万元，乙公司资本公积增加 300 万元

6. 甲公司于 7 月 5 日向银行专门借款 5 000 万元，年利率为 6%，款项于当日划入甲公司银行存款科目。7 月 26 日，厂房正式动工兴建。7 月 27 日，甲公司购入建造厂房用水泥和钢材一批，价款 500 万元，当日用银行存款支付。7 月 31 日，计提当月专门借款利息。公司在 7 月份没有发生其他与厂房购建有关的支出，则专门借款利息应开始资本化的时间为（　　）。

A. 7 月 5 日　　B. 7 月 26 日

C. 7 月 27 日　　D. 7 月 31 日

二、判断题

1. 债务人以其生产的产品抵偿债务，应以成本转账，同时不需要缴纳销项税。（　　）

2. 企业发行的债券的票面利率低于同期银行存款利率时，可按超过债券面值的价格发行，称为溢价发行。（　　）

3. 债权人可以确认债务重组收益，债务人只能确认债务重组损失。（　　）

4. 资产负债表日对于一次还本、分期付息的债券，企业应按照票面利率计算确定利息，并贷记“应付利息”科目。（　　）

5. 债务重组方式包括以资产清偿债务、将债务转为资本、修改其他债务条件等，但以上三种方式的组合不属于准则规范的债务重组方式。（　　）

6. 以现金清偿债务的，债务人应当在满足金融负债终止确认条件时，终止确认重组债务，并将重组债务的账面价值与实际支付现金之间的差额，计入其他业务收入。（　　）

7. 企业发生的可转换公司债券转换过程中发生的交易费用，应当计入权益成分。（　　）

8. 专门借款所应支付的利息都应资本化，计入工程成本。（　　）

9. 只要债权人对债务人的债务做出了让步，不管债务人是否发生财务困难，都属于准则所定义的债务重组。（　　）

10. 企业为核算其按照合同约定应支付的各类利息，如分期付息到期还本的长期借款、企业债券等应支付的利息，应当记入“应付利息”科目。（　　）

练习题

习题一

一、目的：练习应付债券的账务处理。

二、资料：2019 年 1 月 4 日发行债券面值为 1 000 万元，发行价为 1 037.17 万元，票面利率为 8%的 2 年期债券，每半年付息一次，实际利率为 6%。

三、要求：按实际利率法摊销利息调整，并编制相关的会计分录。

习题二

一、目的：练习长期负债的账务处理。

二、资料：

甲公司有关长期借款的资料如下：

(1) 2019 年 1 月 4 日取得一专门借款 2 000 万元，年利率为 8%，每年付息一次，借款期限 3 年。

(2) 2019 年 1 月 1 日取得一般借款 2 000 万元，年利率为 6%，每年付息一次，借款期限 2 年。

(3) 2019 年 1 月 5 日支出专门借款 1 000 万元用于工程。未使用款项每月投资收益 0.5%。

(4) 2019 年 7 月 1 日，支出 2 000 万元用于工程，其中 1 000 万元为专门借款，1 000 万元为一般借款。

(5) 2019 年 11 月 2 日工程占用上述一般借款 1 000 万元。

(6) 2020 年 12 月 28 日工程完工，投入使用。

三、要求：编制取得借款、使用借款和利息费用的会计分录。

第十一章 所有者权益

学习要点

1. 所有者权益的构成；
2. 实收资本的核算；
3. 资本公积的核算；
4. 盈余公积的核算；
5. 未分配利润的核算。

第一节 所有者权益及其构成

一、企业组织形式和所有者权益

企业所有者的权益与企业组织形式有密切的关系。企业组织形式决定了企业所有者对企业所承担的义务、风险及应享有的权益。不同的企业组织，所有者权益有不同的表现形式。在独资企业和合伙企业中，所有者权益表现为业主权益；在股份有限公司，所有者权益被称为股东权益。与所有者权益相关，按照组织形式，可以将企业分为独资企业、合伙企业、公司三种形式。其中，公司又分为有限责任公司和股份有限公司两种形式。

(一) 独资企业

独资企业是指由单个出资者出资设立的企业。在独资企业，企业全部财产的所有权由出资者独自享有，并对企业的债务单独承担无限清偿责任。所有者权益也称“业主权益”。同时，由出资者一人完全享受经营收益，承担经营风险。独资企业的结构简单，业主可以充分发挥积极性，经营灵活，但往往由于资金的限制影响企业的发展。而且一旦经营失败，出资者将负无限清偿责任。由于业主对企业的债务承担无限清偿责任，因此，从法律上讲，企业所拥有的资产和负债与业主个人另外所拥有的资产和负债没有本质的区别，但是会计上，仍然把独资企业视为一个独立的会计个体，单独予以处理。

(二) 合伙企业

合伙企业是两人或两人以上的出资人(即合伙人)，按照协议共同投资、共同经营、共负盈亏的企业。在合伙企业中，所有者权益属合伙人共有，合伙企业应根据签订的合同，确定各出资人所承担的责任和利润分配方式。合伙人对企业的负债负有无限清偿责任。与独资企业相比,合伙企业能在扩大企业规模、分散经营风险、发挥合伙人优势方面有一定的优势。但是,合伙企业本身不利于广泛吸收社会资金,从而限制了企业的经营规模。而且,所有者往往也是企业的经营者,没有恰当的治理结构,影响企业的经营决策和可持续发展。

(三) 公司

公司是有独立财产、能够独立承担民事责任的社会团体,具有法人资格,以营利为目的从事经营活动,是当今社会的主要企业组织形式。我国《公司法》规定的公司是依法在中国境内设立的有限责任公司和股份有限公司。公司组织形式是社会化大生产的产物,是现代社会主要的、典型的组织形式。在公司组织中,所有者权益属于一定数目的股东,因此,也称“股东权益”。如果股东对公司承担的责任,仅以其出资额为限,公司对债权人承担的责任,以公司全部资产为限,那就是有限责任公司;反之,如果公司以发行股票的方式筹集可供长期经营用的资本,那就是股份公司。股东以其所持股份为限对公司承担责任,公司以其全部资产对公司的债务承担责任的,为股份有限公司。责任无限时为股份无限公司。既有有限责任股东,又有无限责任股东时,为股份两合公司。

1. 有限责任公司

有限责任公司是由股东共同出资,每个股东以其所认缴的出资额对公司承担责任,公司以其全部资产对其债务承担责任的企业法人。有限责任公司由全体股东认缴资本,向投资者签发出资证明而不发行股票,不能向社会募集资金。对有限责任公司投入资本时,在企业增资扩股时,在投资者转让时,要事先经原有的其他超过半数的投资者同意。同等条件下,原投资者具有优先购买权。如果全体股东对公司债务负连带无限责任,公司对其责任负无限清偿责任,那就是无限责任公司。

当前,有限责任公司已经成为我国最重要的一种企业组织形式。

股东可以用货币出资,也可以用实物、知识产权、土地使用权等可以用货币估价并可以依法转让的非货币财产作价出资;但是,法律、行政法规规定不得作为出资的财产除外。对作为出资的非货币财产应当评估作价,核实财产,不得高估或者低估作价。法律、行政法规对评估作价有规定的,从其规定。

2. 国有独资公司

在我国,有限责任公司还有一种特殊的组织形式,即国有独资公司。根据我国《公司法》的规定,国有独资公司是指国家单独出资、由国务院或地方人民政府授权委托国有资产监督管理机关履行出资人职责的有限责任公司。它最大的特点是公司股东的单一性。国有独资公司虽然属于单一所有者企业,但其性质与一般独资企业不同,国有独资公司是法人,属于有限责任公司,适用有限责任公司的规定。

3. 股份有限公司

股份有限公司(简称股份公司)是指其全部资本分为等额股份,股东以其所持有的股份为限对公司承担有限责任,公司以其全部资产对公司的债务承担有限责任的企业法人。股份有限公司采取募集方式设立的,注册资本为在公司登记机关登记的实收股本总额。

股份有限公司可以通过发行股票的方式公开募集公司的资本,公司的资本平均分为等额的股份,每个股东持有的股份数额可以不同,但每股的金额相等。公司股东具有的责任是有限的。股东以其所持股份为限对公司承担责任,公司以其全部资产对公司的债务承担责任的,为股份有限公司。

股份公司发行的股票可以按照其权益不同，分为普通股与优先股。

普通股是指对权利一律平等、不享有任何特别待遇的股份，每个普通股股东具有均等的权利。普通股股东的权利包括：收益分享权、参与管理权、剩余财产分配权和优先认股权。当公司增发新的普通股票时，原有股东可以按比例优先认购，以保持原有的投资比例和权益。

优先股是指对公司享有先于普通股获得利益的股份。优先股的优先权主要表现在具有优先分得股利和优先分得剩余财产两个方面。优先股可以在向普通股股东分派股利之前，按照约定的股利率或金额优先给优先股股东分派股利；在公司清算解散时，在偿还债务后比普通股股东优先分配剩余财产。当公司只发行一种股票时，通常是指普通股票。股份公司的股票可以自由交易或转让。不同的企业组织形式，对资产和负债的会计处理并无重大影响，但涉及所有者权益方面的会计处理却大不一样。本章主要涉及公司组织的股东权益，包括企业资本的筹集、利润的形成和分配等所有者权益的会计问题。

二、所有者权益的特点

所有者权益是企业投资人在企业资产中享有的经济利益，即所有者对企业净资产的要求权，在数量上等于企业全部资产减去全部负债后的余额。所有者权益主要来源于企业投资者的初始投资、按合同或公司章程追加的投资、企业在生产经营期间实现的留存收益以及企业的利得和损失。另外，企业因资产评估、被投资企业的金融资产公允价值变动而享有的权益份额也是所有者权益的一项来源。对于刚刚组建尚未进行生产经营活动的企业，其所有者权益的数额等于所有者投入企业资本的数额。

投资者和债权人都是企业资产的提供者，他们对企业的资产都有相应的要求权。因此，所有者权益和债权人权益（即负债）同属于企业的权益。在企业资产负债表中，负债和所有者权益两者的总计金额等于资产的总计金额。与负债相比，所有者权益有以下几个特点：

(1) 所有者权益完全取决于经营业绩的权利和责任。

与债权人还本付息的要求权不同，企业的所有者权益来源于完全的投资行为。企业实现盈利，所有者权益增加；企业发生亏损，所有者权益会减少。企业的所有者承担了企业经营活动的风险，也享有最终的权益，是企业盈利、亏损以及资产增值、贬值的当然承担者。所有投资者的权益和风险在数量上取决于投资额的大小。

(2) 所有者权益是投资者对企业总资产扣除负债后的剩余资产的要求权。

所有者和债权人都是企业财产的提供者，都对企业的财产享有要求权。但是，从法律的角度来看，债权人对企业资产的要求权优先于所有者。企业进行清算时，资产在支付了破产、清算费用后，先要清偿债务，如有剩余资产，才能在投资者之间进行分配。因此，所有者权益既是一种财产权利，又是一种剩余权益。

(3) 企业的投资者拥有参与管理权。

凭借对企业财产的所有权，投资人对企业的日常经营有管理权，而债权人往往无权参与企业的经营管理。

(4) 对于所有者（亦即投资者）来说，在企业持续经营的情况下，除按法律程序减资外，一般不能归还投资，可以以股利或利润的形式参与企业的利润分配；而负债一般有规定的偿还期限，必须归还，并获取利息收入，但债权人不能参与企业的利润分配。

三、所有者权益的构成

不同的企业组织，所有者权益有不同的表现形式。企业的所有者权益来源于所有者投入的资本、其他综合收益以及企业的留存收益等。

(一) 所有者投入的资本

所有者投入的资本包括实收资本和资本溢价。

实收资本是投资者投入资本形成的法定资本总额。实收资本的部分构成比例，通常是确定企业所有者在企业所有者权益中所占份额及参与企业财务经营决策的基础，也是企业进行利润分配和清算资产分配的依据。在股份有限公司，实收资本称为股本。

资本溢价(或股本溢价)是企业收到的投资者超出其在注册资本中所占份额的投资部分。

(二) 其他综合收益

其他综合收益是来自所有者投入资本及交易产生的损益以外的财富变化，是企业非日常活动所形成的、会导致所有者权益增加的、与所有者投入资本无关的经济利益的流入和流出。其他综合收益可以进一步分类为可分类计入损益的其他综合收益以及不能分类为计入损益的其他综合收益。

(三) 留存收益

留存收益是企业从事经营活动实现的税后利润进行利润分配之后的留存部分，是企业历年实现的利润中提取或形成的留存于企业内部的积累。企业的留存收益可进一步分为盈余公积和未分配利润。

盈余公积是指企业按照规定从净利润中提取的积累资金，包括法定盈余公积、任意盈余公积。

未分配利润是指企业实现的净利润留存在企业的、历年结存的可供以后分配的利润。

商业银行等金融企业在税后利润中提取的一般风险准备，也构成所有者权益。

为了反映所有者权益的构成，进行会计处理时，通常将所有者权益划分为实收资本(股本)、资本公积、其他综合收益、盈余公积和未分配利润。

第二节 实收资本

一、实收资本的概念

实收资本是指投资者投入企业的资本，是企业注册登记的法定资本总额的来源。在股份有限公司，实收资本称为股本。企业要经营，必须要投入资本。《中华人民共和国民法通则》规定，设立企业法人，必须要有相应的财产。《企业法人登记管理条例》也强调，企业申请开业，必须具备符合国家规定的与生产经营和服务规模相适应的资金数额。

股份有限公司一经批准筹建，就应当确定公司股本总额以及股份总额，筹集资本，发行股票。公司的股本总额为股票面值与股份总额的乘积。在工商行政管理机关登记的股本总额，称为注册资本。注册资本不得随意变更，需要变更时，须另经申请核准。

核定的资本，按核定股份总额分成为数较多的较小单位，每单位称为1股。公司股份的持有人称为股东。公司发给股东的股份凭证称为股票。股票是公司签发的证明股东所持股份的凭证。实收资本的构成比例即投资者的出资比例或股东的股份比例，是企业据以向投资者进行利润或股利分配的主要依据。

投资者投入的资本，在企业持续经营期间，不得以任何形式抽回，但可以依法转让。同时，企业必须聘请注册会计师进行验资，并由其出具验资报告，由企业签发所有者出资证明书。

二、一般企业实收资本的核算

实收资本是企业所有者权益的重要核算内容，是投入资本中相当于注册资本的部分。从核算的角度来看，在不同组织形式的企业里，所有者权益的核算有所不同。

企业应设置"实收资本""资本公积"科目，对投入资本进行核算。企业接受投资时，所涉及的会计处理如下：

(一) 接受现金资产投资

企业收到投入的现金时，应当以实际收到或存入企业开户银行的金额，借记"银行存款"科目，贷记"实收资本"科目；对于实收货币超过投资者在企业注册资本中所占份额的部分，计入资本公积。

例11-1 甲、乙、丙共同投资设立A有限责任公司，注册资本为1 000 000元，甲、乙、丙持股比例分别为70%、20%和10%。按照章程规定，甲、乙、丙投入资本分别为700 000元、200 000元和100 000元。A公司已如期收到各投资者一次缴足的款项。应编制会计分录如下：

借：银行存款	1 000 000	
贷：实收资本——甲		700 000
——乙		200 000
——丙		100 000

(二) 接受非现金资产投资

企业收到非现金资产投资时，应在办理完有关产权转移手续后，按投资合同或协议约定的价值，借记有关资产科目，按投资者所占权益份额贷记"实收资本"科目。对于投资合同或协议约定的资产价值超过其所占权益份额的部分，计入资本公积。投资合同或协议约定价不公允的，按公允价值入账。

例11-2 甲有限责任公司于设立时收到乙公司作为资本投入的不需要安装的管理用设备一台，合同约定该设备的价值为2 000 000元，增值税进项税额为260 000元(假设不允许抵扣)。合同约定的固定资产价值与公允价值相符，不考虑其他因素。公司进行会计处理时，编制会计分录如下：

借：固定资产	2 260 000	
贷：实收资本——乙公司		2 260 000

例11-3 假定投资日甲公司的注册资本为1 000 000元，收到乙公司作为资本投入的专利权，投资合同确定价格为450 000元，协商后确认取得甲公司注册资本的40%。其会计分录

如下：

借：无形资产　450 000

　　贷：实收资本　400 000

　　　　资本公积——资本溢价　50 000

例 11-4　甲公司收到初始投资人乙公司作为资本投入的原材料一批，投资合同确定价格为 100 000 元。经税务部门核定，应交增值税 13 000 元，已收到乙公司开来的增值税专用发票。其会计分录如下：

借：原材料　100 000

　　应交税费——应交增值税(进项税额)　13 000

　　贷：实收资本　113 000

三、股份有限公司股本的核算

股份有限公司的法定资本即为股份有限公司的股本。股份公司要设置“股本”科目，对投入资本进行核算，并根据不同的设立方式，选择不同的会计处理方法。股份公司的设立有发起式和募集式两种。发起式设立的特点是公司的股份全部由发起人认购，不向发起人以外的人募集股份，其筹资风险较小；而募集式设立的特点是公司股份除了由发起人认购外，还可以对外公开募集股份。向社会公开募集数量大、发行费用高，如果股票发行失败，其包括的公司筹建费用、公司债务、对认股人已缴纳股款应支付的利息等损失，均由发起人负担，因此筹资风险较大。股份有限公司对外发行的股票种类和股份总数应当在公司章程中予以规定。

股份有限公司在核定的股本总额及股份总数的范围内发行股票，股票面值和股份总数的乘积为股本，股本应与企业注册资本相等。因此，企业应专门设置“股本”科目，同时按普通股和优先股以及股东单位和姓名设置明细账，以提供企业股份的构成情况，并将核定的股本总额、股份总数、每股面值在该账户中做备查记录。

(一) 接受现金资产投资

企业的股票既可以按面值发行，也可以溢价发行。企业发行股票，要支付手续费、佣金等发行费用。发行时，按照实际收到的资产金额，借记“银行存款”“固定资产”“无形资产”等科目；将相当于股票面值的部分，记入“股本”科目；扣除发行费用后的余额，记入“资本公积”科目。没有溢价的，或溢价不足以支付发行费用的部分，直接计入当期费用。

例 11-5　A 股份公司委托甲证券公司代理发行普通股 600 万股，每股面值为 1 元，每股发行价格为 5 元。双方约定，股份公司按发行收入的 1% 向甲证券公司支付发行费用。假定股票已全部发行，抵扣发行费用后的股款已划到 A 公司的银行账户中。

根据上述资料，A 公司的股票发行费用为 30 万元，A 公司发行股票实际收到的价款为 2 970 万元，资本公积为 2 370 万元。A 公司的会计处理如下：

借：银行存款　29 700 000

　　贷：股本　6 000 000

　　　　资本公积——股本溢价　23 700 000

例 11-6　如果 A 股份公司委托甲证券公司代理发行普通股 600 万股，每股发行价格为 1 元，没有溢价。双方约定，甲证券公司直接抵扣发行费用 12 万元。A 公司的会计处理如下：

借：银行存款　　5 880 000
　　财务费用　　120 000
　贷：股本　　6 000 000

（二）接受非现金资产投资

股份公司接受原材料、固定资产、无形资产等非现金资产投资时，应按投资合同或协议约定的价值入账；投资合同或协议约定价不公允的，按公允价值入账。

企业收到非现金资产时，按投资各方确定的价值，借记“原材料”“应交税费”“固定资产”“无形资产”等科目；按投资者取得的股份和股票面值的总额，贷记“股本”科目；其差额记入“资本公积——股本溢价”科目。

例 11－7　甲股份有限公司收到乙公司投入的不需要安装的机器设备一台，协议约定价为 450 000 元；投入的原材料一批，协议约定价为 100 000 元，经税务部门核定，应交增值税合计 71 500 元，已收到乙公司开来的增值税专用发票。双方协商后，乙公司取得了面值为 1 元的普通股 50 000 股。假设合同约定的固定资产、原材料的价值与公允价值相符，不考虑其他因素。甲公司应编制会计分录如下：

借：固定资产　　450 000
　　原材料　　100 000
　　应交税费——应交增值税（进项税额）　　71 500
　贷：股本　　50 000
　　　资本公积——股本溢价　　571 500

例 11－8　2019 年 1 月 1 日，丙股份公司设立时收到 A 公司作为资本投入的非专利技术一项，该非专利技术投资合同约定价值为 60 000 元，同时收到 B 公司作为资本投入的土地使用权一项，投资合同约定价值为 80 000 元。假设丙公司接受该非专利技术和土地使用权符合国家注册资本管理的有关规定，可按合同约定做实收资本入账。假设合同约定的价值与公允价值相符，不考虑其他因素。丙公司在进行会计处理时，编制会计分录如下：

借：无形资产——非专利技术　　60 000
　　　　　　——土地使用权　　80 000
　贷：股本——A 公司　　60 000
　　　　　——B 公司　　80 000

四、企业实收资本或股本变动的核算

我国《企业法人登记管理条例》规定，除国家另有规定外，企业的注册资金应当与实有资金一致。如果企业法人实有资金比原注册资金数额增加或减少超过 20%时，应持资金证明或者验资证明，向原登记机关申请变更登记。这表明，一般情况下企业实收资本或股本不能随意变动。只有符合增资条件，并经有关部门批准增资，或是企业按法定程序报经批准减少注册资本时，才有可能发生增减变化。

（一）企业实收资本或股本增加的核算

企业实收资本或股本增加的途径有以下四种：

1. 资本公积转增资本或股本

转增时，企业按照转增的资本金额，借记“资本公积”科目，贷记“实收资本”科目或“股本”科目。

例 11－9 沿用例 11－8 资料，2020 年 1 月 2 日，因扩大经营规模需要，经批准，甲有限责任公司将资本公积 100 000 元转增股本。公司会计分录如下：

借：资本公积　　100 000

　　贷：股本　　100 000

2. 盈余公积转增资本或股本

转增时，企业按照转增的资本金额，借记“盈余公积”科目，贷记“实收资本”或“股本”科目。

例 11－10 因扩大经营规模需要，经批准，丙股份公司按 A 公司、B 公司原出资比例将盈余公积 140 000 元转增股本。公司会计分录如下：

借：盈余公积　　140 000

　　贷：股本——A 公司　　60 000

　　　　　——B 公司　　80 000

3. 接受投资者新增投入

原企业所有者或新投资者新增投入时，企业借记“银行存款”“固定资产”“原材料”“无形资产”等科目，贷记“实收资本”或“股本”等科目。投入资产价值与资本或股本的差额，记入“资本公积”科目。

4. 股份公司以发放股票股利的方法实现增资

股份公司经批准采用发放股票股利的方式实现增资时，应按照原有股东的持股比例进行分配。股利不足 1 股时，可以将不足 1 股的股票股利改为现金股利，用现金支付；或者由股东相互转让，凑为整股，这将改变企业的股权结构。企业应当根据实际发放的股票股利数，借记“利润分配”科目，贷记“股本”科目。

5. 其他方式实现增资

除了上述原因使企业股本或实收资本发生变化外，企业还会由于债务重组将债务转为资本或以权益结算方式进行股份的支付等途径使企业的实收资本或股本增加。

（二）企业实收资本减少的核算

企业实收资本减少的原因一般有两种：一是资本过剩，二是企业发生重大亏损而需要减少实收资本。

股份有限公司以收购本企业股票方式减资的，按注销股票的面值总额减少股本，购回股票支付的价款超过面值总额的部分，依次冲减资本公积、盈余公积和未分配利润；反之，增加资本公积。

企业因资本过剩而减资，一般需要发还股款。股份有限公司在发还股款时，要收回并注销相应的股本。发行股票的价格与股票面值可能不同，收回股票的价格也可能与发行价格不同。收回企业股票时，应按面值借记“实收资本”或“股本”科目，按支付的价款贷记“银行存款”科目，超出面值的部分先冲销“资本公积”科目，不足部分冲销“盈余公积”科目，仍然不足以支付收购款的，冲销“利润分配——未分配利润”科目。收回股票的价格低于面值的，按面值借记“实收资本”或“股本”科目，按支付的价款贷记“银行存款”科目，按其差额贷记“资本公积”

科目。

例 11－11 A公司2019年12月31日的股本为10 000 000股，面值为1元，资本公积（股本溢价）为2 500 000元，盈余公积为3 000 000元。经股东大会批准，A公司以现金回购本公司股票2 000 000股并注销。假定A公司按每股2元回购股票，不考虑其他因素。A公司的会计处理如下：

（1）回购本公司股票时：

借：库存股	4 000 000	
贷：银行存款		4 000 000

（2）注销本公司股票时：

借：股本	2 000 000	
资本公积——股本溢价	2 000 000	
贷：库存股		4 000 000

应冲减的资本公积＝2 000 000×2－2 000 000×1＝2 000 000（元）

例 11－12 沿用例11－11资料，假定A公司按每股3元回购股票。A公司的会计处理如下：

（1）回购本公司股票时：

借：库存股	6 000 000	
贷：银行存款		6 000 000

（2）注销本公司股票时：

借：股本	2 000 000	
资本公积——股本溢价	2 500 000	
盈余公积	1 500 000	
贷：库存股		6 000 000

应冲减的资本公积＝2 000 000×3－2 000 000×1＝40 000 000（元）

由于应冲减的资本公积大于公司现有的资本公积，所以只能冲减资本公积2 500 000元，剩余的1 500 000元应冲减盈余公积。

第三节　资本公积和其他综合收益

一、资本公积

（一）资本公积的内容

资本公积来源于投资者投入但不构成实收资本的那部分资本溢价，以及直接计入所有者权益的利得和损失。资本溢价或股本溢价形成的资本公积在本质上应属于投入资本的范畴，但与企业的注册资本相一致的实收资本有所区别。同时，资本公积与留存收益也有着本质的区别，因为留存收益是由企业实现的净利润转化而来的，而资本公积是企业所有者投入资本的一部分，或属于直接计入所有者权益的利得和损失，与利润无关。

企业应单独设置“资本公积”科目，并根据资本公积形成的特定来源，开设相应的“资本溢价”“股本溢价”及“其他资本公积”明细科目进行账务处理。

(二) 资本(或股本)溢价的核算

资本(或股本)溢价是由企业投资者投入的资金或资产金额超过了其在注册资本中所占份额形成的。在企业创立初期,各投资者按照合同、协议或公司章程投入企业的出资额全部作为实收资本,企业的实收资本应等于企业的注册资本。在企业重组并有新投资者加入时,常会出现资本溢价,为了保护原投资者的利益,新投资者往往要通过支付溢价的方式,付出大于原投资者的出资额,才能取得与原投资者相同的投资比例。所以,新投资者的出资额一般不会全部作为实收资本处理,投资者多缴的部分就形成了资本溢价。

在进行会计处理时,新投资者实际缴纳的出资额或资产价值,记入相关资产科目;相当于其按约定比例计算的其在注册资本中所占的份额部分,记入"实收资本"科目;超过的部分,记入"资本公积——资本溢价"科目。

例 11-13 艾格有限责任公司由甲、乙两位投资者投资 200 000 元设立,每人各出资 100 000 元。一年后,为扩大经营规模,经批准,有限责任公司注册资本增加到 300 000 元,并引入第三位投资者丙加入。按照投资协议,新投资者需缴入现金 100 000 元,享有该公司 20% 的股份。公司已收到该现金投资(假定不考虑其他因素)。

公司的会计分录如下:

借:银行存款	100 000	
贷:实收资本		60 000
资本公积——资本溢价		40 000

本例中,第三位投资者在注册资本中所享有的份额——新注册资本 300 000 元的 20%即 60 000 元属于实收资本,公司收到的现金投资中的 40 000 元属于资本溢价,应记入"资本公积——资本溢价"科目。

在股份有限公司,股本应与企业注册资本相等,公司通过发行股票筹集资金,股东按照其所持有股份的比例享有权益并承担义务。企业股票可以按面值发行,也可以溢价发行。

如果企业股票按面值发行,则发行收入全部记入"股本"科目。如果企业股票溢价发行,则应在"资本公积"科目下开设"股本溢价"明细科目,以反映公司实际收到的资产金额大于公司所持有股份的面值的金额。发行时,按照实际收到的资产金额,借记相关资产科目,将相当于股票面值的部分记入"股本"科目,将扣除发行费用后的余额记入"资本公积——股本溢价"科目。具体会计分录可参见前面各章节的内容,此处从略。

(三) 其他资本公积的核算

其他资本公积是指除资本溢价、股本溢价及其他综合收益项目以外所形成的资本公积,主要由以下交易或事项引起:(1) 采用权益法核算的长期股权投资;(2) 以权益结算的股份支付;(3) 国务院财政部门规定列入资本公积金的其他收入。

1. 采用权益法核算的长期股权投资

采用权益法核算的长期股权投资,在持股比例不变的情况下,被投资企业除净损益及其他综合收益以外的所有者权益变动,投资企业应按持股比例计算享有的份额,确认为投资企业的资本公积。如果是利得,应当增加长期股权投资的账面价值,同时增加资本公积(其他资本公积);如果是损失,应当同时减少长期股权投资和资本公积(其他资本公积)的账面价值。长期股权投资出售时,将其他资本公积转入投资收益。

例 11-14 艾米公司支付 1 000 万元购入 A 公司 40%股权 200 万股，资产负债表日，A 公司除净损益及其他综合收益以外的所有者权益增加了 30 万元。公司相关的会计分录如下：

(1) 其他资本公积增加时：

借：长期股权投资——其他权益变动 120 000

贷：资本公积——其他资本公积 120 000

(2) 处置长期股权投资，将其他资本公积转入投资收益：

借：资本公积——其他资本公积 120 000

贷：投资收益 120 000

2. 以权益结算的股份支付

股份支付，是指企业为获取职工和其他方提供服务而授予权益工具或者承担以权益工具为基础确定的负债的交易。股份支付分为以权益结算的股份支付和以现金结算的股份支付。以权益结算的股份支付，是指企业为获取服务以股份或其他权益工具作为对价进行结算的交易。

企业以权益结算的股份支付换取职工或其他方提供服务时，应当按照确定的金额，借记“管理费用”等科目，贷记“资本公积——其他资本公积”科目；在行权日，应当按实际行权的权益工具数量计算确定的金额，借记“资本公积——其他资本公积”科目，按计入实收资本或股本的金额，贷记“实收资本”或“股本”科目户，借贷双方的差额贷记“资本公积——资本溢价”或“资本公积——股本溢价”科目。

3. 国务院财政部门规定列入资本公积金的其他收入

《公司法》(2018 年修订)第一百六十七条规定，股份有限公司以超过股票票面金额的发行价格发行股份所得的溢价款以及国务院财政部门规定列入资本公积金的其他收入，应当列为公司资本公积金。

(四) 资本公积转增资本

《公司法》(2018 年修订)第一百六十八条规定，公司的公积金用于弥补公司的亏损、扩大公司生产经营或者转为增加公司资本。但是，资本公积金不得用于弥补公司的亏损。

经股东大会或类似机构决议，用资本公积转增资本时，应冲减资本公积，同时按转增前的实收资本或股本的结构比例，将转增的金额记入“实收资本”或“股本”科目下的各所有者的明细分类账。

法定公积金转为资本时，所留存的该项公积金不得少于转增前公司注册资本的 25%。

二、其他综合收益

(一) 其他综合收益的概念及其分类

其他综合收益是指企业根据会计准则规定未在当期损益中确认的各项利得和损失。它主要源自所有者投入资本与企业经营活动之外的其他权益变动，以及持有权益工具的公允价值变动等。其他综合收益可分为以后会计期间不能重分类进损益的其他综合收益和以后会计期间满足规定条件时将重分类进损益的其他综合收益。

(二) 将重分类进损益的其他综合收益

将重分类进损益的其他综合收益主要包括：(1) 权益法下可转损益的其他综合收益；

(2) 其他债权投资公允价值变动；(3) 金融资产重分类计入其他综合收益的金额；(4) 其他债权投资信用减值准备；(5) 现金流量套期储备；(6) 外币财务报表折算差额；(7) 存货或自用房地产转换为公允价值计量的投资性房地产公允价值大于账面价值金额；等等。

1. 企业将作为存货的房地产或自用的建筑物转换为采用公允价值模式计量的投资性房地产

在这种情况下，企业应当按该项房地产或建筑物在转换日的公允价值，借记“投资性房地产——成本”科目，原已计提跌价准备和折旧的，借记“存货跌价准备”或“固定资产减值准备”“累计折旧”科目，按其账面余额，贷记“固定资产”科目；同时，转换日公允价值大于账面价值的差额，贷记“其他综合收益”科目，公允价值小于账面价值的差额，则借记“公允价值变动损益”科目。

待该项投资性房地产处置时，因转换计入其他综合收益的部分应当转入当期的其他业务收入，借记“其他综合收益”科目，贷记“其他业务收入”科目。

例 11-15 艾米公司将一项确认为自用的房地产的管理用大楼用于出租，每年租金 200 万元，大楼原价 1 000 万元，已提折旧 300 万元，转换日的公允价值为 1 500 万元，在 2 年后以 1 800 万元转让。相关的会计分录如下：

(1) 转换日：

借：投资性房地产——成本	1 500	
累计折旧	300	
贷：固定资产		1 000
其他综合收益		800

(2) 转让日：

借：其他综合收益	800	
贷：其他业务收入		800

2. 其他债权投资公允价值变动

其他债权投资公允价值变动形成的利得和损失，确认为企业的其他综合收益；在终止确认时转出，计入当期损益。

例 11-16 艾米公司支付 1 000 万元购入 A 公司 40%股权 200 万股，作为其他债权投资进行管理。资产负债表日，其他债权投资公允价值上升了 30 万元。公司相应的会计分录如下：

(1) 其他债权投资公允价值变动时：

借：其他债权投资——公允价值变动	300 000	
贷：其他综合收益		300 000

(2) 处置长期股权投资，将其他债权投资转入投资收益时：

借：其他综合收益	300 000	
贷：投资收益		300 000

3. 金融资产重新分类

将以摊余成本计量的债权投资重新分类为，以公允价值进行计量且其变动计入其他综合收益的其他债权投资时，转换日的公允价值与账面价值的差额确认为企业的其他综合收益；在减值或终止确认时转出，计入当期损益。

例 11-17 艾米公司以 106 万元购入面值为 100 万元、票面利率为 8%的 3 年期债券，作为以摊余成本计量的债权投资进行核算和管理。每年计息一次，假设市场利率为6%。1年后，由于投资意图的改变，准备将其重新分类为其他债权投资，转换日该投资的市场价格为117万元。

1年后，债权投资的账面价值为112万元，其中面值为100万元，应计利息为8万元，利息调整为4万元。与转换日该投资的公允价值117万元的差额为5万元，确认为企业的其他综合收益。转换时的会计分录如下：

借：其他债权投资——成本	1 170 000	
贷：债权投资——成本		1 000 000
——利息调整		40 000
——应计利息		80 000
其他综合收益		50 000

(三) 不能重分类进损益的其他综合收益

不能重分类进损益的其他综合收益主要包括：(1) 重新计量设定受益计划变动额；(2) 权益法下不能转损益的其他综合收益；(3) 其他权益工具投资公允价值变动；(4) 企业自身信用风险公允价值变动等。

第四节　留存收益

留存收益也称留存利润，是所有者权益的组成部分。留存收益是企业历年实现的利润中提取或形成的留存于企业内部的积累，主要包括盈余公积和未分配利润。

一、盈余公积的核算

盈余公积是指企业按照规定从净利润中提取的积累资金，包括法定盈余公积、任意盈余公积。

我国《公司法》规定，企业应该按税后净利润(减弥补以前年度亏损)的10%提取法定盈余公积。当公司累积的法定盈余公积达到注册资本的50%时，可以不再提取法定盈余公积。值得注意的是，在计算提取法定盈余公积的基数时，不包括企业年初的未分配利润。任意盈余公积主要是公司制企业按照股东会或股东大会的决议提取，其他企业也可根据需要提取任意盈余公积。企业提取的盈余公积可用于弥补亏损、扩大生产经营、转增资本(或股本)或派送新股等。

企业应设置"盈余公积"科目，核算盈余公积的提取和使用等增减变动情况，并在"盈余公积"科目下设置"法定盈余公积""任意盈余公积"明细科目，分别核算企业从净利润中提取的各项盈余公积及其使用情况。

企业应对盈余公积的提取和使用情况进行核算，具体包括：提取法定盈余公积、提取任意盈余公积、用盈余公积弥补亏损、盈余公积转增资本和以盈余公积发放现金股利或利润等。

(一) 提取法定盈余公积

企业按规定比例从税后利润中提取法定盈余公积时，借记"利润分配——提取法定盈余公积”科目，贷记“盈余公积——法定盈余公积”科目。

例 11－18 D股份有限公司年初未分配利润为0元，本年实现净利润200 000元，本年提取法定盈余公积20 000元。公司相关会计处理如下：

借：利润分配——提取法定盈余公积　　20 000
　　贷：盈余公积　　20 000

（二）提取任意盈余公积

任意盈余公积是企业在提取法定盈余公积后，经股东大会或类似机构决议，按规定比例从税后利润中提取的盈余公积。任意盈余公积的提取比例由企业自行决定。提取时，借记“利润分配——提取任意盈余公积”科目，贷记“盈余公积——任意盈余公积”科目。

例 11－19 D股份有限公司本年实现净利润200 000元，本年提取任意盈余公积30 000元。公司相关会计处理如下：

借：利润分配——提取任意盈余公积　　30 000
　　贷：盈余公积　　30 000

（三）盈余公积补亏

企业发生亏损，应由企业自行弥补。根据相关规定，弥补亏损的途径有三条：一是用税前利润弥补。企业可以用发生亏损后的5年内实现的税前利润来弥补。二是用税后利润弥补。企业发生的亏损经过5年弥补仍然不足的部分，可以用税后利润弥补。三是由董事会提议、经股东大会批准，用盈余公积弥补亏损。如果用盈余公积弥补亏损，应借记“盈余公积”科目，贷记“利润分配——盈余公积补亏”科目。

例 11－20 经股东大会批准，股份有限公司用以前年度提取的盈余公积弥补当年亏损200 000元。公司相关会计处理如下：

借：盈余公积　　200 000
　　贷：利润分配——盈余公积补亏　　200 000

（四）盈余公积转增资本（股本）

企业提取的盈余公积较多时，可以由董事会提议，经股东大会或类似机构批准，按原有持股比例转增资本或股本。转增时，按实际转增的盈余公积规定比例从税后利润中提取的盈余公积，借记“盈余公积”科目，贷记“实收资本”或“股本”科目。转增后留存的盈余公积数额不得少于注册资本的25%。

在特殊情况下，为了维护企业形象，可以用盈余公积发放现金股利或利润。

二、未分配利润的核算

企业实现的净利润，应该按规定程序进行分配。利润分配是指企业根据国家有关规定和企业章程、投资者的决议等，对企业当年可供分配的利润所进行的分配。

可供分配的利润＝企业本年实现的净利润＋年初未分配利润（－年初未弥补亏损）

未分配利润＝可供分配的利润－提取法定盈余公积－提取任意盈余公积－向投资者分配利润

未分配利润是指企业实现的净利润经过弥补亏损、提取盈余公积和向投资者分配利润后历年结存的利润，可以留待以后年度向投资者进行分配。企业的未分配利润是企业所有者权益的重要组成部分。

企业应通过"利润分配"科目，核算企业利润的分配（或亏损的弥补）和历年分配（或弥补）后的未分配利润。在"利润分配"科目下，分别设置"提取法定盈余公积""提取任意盈余公积""应付现金股利""转作股本的股利""盈余公积补亏"和"未分配利润"等科目进行明细核算。企业的未分配利润通过"利润分配——未分配利润"明细科目进行核算。

企业在经营期间所实现的收入和发生的成本费用都通过"本年利润"科目进行归集，计算本年实现的损益。年度终了，将"本年利润"科目的累计余额，转入"利润分配——未分配利润"科目。如为净利润，则借记"本年利润"科目，贷记"利润分配——未分配利润"科目；如为净亏损，做相反的会计分录。年度结账后，"本年利润"科目没有余额。同时，将"利润分配"科目下的其他有关明细科目的余额，转入"未分配利润"明细科目。结转后，"未分配利润"明细科目的贷方余额就是累积未分配的利润数额；如为借方余额，则表示累积未弥补的亏损数额。

结转后的"利润分配——未分配利润"科目的贷方余额，表示真正的未分配利润；如果余额在借方，表示未弥补的亏损。

企业年度报表报出后，发现有以前年度的重大会计差错等原因造成利润多计或少计的，不再调整以前年度利润，在"利润分配——未分配利润"科目核算。发现有需要调整的以前年度损益事项时，先在"以前年度损益调整"科目归集所有需要调整的事项以及相关的所得税，然后将余额转入"利润分配——未分配利润"科目。

例 11－21　某股份有限公司 2019 年实现净利润 800 000 元，按净利润的 10%提取法定盈余公积，提取任意盈余公积 190 000 元，支付优先股现金股利 60 000 元，分配普通股股东现金股利 120 000 元。公司相关的账务处理如下：

（1）结转本年利润时：

借：本年利润　　800 000

　　贷：利润分配——未分配利润　　800 000

（2）按税后利润的 10%提取法定盈余公积时：

借：利润分配——提取法定盈余公积　　80 000

　　贷：盈余公积——法定盈余公积　　80 000

（3）分配优先股股东的现金股利时：

借：利润分配——应付优先股股利　　60 000

　　贷：应付股利　　60 000

（4）提取任意盈余公积时：

借：利润分配——提取任意盈余公积　　190 000

　　贷：盈余公积——任意盈余公积　　190 000

（5）分配普通股股东的现金股利时：

借：利润分配——应付普通股股利　　120 000

　　贷：应付股利　　120 000

（6）支付股利时：

借：应付股利　　180 000

　　贷：银行存款　　180 000

向股东或投资者分配股票股利时，借记“利润分配——转作股本的股利”科目，贷记“股本”科目。

年度终了，企业将全年实现的净利润从“本年利润”科目转入“利润分配——未分配利润”科目的同时，应该将“利润分配”科目下其他明细科目的余额也转入“利润分配——未分配利润”明细科目。

例 11－21(续) 沿用例 11－21 资料，编制结转分录如下：

借：利润分配——未分配利润　　450 000

　　贷：利润分配——提取法定盈余公积　　80 000

　　　　　　　　——应付优先股股利　　60 000

　　　　　　　　——提取任意盈余公积　　190 000

　　　　　　　　——应付普通股股利　　120 000

结转后，除“利润分配——未分配利润”明细科目有贷方余额外，“利润分配”科目的其他明细科目应无余额。假定该公司年初没有未分配利润，则“利润分配——未分配利润”明细科目的贷方余额为 350 000 元，就是该公司年末的未分配利润。

本章小结

所有者权益是企业投资者在企业资产中享有的经济利益，即所有者对企业净资产的要求权。所有者权益主要来源于企业投资者的初始投资、追加的投资以及企业在生产经营期间实现的留存收益。另外，企业所有者投入资本与企业经营活动之外的其他权益变动，与持有权益工具的公允价值变动等形成的其他综合收益，也是所有者权益的一项来源。所有者权益可以划分为投入资本、其他综合收益和留存收益。

投入资本又分为实收资本(或股本)和资本公积。实收资本是指投资者投入企业的资本，是企业注册登记的法定资本总额的来源。在股份有限公司，实收资本称为股本。资本公积主要包括资本溢价、股本溢价及其他资本公积等。

其他综合收益是指企业根据会计准则规定未在当期损益中确认的各项利得和损失。其他综合收益可分为以后会计期间不能重分类进损益的其他综合收益和以后会计期间满足规定条件时将重分类进损益的其他综合收益。

留存收益进一步分为盈余公积和未分配利润。

盈余公积是企业按规定从实现的净利润中提取的各种累积资金。企业的盈余公积一般包括法定盈余公积、任意盈余公积。

企业实现的净利润，应该按规定程序进行分配。企业在弥补亏损及提取法定盈余公积、任意盈余公积和分配利润或股利以后结存的余额，是企业本年度的未分配利润。以前年度留存的期初未分配利润，加上本年度的未分配利润，可以留待以后年度向投资者分配。企业的未分配利润是企业所有者权益的重要组成部分。

复习思考题

1. 所有者权益有什么特点？

2. 所有者权益的组成内容有哪些？
3. 如何进行实收资本的核算？
4. 企业资本公积金的来源有哪些？
5. 盈余公积的组成内容有哪些？有什么用途？
6. 企业的未分配利润包含哪些内容？
7. 企业亏损的弥补途径有哪些？如何进行弥补？
8. 如何进行未分配利润的会计处理？
9. 其他综合收益包含哪些内容？
10. 举例说明其他综合收益的核算。

自测题

判断题

1. 在企业增资时，新介入的投资者缴纳的出资额大于其按约定比例计算的其在注册资本中所占的份额部分，记入“盈余公积”科目。 （ ）

2. 公司发行股票取得的收入大于股本总额的，称为折价发行。 （ ）

3. 其他综合收益可以在以后会计期间重分类进损益。 （ ）

4. 公司制企业的法定公积金按照税后利润的10%的比例提取，在计算提取法定盈余公积的基数时，应包括企业年初未分配利润。 （ ）

5. 公司法定公积金累计额为公司注册资本的50%以上时，可以不再提取法定公积金。 （ ）

6. 弥补亏损的渠道主要有三条：一是用以后年度税前利润弥补，二是用以后年度税后利润弥补，三是以盈余公积弥补。企业以提取的盈余公积弥补亏损时，不需要公司董事会提议，但要经股东大会批准。 （ ）

7. 企业将盈余公积转增资本时，必须经股东大会决议批准。在实际将盈余公积转增资本时，不需要按股东原有持股比例结转。 （ ）

8. 未分配利润是期初未分配利润，加上本期实现的净利润，减去提取的各种盈余公积后的余额。 （ ）

9. 以当年实现的利润弥补以前年度结转的未弥补亏损，需要进行专门的账务处理。 （ ）

10. 年度终了结转后，“未分配利润”明细科目的贷方余额就是未分配利润的金额；如出现借方余额，则表示未弥补亏损的金额。 （ ）

练习题

习题一

一、目的：练习投入资本的核算。

二、资料：甲公司为新注册的有限责任公司，注册资本为2 000 000元。有关投入资本的情况如下：

(1) 收到投资者投入货币 700 000 元，占甲公司注册资本的 20%。

(2) 收到作为资本投入的原材料一批，协议约定价为 200 000 元，占甲公司注册资本的 8%。经税务部门核定，应交增值税 26 000 元。已收到乙公司开来的增值税专用发票。

(3) 收到作为资本投入的不需安装的管理用设备一台，合同约定价（与公允价值一致）为 1 000 000 元，协商后确认取得甲公司注册资本的 40%。

(4) 收到作为资本投入的专利权一项，投资方的账面价值为 120 000 元，按公允价值约定价值为 100 000 元，协商后确认取得甲公司注册资本的 4%。

(5) 因扩大经营规模需要，经股东大会批准，公司将盈余公积 400 000 元转增资本。

三、要求：根据上述资料，编制相应的会计分录。

习题二

一、目的：练习所有者权益的账务处理。

二、资料：

有关投入资本的情况如下：

(1) 公司发行普通股 1 000 万股，每股面值为 1 元，发行价格为 6 元。证券公司与该公司约定，按发行收入的 2% 收取佣金，扣除发行相关税费后的股款部分收到。

(2) 甲、乙、丙共同设立 A 有限责任公司，公司注册资本为 2 000 万元，甲、乙、丙持股比例分别为 50%、40% 和 10%。A 公司如期收到甲、乙投资者一次性缴足的款项，丙投入公允价值 200 万元的专利权。

(3) A 公司将资本公积 600 万元转增资本。

(4) A 公司作为以公允价值计量且其变动计入其他综合收益的其他权益工具投资的股权价值上升了 100 万元。

(5) A 公司向 B 公司投资 120 万元作为长期投资，拥有 B 公司有表决权资本的 30%，按权益法核算。年末 B 公司因经营损益调整外的应计入其他资本公积的其他权益增加了 100 万元，下年初 A 公司以 130 万元将 B 公司的投资全部出让。假定不考虑股权的其他变动和相关税费。

(6) 经股东大会批准，用以前年度提取的盈余公积弥补当年亏损 60 万元。

三、要求：根据上述经济业务，编制有关会计分录。

习题三

一、目的：练习所有者权益的账务处理。

二、资料：公司年初未分配利润为 200 万元，当年税前利润为 2 000 万元，所得税税率为 20%。假设没有递延所得税资产和负债。企业总股本为 4 000 万股，面值为 1 元。按税后利润的 10% 计提法定盈余公积和任意盈余公积，按税后利润的 10% 分配现金股利，10 送 2 分配股票股利。用资本公积转增资本 200 万元。

三、要求：计算年末的未分配利润，并编制有关的会计分录。

第十二章　收入和费用

学习要点

1. 收入会计准则修订的背景；
2. 收入的含义及分类；
3. 新准则下收入的确认和计量；
4. 特定交易收入的核算；
5. 政府补助形成的其他收益的核算；
6. 费用成本的核算。

第一节　收入的概念及新准则修订

一、新收入准则

（一）新收入准则修订背景

2006年2月，财政部发布《企业会计准则第14号——收入》和《企业会计准则第15号——建造合同》，规范了收入确认、计量和相关信息的披露。其中，前者规范了企业销售商品、提供劳务及让渡资产使用权取得的收入，后者规范了企业建造合同取得的收入。销售收入主要以风险和报酬的转移为基础确认，提供劳务收入和建造合同收入主要采用完工百分比法确认。然而随着市场经济的日益发展、交易事项的日趋复杂，实务中收入的确认和计量面临越来越多的问题。例如，如何划分收入准则与建造合同准则的边界，如何区分销售商品收入与提供劳务收入，如何判断商品所有权上的主要风险和报酬转移，对于包含多重交易安排或可变对价的复杂合同又如何进行会计处理等，这从客观上提出了修订和完善会计准则的必要性。

为解决各种类型收入确认的一致性以及以前不同收入会计准则的缺陷，国际会计准则理事会(IASB)于2014年5月，发布了《国际财务会计报告准则第15号——与客户之间的合同产生的收入》，自2018年1月1日起生效(采用美国财务会计准则的企业自2017年12月15日起实施)。该准则的核心原则是，主体确认收入的方式应当反映其向客户转让商品和服务的模式，确认金额应当反映主体预计因交付该商品和服务而有权获得的金额。

为了适应社会主义市场经济发展需要，规范收入的会计处理，提高会计信息质量，解决会计实务中的问题，保证我国会计准则与国际财务会计报告的持续趋同，财政部借鉴并结合我国实际情况，于2017年发布了新修订的《企业会计准则第14号——收入》准则。

(二) 收入准则修订的主要内容

收入准则修订的主要内容包括：

(1) 将2006年发布的收入和建造合同两项准则纳入统一的收入确认模型。原收入准则和建造合同准则在某些情形下边界不够清晰，可能导致类似的交易采用不同的收入确认方法，从而对企业财务状况和经营成果产生重大影响。修订后的收入准则采用统一的收入确认模型来规范所有与客户之间的合同产生的收入，并且就“在一段时间内”还是“在某一时点”确认收入提供了具体指引。

(2) 以控制权转移替代风险报酬转移作为收入确认时点的判断标准。修订后的收入准则打破了商品和劳务的界限，要求企业在履行合同中的履约义务，即客户取得相关商品(或服务)控制权时确认收入。

新收入准则要求目前执行《企业会计准则》体系的企业，应当在规定的时间前执行新收入准则，届时不再执行原收入准则、建造合同准则及其指南。

目前执行《企业会计制度》(2001)以及《小企业会计准则》的企业，仍以原执行的会计制度为准。新收入准则改变了收入确认的理念，但并没有改变原收入准则(包括建造合同准则)的账务处理流程和科目体系。本章内容按照新准则要求进行讲解。

二、收入的含义

在市场经济环境下，追求价值最大化已经成为企业经营的主要目标之一，这一目标的实现在很大程度上依赖于利润的获取，即通过获得的收入来补偿所发生的支出以实现利润。因此，收入是企业获取利润、实现经营目标的重要源泉。我国会计准则所规定的收入，是指企业在日常活动中形成的、会导致所有者权益增加的、与所有者投入资本无关的经济利益的总流入，即营业收入。而广义的收入则包括营业收入和利得。

企业的收入应该是从企业的日常活动中产生的，有些偶发的交易或事项也能为企业带来经济利益，但不是准则意义上的收入。收入既可以表现为新增资产或资源的取得，也可以表现为原有负债的清偿，或者同时引起企业资产的增加和原有负债的减少，但必然导致企业所有者权益的增加。

三、收入的分类

(一) 按照收入的性质分类

收入有广义与狭义之分。广义的收入是指那些能导致企业经济利益流入的有利属性。我国会计准则所规定的收入是狭义概念上的收入，即营业收入。而广义的收入则包括营业收入和利得。企业的营业收入主要包括商品销售收入、劳务收入、使用费收入、利息收入、股利收入等，是企业主要的、经常性的业务收入；而利得则是指营业收入之外的其他收益，通常从偶发的经济业务中取得，属于那种不经过经营过程就能取得或不曾期望获得的收入。

商品销售收入是企业收入的主要途径之一，由企业与购货方签订的合同或协议金额或双方接受的金额来确定。用于企业销售的商品包括工业企业为销售而生产的商品以及商品流通企业为销售而购入的商品等，有时也包括企业销售的如原材料、包装物等其他存货。如果企业以商品进行投资、捐赠及其自用等，会计上按成本结转，不作为商品销售处理，但税法上却视同销售。

劳务收入会由于服务内容的不同而有较大的区别。企业提供的劳务种类繁多，主要包括咨询、代理、广告、培训、产品安装、旅游、运输、饮食、理发、照相、洗染等。另外，还有一些特殊的劳务交易收入，如特许权使用费收入、入场费收入、安装费收入、广告费收入、申请入会费和会员费收入、定制软件收入等，其金额应根据企业与接受劳务方签订的合同或协议来确定。

使用费收入是指让渡企业的商标权、专营权、版权等资产使用权而取得的收入。

利息收入是指因他人使用本企业现金而取得的利息收入。

（二）按照企业日常经营业务的主次分类

企业的营业收入按照其业务的重要性程度，可以分为主营业务收入和其他业务收入。

主营业务是指根据企业营业执照上注明的主要业务范围所进行的企业主要的日常经营活动。主营业务形成的收入称为主营业务收入。企业所处行业不同，主营业务收入的内容也不同。工业性企业的主营业务收入主要包括商品销售和自制半成品、代制品、代修品及提供工业性劳务等取得的收入，商品流通企业的主营业务收入主要包括销售商品所取得的收入，旅游企业的主营业务收入主要包括客房收入、餐饮收入等。

其他业务收入是指主营业务以外的其他日常经营活动形成的收入。其他业务收入主要包括销售材料取得的收入，出租固定资产、低值易耗品、包装物等资产的租金收入，转让企业商标权、专利权、版权等无形资产使用权取得的收入等。

一般情况下，企业的主营业务收入占营业收入的比重较大，对企业的经济效益有重大影响，而其他业务收入占营业收入的比重较小。在会计核算中，对经常性的、主要业务交易所产生的收入，设置“主营业务收入”科目进行单独核算；对非经常性的、兼营业务所产生的收入，在“其他业务收入”科目进行核算。在实际工作中，如果企业营业执照上注明的原兼营业务量比重加大，且成为经常性发生的收入，也可纳入主营业务收入的核算范围。

第二节 收入的确认和计量

根据新的收入准则，企业应当在履行合同中的履约义务，即在客户取得相关商品（或服务）控制权时确认收入。取得相关商品（或服务）控制权，是指能够主导该商品（或服务）的使用并从中获得几乎全部的经济利益。新的收入准则设定了统一的收入确认计量的五步法模型，即客户取得相关商品（或服务）控制权时确认收入，通常要区分以下五个步骤：识别与客户订立的合同、识别合同中的单项履约义务、确定交易价格、将交易价格分摊至各单项履约义务、履行每一单项履约义务时确认收入。

一、识别与客户订立的合同

企业确认收入，首先应识别与客户订立的合同。

这里的客户，是指与企业订立合同以向该企业购买其日常活动产出的商品或服务并支付对价的一方。合同，是指双方或多方之间设立有法律约束力的权利义务的协议。合同可以是书面形式、口头形式，抑或是某些商业上的惯例等其他形式。如果是像电信公司向其客户成功推销套餐之类的口头协议，在形成合同关系时应当予以记录。

(一) 合同应满足的条件

当企业与客户之间的合同同时满足下列条件时，企业应当在客户取得相关商品控制权时确认收入：

(1) 合同各方已批准该合同并承诺将履行各自义务；

(2) 该合同明确了合同各方与所转让商品或提供服务相关的权利和义务；

(3) 该合同有明确的与所转让商品相关的支付条款；

(4) 该合同具有商业实质，即履行该合同将改变企业未来现金流量的风险、时间分布或金额；

(5) 企业因向客户转让商品而有权取得的对价很可能(通常指可能性大于50%)收回。

通常情况下，如果与客户订立的合同是可明确区分的，那么在满足条件时单独核算每一项合同。但在实际工作中，企业可能会因为法律或商业原因等，在识别与客户订立的合同时，涉及合同的变更、合并、评估等事项。

(二) 合同合并

企业与同一客户(或该客户的关联方)同时订立或在相近时间内先后订立的两份或多份合同，在满足下列条件之一时，应当合并为一份合同进行会计处理：

(1) 该两份或多份合同基于同一商业目的而订立并构成一揽子交易；

(2) 该两份或多份合同中的一份合同的对价金额取决于其他合同的定价或履行情况；

(3) 该两份或多份合同中所承诺的商品(或每份合同中所承诺的部分商品)构成单项履约义务。

但事实上，并不是所有对同一事项在同一时间订立的多份合同都是可以合并的。

(三) 合并变更

合同变更，是指经合同各方批准对原有合同范围或价格作出的变更。

在进行合同变更的会计处理时，企业应当区分下列三种情形：

(1) 合同变更导致可明确区分的商品(或服务)增加，同时合同价款增加，并且新增合同价款反映了新增商品(或服务)单独售价的，应当将该合同变更作为一份单独的合同进行会计处理；

(2) 合同变更不属于第一条中的情形，并且，在合同变更日尚未转让商品(或尚未提供服务)与已转让商品(或已提供服务)之间可明确区分的，应当视为原合同终止，同时，将原合同的未履约部分与合同变更合并为新合同进行会计处理；

(3) 合同变更不属于前述(1)的情形，且在合同变更日已转让的商品与未转让的商品之间不可明确区分的，应当将该合同变更部分作为原合同的组成部分进行会计处理，由此产生的对已确认收入的影响，应当在合同变更日调整当期收入。

实务中，合同各方对合同的价格、范围或两者进行修改十分常见，如建造业、大型设备制造业、影视业等。如果合同价格、范围或两者的修改在获得“批准”后将产生可执行的权利和义务，就认为合同修改对会计处理构成了影响。

(四) 合同评估

在合同开始日(合同生效日)满足前述5个条件的合同，企业就没有必要对其进行后续的重新评估，有迹象表明相关事实和情况发生重大变化的除外。对于在合同开始日不符合条件的合同，企业应当对其进行持续评估，并在其满足相关条件后，在客户取得相关商品控制权时确认收入。

对于经过评估仍然不满足有关合同5个条件的，企业应在下列条件之一满足时确认收入：

(1) 企业已没有或实质上没有向客户转让商品或服务的义务，同时款项也已经收到，且没有向客户退还款项的义务；

(2) 与客户的合同已经终止，且企业没有向客户退还款项的义务。

在满足合同的一般要求前收到的客户价款，企业应将其确认为合同负债。而不是确认收入。

二、识别合同中的单项履约义务

合同开始日，企业应当合同进行评估，识别合同中所承诺的商品或服务是否构成单项履约义务。企业应依据此单项履约义务，确定其是在某一时段履行，还是在某一时点履行，然后，在履行了各单项履约义务时分别确认收入。

履约义务是指合同中企业向客户转让可明确区分的商品或服务的承诺。企业应当确认为单项履约义务包括两种情形：一是向客户转让可明确区分商品或服务的承诺，二是向客户转让一系列实质相同且转让模式相同的、可明确区分的商品或服务的承诺。

(一) 企业向客户转让可明确区分商品或服务(或者商品或服务的组合)的承诺

如果企业向客户转让了可明确区分的商品的承诺，就确认为单项履约义务。认定为可明确区分的商品或服务商品的承诺，必须同时满足下列条件：

(1) 客户能够从该商品或服务本身或者从该商品或服务与其他易于获得的资源一起使用中获益；

(2) 企业向客户转让该商品或服务的承诺与合同中其他承诺可单独区分，即转让该商品或服务的承诺在合同中可明确区分。

常见的可明确区分的商品或服务包括：产成品的销售；购入商品的再销售(如批发与零售等)；商品或服务权利的再销售(如演唱会门票的销售等)；为客户完成合同中约定的任务；为已有的商品和服务提供升级服务；为另一方提供的商品和服务提供服务(如快递服务等)；根据客户需要建造、生产或开发某一产品或项目；授予知识产权许可；授予可另外购买商品或服务的选择权等。

下列情形通常表明企业向客户转让商品或服务的承诺与合同中承诺的其他承诺不可明确区分：

(1) 企业需要提供重大的服务已将该商品或服务与合同中承诺的其他商品进行整合，形成合同约定的某个或某些组合产出转让给客户。

(2) 该商品或服务对合同中承诺的其他商品予以重大修改或定制。

例12-1 某装修公司与客户签订了一份房屋改造装修合同，合同包括对房屋原有装修拆除改造及重新设计装修的要求。该合同中，对原有装修的拆除改造及重新设计是重新装修的必需步骤，因此，对原有装修的拆除改造及重新设计装修的承诺在合同层面上是不可明确区分的。

(3) 该商品或服务与合同中承诺的其他商品或服务具有高度的关联性，即合同中承诺的每一项商品或服务均受合同中其他商品或服务的重大影响。如电信中的套餐业务，享受某种优惠，与接受服务具有高度的关联性。

例如，企业在向客户销售商品时，往往约定商品交货地点。而在商品控制权转移给客户之前发生的谈判、签约、包装、运输等企业活动，并不构成单项履约义务。

(二) 企业向客户转让一系列实质相同且转让模式相同的、可明确区分的商品或服务的承诺

所谓转让模式相同，是指每一项可明确区分的商品或服务均满足在某一时段履行履约义务的条件，且采用相同方法确定其履约进度。例如，物业公司定期进行绿化维护、保洁服务，社区家庭医生定期上门提供医疗保健服务等的长期合同就是转让模式相同的典型例子。

企业在判断所转让的一系列商品或服务是否实质上相同时，需要考虑合同中承诺的性质。

例 12-2 某服务公司承担了一家商务楼的服务，并签订了为期 3 年的合同，合同约定，每个工作日 6:00～18:00 提供相关服务，如没有商务活动，只负责大楼的保洁工作，如有商务活动，除保洁服务外，还包括相应的商务现场的布置、安排等服务。此项合同的每天服务内容可能不尽相同，但合同中对于客户的承诺是相同的，因此，可以将该承诺认定为实质上相同。

三、确定交易价格

当企业与客户签订了合同，就应当根据所订合同以及一般的商业惯例确定交易价格。

交易价格是指企业因向客户转让商品或服务而预期有权收取的对价金额。企业代第三方收取的款项，如增值税销项税额、代垫运费等，以及企业预期将退还给客户的款项，都不能计入交易价格。

如果企业与客户签订了合同，就应当根据合同条款，并结合客户情况，综合考虑以确定交易价格，交易价格可以是固定的，也可以是可变的。在确定交易价格时，企业应当考虑可变对价、重大融资成分、非现金对价等因素的影响。

(一) 可变对价

企业与客户的合同中约定的对价金额可以是固定的，也可能因为商业折扣、销售折让、返利、退款、奖励积分、激励措施、业绩奖金、索赔等因素而变化，从而形成可变对价。企业应当在合同中明确约定可变对价的构成要素，并按期望值或最可能发生金额两种方法对其进行估计，确定可变对价的最佳估计数。

1. 可变对价最佳估计数的确定

期望值法是按照各种可能发生的对价金额及相关概率计算确定的金额。如果企业拥有大量具有类似特征的合同，并估计可能产生多个结果时，通常按照期望值估计可变对价金额。

最可能发生金额法是一系列可能发生的对价金额中最可能发生的单一金额，即合同最可能产生的单一结果。当合同仅有两个可能结果时，通常按照最可能发生金额估计可变对价金额。

例 12-3 甲公司向乙公司提供 A 商品，每件售价 1 000 元。合同约定，每年采购数量在 1 000 件以上，甲公司可以给予 10%的折扣；每年采购数量在 2 000 件以上，可以给予 20%的折扣。根据以前的经验数据和当年的情况预测，乙公司以往每年的采购量均在 1 200 件左右，没有发生退货，当年情况与往年没有大的改变，因此，甲公司可以确认该合同中的可变对价的金额为每件 900 元。

对于类似的合同，企业所选择的确定可变对价金额的方法应当采用相同的方法。

2. 计入交易价格的可变对价金额的限制

根据谨慎性要求，企业采用期望值法或最可能发生金额法确定了可变对价金额后，还应当考虑限制条件，即包含可变对价的交易价格，应当不超过在相关不确定性消除时，累计已确认的收入极可能不会发生重大转回的金额。

例 12－4 甲公司对外销售相同类型的商品，并与乙公司签订了一份总销售数量为 1 000 件，单位售价为 1 000 元的合同。合同约定，在乙公司售出商品时，乙公司应向甲公司支付货款。正常的收款周期约为 60 天。

为维系与客户的关系以及减少库存的压力，甲公司允许乙公司向其客户提供折扣。从合同条款中可以看出，合同中的对价为可变对价。假设甲公司采用期望值法估计可能收到的可变对价，根据期望值法，甲公司预计可能的折扣率为 20%，合同中的可变对价的最佳估计数为 80 万元(1 000×1 000×80%)。

但由于该商品搞换季促销，价格具有很大的不确定性。最终客户的价格折扣为 20%～30%，最稳健合同可变对价应为 70 万元(1 000×1 000×70%)，在没有最终收到乙公司的货款时，尚有总额 10 万元的可变对价的收取具有较大的不确定性，也就是说，在甲公司确认 80 万元的营业收入时，可能会发生已确认收入的重大转回。因此，在甲公司销售商品时，存在着对计入交易价格的可变对价金额的限制，在重大不确定性消除之前，应当确认的收入为 70 万元，待重大不确定性因素消除时，如实际收到货款 80 万元，再确认 10 万元的营业收入。

资产负债表日，企业应当重新估计应计入交易价格的可变对价金额，包括重新评估将估计的可变对价计入交易价格是否受到限制。

(二) 合同中存在的重大融资成分

合同中存在的重大融资成分，是指合同各方以明确或隐含的方式在合同中约定的付款时间为客户或企业就该交易提供了重大融资利益时，合同中即包含了重大融资成分。企业提供的商品或服务的现时交易价格与客户在其后支付的金额之间的差额即为融资成分。

通常情况下，企业转让商品或服务的控制权与收付款业务的间隔期不超过 1 年(1 年及以下)的，为简化会计处理，可以不考虑合同中存在的重大融资成分。

判断合同中是否存在重大融资成分，应考虑的因素包括：(1) 客户承诺商品或服务的交易对价与现时销售价格的差额；(2) 客户付款的间隔期长度以及相关市场的现行利率。

企业应当在单个合同层面考虑融资成分是否重大，如果融资成分重大，应当使用将未来收付款金额折现成目前现时(商品或劳务控制权转移时)销售交易价格的折现率，并采用实际利率法按前述折现率将重大融资成分在合同期内进行分摊。

例 12－5 2019 年 12 月 1 日，甲公司与乙公司签订了一份销售设备合同。目前售价为 1 000 000 元，成本为 600 000 元；合同约定，乙公司在购入设备的 1 个月内可以无条件退货。退货期满，分别于 2020 年 12 月 31 日和 2021 年 12 月 31 日支付货款 600 000 元。在合同签订日，该设备的控制权就转移给了乙公司。增值税税率为 13%，约定在收到货款时收取增值税税额。乙公司如期支付了货款和增值税税额。

甲公司的会计处理如下：

(1) 合同开始日，因存在着退货的可能性，所以不确认收入。

借：发出商品　　600 000

　　贷：库存商品　　600 000

(2) 2019 年 12 月 31 日，退货期满，重大不确定性已经消除，甲公司应当按现时销售价格确认收入，未来收款总额与现时销售价格的差额确认为重大融资成分。

借：长期应收款　　1 200 000

　　贷：主营业务收入　　1 000 000

　　　　未实现融资收益　　200 000

借：主营业务成本　　600 000

　　贷：发出商品　　600 000

甲公司应当确定合同中包含的重大融资成分的折现率，假设折现率为 12%。

(3) 2020 年 12 月 31 日，收到乙公司的货款及增值税税额，并确认利息收入。

借：银行存款　　665 000

　　贷：长期应收款　　600 000

　　　　应交税费——应交增值税(销项税额)　　65 000

借：未确认融资收益　　120 000

　　贷：利息收入(1 000 000×12%)　　120 000

(4) 2021 年 12 月 31 日，收到乙公司的货款及增值税税额，并确认利息收入。

借：银行存款　　665 000

　　贷：长期应收款　　600 000

　　　　应交税费——应交增值税(销项税额)　　65 000

借：未确认融资收益　　80 000

　　贷：利息收入(200 000－120 000)　　80 000

(三) 非现金对价

客户向企业支付的非现金对价，通常应按照非现金对价在合同开始日的公允价值确定交易价格，公允价值不能合理估计的，企业应当参照其承诺向客户转让商品或服务的单独售价间接确定交易价格。非现金对价包括实物资产、无形资产、股权、客户提供的广告服务等。

合同开始日后，非现金对价的公允价值因对价形式而发生变动的，该变动金额不应计入交易价格；因对价形式以外的原因而发生变动的，应当作为可变对价，按照与计入交易价格的可变对价的限制条件相关的规定进行处理。

(四) 应付客户对价

商业实务中，广泛存在着应付客户的对价，如返利、优惠券、奖励、通道费、付费入场、合作广告安排等，但向客户购买可明确区分的商品或服务而支付的对价，则不属于应付客户对价。

应付客户对价应当冲减交易价格。企业应付客户对价超过向客户取得可明确区分商品的公允价值的，超过金额应当冲减交易价格，公允价值部分应当作为企业的购货交易价格；向客户取得的可明确区分商品公允价值不能合理估计的，企业应当将应付客户对价全额冲减交易价格。

(五) 无须退还的初始费

企业在合并开始日向客户收取的像俱乐部入会费之类的无须退还的初始费，应当计入交易价格。对于无须退还的计入交易价格的初始费，应当与向客户转让已承诺的商品或服务相关，企业应当在合同开始日评估其相关性。如果与所承诺的商品或服务不相关，该初始费应当作为未来将转让商品或服务的预收款，在未来转让商品或服务时确认为收入。

四、将交易价格分摊至各单项履约义务

当合同中的各单项履约义务可明确区分且交易价格已经确定，如果合同中包含了两项及以上单项履约义务时，在合同开始日，企业应当按照各单项履约义务所承诺商品或服务的单独售价的相对比例法，将交易价格分摊至各单项履约义务。

(一) 单独售价

所谓单独售价，是指企业向客户单独销售商品或提供服务的价格。单独售价无法直接观察的，企业应当综合考虑其能够合理取得的全部相关信息，采用市场调整法、成本加成法、余值法等方法合理估计单独售价。

1. 市场调整法

市场调整法是指企业根据某商品或服务（或类似商品或服务）的市场售价，考虑本企业的成本和毛利率等进行适当调整后，确定其单独售价的方法。

2. 成本加成法

成本加成法是指企业根据某商品或服务的预计成本加上其合理毛利后的价格，确定其单独售价的方法。

3. 余值法

余值法是指企业根据合同交易价格减去合同中其他商品可观察的单独售价后的余值，确定其单独售价的方法。

企业在商品或服务近期售价波动幅度巨大，或者因未定价且未曾单独销售而使售价无法可靠确定时，可采用余值法估计其单独售价。

如果合同中有两个及以上的商品或服务的单独售价不能确定或变动幅度巨大，企业可以组合方式确定各单项履约义务所承诺商品或服务的单独售价。例如，企业可以先采用余值法对价格幅度变动巨大或单独售价不能确定的商品或服务进行总体估计，然后再采用其他方法确定各单项履约义务所承诺商品或服务的单独售价。

合同发生变更且该变更作为现有合同的终止以及新合同的开始时，企业需要对新合同的各单项履约义务的交易价格进行重新评估。

企业在将交易价格分摊至各单项履约义务时，需要考虑一些特殊情形，比如分摊合同折扣、分摊可变对价。

(二) 分摊合同折扣

合同折扣，是指合同中各单项履约义务所承诺的商品或服务的单独售价之和高于合同交易价格的金额。企业应当在各单项履约义务之间按比例分摊合同折扣。

同时满足下列条件时，企业应当将合同折扣全部分摊至合同中的一项或多项（而非全部）

履约义务：(1) 企业经常将该合同中的各项可明确区分的商品或服务单独销售或者以组合合同方式单独销售；(2) 企业也经常将其中部分可明确区分的商品或服务以组合的方法按折扣价格单独销售；(3) 上述第(2)项中的折扣与该合同中的折扣基本相同，且针对每一组合中的商品或服务的分析为将该合同的全部折扣归属于某一项或多项履约义务提供了可观察证据。

例 12-6 甲公司与乙公司签订了一份购销合同，向乙公司销售 A、B、C 三种商品，售价共计 300 000 元。其中，A 商品有单独的对外销售价格，售价为 200 000 元，但商品 B 与 C 没有单独的对外售价。合同约定，甲公司在合同开始日向乙公司交付商品 A 与 B，1 个月后，再向乙公司交付 C 商品，乙公司在收到 C 商品后的 20 天内，向甲公司支付所有货款。

本例中，商品 A、B、C 分别构成单项履约义务，且控制权在交付给乙公司时转移。假定不考虑增值税因素。由于商品 B 与 C 没有明确的单独售价，甲公司决定采用市场调整法来估计 B 商品的单独售价，采用成本加成法来估计 C 商品的单独售价。

经估计，A、B、C 三种商品的单独售价如表 12-1 所示。

表 12-1 甲公司 A、B、C 三种商品的单独售价及估计方法 单位：元

商品名称	单独售价	确定单独售价的方法
A	200 000	公开售价
B	100 000	市场调整法
C	100 000	预计成本加成法
合　计	400 000	

由于合同总交易价格为 300 000 元，因此，该组合合同的折扣率为 75%(300 000÷400 000×100%)，甲公司应按此分配率分配合同总交易价格，分摊后的商品 A、B、C 的单独售价分别为 150 000 元(200 000×75%)、75 000 元(100 000×75%)和 75 000 元(100 000×75%)。

根据分摊结果，甲公司的账务处理如下：

(1) 合同开始日，向乙公司销售商品 A、B 时：

借：合同资产　　225 000

　　贷：主营业务收入(150 000+75 000)　　2 250 000

(2) 1 个月后，向乙公司转让 C 商品时：

借：应收账款　　300 000

　　贷：合同资产　　225 000

　　　　主营业务收入　　75 000

(3) 收到合同价款时：

借：银行存款　　300 000

　　贷：应收账款　　300 000

(三) 分摊可变对价

有些合同中的可变对价与整个合同有关，有些则只与合同中的某一特定组成部分相关。同时满足下列条件时，企业应当将可变对价及可变对价的后续变动额全部分摊至与之相关的某些履约义务，或者构成单项履约义务的一系列可明确区分商品或服务：

(1) 可变对价的条款专门针对企业为履行该项履约义务或转让该项可明确区分商品或服务所做的努力；

(2) 企业在考虑了合同中的全部履约义务及支付条款后，将合同对价中的可变金融全部分摊至该履约义务，或该明确区分商品或服务符合分摊交易价格的目标。

例 12－7 甲公司向乙公司销售商品 A、B 并提供 C 服务。其中，A 商品的售价是固定价格，B 商品和 C 服务是可变对价合同。乙公司在销售 B 商品时，甲公司根据其销售量的大小提供 20%～30%不等的返利，C 服务则与 B 商品的后续服务相关，但需要单独收取费用。

分析合同可以看出，该合同中的可变对价，与合同中的可明确区分的 B 商品和 C 服务有关，与可明确区分的 A 商品无关。因此，甲公司应当按期望值法或最可能发生金额法先确定可变对价的金额，再按市场调整法或成本加成法或余值法确定 B 商品和 C 服务的单独售价，并按单独售价的相对比例法将可变对价金额分摊至 B 商品和 C 服务。

合同开始日后，单项履约义务或可明确区分的商品或服务的单独售价发生变动，企业不得调整或分摊在合同开始日已经确定的交易价格。

五、履行每一单项履约义务时确认收入

企业在履行了合同中的履约义务，即客户取得了相关商品控制权时确认收入。取得相关商品控制权，是指客户能够主导该商品的使用并从中获得几乎全部的经济利益。

企业应当根据实际情况，首先判断履约义务是否满足在某一时段内履行的条件，如不满足，则该履约义务属于在某一时点履行的履约义务。

(一) 某一时点履行履约义务的收入确认

对于在某一时点履行的履约义务，企业应当在客户取得相关商品控制权时点确认收入。大部分履约义务的履行，其控制权的转移十分明确，但在有些情况下，控制权的转移则较为复杂。企业在判断商品控制是否转移时，应当考虑以下五个迹象：

其一，企业就该商品享有现时收款权利，即客户就该商品负有现时付款义务。

如果企业就该商品享有现时收款权利，通常表明客户已经有能力主导该商品的使用并能从中获得几乎全部的经济利益，例如，零售商将商品销售给客户并即时收到货款时。

其二，企业已将该商品的法定所有权转移给客户，即客户已拥有该商品的法定所有权。

当客户取得了商品的法定所有权时，可能客户已拥有该商品的控制权。如果企业仅仅是为了确保到期收回货款而保留商品的法定所有权，那么企业所保留的这项权利通常不会对客户取得该商品的控制权构成障碍。

其三，企业已将该商品实物转移给客户，即客户已实物占有该商品。

一般情况下，企业将商品实物转移给客户，通常表明客户已经有能力主导该商品的使用并能从中获得几乎全部的经济利益。例如，某零售商店将商品销售给消费者并已收到了货款，此类销售通常并没有合同的约定，但消费者已经实物占有该商品，应当视为商品的控制权已经转移。但并不是所有将商品实物转移给客户的情况，都代表商品控制权的转移。

例如委托代销安排。在收取手续费委托代销方式下，企业将商品发送给受托方，但该商品的控制权并未转移，企业不应在发运商品时确认收入，而通常应当在委托方售出该商品时确认销售商品收入；受托方则应当在商品销售后，按合同或协议约定的方法计算确定的手续费并确认收入。

例 12-8 甲公司委托乙公司销售 A 商品 100 件，商品已经发出，每件成本为 600 元，合同约定，乙公司应按每件 1 000 元(不含增值税)的价格对外出售。乙公司完成销售后，甲公司按不含增值税的售价的 10%向乙公司支付代销手续费。乙公司实际销售 10 件，开出的增值税专用发票上注明的销售价款为 10 000 元，增值税税额为 1 300 元，款项已经收到。甲公司在收到乙公司开具的代销清单时，向乙公司开具了一张相同金额的增值税专用发票。假定甲公司发出商品时纳税义务尚未发生，不考虑其他因素。

甲公司的账务处理如下：

(1) 发出商品时。

借：委托代销商品	60 000	
贷：库存商品		60 000

(2) 收到乙公司代销清单时：

借：应收账款	11 300	
贷：主营业务收入		10 000
应交税费——应交增值税(销项税额)		1 300
借：主营业务成本	6 000	
贷：委托代销商品		6 000
借：销售费用(10 000×10%)	1 000	
贷：应收账款		1 000

(3) 收到乙公司支付的货款时：

借：银行存款	10 300	
贷：应收账款		10 300

期末编制资产负债表时，“委托代销商品”账户余额应列入存货项目。

乙公司的账务处理如下：

(1) 收到甲公司发运的商品时：

借：受托代销商品	100 000	
贷：受托代销商品款		100 000

(2) 销售商品时：

借：银行存款	11 300	
贷：应付账款		10 000
应交税费——应交增值税(销项税额)		1 300

(3) 收到甲公司增值税专用发票时：

借：应交税费——应交增值税(进项税额)	1 300	
贷：应付账款		1 300
借：受托代销商品款	10 000	
贷：受托代销商品		10 000

(4) 计算代销手续费并支付货款时：

借：应付账款	11 300	
贷：银行存款		10 300
其他业务收入		1 000

期末编制资产负债表时,“受托代销商品”和“受托代销商品款”账户余额应相互对冲,不列入乙公司的资产负债表。

实务中,有些委托代销是视同销售的,即客户是买断代销商品所有权的,则需要判断委托代销企业向客户发运商品时控制权是否转移。

其四,企业已将该商品所有权上的主要风险和报酬转移给客户,即客户已取得该商品所有权上的主要风险和报酬。

商品所有权上的风险,主要是指商品所有者承担该商品价值发生损失的可能性。如商品的价值发生减值、商品发生毁损的可能性等。商品所有权上的报酬,主要是指商品所有者预期可获得的商品中包含的未来经济利益。商品所有权上的报酬,表现为商品价值的增加以及商品的使用所形成的经济利益等。例如,甲公司销售一台需安装的设备给乙公司,合同约定甲公司负责设备的安装调试。如果安装调试不是一项主要任务,就可以认为该商品所有权上的主要风险和报酬已经转移给了购货方。

对大部分的商品而言,销售的时候通常就是主要风险和报酬转移的时候,如果其他条件都能满足,则可以在销售时确认收入。

例 12－9　甲公司与乙公司确定了 10 000 件 A 商品销售合同,每件售价为 10 元,单位成本为 6 元,增值税税率为 13%。款已收。甲公司在发出商品并取得有关凭证时,即可确认该商品所有权上的主要风险和报酬已经转移,应编制会计分录如下:

借:银行存款	113 000	
贷:主营业务收入		100 000
应交税费——应交增值税(销项税额)		13 000

如甲公司未收到款项,应借记“应收账款”科目,若收到商品承兑汇票,则借记“应收票据”科目。同时结转销售成本。

借:主营业务成本	60 000	
贷:库存商品		60 000

假设与购货方签订了附退回条件的销售合同,对于可能退回的销售,其商品所有权上的风险和报酬实质上并未转移,不应在销售时确认收入。例如,企业为促成销售,签订附退回条件的销售合同,即购买方可依照有关协议选择退货。在这种销售方式下,如果企业能够按照以往的经验对退货的可能性作出合理的估计,则企业应在发出商品时,将估计不会发生退货的部分商品销售确认收入,而估计可能发生退货的部分,不确认收入;如果不能合理地确定退货的可能性,则企业应在商品退货期满时确认收入。

其五,客户已接受该商品。

通常情况下,当商品通过了客户的验收,即可视为客户已接受该商品。如果企业能客观地确定其已经按照合同约定的标准和条件将商品的控制权转移给客户,则企业可以在客户验收之前确认收入。如果企业无法客观地确定向客户转让的商品是否符合合同规定的标准和条件,那么企业就应当在客户验收并接受该商品时确认收入。

实务中,定制化程度越高的商品,越需要在客户验收以后确认收入。

除上述明显的迹象外,企业还应当从本质上判断客户是否已经取得了商品的控制权。

（二）某一时段内履行履约义务的收入确认

1. 在某一时段内履行履约义务的条件

满足下列条件之一的，属于在某一时段内履行的履约义务，相关收入应当在该履约义务履行的期间内确认：

(1) 客户在企业履约的同时即取得并消耗企业履约所带来的经济利益。

许多类型的服务合同，企业在履约的同时为客户创造了资产，且客户在企业履约的同时即取得并消耗企业履约所带来的经济利益。例如，甲公司承诺将客户端货物从A地运达B地，假定该货物在途经C地时，由乙运输公司接替甲公司继续提供运输服务。由于A地到B地的运输服务无须重新执行，表明客户在甲公司履约的同时即取得并消耗了甲公司履约所带来的经济利益。又如，甲公司为客户提供安保与物业服务，甲公司在为客户提供安全保障与保洁服务的同时，客户即取得并消耗了甲公司所带来的经济利益。因此，甲公司提供的运输服务、安保与物业服务都属于在某一时段内履约的履约义务。

(2) 客户能够控制企业履约过程中在建的商品。

企业在履约过程中在建的商品包括在产品、在建工程、尚未完成的研发项目、正在进行的服务等。由于客户控制了在建商品，可以在企业提供商品的过程中获得利益。属于在某一时段内履行的履约义务，应当在履约期间确认收入。例如，企业为客户建造厂房，客户按工程进度向企业支付工程款，无论如何，企业为客户建造的厂房一定为客户所拥有，因此，客户能够控制企业履约过程中在建的商品，这些都属于在某一时段内履行的履约义务，应当在履约期间确认收入。

(3) 企业在履约过程中所产出的商品具有不可替代的用途，且企业有权对在整个合同期内累计已完成的履约部分收取款项。

商品具有不可替代的用途，是指企业在合同履行过程中创建的资产或服务只能用于客户，不能转移给其他客户或转作其他用途。在判断商品是否具有不可替代用途时，企业既应当考虑合同限制，也应当考虑实际操作上的限制，具体考虑三点：一是企业应当在合同开始日判断所承诺的商品或服务是否具有不可替代用途；二是合同中是否存在实质性的限制条款或操作上的限制，限制了企业不能将合同约定的商品或服务用于其他目的；三是企业应当根据最终转移给客户的商品或服务的特征判断其是否具有不可替代用途。

2. 在某一时段内履行履约义务的收入确认

对于在某一时段内履行的履约义务，除履约进度不能合理确定的情况外，企业应当在该时段内按照履约进度确认收入。

企业可以根据所提供商品或服务的性质，选择采用产出法或投入法来确定履约进度。确定履约进度时，应当扣除那些控制权已转移给客户的商品或服务，如实反映企业向客户转移商品或服务的履约情况。企业按照履约进度确认收入时，通常应当将在资产负债表日安装合同的交易价格总额乘以履约进度扣除以前会计期间累计已经确认的收入后的金额，确认为当期收入。

(1) 产出法。

产出法是根据已转移给客户的商品或服务的价值确定履约进度，通常采用实际测量的完工进度、评估已实现的结果、已完成关键事项或已达到里程碑、时间进度、已完工或交付的产品等确定履约进度的方法。

企业在评估是否采用产出法确定履约进度时，应当考虑所选择的产出指标是否能够如实反映向客户转移商品或服务的进度。产出法因其能直接度量已完成的产出，通常能够客观地反映履约进度。但是，当产出法所需要的信息可能无法直接通过观察获得，或者为获得这些信息的成本所费巨大，可以采用投入法来确定履约进度。

(2) 投入法。

投入法是根据企业履行履约义务的投入来确定履约进度，主要包括以投入的材料数量、花费的人工工时或机器工时、发生的成本和时间进度等投入指标来确定履约进度。

在履约过程中，如果发生的投入在整个履约期间内是平均发生的，就可以按照直线法确认收入。

对某一时段内的履约义务，企业应当设置“合同履约成本”科目，归集为履行履约义务所发生的成本；按会计规则确认的收入，记录为“合同资产”和“主营业务收入”；按照客户确认的金额，将“合同资产”确认为应收账款或冲减合同负债。

例 12－10 甲公司与乙公司签订了一项安装合同，合同规定安装期 3 个月，合同总金额为 60 万元，工程于 2019 年 12 月 1 日开工。2019 年底，预收装修费 25 万元，实际发生成本 16 万元，其中人工费 10 万元，其他费用 2 万元，原材料 4 万元。预计还将发生成本 24 万元。

假设甲公司根据实际发生成本占预计总成本的比例确定履约进度，不考虑增值税等其他因素，甲公司的账务处理如下：

2019 年底实际发生成本占估计总成本的比例＝16÷(16＋24)×100%＝40%

根据履约程度，2019 年底企业应确认收入：60×40%＝24(万元)。

① 计算实际发生的合同成本时：

借：合同履约成本	16	
贷：应付职工薪酬		10
银行存款		2
原材料等		4

② 预收劳务费时：

借：银行存款	25	
贷：合同负债		25

③ 确认收入时：

借：合同负债	24	
贷：主营业务收入		24

④ 结转合同成本时：

借：主营业务成本	16	
贷：合同履约成本		16

很多情况下，企业的投入与向客户转移商品或服务的控制权之间并不存在直接的对应关系，有时候投入已经发生，但控制权并没有转移，因此，企业应当扣除那些虽然已经发生，但未导致向客户转移控制权的商品或服务的投入。

实务中，对于成本密集型的企业，通常可以按照累计实际发生的成本占预计总成本的比例确定履约进度，其中，累计实际发生的成本包括向客户转移商品或服务过程中所发生的直接成本和间接成本，如直接人工、直接材料、分包成本以及诸如机械使用费之类的其他与合同相关的成本。

例 12-11 甲建筑公司与乙公司签订了一项总金额为 1 000 万元的建造合同，承建一座体育场馆。工程于 2019 年 1 月 1 日开工，预计到 2021 年 6 月竣工。最初预计工程总成本为 550 万元。2019 年底，发生成本 180 万元，预计还将发生成本 420 万元，实际收到款项 300 万元。到 2020 年底，预计工程总成本为 700 万元。合同完成时按 9%缴纳增值税。建造该项工程的有关资料如表 12-2 所示。

表 12-2 甲公司工程有关资料 单位：万元

项目 \ 年份	2019 年	2020 年	2021 年
累计已发生成本	180	560	800
尚需发生成本	420	140	—
已结算工程款	180	400	520
当期实际收到价款	300	400	390

假设根据累计实际发生的合同成本占合同预计总成本的比例确定履约进度，根据表12-2中的资料，2019 年底累计已发生成本 180 万元，预计还将发生成本 420 万元，2019 年底履约进度和应确认收入计算如下：

实际发生的合同成本占合同预计总成本的比例：180÷(180+420)×100%=30%

即可确认履约进度为 30%，根据履约进度，2019 年底企业应确认收入：1 000×30%=300(万元)

2020 年底累计已发生成本 560 万元，预计还将发生成本 140 万元，年底履约进度和应确认收入计算如下：

履约进度：560÷(560+140)×100%=80%

2020 年底企业应确认累计收入：1 000×80%=800(万元)

企业应确认 2020 年收入：800-300=500(万元)

2021 年 6 月工程全部完工验收合格，应确认收入：1 000-800=200(万元)

合同的履约进度及计算结果见表 12-3。

表 12-3 甲公司工程履约进度与收入确认 单位：万元

项目 \ 年份	2019 年	2020 年	2021 年
合同金额	1 000	1 000	1 000
累计发生成本	180	560	800
尚需发生的成本	420	140	—
合同预计总成本	600	700	800
履约进度	30%	80%	100%
当年应确认的收入	300	500	200

每一个资产负债表日，企业应当对履约进度尽快进行重新估计。按累计实际发生的成本占预计总成本的比例确定履约进度，并且可能需要对已发生的成本进行适当的调整。

第三节 特定交易收入的会计处理

正常情况下，企业可以按照第二节所述的五个步骤进行收入的确认和计量，但在实务中，还会出现一些特定类型的交易。

一、附有销售退回条款的销售

企业将商品控制权转让给客户后，可能会因为各种原因允许客户依照有关合同、法律要求、声明承诺、以往的习惯做法等选择退货。此类销售被称为附有销售退回条款的销售。对于附有销售退回条款的销售，企业应当在客户取得相关商品控制权时，按照因向客户转让商品而预期有权收取的对价金额确认收入，按照预期因销售退回将退还的金融确认为(预计)负债；同时，按照预期将退回商品转让时的账面价值，扣除收回该商品预计发生的成本(包括退回商品的价值减损)后的余额，确认为一项资产，按照所转让商品转让时的账面价值，扣除上述资产成本后的净额结转成本。每个资产负债表日，企业应当重新评估未来销售退回情况，如有变化，应当作为会计估计变更进行会计处理。

例 12－12 2019 年 9 月 1 日，甲公司向乙公司销售一批商品，成本为 60 000 元，增值税专用发票上注明的售价为 100 000 元，增值税税额为 13 000 元。根据协议约定，乙公司应该在 11 月 1 日前付款，在 12 月 1 日前有权选择退货。根据以往经验，估计退货率 10%。该批商品已经发出，并向银行办妥托收手续。假定甲公司为一般纳税人，销售该商品的纳税义务已经发生，增值税税率 13%。12 月 1 日实际退货 10%。

对于可能退货的 10%商品，从本质上讲，风险可能并未转移。因此，在销售时应确认为预计负债，成本作为应收退货成本。而 90%的商品则可以确认收入并结转成本。

甲公司的账务处理如下：

(1) 2019 年 9 月 1 日发出商品时：

借：应收账款　　113 000
　　贷：主营业务收入　　90 000
　　　　预计负债——应付退货款　　10 000
　　　　应交税费——应交增值税(销项税额)　　13 000
借：主营业务成本　　54 000
　　应收退货成本　　6 000
　　贷：库存商品　　60 000

(2) 11 月 1 日收到货款时：

借：银行存款　　113 000
　　贷：应收账款　　113 000

(3) 12 月 1 日实际退货 10%时：

借：库存商品　　6 000
　　应交税费——应交增值税(销项税额)　　1 300
　　预计负债　　10 000

贷：应收退货成本　　6 000

　　银行存款　　11 300

如果12月1日实际退货低于10%，如退货率为6%，则应该将估计退货而没有退货的4%部分商品确认收入并结转成本，将“预计负债”转为“主营业务收入”，同时将“应收退货成本”转为“主营业务成本”。

二、附有质量保证条款的销售

企业在向客户销售商品时，根据合同约定、法律要求、声明承诺或企业以往的习惯做法等，为所售商品提供质量保证。

构成单项履约义务的质量保证的情况主要有两种：

(1) 对于客户能够选择单独购买质量保证的，表明该质量保证构成单项履约义务；

(2) 对于客户不能选择单独购买质量保证，但评估该质量保证在向客户保证所销售的商品符合既定标准之外，额外提供了一项单独服务的，也应当作为单项履约义务。

企业在评估一项质量保证是否在向客户保证所销售商品符合既定标准之外额外提供了一项单独的服务时，应当考虑的因素包括：

① 该质量保证是否为法定要求。当法定要求提供质量保证时，通常是为了避免客户购买瑕疵商品或缺陷商品的风险，表明不是为客户提供单独的质量保证服务，不构成单项履约义务。

② 质量保证期限。通常情况下，企业提供质量保证的期限越长，越有可能表明企业向客户提供了保证商品符合既定标准之外的服务，构成单项履约义务。

③ 企业承诺履行任务的性质。客户能够选择单独购买质量保证的，该质量保证构成单项履约义务。

有时，企业可能需要履行某些特定的任务以保证所转让的商品符合既定标准，如客户寄回有瑕疵的商品或换货时，运费由企业支付，此类特定的任务不构成单项履约义务，而是将其与质量保证合并为一项履约义务进行处理。

构成单项履约义务的质量保证，企业应当按《企业会计准则第14号——收入》进行会计处理，并将部分交易价格分摊至该项履约义务。对于不能作为单项履约义务的质量保证，应当按照或有事项会计准则的规定进行会计处理。

例12-13　甲公司对外销售洗衣机，同时提供质量保证服务及一年保修服务。公司针对洗衣机的质量问题所提供的质量保证服务是为了向客户保证所销售的商品符合既定标准，因而不构成单项履约义务；但公司对由于客户不当使用而引起的产品故障提供免费维修服务，则属于向客户销售商品之外的一项单独服务，应当作为单项履约义务，由于是免费提供维修，因此，需要将合同总价款按适当的方法在销售与维修服务之间进行分摊。

三、主要责任人和代理人

当企业向客户提供商品或服务时会涉及其他方参与其中，企业就需要进行主要责任人和代理人的判断。

判断时，企业应当首先识别向客户提供的特定商品，然后根据其在向客户转让商品前是否拥有对该商品的控制权来判断其从事交易时的身份是主要责任人还是代理人。在向客户转让商品前能够控制该商品的，该企业为主要责任人，应当按照已收或应收对价总额确认收入；向客户转让商品前不控制该商品的，该企业为代理人，应当按照预期有权收取的佣金或手续费的金额确认收入，该金额应当按照已收或应收对价总额扣除应支付给其他相关方的价款后的净额，或者按照既定的佣金金额或比例等确定。

(一) 企业作为主要责任人的情况

如果有第三方参与企业向客户提供商品时，确认为企业转让商品前能够控制该商品，判断属于责任人的情形主要包括：

(1) 企业自第三方取得商品或其他资产控制权后，再转让给客户。

这里的商品或其他资产也包括企业向客户转让的未来享有由第三方提供服务的权利，企业应当评估该权利在转让给客户前，企业能否控制其权利。例如，某旅行社以较低的折扣价购买了限制客流量景点的门票，且所购门票不能退回。这种情况属于该旅行社自第三方取得了资产的控制权，能够自主地卖给客户，表明旅行社能够控制该门票，属于主要责任人。如果旅行社仅仅是按约定的价格对客户销售门票，并按销售收入的一定比例收取佣金，则旅行社被判断为该项交易中的代理人。

(2) 企业能够主导第三方代表本企业向客户提供服务。

当企业向客户承诺提供服务，并委托第三方代表企业向客户提供服务时，企业能够主导该第三方代表企业向客户提供服务，则表明企业提供服务给客户前能够控制该相关服务，属于主要责任人。

(3) 企业自第三方取得商品控制权后，通过提供重大的服务将该商品与其他商品整合成某组合产出转让给客户。此时，企业承诺的特定商品就是合同约定的组合产出。如某装修公司为客户提供精装修而购入的家用电器等。

(二) 需要考虑的相关事实和情况

实务中，企业在判断向客户转让商品前是否拥有对该商品的控制权，不应仅限于合同的法律形式，还应当综合考虑所有相关事实和情况，包括但不局限于以下事实和情况：

(1) 向客户转让商品的主要责任是企业还是第三方。如果企业承担向客户转让商品的主要责任，则表明企业拥有对该商品的控制权。

(2) 该商品的存货风险在商品转让前后是由企业承担还是由第三方承担。如果企业承担了存货风险，则表明企业拥有对该商品的控制权。

(3) 交易商品的价格是由企业还是由第三方决定。有时候代理人也有一定程度的定价权，但限于企业给定的范围内，则说明还是由企业主导所交易商品的价格。

四、附有客户额外购买选择权的销售

很多企业在销售商品的同时，为了提高销售业绩，吸引客户继续购买商品或服务，会向客户提供额外购买选择权，允许客户据此买免费商品或以折扣价格购买商品，这种情况被称为附有客户额外购买选择权的销售。常见的客户额外购买选择权包括销售激励、客户奖励积分、阶梯收费、未来购买商品的折扣券以及合同续约选择权等。

对于附有客户额外购买选择权的销售，企业应当评估该选择权是否向客户提供了一项重大权利。如果客户只有在订立了一项合同的前提下才取得了额外购买选择权，并且客户行使该选择权购买额外商品时，能够享受到超过该地区或该市场中其他同类客户所能够享有的折扣，通常认为该选择权向客户提供了一项重大权利。

在考虑向客户提供的权利是否重大时，应当根据其金额和性质综合判断。经综合判断后，如果认为该选择权向客户提供了一项重大权利，应当将其与原购买的商品单独区分作为单项履约义务，企业应当按照各单项履约义务的单独售价的相对比例，将交易价格分摊至各单项履约义务。其中，分摊至最大选择权的交易价格与未来的商品相关，企业应当在客户未来行使购买选择权取得相关商品控制权时，或者该选择权失效时，确认为收入。

当企业向客户提供了额外购买商品的选择权，但客户行使该选择权购买商品时的价格反映了这些商品单独售价，则无须确认企业向客户提供了一项重大权利。也就是说，如果客户行使该权利购买额外商品与原合同下购买的商品类似，企业可以直接将预计可能提供额外商品的数量以及预计将收到的相应对价金额纳入原合同，并进行相应的会计处理。

例 12-14 甲公司推行一项奖励积分计划。自 2019 年 6 月 1 日至 8 月 31 日，客户在甲公司每消费 10 元(不包含增值税)可获得 1 个积分，每个积分从 9 月 1 日开始至 12 月 31 日期间在购买甲公司的其他产品时可以抵减 1 元。假定截至 2019 年 12 月 30 日，客户共消费 100 万元，增值税税率为 13%，开具增值税专用发票，累计 10 万个积分。根据历史经验，估计该积分的兑换率为 90%。

公司为客户提供的积分奖励可以扣减其他商品的购买价款，且客户兑换比例较高，可以认定为客户提供了一项重大权利，应当作为一项单项的履约义务。

甲公司出售商品提供的奖励积分为 10 万个，依历史经验估计，该单项履约义务的单独售价约为 9 万元(10 万个积分×1 元/积分×90%)。

公司应当将出售商品的总售价在所售商品与客户的选择权之间按所售商品和积分的单独售价的相对比例进行分摊。

分摊至所售商品的交易价格=100÷(100+9)×100=91.743 1(万元)

分摊至积分的交易价格=100÷(100+9)×9=8.256 9(万元)

根据分摊结果，在出售商品时，分摊至积分的交易价格确认为合同负债：

借：银行存款	1 130 000	
贷：主营业务收入		917 431
合同负债		82 569
应交税费——应交增值税(销项税额)		130 000

客户在未来全部行使了该项选择权，即用积分购买商品，合计积分商品的单独售价为 50 万元，增值税税率为 13%，应确认收入并结转分摊至积分的合同负债：

借：银行存款	482 431	
合同负债	82 569	
贷：主营业务收入		500 000
应交税费——应交增值税(销项税额)		65 000

如果客户未行使该项奖励积分选择权，则直接将分摊给积分的金额转为收入：

借：合同负债	82 569	
贷：主营业务收入		82 569

在合同有效期间内，客户未兑换的积分仍然列示为合同负债，直至有效期期满。

五、售后回购

售后回购，是指企业在销售商品的同时，承诺或有权选择日后再将该商品（包括相同或几乎相同的商品，或以该商品作为组成部分的商品）购回的销售方式。售后回购协议可以是企业承诺在未来购入所出售的商品，也可以是企业有权在未来购入所出售的商品，或者企业承诺在未来应客户的要求购入所出售的商品。

对售后回购交易，企业应当区分下列两种情形分别进行会计处理：

（一）企业因存在与客户的远期安排而负有回购义务或企业享有回购权利的

企业因存在与客户的远期安排而负有回购义务或企业享有回购权利的，尽管客户可能已经持有了该商品实物，但由于企业拥有回购权，导致客户无法完全控制该商品的经济利益，表明客户在销售时并未取得相关商品控制权，企业应当将其视为租赁交易或融资交易并进行相应的会计处理。

其中，回购价格低于原售价的，应当视为租赁交易，并按租赁会计准则进行会计处理；回购价格大于或等于原售价的，应当视为融资交易，在收到客户款项时确认为金融负债，并将该款项和回购价格的差额在回购期间内确认为利息费用等。

企业到期未行使回购权利的，应当在该回购权利到期终止确认金融负债，同时确认收入。

（二）企业应客户要求回购商品的

企业应客户要求回购商品的，应当在合同开始日评估客户是否具有行使该要求权的重大经济动因，并分别采用不同的方法对其进行会计处理。客户具有行使需要企业回购所售资产要求权的重大经济动因，是指能够诱导客户行使该要求权的一些驱使客户产生一定行为的外部诱因，它会促成客户行使让企业回购所售资产的行为的产生，如在合同期满时，回购的价格明显高于此时的市场价格等。

在判断客户是否具有行权的重大经济动因时，企业应当考虑各种相关因素，包括回购价格与预计回购时市场价格之间的比较，以及权利的到期日等。如果存在能诱导客户行权的重大经济动因，表明企业极有可能会回购所售资产，因此，企业仍然持有该资产的控制权，即客户仅是在合同期内使用了该资产。

如果客户具有行使该要求权重大经济动因的，企业应当将售后回购作为租赁交易或融资交易，并按融资交易的规则进行会计处理；否则，企业应当将其作为附有销售退回条款的销售交易进行会计处理。

例 12-15 2019 年 1 月 1 日，甲公司与乙公司签订了一项合同，标的物为一套售价 100 万元的专用设备。合同约定 3 年后，乙公司可以要求甲公司以 90 万元回购该套设备。甲公司预计合同期满时，该套设备的预计市场价格远低于 90 万元。

合同开始日，甲公司应当评估是否存在诱使乙公司行权的重大经济动因，以确定资产转移时的会计处理。本例中，由于合同期满时，回购价格显著高于该套设备的预计市场价，甲公司判断，乙公司存在行使其权利的重大经济动因，要求甲公司回购该设备。在综合考虑其他因素后，认为该设备的风险与报酬本质上尚未转移，甲公司应当将其作为租赁交易，并按租赁会计准则进行会计处理。

六、知识产权许可

授予知识产权许可，是指企业授予客户对企业拥有的知识产权享有相应权利。企业向客户授予的知识产权，常见的包括软件和技术、媒体和娱乐、特许经营权以及专利权、商标权和版权等。向客户授予知识产权许可的收入确认，与其他类型交易的收入确认有着明显的区别。

企业向客户授予的知识产权的，首先应当按照评估该知识产权许可是否构成单项履约义务，如果不构成单项履约义务，企业就应当将该知识产权许可与其他商品或服务一起作为一项履约义务进行会计处理。

(一) 评估授予知识产权许可是否构成单项履约义务

企业向客户授予知识产权许可时，可能也会同时销售商品。企业应当评估该知识产权许可是否构成单项履约义务。若不构成单项履约义务，则应当将该知识产权许可和所售商品一起作为单项履约义务进行会计处理。

授予知识产权许可不构成单项履约义务的情形包括：一是该知识产权许可构成有形商品的组成部分并且对于该商品的正常使用不可或缺，如数控机床中的计算机操作系统等；二是客户只有将该知识产权许可和相关服务一起使用时才能够从中获益，如在线娱乐项目等。

如果构成单项履约义务，应当进一步确定其是在某一时段履行还是在某一时点履行。

(二) 授予知识产权许可属于在某一时段内履行的履约义务

单项履约义务同时满足下列3个条件时，应当作为在某一时段内履行的履约义务确认相关收入；否则，应当作为在某一时点履行的履约义务确认相关收入：

(1) 合同要求或客户能够合理预期企业将从事对该项知识产权有重大影响的活动；

(2) 该活动对客户将产生有利或不利的影响；

(3) 该活动不会导致向客户转让某项商品。

企业授予知识产权许可后，为了市场推广、继续开发等后续活动，会对所授予的知识产权有重大影响：

(1) 这些活动预期会显著改变该知识产权的形式或者功能；

(2) 客户从该项知识产权中获益的能力在很大程度上源自或取决于这些活动，即这些活动会改变该项知识产权的价值。

具有重大独立功能的知识产权主要包括软件、生物合成或药物配方以及已完成的媒体内容(如电影、电视节目及音乐录音)版权等。通常情况下，如软件的安装、升级等并不会显著地改变软件的形式或功能，但像动漫作品中授予客户可以使用最新的角色、形象或准备，因发生了影响该知识产权的重大活动，新的形象或装备不一定很成功，但不会导致企业向客户转让该商品，属于在某一时段内履行的履约义务，应当在合同期间内按恰当的方法确认合同收入。

(三) 授予知识产权许可属于在某一时点履行的履约义务

企业向客户授予知识产权许可不能同时满足上述3个条件的，不属于某一时段内履行的履约义务，则划分为在某一时点履行的履约义务，应当在履行该履约义务的时点确认收入。

在客户能够使用某项知识产权许可并开始从中获利前，不能对该类知识产权许可确认收入。企业向客户授予知识产权许可,并约定按客户实际销售或使用情况收取特许权使用费的,应当在下列两项孰晚的时点确认收入:一是客户后续销售或使用行为实际发生,二是企业履行相关履约义务。例如,企业授权以客户在一定期间内使用软件,但是在企业向客户提供该软件的密钥之前,客户都无法使用该软件,因此,企业在向客户提供密钥前虽然得到授权,但也不应确认收入。

在判断某项知识产权许可是属于在某一时段内履行的履约义务还是在某一时点履行的履约义务时,企业不应考虑下列因素:

(1) 该许可在时间、地域或者使用方面的限制;

(2) 企业就其拥有的知识产权的有效性以及防止未经授权使用该知识产权许可所提供的保证。

七、客户未行使的权利

企业因销售商品而向客户收取的预收款,赋予了客户在未来从企业取得该商品的权利,并使企业承担了向客户转让该商品的义务,因此,企业应当先将预收款项确认为一项合同负债,在企业转让商品、履行相关履约义务时,再将该负债转为收入。

在某些情况下,企业收取的预收款项无须退回,且客户可能会放弃其全部或部分合同权利时,如客户放弃了储值卡、购物券、预售门票的使用等,企业预期有权获得与客户所放弃的合同权利相关的金额,应当按照客户行使合同权利的模式按比例将上述金额确认为收入;否则,只有在客户要求其履行履约义务的可能性极低时,才能将上述负债的相关金额确认为收入。

企业在确定其是否预期有权获得与客户所放弃的合同权利相关的金额时,应当考虑将估计的可变对价计入交易价格的限制要求。

例 12-16 甲公司经营连锁食品店,2019 年向客户销售额了 10 000 张购物券,每张面值 100 元,总额 100 万元(含增值税)。客户可以在甲公司的任何一家门店使用购物券进行消费。根据历史经验,估计该购物券面值的 10%不会被消费。截至 2019 年 12 月 30 日,客户在甲公司门店使用购物卡消费的金额为 60 万元,甲公司为一般纳税人,增值税税率为 13%。

(1) 销售购物券时,客户持购物券直接消费,其面值应该为含税价,要折算成不含税价计算税金,确认合同负债:

不含税价 100÷(1+13%)=88.495 6(万元)

增值税金额 88.495 6×13%=11.504 4(万元)

借:银行存款	1 000 000	
贷:合同负债		884 956
应交税费——代转销项税额		115 044

(2) 预期客户放弃使用的 10%购物券,甲公司将有权获得与此相关金额的权利为 10 万元(100×10%)。该金额应当按照客户行使合同权利的模式,按所售商品和未行使权利的相对比例进行分摊。因此,2019 年末,甲公司享受到购物卡应当确认的收入计算如下:

未行使权利应确认金额:10×60÷(100-10)=6.666 6(万元)

应确认的收入:(60+6.666 6)÷(1+13%)=58.997 1(万元)

增值税销项税额:60÷(1+13%)×13%=6.902 7(万元)

根据分摊结果，在出售商品时，将销售商品及分摊未行使权利的金额确认为收入：

借：合同负债　　589 971

　　应交税费——代转销项税额　　69 207

　　贷：主营业务收入　　589 971

　　　　应交税费——应交增值税(销项税额)　　69 207

第四节　政府补助形成的其他收益

各种符合政策优惠的企业可能有权享受政府提供的各种补助金。政府补助，是指企业从政府无偿取得的货币性资产或非货币性资产。政府补助的主要形式包括政府对企业的无偿拨款、税收返还、财政贴息，以及无偿给予非货币性资产等。

政府补助分为与资产相关的政府补助和与收益相关的政府补助。与资产相关的政府补助，是指企业取得的、用于购建或以其他方式形成长期资产的政府补助。与收益相关的政府补助，是指除与资产相关的政府补助之外的政府补助。如果企业从政府取得的经济资源，与企业销售商品或提供服务等活动密切相关，且是企业商品或服务的对价或者是对价的组成部分，就应当在确定前述营业收入的交易价格时予以考虑，并在企业能够满足政府补助所附条件，而且企业能够收到政府补助时确认为企业受益。

一、与资产相关的政府补助

企业取得与资产相关的政府补助时，应当冲减相关资产的账面价值或确认为递延收益。与资产相关的政府补助确认为递延收益的，应当在相关资产使用寿命内按照合理、系统的方法分期计入损益。按照名义金额计量的政府补助，直接计入当期损益。

相关资产在使用寿命结束前被出售、转让、报废或发生毁损的，应当将尚未分配的相关递延收益余额转入资产处置当期的损益。

企业在收到与资产相关的政府补助时，应当确认递延收益，在计提资产折旧的期间，采用与折旧计算相一致的方法分摊递延收益，计入其他收益或冲减折旧费用。

例 12－17　2019 年 12 月 30 日，甲公司以 200 万元购入一项符合国家补贴政策的专用设备，增值税税率为 13%。该设备估计使用年限为 10 年，不考虑估计净残值，采用直线法计提折旧。同日，收到政府补助 120 万元，计入递延收益。假设政府补助采用总额法。

甲公司相关会计处理如下：

(1) 购入设备时：

借：固定资产　　2 000 000

　　应交税费——应交增值税(进项税额)　　260 000

　　贷：银行存款　　226 000

(2) 收到补贴时：

借：银行存款　　1 200 000

　　贷：递延收益　　1 200 000

(3) 计提每年固定资产折旧时：

借：制造费用　　200 000

　贷：累计折旧　　200 000

（4）摊销递延收益时：

借：递延收益（1 200 000÷10）　　120 000

　贷：其他收益　　120 000

假定甲公司在两年后将该设备出售，收到价款 1 130 000 元，含增值税税额 130 000 元。应编制会计分录如下：

借：银行存款　　1 130 000

　贷：固定资产清理　　1 000 000

　　应交税费——应交增值税（销项税额）　　130 000

借：固定资产清理　　1 600 000

　累计折旧（200 000×2）　　400 000

　贷：固定资产　　2 000 000

借：资产处置损益　　600 000

　贷：固定资产清理　　600 000

借：递延收益（1 200 000－120 000×2）　　960 000

　贷：营业外收入　　960 000

二、与收益相关的政府补助

企业取得与收益相关的政府补助时，应分别以下情况进行会计处理：

（1）用于补偿企业以后期间的相关成本费用或损失的，确认为递延收益，并在确认相关成本费用或损失的期间，计入当期损益或冲减相关成本；

（2）用于补偿企业已发生的相关成本费用或损失的，直接计入当期损益或冲减相关成本。

如果一项政府补助同时包含与资产相关部分和与收益相关部分的，应当区分不同部分分别进行会计处理；难以区分的，应当将整体补助归类为与收益相关的政府补助。

例 12－18　甲公司向乙公司企业销售一款用于环境保护的专门设备，国家规定销售此类产品的增值税税额可按一定比例即征即退。按照优惠政策，甲公司可以享受 100 000 元的增值税优惠。该项即征即退的税款与公司的日常业务相关，属于与企业日常活动相关的政府补助，在收到主管税务机关审核批复后，甲公司应编制会计分录如下：

借：其他应收款　　100 000

　贷：其他收益　　100 000

第五节　费用的核算

一、费用的含义及特征

与收入相类似，费用也有广义与狭义之分。广义的费用是指能导致企业经济利益流出的所有不利属性，狭义的费用仅指日常活动中所发生的经济利益的流出。根据我国会计准则，费用是企业在日常活动中发生的、会导致企业所有者权益减少的、与向所有者分配利润无关的经

济利益的流出。根据定义,费用具有以下特点:

(1) 费用是企业在日常活动中发生的经济利益的总流出。企业在销售商品、提供劳务的日常活动过程中,为获取当期的营业收入,必然会发生支出。费用的这一特征使其与产生于非日常活动的损失相区分。

(2) 费用会导致企业所有者权益的减少。费用表现为企业资产的减少或负债的增加,从而导致企业所有者权益的减少。

(3) 费用与向所有者分配利润无关。向所有者分配利润或股利属于企业利润分配的内容,不构成企业的费用。这一特征使其与产生于非日常活动的损失相区分。

费用应当按照权责发生制和配比原则确认。仅与当期营业收入相配比的耗费,是狭义的费用概念。广义的费用概念不仅指狭义的费用,还包括直接扣减收益的各种损失。

不论是广义的费用还是狭义的费用,只要是企业的一项支出构成企业的费用,就必然会导致企业资源的减少,具体表现为资金的流出或资产的耗费,并最终导致所有者权益的减少。这与收入会使资产增加、所有者权益增加正好相反。企业在生产经营过程中,有两类支出是不构成费用的:一是企业的偿债性支出,如以银行存款归还前期所欠债务,对所有者权益没有影响,不作为费用;二是企业向所有者分配利润,这虽然会减少企业的所有者权益,但其性质是对利润的分配,不是经营活动的结果,因此也不作为费用。

二、费用的构成要素及分类

在确认费用时,首先要了解费用的经济内容。在生产企业,产品的生产过程是物化劳动和活劳动的消耗过程,也是价值转移和产品创造的过程。

(一) 费用的构成要素

在生产过程中发生的劳动消耗,可以按照性质划分为若干构成要素,具体包括:

(1) 外购材料,是指企业耗用的所有从外部购进的原料及主要材料、辅助材料、半成品、包装物、修理用备件和低值易耗品等。

(2) 外购燃料,是指企业耗用的所有从外部购进的各种固体燃料、液体燃料和气体燃料。

(3) 外购动力,是指企业耗用的所有从外部购进的电力、热力和蒸汽等。

(4) 职工薪酬,是指企业为获得职工提供的服务而给予各种形式的报酬及其他相关支出。

(5) 折旧费,是指企业按照规定对固定资产提取并计入费用的折旧费。

(6) 利息支出,是指企业计入期间费用等的借入款项的利息净支出。

(7) 税金,是指计入企业费用、成本的各种税金,如印花税、土地使用税、房产税和车船使用税等。

(8) 其他支出,是指企业统一承担的咨询中介费、资产损失准备、诉讼费、展览广告费、邮电费、差旅费、会议费、租赁费、外部加工费和劳动待业保险费等其他支出。

(二) 费用按其与营业收入的相关程度分类

由于费用与营业收入相关联,因此,通常按它与营业收入的相关程度,将费用分为三类:直接配比费用、间接配比费用和期间费用。

1. 直接配比费用

直接配比费用是指直接为取得营业收入所发生的费用。此类费用与各期的营业收入有明显的、直接的因果关系。企业在经营过程中发生的生产费用,是为生产产品或提供劳务而发生的耗费,最终要由产品或劳务来承担,确认为产品成本或劳务成本,并最终转化为直接与取得营业收入相配比的营业成本或提供劳务的直接成本。此类费用属于典型的直接配比费用。

2. 间接配比费用

间接配比费用是指与特定收入没有直接关系但有助于实现特定收入而发生的费用,如企业生产过程中发生的间接的制造费用、计提的税金及附加等。这类费用在发生时通常先归集在某一特定账户中,再按特定的方法予以分配。

3. 期间费用

期间费用是指有助于当期营业收入的实现,或者为数细微或者波动不大,不值得在各期间分摊的费用,如确认为当期费用的销售费用、管理费用、研发费用和财务费用等。

三、费用的确认

(一) 确认费用的一般原则

根据费用的基本含义,费用的实质是资产的耗费,但并非所有的资产耗费都是费用。因此,这里就涉及什么样的资产耗费应确认为费用的问题。由于发生费用的目的是获取营业收入,因此,费用的确认应当与营业收入相关联。

由于在确定利润的时候,一方面要按照实现原则确认营业收入,另一方面又要按照配比原则确认和计量该期的费用,因此,费用的确认又与一定的会计期间相关联。

配比原则认为,为产生当期营业收入所发生的费用应当确认为该期的费用。配比的基本含义在于,当营业收入已经赚取时,某项资产(如固定资产等)已被消耗,或已售出(如库存商品等),或劳务已被耗用,已被耗用的这些资产和劳务的成本应当在确认有关收入的期间予以确认。因此,费用的确认,要根据费用与营业收入的相关程度,确定哪些资产耗费或负债的承诺应从本期营业收入中扣除,或理解为应当从本期营业收入中得到补偿。

(二) 直接费用的确认

直接费用是与取得营业收入直接相关的费用。这种费用与营业收入之间存在明显的因果关系。而营业成本、税金及附加则是商品销售业务和劳务提供业务所涉及的最主要的直接费用。企业在生产经营过程中发生的营业成本包括主营业务成本和其他业务成本。

1. 与在某一时点确认收入相配比的直接费用确认

企业的收入可以在某一时点确认,也可以在某个期间内确认。与企业在某个时点确认的收入直接配比的费用,就是商品的销售成本。

销售成本与营业收入的关系最为密切,企业销售业务的直接目的就是取得营业收入,而取得营业收入的前提是商品或服务控制权的转移。因此,在确认营业收入的当期,企业应当同时确认销售成本,以便与当期确认的营业收入直接进行配比。

在制造企业,已销商品的销售成本是指已售商品的制造成本。制造成本包括材料成本、人工成本及其他费用等。在商品流通企业,商品的销货成本通常只包括进货成本,包括购买价格及一些附带成本等,而其他成本一般作为销售费用直接计入当期损益。计算商品销售成本的方法有个别认定法、加权平均法、先进先出法等。具体见存货章节。

企业可设置“主营业务成本”“其他业务成本”科目核算已售商品的制造成本或已售商品的进货成本。

(1) 主营业务成本是企业在销售产品、提供劳务等日常经营活动中发生的成本。企业一般在确认销售产品、提供劳务等的主营业务收入时，将已经销售商品或已经提供劳务的成本结转计入主营业务成本，并于期末结转至“本年利润”科目。

(2) 其他业务成本是企业销售产品、提供劳务等主营业务以外的其他经营活动所发生的成本。如在销售材料时，出售连同产品销售单独计价的包装物等非主营业务收入确认的同时，将其成本转入其他业务成本，并于期末结转至“本年利润”科目。

编制的会计分录为：

借：主营业务成本

　　其他业务成本

　　贷：库存商品

(税金及附加是按国家规定，企业应予负担的与经营活动相关的税费。)

借：税金及附加

　　贷：应交税费——应交消费税、资源税等

2. 与在某一时段内确认收入相配比的直接费用的确认

如前所述，企业如果是在某一时段履行履约义务的，可以按产出法或投入法计算履约程度，并确认相应收入，同时结转已经发生的成本。在结转成本时应当扣除那些控制权尚未转移给客户的商品或服务的成本。如果企业采用投入法确认履约进度，通常按照已发生成本占估计总成本的比例来确定履约进度，据此确认收入并结转成本。

例 12－19　2019 年 12 月 1 日，甲装修公司与乙公司签订了一项合同，为乙公司的办公室提供装修服务，合同总金额为 100 万元，期限为 4 个月。预计合同总成本为 60 万元，其中包括乙公司指定的空调设备，采购成本为 20 万元。

2019 年 12 月 12 日，甲装修公司采购的空调设备已运达乙公司，并验收。

至 2018 年 12 月 31 日，甲装修公司进行了办公室原装修的拆除清理规划工作，尚未安装空调，共发生成本 30 万元，其中包括采购空调设备 20 万元、人工费 4 万元及拆除费用 8 万元。

在装修期间，甲装修公司采用成本法确定履约进度，且购买空调设备不构成单项履约义务，甲装修公司是主要责任人，不参与设计与制造。假定不考虑增值税因素，其相关账务处理如下：

(1) 按购买空调的成本确认转让空调产生的收入，不确认利润时：

借：库存商品	200 000	
贷：银行存款		200 000
借：银行存款	200 000	
贷：主营业务收入		200 000
借：主营业务成本	200 000	
贷：库存商品		200 000

(2) 计算履约进度，并确认营业收入时：

扣除空调成本与收入后，该合同的总收入为 80 万元(100—20)，合同估计总成本为 40 万元(60—20)，除代为购买空调，至 2019 年 12 月 31 日，实际发生成本为 12 万元。

履约进度＝12÷40×100％＝30％

应确认收入＝80×30％＝24(万元)

借：合同履约成本——工程施工	120 000	
贷：银行存款		120 000
借：合同资产	240 000	
贷：主营业务收入		240 000
借：主营业务成本	120 000	
贷：合同履约成本——工程施工		120 000

(三) 期间费用的确认

期间费用是为获取营业收入所发生的间接费用,它与营业收入的实现并无明显的关系。因此,在它发生时即可确认为费用,与当期营业收入相配比。期间费用包括管理费用、销售费用和财务费用。

1. 管理费用

管理费用是企业为组织和管理企业生产经营所发生的管理费用,包括企业的董事会和行政管理部门在企业的经营管理中发生的,或者应当由企业统一负担的公司经费(包括行政管理部门职工薪酬、修理费、物料消耗、低值易耗品摊销、办公费和差旅费等)、工会经费、待业保险费、劳动保险费、董事会费、聘请中介机构费、咨询费(含顾问费)、诉讼费、业务招待费、技术转让费、无形资产摊销、职工教育经费、研究与开发费、排污费等。

企业发生的管理费用,在"管理费用"科目核算,并按照费用项目设置明细账,进行明细核算。企业发生管理费用时,借记"管理费用"科目,贷记"库存现金""银行存款""研发支出""应付职工薪酬""累计折旧""累计摊销"等相关科目。

期末,"管理费用"科目的余额结转至"本年利润"科目,结转后"管理费用"科目没有余额。

2. 销售费用

销售费用是指企业在销售产品、提供劳务等日常活动中发生的各项费用以及专设销售机构的各项经费,包括运输费、装卸费、包装费、保险费、展览费、广告费、租赁费(不包括融资租赁费),以及为销售本公司商品而专设的销售机构(含销售网点、售后服务网点等)的职工薪酬、业务费等经常性费用,以及商品流通企业的运输费、装卸费、包装费、运输途中的合理损耗和入库前的挑选整理费用等采购费用。

企业发生的销售费用,在"销售费用"科目核算,并在"销售费用"科目中按照费用项目设置明细账,进行明细核算。企业发生销售费用时,借记"销售费用"科目,贷记"库存现金""银行存款""应付职工薪酬""累计折旧"等相关科目。

期末,"销售费用"科目的余额结转至"本年利润"科目,结转后"销售费用"科目没有余额。

3. 财务费用

财务费用是指企业筹集生产经营所需资金而发生的费用,包括利息支出、利息收入、汇兑净损失(减汇兑收益)、金融机构手续费、客户享受的现金折扣以及筹集生产经营资金发生的其他费用等。企业为特定项目进行筹资而发生的借款利息或债券利息,不能作为财务费用。例如,为购建固定资产的专门借款所发生的借款利息,在固定资产达到可使用状态之前,按规定应予以资本化,计入工程成本;但在取得的借款投入项目使用之前以及在固定资产达到可使用状态以后发生的利息，应该费用化，作为财务费用。

企业发生的财务费用，在“财务费用”科目核算，并在“财务费用”科目中按费用项目设置明细账，进行明细核算。企业发生财务费用时，借记“财务费用”科目，贷记“应付利息”“银行存款”“长期借款”“应付债券”等相关科目。

期末，“财务费用”科目的余额结转至“本年利润”科目，结转后“财务费用”科目没有余额。

四、合同成本的确认

如前所述，无论是企业的直接费用还是期间费用，都与合同的履约成本相关。企业一项合同履约过程中发生的成本，有的直接形成了具体类别的资产，如存货、固定资产及无形资产等；有的形成了合同成本，应当确认为企业的一项资产，在确认合同收入的同时进行结转或摊销，计入营业成本；而有的则在发生时被确认为期间费用，直接计入当期损益。

（一）合同履约成本

对于企业在履行合同的过程中发生的各种成本，需要进行分析，属于具体类别资产的，直接确认为具体的资产，如存货、固定资产、无形资产等；不属于具体类别资产且同时满足下列条件的，应当将其作为履约成本确认为一项资产：

企业在确认收入的同时，

(1) 该成本与一份当前或预期取得的合同直接相关；

(2) 该成本增加了企业未来用于履行或持续履行履约义务的资源；

(3) 该成本预期能够收回。

与合同直接相关的成本包括直接人工、直接材料、制造费用或类似费用、明确由客户承担的成本以及仅因该合同而发生的其他成本。预期取得的合同应当是企业能够明确识别的合同，如现有合同、续约后的合同、尚未获得批准的特定合同等。

对于企业一段时间内履行履约义务所发生的各成本，应设置“合同履约成本”科目，并根据履约义务的类型分别设置“工程施工”“服务成本”等明细科目核算。

在确认履约义务所产生的收入时，按产出法或投入法结转合同履约成本，借记“主营业务成本”科目，贷记“合同履约成本”科目。确认为资产的合同履约成本，期末应根据摊销时间列入“存货”或“其他非流动资产”项目。

企业在履约过程中发生的不符合上述条件的其他支出，直接计入当期损益，具体包括：(1) 管理费用，如合同前期的谈判、信用评估等费用；(2) 非正常消耗的直接材料、直接人工和制造费用(或类似费用)，这些支出为履行合同发生，但未反映在合同价格中；(3) 与履约义务中已履行部分相关的支出；(4) 无法在尚未履行的与已履行的履约义务之间区分的相关支出等。

（二）合同取得成本

企业为取得合同发生的增量成本预期能够收回的，应当作为合同取得成本确认为一项资产，在发生时计入“合同取得成本”科目，待受益之时，将其结转为“生产成本”或“合同履约成本”科目中的“工程施工”“劳务成本”等明细科目。

增量成本，是指企业不取得合同就不会发生的成本，如计提的销售佣金等。为履行合同购入的可以为多份合同或未来合同提供服务的固定资产、无形资产等，应当确认为固定资产或无形资产。企业为取得合同发生的、除预期能够收回的增量成本之外的其他支出，如无论是否取得合同均会发生的差旅费、投标费、为准备投标资料发生的相关费用等，应当在发生时计入当期损益，但是，明确由客户承担的除外。

为简化处理，合同取得成本，若其摊销期限不超过 1 年的，可以在发生时计入当期损益。

（三）与合同有关资产的成本结转、摊销及减值

企业为履约合同而发生的合同成本，且确认为一项资产的，应当采用与该资产相关的商品收入确认相同的基础进行结转或摊销，计入当期营业成本。

与合同成本有关的资产，其账面价值高于企业因转让与该资产相关的商品预期能够取得的剩余对价，或为转让该相关商品估计将要发生的成本，按其差额，提减值准备，并确认资产减值损失。

第六节 利得和损失

利得是某一会计主体由于非日常活动所形成的、会导致所有者权益增加的、与所有者投入资本无关的经济利益的流入。它源于除营业收入或业主投资得到的收款以外，边缘性或偶发性的交易，以及一切其他交易和其他事项与情况的权益的增加。

损失是指由企业非日常活动所发生的、会导致所有者权益减少的、与向所有者分配利润无关的经济利益的流出。它源于除费用或派给业主款以外，边缘性或偶发性的交易，以及一切其他交易和其他事项与情况的权益的减少。

将利得和损失与营业收入和费用区分开来，其主要目的是要尽可能区分企业利益的来源。将它们做区分，很大程度上是一个列示和编制报告的问题，以明确企业的获利能力是否源于营业活动，是否具有可持续性。

一、利得的确认

有关利得的确认与营业收入的确认大致相同。确认利得的时间与确认营业收入的时间并无多大区别。也就是说，利得一般也是直到交易或销售发生时才确认，如处置某项不需使用的固定资产等。

基于谨慎原则的考虑，会计上并不确认有不确定性和短暂性的利得，如物价上涨而引起的升值等。但是，在某些特定的情况下，也可以将该项升值确认为利得。现行会计准则中将那些以交易为目的且公允价值能够取得并能可靠计量的资产升值纳入利得概念，如交易性金融资产、以公允价值计量的投资性房地产或金融负债上的公允价值的增加或减少就直接计入当期收益。

二、损失的确认

与利得的确认原则一样，损失的确认也类似于费用的确认原则。

作为偶发性的损失，一般认为是与任何期间收入都无关的成本耗用或注销。基于谨慎原则的考虑，某项资产在持有期间发生了减值，应当计提减值准备。如应收账款的坏账准备等，这些预计的损失可以当作该期的损失予以确认。

在任何情况下,损失都不可以故意结转到以后各期。如果无法合理估计损失的金额,就在资产最终处置时确认损失。

本章小结

收入是指企业在日常活动中发生的、会导致所有者权益减少的、与向所有者分配利润无关的经济利益的总流出。费用可以根据与收入的关系以及管理要求进行分类。销售商品、提供劳务及他人使用本企业资产等日常活动中形成的经济利益的总流入,包括商品销售收入、劳务收入、利息收入、使用费收入、股利收入等,但不包括为第三方或客户代收的款项。收入可以根据不同的标准进行分类,但所有实现的收入都会导致企业所有者权益的增加。

企业确认收入通常分五个步骤:(1) 识别与客户订立的合同;(2) 识别合同中的单项履约义务;(3) 确定交易价格;(4) 将交易价格分摊至每个单项履约合同;(5) 履行每一单项履约义务时确认收入。客户取得相关商品控制权,是指客户能够主导该商品的使用并从中获得几乎全部的经济利益。企业应当根据实际情况,判断履约义务是属于在某一时段,还是属于在某一时点履行的履约义务。对于在某一时点履行的履约义务,在客户取得相关商品控制权时点确认收入。对于在某一时段内履行的履约义务,相关收入应当在该履约义务履行的期间内,按照履约进度确认收入。企业可以根据所提供商品或服务的性质,选择采用产出法或投入法确定履约进度。

对于附有销售退回条款的销售,企业应当在客户取得相关商品控制权时,按照因向客户转让商品而预期有权收取的对价金额确认收入,预期因销售退回将退还的金额则确认为合同负债;对于附有质量保证条款的销售,企业应当评估该质量保证是否在向客户保证所销售商品符合既定标准之外提供了一项单独的服务。对于附有客户额外购买选择权的销售,企业应当评估该选择权是否向客户提供了一项重大权利。如果企业承诺回购的销售,企业应当将其视作租赁交易或融资交易并进行相应的会计处理。

企业向客户授予知识产权的,应当评估该知识产权许可是否构成单项履约义务,若构成单项履约义务,应当进一步确定其是在某一时段履行还是在某一时点履行。

如果向客户提供商品同时涉及多家企业,则存在有关主要责任人和代理人的判断问题。企业从政府无偿取得的补助,分为与资产相关的政府补助和与收益相关的政府补助。

费用是企业在日常活动中发生的、会导致企业所有者权益减少的、与向所有者分配利润无关的经济利益的流出。由于在确定利润的时候,一方面要按照实现原则确认营业收入,另一方面又要按照配比原则确认和计量该期的费用,因此,费用的确认与一定的会计期间相关联。费用可以根据与收入的关系以及管理要求进行分类。企业在生产经营过程中发生的直接费用包括主营业务成本和其他业务成本。

期间费用是为获取营业收入所发生的间接费用,它与营业收入的实现并无明显的关系。因此,在它发生时即可确认为费用,与当期营业收入相配比。期间费用包括销售费用、管理费用和财务费用。

利得和损失是某一会计主体由于非日常活动所形成的、会导致所有者权益增减变化的、与所有者投入资本无关的经济利益的流入或流出。它源于除营业收入或业主投资得到的收款以外,除费用或派给业主款以外,边缘性或偶发性的交易,以及一切其他交易和其他事项与情况的权益的增加或减少。

复习思考题

1. 什么叫营业收入？营业收入由哪些项目组成？
2. 简述企业收入确认计量的五步法模型内容。
3. 合同满足哪些条件时，企业可以在客户取得相关商品控制权时确认收入？
4. 企业如何识别合同中所承诺的商品或服务是否构成单项履约义务？
5. 如何判断商品所有权上的主要风险和报酬已经转移？
6. 对于可变对价的合同如何进行会计处理？
7. 企业在确定合同的交易价格时一定要考虑哪些因素？
8. 什么情况下可以将一项义务判断为属于某一时段内履行的履约义务？
9. 企业如何判断其从事交易时的身份是主要责任人还是代理人？
10. 企业与资产有关的政府补助及与收益有关的政府补助的会计处理分别是怎样的？

自测题

一、单项选择题

1. 按照《企业会计准则》的规定，下列选项中不属于收入的是（　　）。

A. 销售商品收入　　B. 劳务收入
C. 罚款收入　　D. 出租固定资产的租金收入

2. 当合同中包含两项及以上履约义务时，将交易价格进行分摊的方法是（　　）

A. 单独售价的相对比例法　　B. 期望值法
C. 最可能发生金额法　　D. 成本加成法

3. 2019 年 2 月 1 日，甲公司与乙公司确定了 2 000 万元的建造合同。截至 12 月 5 日，已累计发生成本 500 万元。12 月 25 日，经协商双方同意变更合同范围，附加办公楼装修服务内容，合同价相应增加 300 万元。假设上述合同价不能反映装修服务的单独售价，不考虑其他因素，合同变更的会计处理是（　　）。

A. 合同变更部分作为单独合同
B. 合同变更部分作为单项履约义务于完成装修时确认收入
C. 合同变更部分作为原合同组成部分
D. 原合同的未履约部分与合同变更合并为新合同

4. 甲公司同意为乙公司设计一项实验性的新产品，并生产 10 件样品。产品规格包含未能证实的功能，下列表述中，正确的是（　　）。

A. 设计服务构成单项履约义务
B. 生产 10 件样品构成单项履约义务
C. 设计与生产两项服务构成单项履约义务
D. 设计服务与生产服务可明确区分

5. 甲公司与客户签订了一项提供咨询专业服务合同，专业意见与针对客户的事实和情况有关。甲公司没有问题，客户违约终止了合同，按合同要求赔偿甲公司已发生成本，并参考甲公司的利润率另加赔偿10%的利润。下列表述中正确的是(　　)。

A. 甲公司在签订合同时确认收入

B. 提供咨询服务属于在某一时段内履行履约义务

C. 在提供咨询服务合同结束时确认收入

D. 提供咨询服务属于在某一时点履行履约义务

6. 下列项目中,属于在某一时点确认收入的是(　　)。

A. 酒店服务管理

B. 为客户提供办公楼装修业务

C. 履约过程的产品具有不可替代性,且在合同期间有权就累计完成履约部分收款

D. 为客户定制的具有可替代用途的产品

7. 甲公司中标了一个为客户提供咨询服务的项目,为取得合同,发生的由企业承担的成本如下:尽职调查的外部律师费2万元,提交标书的差旅费3万元,销售人员佣金4万元,不考虑其他因素,甲公司应确认的合同成本为(　　)万元。

A. 4　　B. 5　　C. 7　　D. 9

8. 2019年11月1日甲企业向乙企业销售其研发成功的新设备一套,目前售价为100万元,成本为40万元;合同约定,乙企业在购入设备后至2019年12月31日的2个月内可以无条件退货。在退货期满未退货,乙公司于2020年12月31日和2021年12月31日两次各支付货款60万元。该设备的增值税税率为13%。甲公司应确认的收入为(　　)万元。

A. 100　　B. 120　　C. 113　　D. 226

9. 与收益相关的政府补助用于补偿以后期间相关成本费用的,收到时应当记入的科目是(　　)。

A. "营业外收入"　　B. "资产处置收益"　　C. "其他收益"　　D. "递延收益"

10. 消费品制造企业甲公司与一家大型全球零售商签订了一项销售合同,约定在1年的合同期内,以约定价格购买不少于1 200万的产品。同时约定甲公司必须在合同开始日支付120万元不可退还款项用于适合销售产品的货架调整补偿。第一个月零售商销售货物开具的不含增值税发票金额为200万元,甲公司应确认的收入为(　　)万元。

A. 200　　B. 180　　C. 80　　D. 1 080

二、多项选择题

1. 客户取得相关商品控制权时确认收入,通常要区分的步骤包括(　　)。

A. 识别与客户订立的合同并识别合同中的单项履约义务

B. 确定交易价格

C. 将交易价格分摊至每个单项履约合同

D. 履行每一单项履约义务时确认收入

2. 企业可变对价最佳估计数的确定,可以采用的方法包括(　　)。

A. 期望值法　　B. 最可能发生金额法

C. 成本法　　D. 余值法

3. 采用单独售价比例法分摊交易价格时,合理估计单独售价的方法包括(　　)。

A. 市场调整法　　B. 成本加成法

C. 余值法　　D. 期望值法

4. 企业在履行合同的过程中将发生的各种成本确认为一项合同资产，必须满足的条件有（　　）。

A. 不属于具体类别资产

B. 该成本与当前或预期取得的合同直接相关

C. 该成本增加了企业未来用于履行或持续履行履约义务的资源

D. 该成本预期能够收回

5. 有关收入计量的交易价格，应考虑的影响因素包括（　　）。

A. 订立的合同以及一般的商业惯例　　B. 可变对价

C. 非现金对价　　D. 重大融资成分

6. 对于在某一时点履行的履约义务，企业应当在控制权的转移时点确认收入。在控制权的转移较为复杂的情况下，企业应根据以下迹象中的（　　）进行恰当的判断

A. 企业就该商品享有现时收款权利

B. 企业已将该商品的法定所有权转移给客户

C. 企业已将该商品实物转移给客户

D. 客户已开始使用该商品

7. 企业向客户授予知识产权许可，应当作为在某一时段内履行的履约义务确认相关收入的，应同时满足的条件包括（　　）。

A. 合同要求或客户能够合理预期企业将从事对该项知识产权有重大影响的活动

B. 该活动导致向客户转让某项商品

C. 该活动不会导致向客户转让某项商品

D. 该活动对客户将产生有利或不利的影响

8. 对于附有质量保证条款的销售，企业应当作为履约义务进行会计处理的是（　　）。

A. 单独购买质量保证

B. 对有瑕疵或缺陷商品退回提供运输服务

C. 法律要求企业提供质量保证

D. 向客户提供产品符合约定规格的保证之外的服务

9. 履约义务包括的内容有（　　）。

A. 合同中明确约定的承诺

B. 企业已公开宣布的政策导致合同订立时客户合理预期企业将履行的承诺

C. 企业以往的习惯做法导致合同订立时客户合理预期企业将履行的承诺

D. 企业为履行合同而应开展的不涉及转让商品的初始活动

10. 企业应当将向客户转让商品的承诺作为单项履约义务的是（　　）。

A. 企业向客户转让可明确区分商品的承诺

B. 企业向客户转让一系列实质相同且转让模式相同的、可明确区分的商品承诺

C. 该商品或服务对合同中承诺的其他商品予以重大修改或定制

D. 企业需要提供重大的服务以将该商品与合同中承诺的其他商品进行整合

三、判断题

1. 控制权转移给客户前发生的运输活动构成单项履约义务。（　　）

2. 企业应当在履行了合同中的履约义务，即在客户取得相关商品控制权时确认收入。（　）

3. 履约义务，是指合同中企业向客户转让可明确区分商品的承诺。

4. 企业与客户订立的合同，是指双方或多方之间设立有法律约束力的权利和义务的协议。合同可以是书面的，也可以是口头的，抑或是某些商业上的惯例。（　）

5. 在识别与客户的合同后，企业应当识别合同中所承诺的商品或服务是否构成单项履约义务。企业应在履行了各单项履约义务的时点确认收入。（　）

6. 企业与客户确定的交易价格是指企业因向客户转让商品或服务而预期有权收取的对价金额，对价金额都是固定不变的。（　）

7. 企业与客户的合同中约定的对价金额可能会因为折扣、折让、返利、退款、奖励积分等因素而形成可变对价，其构成要素应当在合同中明确约定。（　）

8. 企业在合同开始日向客户收取的与转让商品相关的无须退还的初始费，应当计入交易价格。

当合同各方以明确或隐含的方式在合同中约定的付款时间为客户或企业就该交易提供了重大融资利益时，合同中即包含了重大融资成分。（　）

9. 合同折扣是指合同中各单项履约义务所承诺的商品或服务的单独售价之和高于合同交易价格的金额。企业应当在各单项履约义务之间按比例分摊合同折扣。（　）

10. 企业提供商品的现时交易价格与客户在其后支付的金额间的差额即为合同中的融资成分。（　）

练习题

习题一

一、目的：练习售后回购业务的会计处理。

二、资料：甲公司与乙公司为增值税一般纳税人，适用的增值税税率为13%。各项价格均为不含税金额。2019年1月1日，甲公司与乙公司签订了一份100万元的销售合同。协议规定，乙公司可享受10%的商业折扣；2019年1月1日按约定价格的50%支付款项，后续款项在接下来的两个月内付清。甲公司发出商品并开具了增值税专用发票，商品的实际成本为40万元。乙公司如期支付了款项。

三、要求：根据上述业务，编制相应的会计分录。

习题二

一、目的：练习销售收入的会计处理。

二、资料：甲公司与乙公司为增值税一般纳税人，适用的增值税税率为13%。各项价格均为不含税金额。2019年12月5日，甲公司与乙公司签订了一份销售设备合同。目前市场价格为200 000元，成本为80 000元。合同约定，乙公司在购入设备的3个月内可以无条件退货。退货期满，乙公司于2020年6月30日和2020年12月31日分别支付货款120 000元。在合同签订日，该设备的控制权就转移给了乙公司。乙公司如期支付了货款和增值税税额。假设利息按直线法摊销。

三、要求：根据上述业务，编制相应的会计分录。

习题三

一、目的：练习委托销售的会计处理。

二、资料：甲公司与乙公司为增值税一般纳税人，适用的增值税税率为13%。各项价格均为不含税金额。甲公司委托乙公司销售B商品1 000件，商品已经发出，每件成本为100元。合同约定，乙公司应按每件200元的价格对外出售。乙公司完成销售后，甲公司按不含增值税的售价的10%向乙公司支付代销手续费。乙公司实际销售50件，开出的增值税专用发票上注明的销售价款为10 000元，增值税税额为1 300元，款项已经收到。甲公司收到乙公司开具的代销清单时，向乙公司开具了一张相同金额的增值税专用发票。假定甲公司发出商品时纳税义务尚未发生，不考虑其他因素。

三、要求：根据上述资料，分别编制甲公司和乙公司的会计分录。

习题四

一、目的：练习合同收入确认的会计处理。

二、资料：甲公司与乙公司签订了一项安装合同，合同规定安装期6个月，合同总金额为160万元，工程于2019年12月4日开工。2019年底，预收装修费30万元，实际发生成本40万元，包括人工费10万元，其他费用30万元。预计还将发生成本60万元。假设甲公司根据实际发生成本占预计总成本的比例确定履约进度，不考虑增值税等其他因素。

三、要求：

1. 计算履约进度。

2. 根据上述业务，编制相应的会计分录。

习题五

一、目的：练习建造合同履约进度和收入的计算。

二、资料：甲公司与乙公司签订了一项总金额为2 000万元的建造合同，承建一座办公楼。工程于2019年1月1日开工，预计到2021年12月竣工。最初预计工程总成本为900万元。2019年底，发生成本300万元，预计还将发生成本700万元，实际收到款项500万元。2020年发生成本540万元，年底预计还将发生成本700万元，工程总成本为1 200万元。实际收到款项800万元。合同完成时按9%缴纳增值税。竣工时实际发生总成本1 300万元。验收合格后收到余下款项，假设不考虑增值税。建造该项工程的有关资料如表12-4所示。

表12-4 甲公司工程有关资料

单位：万元

年份 项目	2019年	2020年	2021年
累计已发生成本	300	840	1 300
尚需发生成本	700	360	—
已结算工程款	300	540	460
当期实际收到价款	500	800	700

三、要求：假设根据累计实际发生的合同成本占合同预计总成本的比例确定履约进度。

1. 计算2019年、2020年的履约进度。

2. 计算2019年、2020年应确认收入。

3. 根据计算结果填制表格。

表 12－5　甲公司工程履约进度与收入确认　　　　单位：万元

项目＼年份	2019 年	2020 年	2021 年
合同金额			
累计发生成本			
尚需发生的成本			
合同预计总成本			
履约进度			
当年应确认的收入		800	600

习题六

一、目的：练习可变对价与合同负债的会计处理。

二、资料：甲公司经营连锁餐饮企业，2019 年向客户销售了 100 张消费卡，每张面值 100 元，总额 1 万元(含增值税，增值税税率为 13%)。客户可以在甲公司的任何溢价门店使用消费卡进行消费。根据经验，估计该消费卡面值的 10%不会被消费。截止到 2019 年 12 月 30 日，客户在甲公司门店使用消费卡消费的金额为 6 000 元，公司为一般纳税人，增值税税率为 13%。

三、要求：

1. 计算未行使权利的金额。
2. 根据上述资料，编制会计分录。

习题七

一、目的：练习有退货选择权销售收入的会计处理。

二、资料：甲公司与乙公司为增值税一般纳税人，适用的增值税税率为 13%。各项价格均为不含税金额。2019 年 9 月 14 日，甲公司向乙公司销售一批商品，成本为 120 000 元，增值税专用发票上注明的售价为 200 000 元，增值税税额为 26 000 元。根据协议约定，乙公司应该在 12 月 1 日前付款，在 12 月 10 日前有权选择退货。根据以往经验，估计退货率 10%。该批商品已经发出，并向银行办妥托收手续。12 月 1 日实际退货 10%。

三、要求：根据资料，编制会计分录。

习题八

一、目的：练习合同履约成本的会计处理。

二、资料：2019 年 12 月 5 日，甲公司与乙公司签订了一项合同，为乙公司进行办公区域的景观设计与改造，合同总金额为 200 万元，期限为 3 个月。预计合同总成本为 100 万元，其中包括乙公司指定的绿化植物，采购成本为 30 万元。2019 年 12 月 12 日，甲公司采购的绿化植物已运达乙公司，并验收。至 2019 年 12 月 31 日，甲公司进行了原地景观的拆除清理工作，尚未开始新的建造，共发生成本 65 万元，其中包括采购绿化植物 30 万元，人工费 10 万元及拆除费用 25 万元。甲公司采用成本法确定履约进度，且购买绿化植物不构成单项履约义务，甲公司是主要责任人。假定不考虑增值税因素。

三、要求：

1. 采用成本法计算履约进度。
2. 根据资料，编制已发生业务的会计分录。

第十三章　利　　润

学习要点

1. 利润的构成；
2. 营业外收支的核算；
3. 本年利润的结转；
4. 所得税费用的核算；
5. 暂时性差异的性质及内容；
6. 利润分配的程序及会计处理。

第一节　本年利润

利润是企业在一定会计期间的经营成果，很大程度上代表企业在特定会计期间的经营业绩和获利能力。企业的利润可以通过日常生产经营活动来实现，也可以通过对外投资活动来获得。同时，那些与生产经营活动无直接关系的事项所引起的经济利益的流入，也会在一定程度上引起企业利润的增加。因此，企业利润是在营业利润的基础上考虑其他途径取得的利得和损失的结果。

一、利润的构成

利润是企业在经营过程中各种收入和费用配比相抵后的净额、直接计入当期利润的利得和损失等。从企业利润形成的来源看，利润可以是企业生产经营活动所产生或实现的利润，包括企业从事生产、销售、投资等活动所实现的经营利润，也可以是与企业生产经营活动无关的如物价变动、偶发事件等偶发性、边缘性事项所引起的非日常盈亏。

企业利润按其构成内容可分为营业利润、利润总额和净利润三个层次。营业利润是企业利润的主要来源，是企业的营业收入减去为从事经营业务发生的成本、税金及附加、管理费用、销售费用、研发费用、财务费用以及资产减值损失、信用减值损失、投资净损益后的净额。直接计入当期利润的利得和损失，是指由企业非日常活动所形成的、会导致所有者权益发生增减变化的、与所有者投入资本或者向投资者分配利润无关的经济利益的流入和流出。未计入当期利润的利得和损失，扣除所得税影响后的净额计入其他综合收益。净利润与其他综合收益的合计为综合收益总额。企业应当严格区分收入与利得、费用和损失，以利于更全面地反映企业的经营业绩。

通常情况下,企业实现的利润,会引起企业所有者权益的增加;发生了亏损,企业所有者权益则会减少。但是,并非在经营期间所有净资产的增减变动都是利润或亏损引起的,企业所有者的追加投资或者因分配而导致的净资产的减少就与利润或亏损无关。

(一) 营业利润

营业利润=营业收入-营业成本-税金及附加-销售费用-管理费用-财务费用-研发费用-资产减值损失-信用减值损失+公允价值变动收益(-公允价值变动损失)+投资净收益(-投资净损失)+其他收益-资产处置收益(-资产处置损失)

营业利润是企业利润的主要来源,其中:

营业收入是指企业经营业务所实现的收入总额,包括主营业务收入和其他业务收入。营业成本是指企业经营业务所实际成本总额,包括主营业务成本和其他业务成本。

资产减值损失和信用减值损失是指企业计提各项资产减值准备所形成的损失。

公允价值变动收益(或损失)是指企业交易性金融资产、投资性房地产等公允价值变动所形成的应计入当期损益的损益。

投资收益(损失)是指企业以各种方式对外投资所取得的收益或损失。

其他收益主要是指与企业日常活动相关,除冲减相关成本费用以外的政府补助。

资产处置收益(损失)是指反映企业出售划分为持有待售的非流动资产(金融工具、长期股权投资和投资性房地产除外)时确认的处置利得或损失,以及处置划分为持有待售的固定资产、在建工程、生产性生物资产及无形资产而产生的处置利得或损失,还包括债务重组中因处置费流动资产而产生的利得或损失和非货币性资产交换中换出非流动性资产产生的利得或损失。

(二) 利润总额

利润总额=营业利润+营业外收入-营业外支出

上式中,营业外收入是指与企业经营无关的各项利得,营业外支出是指与企业经营无关的各项损失。

(三) 净利润

净利润即税后利润,计算公式为:

净利润=利润总额-所得税费用

其中,所得税费用是指企业确认的应当从当期利润总额中扣除的所得税费用。

二、利润形成的核算

从利润的构成中可以看出,企业实现的利润不仅与日常生产经营活动有关,企业的投资活动以及那些与生产经营活动无直接关系的事项同样使企业获得经济利益。因此,在核算企业利润的形成时,不能忽视营业利润以外业务的核算。由于营业过程和投资收益所涉及利润形成业务的核算在前面各章中介绍得比较详细,这里主要介绍营业外收入和营业外支出的核算。

企业非流动资产处置的利得和损失，单独确认为资产处置损益，包括固定资产处置和无形资产的出售、非货币性资产交换、对外投资等处置等，以区别于固定资产的毁损报废利得和损失。

虽然营业外收支与企业的生产经营活动没有很大的关系，但也形成了企业资源的流动，同样是增加或减少利润的因素，对企业的利润总额有较大的影响。所以，营业外收支净额是对利润总额的一项重要补充内容。

(一) 营业外收入

营业外收入是指与企业的生产经营活动没有直接关系的各项收入，并没有耗费企业的经营资金，不可能也不需要与有关费用进行配比。因此，在会计核算上，要注意区别营业外收入与营业收入的界限。

企业的营业外收入主要包括企业非流动资产报废利得、债务重组利得、与企业日常活动无关的捐赠利得、盘盈利得、政府补助等。企业处置固定资产和无形资产的利得，确认为资产处置损益的借方，不再计入营业外收入。

1. 非流动资产报废利得

固定资产报废利得，是指企业由于灾害或其他原因造成毁损或报废时，固定资产的残料价值或变价收入等，扣除固定资产的账面价值、清理费用、处置相关税费后的净收益。

2. 债务重组利得

这是指重组债务的账面价值超过清偿债务的现金、非现金资产的公允价值、所转股份的公允价值或者重组后债务账面价值之间的差额。

3. 捐赠利得

捐赠利得是企业接受外界捐赠所引起的经济利益的流入。

4. 盘盈利得

盘盈利得是指盘盈的现金等，经批准后计入营业外收入的金额。

5. 政府补助

企业从政府无偿取得的与收益相关的政府补助，如果用于补偿企业已经发生的相关成本费用或损失，企业应当将其直接计入当期损益或冲减相关成本费用。它通常是与企业已经发生的行为有关，是对企业已发生的成本费用或损失的补偿，或是对企业过去行为的奖励。

企业应单独设置“营业外收入”科目核算上述内容，并按各营业外收入的项目进行明细核算。期末，将“营业外收入”科目的余额结转入“本年利润”科目，结转后本科目没有余额。

企业确认处置非流动资产报废利得、债务重组利得、捐赠利得、政府补助等利得时，参照相关的会计准则规定进行处理。示例如下：

例 13－1　甲公司因自然灾害发生了重大损失，收到政府补助 200 万元。应编制会计分录如下：

借：银行存款	2 000 000	
贷：营业外收入——政府补助		2 000 000

例 13－2　某公司有一项无形资产，原价为 100 000 元，预计可使用 10 年，已经摊销成本 50 000 元，计提无形资产减值准备 20 000 元，现以 40 000 元出售，适用增值税税率为 6%。编制相应的会计分录如下：

借：银行存款	40 000
累计摊销	50 000
无形资产减值准备	20 000
贷：无形资产	100 000
应交税费——应交增值税(销项税额)	2 400
资产处置损益	7 600

例 13－3 甲公司报废一项固定资产，原价为 100 000 元，预计可使用 10 年，已经计提折旧 79 000 元，计提固定资产减值准备 20 000 元，残料收入 3 000 元，假设不考虑相关税费。

编制相应的会计分录如下：

借：固定资产清理	2 000
累计折旧	78 000
固定资产减值准备	20 000
贷：固定资产	100 000
借：银行存款	3 000
贷：固定资产清理	3 000
借：固定资产清理	1 000
贷：营业外收入	1 000

例 13－4 乙公司接受了一笔现金捐赠 20 000 元。其会计分录编制如下：

借：银行存款	20 000
贷：营业外收入	20 000

（二）营业外支出

营业外支出，是指企业发生的与日常活动无直接关系的各项损失，主要包括非流动资产毁损报废损失、债务重组损失、公益性捐赠支出、扣除保险公司或责任人赔偿后的非正常损失、盘亏损失等。企业处置固定资产和无形资产的损失，确认为资产处置损益的借方，不再计入营业外支出。营业外支出不属于企业生产经营费用，与企业生产经营活动没有直接关系，但应从企业实现的利润总额中扣除。

1. 非流动资产毁损、报废损失

固定资产处置损失，是指毁损报废固定资产所取得报废变价收入等，不足抵补处置固定资产的账面价值、清理费用、处置相关税费后的净损失。

2. 债务重组损失

这是指重组债权的账面余额与受让资产的公允价值、所转股份的公允价值或者重组后债权的账面价值之间的差额。

3. 公益性捐赠支出

这是指企业对外进行公益性捐赠发生的支出。

4. 非常损失

这是指企业对于因客观因素(如自然灾害等)造成的损失，在扣除保险公司赔偿后计入营业外支出的净损失。

企业应当设置“营业外支出”科目，核算发生的营业外支出，并按各支出项目进行明细核算。期末，将“营业外支出”科目的余额结转入“本年利润”科目，结转后本科目没有余额。

企业确认毁损报废固定资产净损失、债务重组损失、罚款支出、捐赠支出、非常损失时，参照相关的会计准则规定进行处理。示例如下：

例 13-5　甲公司报废一项固定资产，原价为 100 000 元，预计可使用 10 年，已经计提折旧 80 000 元，计提固定资产减值准备 12 000 元，残料收入 1 000 元，假设不考虑相关税费。编制相应的会计分录如下：

借：固定资产清理	8 000	
累计折旧	80 000	
固定资产减值准备	12 000	
贷：固定资产		100 000
借：银行存款	1 000	
贷：固定资产清理		1 000
借：固定资产清理	7 000	
贷：营业外收入——非流动资产处置净损益		7 000

例 13-6　沿用例 13-2 的资料，假设以 20 000 元出售该无形资产，其他条件不变，则会计分录为：

借：银行存款	20 000	
累计摊销	50 000	
无形资产减值准备	20 000	
资产处置损益	11 200	
贷：无形资产		100 000
应交税费——应交增值税（销项税额）		1 200

例 13-7　大地公司因自然灾害发生流动资产净损失 8 000 元，应做如下会计分录：

借：营业外支出——非正常损失	8 000	
贷：待处理财产损溢		8 000

例 13-8　乙公司以银行存款向灾区捐赠 200 000 元。捐赠时，应做如下会计分录：

借：营业外支出——公益性捐赠支出	200 000	
贷：银行存款		20 000

三、本年利润的结转

（一）利润总额的结转

为了反映企业在一定会计期间实现的本年利润（或亏损），企业应设置“本年利润”科目，核算当期实现的利润或发生的亏损。

月末，企业将所有损益类科目的金额转入“本年利润”科目。将收益类科目的月末余额转入“本年利润”科目的贷方；将所有成本、费用、税金类科目的月末余额转入“本年利润”科目的借方，结平各损益类科目。结转以后，“本年利润”科目的贷方余额表示企业本年度自年初开始累计实现的净利润，借方余额则表示企业累计发生的净亏损。

年度终了，将本年实现的净利润结转至“利润分配——未分配利润”科目，结转后“本年利润”科目没有余额。

例 13－9 艾米公司 12 月 31 日转账前损益类科目的余额见表 13－1。

表 13－1 艾米公司 12 月 31 日转账前损益类科目余额 单位：元

主营业务收入	500 000	投资收益	200 000
其他业务收入	10 000	营业外收入	40 000
公允价值变动损益(贷方)	50 000	主营业务成本	300 000
资产减值损失	40 000	税金及附加	25 000
信用减值损失	20 000	销售费用	10 000
管理费用	15 000	其他业务成本	8 000
财务费用	20 000		
营业外支出	60 000		
资产处置损益(借方)	2 000		

根据上述资料，该公司月终应编制会计分录如下：

(1) 结转收入类科目的余额至“本年利润”科目的贷方：

借：主营业务收入 500 000
　　其他业务收入 10 000
　　营业外收入 40 000
　　投资收益 200 000
　　公允价值变动损益 50 000
　　贷：本年利润 800 000

(2) 将所有费用、成本、税金科目的余额转入“本年利润”科目的借方：

借：本年利润 500 000
　　贷：主营业务成本 300 000
　　　　税金及附加 25 000
　　　　其他业务成本 8 000
　　　　资产减值损失 40 000
　　　　信用减值损失 20 000
　　　　资产处置损益 2 000
　　　　管理费用 15 000
　　　　销售费用 10 000
　　　　财务费用 20 000
　　　　营业外支出 60 000

经过以上结转，该公司 12 月份“本年利润”科目增加贷方余额 300 000 元，即该公司 12 月份实现的利润总额为 3 000 000 元。

(二) 所得税费用的结转

例 13－10 假设艾米公司 12 月份税前会计利润为 300 000 元，经调整后确定的所得税费用为 60 000 元。结转所得税费用时，应编制会计分录如下：

借：本年利润 60 000

贷：所得税费用 60 000

结转所得税费用后，本年利润减少 60 000 元，即该公司 12 月份实现的利润净额为 240 000 元。

（三）税后利润的结转

年度终了，将全年实现的税后净利润转入“利润分配”科目，计算企业可供分配的利润。如为净利润，则借记“本年利润”科目，贷记“利润分配——未分配利润”科目；如为净亏损，则做相反的会计分录。年度结账后，“本年利润”科目没有余额。

例 13－11 假设 12 月 31 日艾米公司的“本年利润”累计贷方余额为 2 000 000 元，这表示全年实现的净利润为 2 000 000 元。

（1）年度终了结转净利润时，应编制会计分录如下：

借：本年利润 2 000 000

贷：利润分配——未分配利润 2 000 000

（2）如果艾米公司的“本年利润”累计借方余额为 300 000 元，就表示全年发生的亏损为 300 000 元。年度终了结转时，应编制会计分录如下：

借：利润分配——未分配利润 300 000

贷：本年利润 300 000

第二节 所得税费用

所得税是企业根据生产经营所得或其他所得而依法缴纳的一种税。由于会计处理规范与税收规定遵循的原则和服务目的不同，会计利润与应纳税所得额出现差异。会计利润是指依据会计准则确认与计量的收入与费用的差额。应纳税所得额是根据税法的规定所确认的收入与可扣除费用的差额，是企业应纳所得税的计税依据，由此导致了当期应交所得税与利润表中所得税费用的区别。

一、所得税费用核算的要求

所得税费用核算的主要目标是确定当期应交所得税以及利润表中的所得税费用。我国所得税会计采用了资产负债表债务法，要求企业从资产负债表出发，通过比较资产负债表上列示的资产、负债，按照会计准则规定确定的账面价值与按照税法规定确定的计税基础，对于两者之间的差异分别应纳税暂时性差异与可抵扣暂时性差异，确认相关的递延所得税负债与递延所得税资产，并在此基础上确定每一会计期间利润表中的所得税费用。

在按照资产负债表债务法核算所得税的情况下，利润表中的所得税费用包括当期应交所得税和递延所得税两个部分，即：

所得税费用＝当期应交所得税＋递延所得税

二、当期应交所得税

当期应交所得税是指企业按照税法规定计算确定的针对当期发生的交易和事项，应缴纳给税务部门的所得税金额。当期应交所得税以税收法规为基础计算确定。

(一) 应纳税所得额的确定

企业在确定当期应交所得税时,对于当期发生的交易或事项,会计处理与税收处理不同的,分两步处理:

第一步,按照税收法规的规定,将会计利润调整为当期应纳税所得额。调整的具体内容和过程可以用公式表示如下:

应纳税所得额=会计利润+按照会计准则规定计入利润表但计税时不允许税前扣除的费用±计入利润表的费用与按照税法规定可予税前抵扣的金额之间的差额±计入利润表的收入与按照税法规定应计入应纳税所得的收入之间的差额-税法规定的不征税收入±其他需要调整的因素

第二步,按照应纳税所得额与适用税率计算确定当期应交所得税。

当期应交所得税=应纳税所得额×适用税率

(二) 调整项目的具体内容

一是在上述公式中,按照会计准则规定计入利润表但计税时不允许税前扣除的费用,如违法经营的罚款和被没收财物的损失,各项税收的滞纳金和罚款,各种非救济、公益性捐赠和赞助支出,向非金融机构借款超过税法规定标准的利息支出,超过计税标准的工资性支出和业务招待费等。

二是税法规定的不征税收入和免税收入的项目,如购买国库券的利息收入,从其他企业分回的税率相同的已纳税投资收益等。这些项目因会计标准与税法在计算收益、费用或损失时确认口径不同,导致会计利润与当期应纳税所得额存在差异。

三、递延所得税

(一) 递延所得税的确定

递延所得税是指按照所得税准则规定当期应予确认的递延所得税资产和递延所得税负债金额,即递延所得税资产及递延所得税负债当期发生额的综合结果,但不包括计入所有者权益的交易或事项的所得税影响。用公式表示为:

递延所得税=(递延所得税负债的期末余额-递延所得税负债的期初余额)-(递延所得税资产的期末余额-递延所得税资产的期初余额)

(二) 递延所得税的确定程序

要计算当期应予确认的递延所得税,可以分几个步骤进行:

(1) 按照相关会计准则规定确定资产负债表中资产和负债项目(除递延所得税资产和递延所得税负债,下同)的账面价值。

(2) 以适用的税收法规为基础,确定资产负债表中有关资产、负债项目的计税基础。

(3) 比较资产、负债的账面价值与其计税基础,对于两者之间存在差异的,分析其性质,根据应纳税暂时性差异与可抵扣暂时性差异的金额和税率,确定资产负债表日递延所得税负债和递延所得税资产的应有金额。并将期末金额与期初余额相比，判断确定当期应予进一步确认或应予转销的金额，作为递延所得税。

企业因确认递延所得税资产和递延所得税负债产生的递延所得税，应当计入所得税费用。

（三）所得税费用

在按资产负债表债务法核算所得税的情况下，利润表中的所得税费用可根据下式确定：

所得税费用＝当期所得税＋递延所得税费用－递延所得税收益

从上述公式可以看出，若确认递延所得税负债增加或资产减少，则形成递延所得税费用，会增加企业的所得税费用；若确认递延所得税资产增加或递延所得税负债减少，则形成递延所得税收益，会调减所得税费用。也就是说，如果本期递延所得税负债增加，就会增加利润表中的所得税费用项目金额；如果本期递延所得税资产增加，就会减少利润表中的所得税费用项目金额。反之亦然，如果本期递延所得税负债应予以冲减，就要减少利润表中的所得税费用项目金额；如果本期递延所得税资产应予以冲减，就会增加利润表中的所得税费用项目金额。

例 13－12 假设艾米公司 12 月份税前会计利润为 300 000 元，其中国债利息收益为 150 000 元，核定工资总额为 200 000 元，实际发放工资为 240 000 元，按经营规模确定的业务招待费额度为 50 000 元，实际发生业务招待支出为 60 000 元。递延所得税负债期末应有余额为 54 000 元，期初余额为 24 000 元；递延所得税资产期初余额为 2 000 元，期末应有余额为 22 000 元，则所得税费用和应交税费的计算如下（所得税税率为 25%）：

应纳税所得额＝300 000－150 000＋(240 000－200 000)＋(60 000－50 000)＝200 000(元)

当期所得税＝应交所得税＝200 000×25%＝50 000(元)

应确认递延所得税负债＝期末应有余额－期初余额＝30 000(元)

应确认递延所得税资产＝22 000－2 000＝20 000(元)

所得税费用＝当期所得税＋递延所得税费用＝50 000＋30 000－20 000＝60 000(元)

应编制会计分录如下：

借：所得税费用	60 000	
递延所得税资产	20 000	
贷：应交税费——应交所得税		50 000
递延所得税负债		30 000

四、资产的计税基础

从上述内容可以看出，所得税费用由本期应交所得税经递延所得税调整确定，而资产和负债的计税基础的确认以及与账面价值的差异的性质是确认递延所得税资产和递延所得税负债的关键。

资产的计税基础，是指企业收回资产账面价值过程中，计算应纳税所得额时按照税法规定可以自应税经济利益中抵扣的金额，即未来可税前列支的金额。

资产的计税基础是指资产的取得成本减去以前期间按照税法规定已经税前扣除的金额后的余额。现举例说明部分资产项目计税基础的确定。

(一) 固定资产

以各种方式取得的固定资产,取得时其账面价值一般等于计税基础。

固定资产在后续计量时,账面价值与计税基础的差异来源于折旧方法、折旧年限以及固定资产减值准备的提取等处理的不同。

如折旧方法、折旧年限的差异,税法中可以税前扣除的是按照年限平均法计提的折旧并规定折旧年限,而会计处理时由企业合理确定。

而因计提固定资产减值准备产生的差异,税法规定企业计提的资产减值准备在发生实质性损失前不允许税前扣除,这就造成固定资产的账面价值与计税基础的差异。

例 13-13 A企业于2019年12月20日取得某项固定资产,原价为750万元,使用年限为10年。会计上采用年限平均法两年计提折旧150万元,并计提了资产减值50万元。税法规定采用加速折旧法,两年计提折旧270万元。

2021年12月31日该项固定资产的账面价值=750－75×2－50=550(万元)

计税基础=750－270=480(万元)

该项固定资产的账面价值550万元与其计税基础480万元之间的差额70万元,将于未来期间增加应纳税所得额和应交所得税,即形成了递延所得税负债。

(二) 无形资产

无形资产账面价值与计税基础的差异主要产生于内部研究开发形成的无形资产以及使用寿命不确定的无形资产。账面价值与计税基础分别按以下方法确定:

无形资产账面价值=实际成本－会计累计摊销－无形资产减值准备
寿命不确定无形资产的账面价值=实际成本－无形资产减值准备
计税基础=实际成本－税收累计摊销

例 13-14 2019年1月10日取得的无形资产为100万元,因其使用寿命无法合理估计,不予摊销,但税法规定按10年摊销。

2019年12月31日无形资产的账面价值=100(万元)

无形资产的计税基础=100－100÷10=90(万元)

该项无形资产的账面价值100万元与其计税基础90万元之间的10万元应纳税暂时性差异将于未来期间增加应纳税所得额和应交所得税。

(三) 以公允价值计量且其变动计入当期损益的金融资产

根据会计准则的规定,以公允价值计量且其变动计入当期损益的金融资产,期末按公允价值计量。而税法规定,持有期间公允价值的变动不计入应纳税所得额。

(四) 采用公允价值模式进行后续计量的投资性房地产

根据会计准则的规定,采用公允价值计量模式的投资性房地产,期末按公允价值计量。而税法规定,以历史成本为基础确定其计税基础。

(五) 资产减值准备不允许扣除(税法规定允许扣除坏账准备的除外)

例 13-15 2019年12月31日公司应收账款余额为1 000万元,公司计提100万元坏账准备。税法规定允许扣除5‰。

根据会计准则规定确定的应收账款，账面价值为900万元，而根据税法规定计算的计税基础为995万元，因而产生了可抵扣的暂时性差异95万元。

五、暂时性差异

暂时性差异是指资产、负债的账面价值与其计税基础不同而产生的差额。在符合确认条件的情况下，应当确认相关的递延所得税负债或递延所得税资产。根据对未来期间应纳税所得额的影响，分为应纳税暂时性差异和可抵扣暂时性差异。

（一）应纳税暂时性差异

应纳税暂时性差异是指在确定未来收回资产或清偿负债期间的应纳税所得额时，将导致产生应税金额的暂时性差异，即在未来期间不考虑该事项影响的应纳税所得额的基础上，由于该暂时性差异的转回，会进一步增加转回期间的应纳税所得额和应纳所得税金额，在其产生当期应当确认相关的递延所得税负债。

应纳税暂时性差异通常产生于以下两种情况：

(1) 资产的账面价值大于其计税基础。两者之间的差额会造成未来期间应纳税所得额和应交所得税的增加，在其产生当期应确认相关的递延所得税负债。

(2) 负债的账面价值小于其计税基础。该项负债在未来期间可以税前抵扣的金额为负数，应确认相关的递延所得税负债。

（二）可抵扣暂时性差异

可抵扣暂时性差异是指在确定未来收回资产或清偿负债期间的应纳税所得额时，将导致产生可抵扣金额的暂时性差异。符合确认条件时，应当确认相关的递延所得税资产。可抵扣暂时性差异一般产生于以下两种情况：

(1) 资产的账面价值小于其计税基础，两者之间的差额可以减少企业在未来期间的应纳税所得额并减少应交所得税，符合有关条件时应当确认相关的递延所得税资产。

(2) 负债的账面价值大于其计税基础，应确认相关的递延所得税资产。

（三）特殊项目产生的暂时性差异

特殊项目产生的暂时性差异是指未作为资产、负债确认的项目产生的暂时性差异以及可抵扣亏损及税款抵减产生的暂时性差异。

如企业发生的符合条件的广告费和业务宣传费支出，不超过当年销售收入15%的部分，准予扣除；超过部分，准予在以后纳税年度结转扣除。

例13-16 A公司在2019年发生了2 000万元广告费支出，已作为销售费用。税法规定，该类支出超过当年销售收入15%的部分允许向以后年度结转税前扣除。A公司2019年实现销售收入10 000万元。

按照税法规定，当期可予税前扣除1 500万元，当期未予税前扣除的500万元可以向以后年度结转，其计税基础为500万元。

该项资产的账面价值0与其计税基础500万元之间产生了500万元的暂时性差异，该暂时性差异在未来期间可减少企业的应纳税所得额，为可抵扣暂时性差异，符合确认条件时应确认相关的递延所得税资产。

例 13-17 公司 2019 年度利润表中利润总额为 3 000 万元，所得税税率为 25%。递延所得税资产及递延所得税负债不存在期初余额。2019 年的交易中，应纳税暂时性差异为 400 万元，可抵扣暂时性差异为 200 万元。计入利润表但不允许税前扣除的费用为 300 万元，税法规定的不征税收入为 100 万元，计入利润表大于可予税前抵扣的费用为 800 万元。

(1) 计算 2019 年度当期应交所得税：

应纳税所得额＝3 000＋300－100＋800＝4 000(万元)

应交所得税＝4 000×25%＝1 000(万元)

(2) 计算 2019 年度递延所得税：

递延所得税资产＝200×25%＝50(万元)

递延所得税负债＝400×25%＝100(万元)

(3) 计算利润表中应确认的所得税费用：

所得税费用＝1 000＋100－50＝1 050(万元)

账务处理如下：

借：所得税费用	10 500 000	
递延所得税资产	500 000	
贷：应交税费——应交所得税		10 000 000
递延所得税负债		1 000 000

第三节 利润分配

利润分配是指对企业税后净利润的分配。企业实现的净利润应该按规定程序进行分配。

一、利润分配的程序和核算内容

企业当年实现的净利润加上年初未分配的利润(减去未弥补的亏损)的余额，作为企业可供分配的利润。利润分配的程序和核算内容如下：

(一) 弥补的亏损

企业发生的亏损，可以用以后年度实现的利润弥补。企业实现的净利润，首先要用于弥补亏损。如果企业以前年度的亏损未弥补完，则不得提取盈余公积金。

(二) 提取法定盈余公积

企业在弥补以前年度亏损以后，按税后净利润的 10%提取法定盈余公积。当企业的法定盈余公积达到注册资本的 50%时，可以不再提取。在提取法定盈余公积金之前，不得向投资者分配利润。

(三) 向投资者分配股利或利润

企业计提法定盈余公积后的余额即为可供投资者分配的利润。

在股份有限公司,可供投资者分配的利润按下列顺序进行分配:(1) 支付优先股股利;(2) 提取任意盈余公积;(3) 支付普通股股利;(4) 转作股本的股利。

企业可供分配的利润按规定顺序分配后的余额,是本年度没有指定用途、留待以后分配的未分配利润。本年度未分配的利润可以并入以后年度,用于向投资者分配。

二、利润分配的核算

(一) 利润分配的科目设置

企业应设置"利润分配"科目,核算净利润的分配(或亏损的弥补)以及历年分配或弥补后的结存余额,并根据需要设置相应的"提取法定盈余公积""提取任意盈余公积""应付现金股利""盈余公积补亏""转作股本的股利""未分配利润"等明细科目进行明细核算。

在外商投资企业,还要增设"提取储备基金""提取企业发展基金""提取职工奖励及福利基金"等明细科目。

(二) 利润分配的会计处理

1. 提取法定盈余公积

进行利润分配的核算时,按企业提取的盈余公积,借记"利润分配——提取法定盈余公积"科目,贷记"盈余公积——法定盈余公积"科目。

例 13-18 安怡公司股本为 200 万股,面值为 1 元。当年实现净利润 400 000 元,提取 10%的法定盈余公积。相应的会计分录如下:

借:利润分配——提取法定盈余公积　　40 000
　　贷:盈余公积——法定盈余公积　　40 000

2. 分配现金股利

经股东大会批准向股东或投资者分配现金股利或利润时,借记"利润分配——应付现金股利"科目,贷记"应付股利"科目。

向股东或投资者分配股票股利时,借记"利润分配——转作股本的股利"科目,贷记"股本"科目。

例 13-19 安怡公司由董事会提议、经股东大会批准宣告分配普通股股东现金股利每 10 股 0.3 元,按 10 送 5 的比例分配股票股利。相应的会计分录如下:

(1) 分配现金股利时:

借:利润分配——应付现金股利　　60 000
　　贷:应付股利　　60 000

(2) 支付股利时:

借:应付股利　　60 000
　　贷:银行存款　　60 000

(3) 分配股票股利时:

借:利润分配——转作股本的股利　　1 000 000
　　贷:股本　　1 000 000

3. 提取任意盈余公积

企业提取任意盈余公积时，借记“利润分配——提取任意盈余公积”科目，贷记“盈余公积——任意盈余公积”科目。

例 13 - 20 安怡公司当年实现净利润 400 000 元，按净利润的 20%提取任意盈余公积。相应的会计分录如下：

借：利润分配——提取任意盈余公积　　80 000
　　贷：盈余公积——任意盈余公积　　80 000

4. 用盈余公积弥补以前年度亏损

经股东大会或类似机构批准，用盈余公积弥补以前年度亏损时，借记“盈余公积——法定盈余公积或任意盈余公积”科目，贷记“利润分配——盈余公积补亏”等科目。

例 13 - 21 由董事会提议，经股东大会或类似机构批准，大地公司用盈余公积弥补以前年度亏损 20 000 元。相应的会计分录如下：

借：盈余公积——任意盈余公积　　20 000
　　贷：利润分配——盈余公积补亏　　20 000

5. 提取储备基金、企业发展基金、职工奖励及福利基金

外商投资企业按规定提取储备基金、企业发展基金、职工奖励及福利基金时，借记“利润分配——提取储备基金、提取企业发展基金、提取职工奖励及福利基金”科目，贷记“盈余公积——储备基金、企业发展基金”“应付职工薪酬”等科目。

6. 未分配利润的结转

年度终了，将企业本年实现的“本年利润”科目的累计余额，转入“利润分配——未分配利润”科目；同时，将“利润分配”科目下的“盈余公积转入”“提取法定盈余公积”“应付股票股利”“提取任意盈余公积”“转作股本的股利”“盈余公积补亏”等明细科目的余额，转入“利润分配——未分配利润”明细科目。

例 13 - 22 安怡公司 2019 年度“本年利润”科目余额为 3 180 000 元，结转未分配利润。

(1) 结转本年利润时：

借：本年利润　　3 180 000
　　贷：利润分配——未分配利润　　3 180 000

(2) 结转未分配利润时：

借：利润分配——未分配利润　　1 180 000
　　贷：利润分配——提取法定盈余公积　　40 000
　　　　　　　　——应付普通股股利　　60 000
　　　　　　　　——转作股本的普通股股利　　1 000 000
　　　　　　　　——提取任意盈余公积　　80 000

结转后，除“利润分配——未分配利润”明细科目有贷方余额外，“利润分配”科目的其他明细科目都没有余额。假定该公司年初没有未分配利润，则“利润分配——未分配利润”明细科目的贷方余额为 200 万元，就是该公司年末的未分配利润。

假定该公司年初未分配利润为 800 万元，则“利润分配——未分配利润”明细科目的贷方余额 1 000 万元表示企业历年积存的未分配利润。

三、弥补亏损的核算

企业发生亏损，可以用税前利润弥补，也可以用税后利润弥补，甚至可以用盈余公积弥补。用税前利润弥补亏损或用税后利润弥补亏损时，会计分录都一样，将"本年利润"的借方余额结转至"利润分配——未分配利润"科目，不必单独进行其他账务处理。

不同的是计算缴纳所得税的会计处理。企业发生亏损时，企业应当结转本年亏损，借记"利润分配——未分配利润"科目，贷记"本年利润"科目。这个亏损可以在以后的 5 年内用税前利润来弥补。

假定该公司以后有了利润，则借记"本年利润"科目，贷记"利润分配——未分配利润"科目。如果在 5 年内没有弥补完亏损，则要用税后利润进行弥补。即企业第六年实现的税前利润要先计算应负担的所得税金额，其后才可以弥补亏损。所得税费用的结转使企业实现的可用于弥补亏损的利润净额减少。

例 13-23 大地公司 2020 年亏损 120 万元，2021～2026 年每年盈利 20 万元，所得税税率为 25％，2026 年经董事会讨论用盈余公积弥补剩余亏损。公司相关账务处理如下：

(1) 2020 年确认亏损时：

借：利润分配——未分配利润　　1 200 000

　　贷：本年利润　　1 200 000

(2) 2021～2025 年弥补亏损时：

借：本年利润　　200 000

　　贷：利润分配——未分配利润　　200 000

(3) 2026 年先纳税后补亏时：

借：所得税费用　　50 000

　　贷：应交税费——应交所得税　　50 000

借：本年利润　　150 000

　　贷：所得税费用　　150 000

借：本年利润　　150 000

　　贷：利润分配——未分配利润　　150 000

(4) 盈余公积弥补剩余亏损时：

借：盈余公积　　50 000

　　贷：利润分配——盈余公积补亏　　50 000

借：利润分配——盈余公积补亏　　50 000

　　贷：利润分配——未分配利润　　150 000

本章小结

利润是企业在一定会计期间的经营成果，很大程度上代表企业在特定会计期间的经营业绩和获利能力，是企业在经营过程中各种收入和费用配比相抵后的净额、直接计入当期利润的利得和损失等，其构成内容可分为营业利润、利润总额和净利润三个层次。

营业利润是企业利润的主要来源，是企业的营业收入减去为从事经营业务发生的成本、税金及附加、管理费用、销售费用、研发费用、财务费用以及资产减值损失、信用减值损失、投资净损益后的净额。直接计入当期利润的利得和损失，是指由企业非日常活动所形成的、会导致所有者权益发生增减变化的、与所有者投入资本或者向投资者分配利润无关的经济利益的利得和损失。营业外收入是指与企业的生产经营活动没有直接关系的各项收入，并没有耗费企业的经营资金，不可能也不需要与有关费用进行配比，主要包括企业固定资产毁损报废的利得、债务重组利得、盘盈的利得、政府补助、捐赠利得等。

营业外支出，是指企业发生的与日常活动无直接关系的各项损失，主要包括固定资产毁损报废的损失、债务重组损失、公益性捐赠支出、非常损失、盘亏损失等。

月末，企业将所有损溢类科目的金额转入“本年利润”科目。年度终了，将本年实现的净利润结转至“利润分配——未分配利润”科目。

所得税是企业根据生产经营所得或其他所得而依法缴纳的一种税。所得税费用核算的主要目标是确定当期应交所得税以及利润表中的所得税费用。在按照资产负债表债务法核算所得税的情况下，利润表中的所得税费用包括当期应交所得税和递延所得税两个部分，即：

所得税费用＝当期应交所得税＋递延所得税

当期应交所得税是指企业按照税法规定计算确定的针对当期发生的交易和事项，应缴纳给税务部门的所得税金额。而资产和负债的计税基础的确认以及与账面价值的差异的性质，是确认递延所得税资产和递延所得税负债的关键。

暂时性差异是指资产、负债的账面价值与其计税基础不同产生的差额。在符合确认条件的情况下，应当确认相关的递延所得税负债或递延所得税资产。根据对未来期间应纳税所得额的影响，分为应纳税暂时性差异和可抵扣暂时性差异。

企业当年实现的净利润加上年初未分配的利润（减去未弥补的亏损）的余额，作为企业可供分配的利润。

企业发生的亏损，可以用以后年度实现的利润弥补。企业实现的净利润，首先要用于弥补亏损。如果企业以前年度的亏损未弥补完，则不得提取盈余公积金。

年度终了，将企业本年实现的“本年利润”科目的累计余额，转入“利润分配——未分配利润”科目；同时，将“利润分配”科目下的明细科目的余额，转入“利润分配——未分配利润”明细科目。结转后，“利润分配——未分配利润”明细科目的贷方余额，表示企业历年积存的未分配利润。

复习思考题

1. 企业的利润由哪些内容构成？
2. 营业外收支包含哪些项目？
3. 如何计算企业的营业利润？
4. 本期应交所得税如何确定？
5. 如何进行本年利润的结转？
6. 暂时性差异包含哪些内容？
7. 企业的所得税费用如何确定？

8. 简述企业利润分配的一般程序。

自测题

判断题

1. 利润包括收入减去费用后的净额、直接计入当期利润的利得和损失。 ( )

2. 直接计入当期利润的利得和损失，是指经营活动中产生的应当计入当期损益、会导致所有者权益发生增减变动的经济利益的流入和流出。 ( )

3. 营业收入是指企业经营业务所确定的主营业务收入、其他业务收入和营业外收入。 ( )

4. 利润总额是考虑营业利润、营业外收入和营业外支出后的结果。 ( )

5. 营业外收入主要包括非流动资产处置利得、非货币性资产交换利得、债务重组利得、出售材料的收入等。 ( )

6. 非流动资产处置损失包括固定资产处置损失、无形资产出售损失以及无形资产出租的成本摊销。 ( )

7. 固定资产产生的暂时性差异等于未来期间计税时按照税法规定可予税前扣除的金额。 ( )

8. 企业确认一项应纳税暂时性差异，应相应确认一项递延所得税负债。 ( )

9. 递延所得税资产的增加会引起所得税费用的增加。 ( )

10. 记入利润表的所得税费用包括当期应交所得税和递延所得税两部分。 ( )

11. 企业采用资产负债表债务法核算所得税，产生暂时性差异的就是财务会计报告中资产、负债列示的项目。 ( )

12. 产生的可抵扣暂时性差异，企业就会形成递延所得税负债。 ( )

练习题

习题一

一、目的：练习利润的核算。

二、资料：假设某企业 2019 年 12 月末转账前损益类科目的余额(单位：元)如下：

主营业务收入	480 000
投资收益	100 000
其他业务收入	20 000
营业外收入	60 000
公允价值变动收益	30 000
资产处置损益(贷方)	8 000
其他收益	2 000
主营业务成本	300 000

续 表

其他业务成本	8 000
税金及附加	18 000
管理费用	28 000
销售费用	12 000
资产减值损失	12 000
信用减值损失	10 000
财务费用	10 000
营业外支出	2 000

2019 年年初的未分配利润为 50 000 元，1～11 月“本年利润”科目累计金额为贷方的 700 000 元。假设该企业全年应交所得税为 300 000 元，本期递延所得税负债增加 80 000 元，递延所得税资产增加 130 000 元，按净利润的 10%提取法定盈余公积，按 10%提取任意盈余公积，分配并发放现金股利 100 000 元。

三、要求：

1. 计算企业全年的营业利润、税后利润和年末未分配利润。

2. 编制有关的会计分录。

习题二

一、目的：练习所得税费用的账务处理。

二、资料：公司 2019 年度利润表中利润总额为 3 000 万元，所得税税率为 25%。递延所得税资产及递延所得税负债不存在期初余额。2019 年的交易中，应纳税暂时性差异为 400 万元，可抵扣暂时性差异为 600 万元。记入利润表的资产减值损失为 300 万元，国债利息收入为 1 675 万元，记入利润表大于可予税前抵扣的业务招待费为 375 万元。

三、要求：编制有关的会计分录。

习题三

一、目的：练习弥补亏损的账务处理。

二、资料：公司 2020 年年初未分配利润为 200 万元，当年发生亏损 240 万元，2021～2026 年每年盈利 40 万元，所得税税率为 25%，假设没有递延所得税资产和负债。2026 年经董事会讨论由盈余公积弥补剩余亏损。

三、要求：编制有关的会计分录。

第十四章　财务会计报告

学习要点

1. 财务会计报告及其构成；
2. 资产负债表及其填制；
3. 利润表及其填制；
4. 现金流量表结构；
5. 现金流量的计算；
6. 所有者权益变动表信息。

第一节　财务会计报告及其列报要求

根据企业会计准则，财务会计报告的目标是通过企业的财务会计报告，向财务会计报告使用者提供与企业财务状况、经营成果和现金流量等有关的会计信息，反映企业管理层受托责任履行情况，帮助使用者作出相关决策。

一、财务会计报告及其构成

财务会计报告又称财务报告，是指企业对外提供的反映企业某一特定日期的财务状况和某一会计期间的经营成果、现金流量等会计信息的文件。财务会计报告包括财务报表和其他应当在财务会计报告中披露的相关信息和资料。其中，财务报表是构成财务会计报告的核心内容。

财务报表是根据登记完整、核对无误的账簿记录和其他有关资料加以汇总、整理而定期编制的，对企业财务状况、经营成果和现金流量的结构性表述。

企业的财务报表至少应当包括资产负债表、利润表、现金流量表、所有者权益（或股东权益，下同）变动表和附注。财务报表可以按照不同的标准进行分类：

（一）按财务报表编报期间的不同，可分为中期财务报表和年度财务报表

中期财务报表是以短于一个完整会计年度的报告期间为基础编制的财务报表，包括月报、季报和半年报等。中期财务报表至少应该包括资产负债表、利润表、现金流量表和附注。其中，中期资产负债表、利润表和现金流量表应当是完整报表，其格式和内容与年度财务报表一致。与年度财务报表相比，中期财务报表的附注披露可以适当简略。

(二)按财务报表编报主体的不同,可分为个别财务报表和合并财务报表

个别财务报表是由企业在自身会计核算基础上对账簿记录进行加工而编制的财务报表,主要用以反映企业自身的财务状况、经营成果和现金流量情况。

合并财务报表是以母公司和子公司组成的企业集团为会计主体,根据母公司和所属子公司的财务报表,由母公司编制的综合反映企业集团财务状况、经营成果及现金流量的财务报表。

二、财务报表列报的基本要求

财务会计报告的目标定位决定着财务会计报告所要求会计信息的质量特征,决定着会计要素的确认与计量原则。为了充分发挥财务报表的作用,保证会计信息的质量,企业在编制财务报表时应当遵循以下原则:

(一)遵循各项会计准则进行确认和计量

企业应当根据实际发生的交易和事项,遵循各项具体会计准则的规定进行确认和计量,并在此基础上编制财务报表。只有遵循了企业会计准则的所有规定时,财务报表才应当被称为“遵循了企业会计准则”。

(二)以持续经营为列报基础

在编制财务报表过程中,管理层应当在考虑市场经营风险、企业盈利能力、偿债能力、财务弹性以及企业经营战略目标等因素的基础上,对企业的持续经营能力进行评价。对企业持续经营的能力产生严重怀疑的,应当在附注中披露重要的不确定因素。

在非持续经营情况下,企业应当在附注中声明财务报表未以持续经营为基础列报,披露其原因以及财务报表的编制基础。

(三)重要性判断

在报表项目的确定过程中,应当依据重要性原则来判断项目在财务报表中是单独列报还是合并列报。性质或功能不同的项目,应当在财务报表中单独列报,如存货和固定资产在性质上和功能上的差别,但是不具有重要性的项目可以合并列报。

性质或功能类似的项目,一般可以合并列报,但是对其具有重要性的类别应该单独列报。如原材料、低值易耗品等项目合并统称为“存货”进行单独列报。

企业应当根据所处环境,从项目的性质和金额大小两方面判断重要性。

(四)列报的一致性

财务报表项目的名称(包括财务报表项目的分类、排列顺序)等方面的列报应当在各个会计期间保持一致,不得随意变更,以保证会计信息质量可比性的质量要求。

(五)财务报表项目金额间的相互抵销

财务报表项目应当以总额列报,资产和负债、收入和费用不能相互抵销,即不得以净额列报,以防掩盖交易的实质。

资产项目按扣除减值准备后的净额列示，则不属于抵销。

（六）比较信息的列报

企业在列报当期财务报表时，至少应当提供所有列报项目上一可比会计期间的比较数据，以提高信息在会计期间的可比性，反映企业财务状况、经营成果和现金流量的发展趋势。

（七）财务报表表首的列报要求

财务报表至少披露以下信息：(1) 编报企业的名称；(2) 资产负债表日或报表涵盖的会计期间；(3) 货币名称和单位；(4) 财务报表是合并财务报表的，应当予以标明。

（八）企业至少应当编制年度财务报表

企业至少应当编制年度财务报表，会计年度自公历 1 月 1 日起至 12 月 31 日止。年度财务报表涵盖的期间短于 1 年的，应当披露年度财务报表的涵盖期间以及短于 1 年的原因。

除现金流量信息外，企业应当按照权责发生制编制财务报表。

第二节　资产负债表

一、资产负债表的内容

资产负债表是反映企业在某一特定日期财务状况的报表。它反映企业在某一特定日期所拥有或控制的经济资源、所承担的现时义务和所有者对净资产的要求权。

通过资产负债表，使用者可以了解资产的总额及其结构、企业拥有的资源及其分布情况；可以了解企业的负债总额及其结构，及时安排债务的清偿；可以了解所有者所拥有的权益及其构成比例。因此，资产负债表的作用主要体现在：提供进行财务分析的基本资料，通过财务分析对企业的资本结构、偿债能力、资本保值、增值以及对负债的保障程度作出评价和预测，从而有助于报表使用者作出合理有效的决策。

二、资产负债表的结构

资产负债表是一个相对静态的报表，它反映的是企业在特定时间内的资产、负债及权益状况。资产负债表是按照会计恒等式“资产＝负债＋所有者权益”来编制和排列的。各类项目在表中的排列结构，形成资产负债表格式。

在我国，资产负债表采用账户式结构，报表分为左右两方。

（一）资产项目

资产负债表左方列示资产各项目，反映全部资产的分布及存在形态。资产按流动性分别流动资产、非流动资产列示。满足下列条件之一的可以归为流动资产：

(1) 预计在一个正常营业周期中变现、出售或耗用；

(2) 主要为交易而持有，预计在资产负债表日起 1 年内变现；

(3) 自资产负债表日起1年内，交换其他资产或清偿负债的能力不受限制的现金或现金等价物。

流动资产以外的负债归为非流动资产。

金融企业的各项资产，按照流动性列示能够提供可靠且更加相关信息的，可以按照流动性顺序列示。流动性强的排在前面，流动性弱的排在后面。

(二) 负债和所有者权益项目

资产负债表右方列示负债和所有者权益各项目，反映全部负债和所有者权益的内容及构成情况。负债分别流动负债、非流动负债列示。金融企业的各项负债，按照流动性列示能够提供可靠且更加相关信息的，可以按照流动性顺序列示。

满足下列条件之一的可以归为流动负债：

(1) 预计在一个正常营业周期中清偿；

(2) 主要为交易而持有，预计在资产负债表日起1年内予以清偿；

(3) 企业无权自主将清偿推迟至资产负债表日起1年以上。

流动负债以外的负债归为非流动负债。

所有者权益按形成情况排列，永久性强的实收资本或股本排在前面。

资产负债表左方的合计数与右方合计数平衡，即资产总计等于负债和所有者权益总计。

此外，为了让报表使用者通过比较不同时点资产负债表的数据，掌握企业财务状况的变动情况及发展趋势，企业需要提供比较资产负债表，就各项目再分为“年初余额”和“期末余额”两栏分别填列。

我国资产负债表的具体格式如表14-1所示。

三、资产负债表的填列方法

(一) “年初余额”栏的填列方法

资产负债表“年初余额”栏内各项数字，应根据上年末资产负债表“期末余额”栏内所列数字填列。如果上年度资产负债表规定的各个项目的名称和内容同本年度不一致，应先对上年年末资产负债表各项目的名称和数字按照本年度的规定进行调整，然后按调整后的数字填入表中“年初余额”栏内。

(二) “期末余额”栏的填列方法

资产负债表期末余额是指月末、季度末、半年度末以及年末的数据资料。

“期末余额”栏内各项数字，一般应根据资产、负债和所有者权益类科目的期末余额填列，主要包括以下方式：

1. 根据总账科目余额填列

资产负债表项目中的有些项目，可直接根据有关总账科目的余额填列，如“交易性金融资产”“短期借款”“应付票据”“应付职工薪酬”“递延所得税资产”“应交税费”“递延所得税负债”“实收资本”“资本公积”“库存股”“盈余公积”等项目。有些项目则需根据几个总账科目的期末余额计算填列，如“其他应付款”项目，需根据“应付利息”“应付股利”“其他应付款”三个科目的期末余额合计数填列;“货币资金”项目,需根据“库存现金”“银行存款”“其他货币资金”三个总账科目的期末余额的合计数填列。

2. 根据有关明细账科目的余额计算填列

如“应付账款”项目,需要根据“应付账款”和“预付款项”两个科目所属的相关明细科目的期末贷方余额计算填列;“应收账款”项目,需要根据“应收账款”和“预收款项”两个科目所属的相关明细科目的期末借方余额计算填列。同样,“预付账款”项目,需要根据“应付账款”和“预付款项”两个科目所属的相关明细科目的期末借方余额计算填列;“预收账款”项目,需要根据“应收账款”和“预收款项”两个科目所属的相关明细科目的期末贷方余额计算填列;“开发支出”项目,需要根据“研发支出”科目中所属的“资本化支出”明细科目期末余额计算填列;“利润分配”项目,需要根据“利润分配”科目中的“未分配利润”明细科目记录分析填列。

3. 根据总账科目和明细账科目余额分析计算填列

如“长期借款”项目,需要根据“长期借款”总账科目余额扣除“长期借款”科目所属的明细科目中将在一年内到期且企业不能自主地将清偿义务展期的长期借款后的金额计算填列;“长期应收款”项目,需要根据“长期应收款”总账科目余额扣除“未实现融资收益”总账科目余额,再扣除所属相关科目中一年内到期的部分后填列;“长期借款”“应付债券”“债权投资”等项目都应当将总账余额中一年内到期的部分减去后填列。

4. 根据总账科目余额减去其备抵科目余额后的净额填列

如资产负债表中的“固定资产”项目,应当根据“固定资产”科目的期末余额减去“累计折旧”“固定资产减值准备”等备抵科目余额后的净额填列;“无形资产”项目,应当根据“固定资产”科目的期末余额减去“累计摊销”“无形资产减值准备”等备抵科目余额后的净额填列;成本法下的“投资性房地产”项目,应当根据“投资性房地产”科目的期末余额减去“投资性房地产累计折旧”“投资性房地产减值准备”等备抵科目余额后的净额填列;“在建工程”“长期股权投资”等项目,应当根据“在建工程”“长期股权投资”等科目的期末余额减去“在建工程减值准备”“长期股权投资减值准备”等备抵科目余额后的净额填列;“应收票据”“应收账款”项目,应当根据“应收票据”“应收账款”科目的期末余额减去“坏账准备”科目余额后的净额填列。

5. 综合运用上述填列方法分析填列

如资产负债表中的“存货”项目,需要根据“原材料”“材料采购”“在途物资”“库存商品”“生产成本”“发出商品”“委托加工物资”“周转材料”“材料成本差异”等总账科目期末余额的分析汇总数,再减去“存货跌价准备”科目余额后的净额填列。

四、资产负债表的填列举例

例 14-1 艾格股份有限公司 2019 年 12 月 31 日的资产负债表(年初余额略)如表 14-1 所示,2020 年 12 月 31 日的部分科目余额表见表 14-2。假设公司 2020 年度除计提固定资产减值准备导致固定资产账面价值与其计税基础存在可抵扣暂时性差异外,其他资产和负债项目的账面价值均等于其计税基础。假定公司未来很可能获得足够的应纳税所得额用来抵扣可抵扣暂时性差异,适用的所得税税率为 25%。

表 14－1 资产负债表会企 01 表

编制单位：艾格股份有限公司　　2019 年 12 月 31 日　　单位：元

资　　产	期末余额	年初余额	负债和所有者权益（或股东权益）	期末余额	年初余额
流动资产：			流动负债：		
货币资金	1 406 300		短期借款	300 000	
交易性金融资产	15 000		交易性金融负债		
衍生金融资产			衍生金融负债	0	
应收票据	246 000		应付票据	200 000	
应收账款	299 100		应付账款	953 800	
预付款项	100 000		预收款项	1 000	
其他应收款	5 000		合同负债		
存货	2 580 000		应付职工薪酬	110 000	
合同资产			应交税费	36 600	
持有待售资产			其他应付款	50 000	
一年内到期的非流动资产			持有待售负债	0	
其他流动资产	100 000		一年内到期的非流动负债	1 000 000	
流动资产合计	4 751 400		其他流动负债		
非流动资产：			流动负债合计	2 651 400	
债权投资			非流动负债：		
其他债权投资			长期借款	600 000	
长期应收款			应付债券		
长期股权投资	250 000		其中：优先股		
其他权益工具投资			永续债		
其他非流动金融资产			长期应付款		
投资性房地产			预计负债		
固定资产	1 100 000		递延收益		
使用权资产			递延所得税负债		
在建工程	1 500 000		其他非流动负债		
生产性生物资产			非流动负债合计	600 000	
油气资产			负债合计	3 251 400	

续 表

资　　产	期末余额	年初余额	负债和所有者权益（或股东权益）	期末余额	年初余额
无形资产	600 000		所有者权益（或股东权益）：		
开发支出			实收资本(或股本)	4 000 000	
商誉			其他权益工具		
长期待摊费用			其中：优先股		
递延所得税资产			永续债		
其他非流动资产	200 000		资本公积	950 000	
非流动资产合计	3 650 000		减：库存股		
			其他综合收益	50 000	
			盈余公积	100 000	
			未分配利润	50 000	
			所有者权益(或股东权益)合计	5 150 000	
资产总计	8 401 400		负债和所有者权益(或股东权益)总计	8 401 400	

表 14－2　部分科目余额表

单位：元

科　目　名　称	借方余额	科　目　名　称	贷方余额
库存现金	2 000	短期借款	50 000
银行存款	805 831	应付票据	100 000
其他货币资金	7 300	应付账款	953 800
交易性金融资产	6 000	其他应付款	40 000
应收票据	60 000	应付职工薪酬	180 000
应收账款	600 000	应交税费	226 731
坏账准备	－1 800	应付股利	10 000
预付账款	100 000	合同负债	32 215.85
其他应收款	5 000	一年内到期的长期负债	0
材料采购	275 000	长期借款	1 160 000
原材料	45 000	股本	4 200 000
周转材料	38 050	资本公积	740 000
		其他综合收益	60 000
		盈余公积	124 770.4

续　表

科　目　名　称	借方余额	科　目　名　称	贷方余额
库存商品	2 122 400	利润分配(未分配利润)	218 013.75
材料成本差异	4 250		
其他流动资产	100 000		
长期股权投资	200 000		
投资性房地产	50 000		
固定资产	2 401 000		
累计折旧	—170 000		
固定资产减值准备	—30 000		
工程物资	300 000		
在建工程	428 000		
无形资产	600 000		
累计摊销	—60 000		
递延所得税资产	7 500		
其他长期资产	200 000		
合　　计	8 095 531	合　　计	8 095 531

根据表 14－1、表 14－2 的资料，艾格公司编制 2020 年 12 月 31 日的资产负债表如表 14－3 所示。

表 14－3　资产负债表会企 01 表

编制单位：艾格股份有限公司　　　　2020 年 12 月 31 日　　　　单位：元

资　　产	期末余额	年初余额	负债和所有者权益(或股东权益)	期末余额	年初余额
流动资产：			流动负债：		
货币资金	815 131	1 406 300	短期借款	50 000	300 000
交易性金融资产	6 000	15 000	交易性金融负债		
衍生金融资产			衍生金融负债		
应收票据	60 000	246 000	应付票据	100 000	200 000
应收账款	598 200	299 100	应付账款	953 800	953 800
预付款项	100 000	100 000	预收款项		1 000
其他应收款	5 000	5 000	合同负债	32 215.85	
存货	2 484 700	2 580 000	应付职工薪酬	180 000	110 000
合同资产			应交税费	226 731	36 600
持有待售资产			其他应付款	50 000	50 000

续 表

资 产	期末余额	年初余额	负债和所有者权益（或股东权益）	期末余额	年初余额
一年内到期的非流动资产			持有待售负债		
其他流动资产	100 000	100 000	一年内到期的非流动负债		1 000 000
流动资产合计	4 169 031	4 751 400	其他流动负债		
非流动资产：			流动负债合计	1 592 746.85	2 651 400
债权投资			非流动负债：		
其他债权投资			长期借款	1 160 000	600 000
长期应收款			应付债券		
长期股权投资	200 000	250 000	其中：优先股		
其他权益工具投资			永续债		
其他非流动金融资产			长期应付款		
投资性房地产	50 000		预计负债		
固定资产	2 201 000	1 100 000	递延收益		
使用权资产			递延所得税负债		
在建工程	728 000	1 500 000	其他非流动负债		
生产性生物资产			非流动负债合计	1 160 000	600 000
油气资产			负债合计	2 752 746.85	3 251 400
无形资产	540 000	600 000	所有者权益（或股东权益）		
开发支出			实收资本(或股本)	4 200 000	4 000 000
商誉			其他权益工具		
长期待摊费用			其中：优先股		
递延所得税资产	7 500	0	永续债		
其他非流动资产	200 000	200 000	资本公积	740 000	950 000
非流动资产合计	3 926 500	3 650 000	减：库存股		
			其他综合收益	60 000	50 000
			盈余公积	124 770.4	100 000
			未分配利润	218 013.75	50 000
			所有者权益(或股东权益)合计	5 342 784.15	5 150 000
资产总计	8 095 531	8 401 400	负债和所有者权益(或股东权益)总计	8 095 531	8 401 400

五、资产负债表附注信息的披露

对于资产负债表的重要项目，还应以文字和数据描述相结合的附注形式进行说明和揭示。报表重要项目的明细金额合计，应当与报表项目金额一致。表 14 - 4 和表 14 - 5 分别列示了“资产减值损失”和“应付职工薪酬”项目的披露内容。

表 14 - 4　资产减值准备明细表年度　　　　单位：元

项　　目	年初账面余额	本期计提额	本期减少额		期末账面余额
			转　回	转　销	
一、存货跌价准备					
二、长期股权投资减值准备					
三、投资性房地产减值准备					
四、固定资产减值准备					
五、在建工程减值准备					
六、无形资产减值准备					
七、商誉减值准备					
八、合同取得成本减值准备					
九、合同履约成本减值准备					
……					
合　　计					

表 14 - 5　应付职工薪酬明细表

项　　目	年初账面余额	本期增加额	本期支付额	期末账面余额
一、工资、奖金、津贴和补贴				
二、职工福利费				
三、社会保险费				
其中：1. 医疗保险费				
2. 基本养老保险费				
3. 年金交费				
4. 失业保险费				
5. 工伤保险费				
6. 生育保险费				

续　表

项　　目	年初账面余额	本期增加额	本期支付额	期末账面余额
四、住房公积金				
五、工会经费和职工教育经费				
六、非货币性福利				
七、因解除劳动关系给予的补偿				
八、其他				
其中：以现金结算的股份支付				
合　　计				

第三节　利　润　表

一、利润表的内容及结构

（一）利润表的内容

利润表是反映企业在一定会计期间的经营成果的会计报表。

编制利润表的主要目的是将企业经营成果的信息提供给报表用户，以供他们作为决策的依据或参考。因此利润表的列报必须充分反映企业经营业绩的主要来源和构成，反映企业一定会计期间的收入实现情况、费用耗费情况以及企业生产经营活动的成果，即净利润的实现情况，帮助使用者据以判断资本保值、增值情况。同时，将利润表中的信息与资产负债表中的信息相结合，使用者可以通过计算出的应收账款周转率、存货周转率、资产收益率等财务分析指标，判断企业资金周转情况以及企业的盈利能力和水平，判断净利润的质量及其风险，预测净利润的持续性和企业未来的发展趋势，并作出经济决策。

企业的利润表主要反映以下几方面的内容：

（1）营业收入由主营业务收入和其他业务收入组成。

（2）营业利润，即营业收入减去营业成本（主营业务成本、其他业务成本）、税金及附加、销售费用、管理费用、财务费用、资产减值损失、信用减值损失、资产处置损益、公允价值变动收益、其他收益、投资收益等。

（3）利润总额，即营业利润加上营业外收入，减去营业外支出。

（4）净利润，即利润总额减去所得税费用。

（5）每股收益。普通股或潜在普通股已公开交易的企业，以及正处于公开发行普通股或潜在普通股过程中的企业，还应当在利润表中列示每股收益信息，包括基本每股收益和稀释每股收益两项指标。

（二）利润表的结构

常见的利润表结构主要有单步式和多步式两种。在我国，企业利润表采用的基本上是多步式结构，即通过对当期的收入、费用、支出项目按性质加以归类，按利润形成的主要环节列示一些中间性利润指标，分步计算当期经济损益。采用多步式编制利润表的主要理由是认为有些收入和费用是有联系的，应当将其与其他项目分开列示。此外，企业日常发生的、可控制的利润项目应当优先反映。

此外，为了使报表使用者通过比较不同期间利润的实现情况，判断企业经营成果的未来发展趋势，企业需要提供比较利润表，即企业利润表的各项目需要分为“本期金额”和“上期金额”两栏分别填列。利润表具体格式见表 14－7。

二、利润表的填列方法

（一）“上期金额”栏的填列方法

利润表“上期金额”栏内各项数据，应根据上年该期利润表“本期金额”栏内所列数据填列。如果上年该期利润表规定的各个项目的名称和内容同本期不一致，应对上年该期利润表各项目的名称和数据按本期的规定进行调整，填入利润表“上期金额”栏内。

（二）“本期金额”栏的填列方法

利润表“本期金额”栏内各项数据一般应根据损溢类科目的发生额分析填列。在填列分析本期利润表时，各项目数据反映的内容及填列方式如下：

（1）营业收入，反映企业经营主要业务和其他业务所确认的收入总额。如对外销售商品或提供劳务或从事其他经营活动而取得的收入等，应根据“主营业务收入”和“其他业务收入”科目的贷方发生净额分析填列。

（2）营业成本，反映企业经营主要业务发生和其他业务发生的实际成本。如为销售商品、提供劳务或让渡资产使用权等日常活动而发生的实际成本等，应根据“主营业务成本”和“其他业务成本”科目的借方发生净额分析填列。

（3）税金及附加，反映企业经营主要业务应负担的税金，如消费税、城市建设维护税、资源税、房产税、车船使用税、土地使用税、印花税、土地增值税和教育费附加等，应根据“税金及附加”科目的借方发生净额分析填列。

（4）销售费用，反映企业在销售商品过程中所发生的费用。例如，企业在销售商品过程中发生的运输费、装卸费、包装费、保险费、展览费和广告费，以及为销售本企业商品而专设的销售机构（含销售网点、售后服务网点等）的职工薪酬、业务费等经营费用，应根据“销售费用”科目的借方发生净额分析填列。

（5）管理费用，反映企业为组织和管理企业的生产经营所发生的费用。例如，企业的董事会和行政管理部门在企业的经营管理中发生的，或者应由企业统一负担的公司经费（包括行政管理部门职工工资、修理费、物料消耗、低值易耗品摊销、办公费和差旅费等）、工会经费、待业保险费、劳动保险费、董事会费（包括董事会成员津贴、会议费和差旅费等）、聘请中介机构费、咨询费（含顾问费）、诉讼费、业务招待费、技术转让费、矿产资源补偿费、无形资产摊销、职工教育经费、研究与开发费、排污费、存货盘亏或盘盈（不包括应计入营业外支出的存货损失）等，应根据“管理费用”科目的借方发生净额填列。

（6）研发费用，反映企业本期发生的费用化的研究与开发费用以及资本化的开发费用的本期摊销额。

(7) 财务费用,反映企业在筹集和调度生产经营所需资金等而发生的费用,如利息支出(减利息收入)、汇兑损失(减汇兑收益)以及相关的手续费等。为购建固定资产的专门借款所发生的借款费用,在固定资产达到预定可使用状态前按规定应予资本化的部分,不包括在财务费用的范围内。此外,符合资本化条件形成资产价值的利息费用也不包括在财务费用的范围内,应根据"财务费用"科目的借方发生额填列。

财务费用中的利息收入与利息费用应当详细列示。

(8) 资产减值损失,反映企业各项资产发生的减值损失。例如,计提的存货跌价准备、固定资产、无形资产、在建工程、投资性房地产等的减值损失等,应根据"资产减值损失"科目的借方发生净额填列。

(9) 信用减值损失,反映企业各项金融工具减值准备所形成的预期信用损失。例如,计提的应收账款的坏账准备、债权投资、其他债权投资的预期信用损失准备,应根据"信用减值损失"科目的借方发生额填列。

(10) 公允价值变动净收益,反映企业按照相关准则规定应当计入当期损益的资产或负债公允价值变动金额收益。如交易性金融资产、投资性房地产当期公允价值的变动额,应根据"公允价值变动损益"科目的贷方发生净额填列;如为净损失,以"—"号填列。

(11) 投资净收益,反映企业以各种方式对外投资所取得的收益扣除损失后的净额;如为净损失,以"—"号填列。需要注意的是,由于长期股权投资下权益法确认的投资收益质量要远低于成本法的投资收益质量,因此,对联营企业和合营企业的投资收益,即采用权益法确认的投资收益要单独反映,应根据"投资损益"科目的贷方发生净额填列;如为净损失,以"—"号填列。

(12) 资产处置收益,反映企业非流动资产如固定资产无形资产等形成的处置净收益或净损失,应根据"资产处置收益"科目填列。

(13) 营业外收入与营业外支出,反映与企业的生产经营活动没有直接关系的各项收入与支出。例如,固定资产盘亏、固定资产毁损报废净收益或净损失、罚款收入或支出、债务重组损失、非常损失等,应根据"营业外收入"与"营业外支出"科目的贷方发生额和借方发生额填列。

(14) 利润总额,反映企业实现的利润总额;如为亏损总额,以"—"号填列。

(15) 所得税费用,反映企业根据资产负债表债务法确认的应从本期利润总额中扣除的所得税费用,应根据"所得税费用"科目的借方发生额填列。

(16) 其他综合收益。其他综合收益项目应当分为下列两类列报：

① 以后会计期间不能重分类进损益的其他综合收益项目;

② 以后会计期间在满足规定条件时重分类进损益的其他综合收益项目,如按照权益法核算的在被投资单位其他综合收益中所享有的份额、自用房地产转换为公允价值模式计量的投资性房地产在转换日公允价值大于账面价值部分等。

(17) 综合收益,反映企业净利润与其他综合收益的合计金额。

(18) 基本每股收益和稀释每股收益,反映基本每股收益和稀释每股收益。

三、利润表编制示例

例 14-2　艾格股份有限公司 2020 年损益类科目本期发生净额见表 14-6。

表 14-6 艾格股份有限公司 2020 年损益类科目本期发生净额　　单位：元

科目名称	借方	贷方
主营业务收入		800 000
其他业务收入		20 000
主营业务成本	400 000	
其他业务成本	10 000	
税金及附加	12 000	
销售费用	38 000	
管理费用	7 000	
研发费用	13 000	
财务费用	30 000	
其中：利息费用	40 000	
利息收入		10 000
资产减值损失	15 000	
信用减值损失	5 000	
其他收益		4 000
投资收益		26 000
资产处置收益		20 000
公允价值变动收益		80 000
营业外收入		30 000
营业外支出	50 000	
所得税费用	100 000	
权益法下不能转损益的其他综合收益	20 000	

根据上述资料，编制艾格股份有限公司 2020 年度利润表，如表 14-7 所示。

表 14-7 利润表会企 02 表

编制单位：艾格股份有限公司　　2020 年　　单位：元

项目	本期金额	上期金额
一、营业收入	820 000	（略）
减：营业成本	410 000	
税金及附加	12 000	
销售费用	38 000	

续 表

项　　目	本期金额	上期金额
管理费用	7 000	
研发费用	13 000	
财务费用	30 000	
其中：利息费用	40 000	
利息收入	10 000	
加：其他收益	4 000	
投资收益(损失以"—"号填列)	26 000	
其中：对联营企业和合营企业的投资收益		
净敞口套期收益(损失以"—"号填列)		
公允价值变动收益(损失以"—"号填列)	80 000	
资产减值损失	—15 000	
信用减值损失	—5 000	
资产处置收益(损失以"—"号填列)	20 000	
二、营业利润(亏损以"—"号填列)	420 000	
加：营业外收入	30 000	
减：营业外支出	50 000	
三、利润总额(亏损总额以"—"号填列)	400 000	
减：所得税费用	100 000	
四、净利润(净亏损以"—"号填列)	300 000	
(一) 持续经营净利润(净亏损以"—"号填列)		
(二) 终止经营净利润(净亏损以"—"号填列)		
五、其他综合收益的税后净额		
(一) 不能重分类进损益的其他综合收益		
1. 重新计量设定受益计划变动额		
2. 权益法下不能转损益的其他综合收益	20 000	
3. 其他权益工具投资公允价值变动		
4. 企业自身信用风险公允价值变动		
……		
(二) 将重分类进损益的其他综合收益		
1. 权益法下可转损益的其他综合收益		

续表

项目	本期金额	上期金额
2. 其他债权投资公允价值变动		
3. 金融资产重分类计入其他综合收益的金额		
4. 其他债权投资信用减值准备		
5. 现金流量套期储备		
6. 外币财务报表折算差额		
……		
六、综合收益总额	320 000	
七、每股收益		
（一）基本每股收益		
（二）稀释每股收益		

四、利润表附注信息的披露

利润表虽然能够简单、清晰地披露各项收入与费用的信息，却未揭示一些重要的收入与费用构成情况。因此，为向报表使用者提供更为详细的信息，在利润表附注信息中，应做明细披露。在利润表附注信息中需要披露的重要项目有：营业收入项目的构成、按费用性质法披露的各项费用表、终止经营的各项收入与费用表、分部报告与分部收入的披露等。

五、每股收益

企业应当在利润表中单独列示基本每股收益和稀释每股收益。

（一）基本每股收益

企业应当按照归属于普通股股东的当期净利润，除以发行在外普通股的加权平均数计算基本每股收益。

发行在外普通股加权平均数＝期初发行在外普通股股数＋当期新发行普通股股数×已发行时间÷报告期时间－当期回购普通股股数×已回购时间÷报告期时间

已发行时间、报告期时间和已回购时间一般按照天数计算；在不影响计算结果合理性的前提下，也可以采用简化的计算方法。

例 14－3 某公司 2019 年期初发行在外的普通股为 10 000 万股；3 月 2 日新发行普通股 9 600 万股；12 月 1 日回购普通股 36 000 万股，以备将来奖励职工之用。该公司当年度实现净利润为 3 000 万元。

计算该公司基本每股收益时，发行在外的普通股加权平均数：

10 000×12/12＋9 600×10/12－36 000×1/12＝15 000（万股）

基本每股收益＝3 000÷15 000＝0.20（元）

（二）稀释每股收益

企业存在稀释性潜在普通股的，应当分别调整归属于普通股股东的当期净利润和发行在外普通股的加权平均数，并据以计算稀释每股收益。

稀释性潜在普通股，是指假设当期转换为普通股会减少每股收益的潜在普通股。潜在普通股，是指赋予其持有者在报告期或以后期间享有取得普通股权利的一种金融工具或其他合同，包括可转换公司债券、认股权证、股份期权等。

第四节 现金流量表

一、现金流量表及其编表基础

现金流量表，是反映企业在一定会计期间现金和现金等价物流入和流出的报表。

现金流量表以广义的现金概念为编制基础，这里的现金是指现金及现金等价物。现金包括库存现金以及可以随时用于支付的存款，如银行存款及其他货币资金等，不能随时用于支付的存款不属于现金。现金等价物，是指企业持有的期限短、流动性强、易于转换为已知金额现金、价值变动风险很小的投资。期限短，一般是指从购买日起 3 个月内到期。现金等价物通常包括 3 个月内到期的债券投资等。权益性投资变现的金额通常不确定，因而不属于现金等价物。企业应当根据具体情况，确定现金等价物的范围，一经确定不得随意变更。

现金流量表是以现金为基础编制的财务状况变动表，是企业财务会计报告的重要组成部分。对外编制现金流量表的目的是为了弥补资产负债表和利润表的不足。从编制原则上看，现金流量表按照收付实现制原则编制，将权责发生制下的盈利信息调整为收付实现制下的现金流量信息，便于信息使用者了解企业净利润的质量。通过对现金流量表现金流入与流出信息的分析，报表使用者能够了解现金流量的影响因素，评估企业偿还债务的能力和支付投资者投资报酬的能力，同时也可以评估企业未来获取现金的能力，并为信息使用者提供不涉及现金收支的投资和筹资活动信息，为其决策提供有力依据。

二、现金流量的分类

现金流量表主要反映的是一个会计期间企业现金的收支信息。企业在一定期间的现金流入和流出是由各种因素产生的，归纳起来可分为三类：经营活动产生的现金流量、投资活动产生的现金流量、筹资活动产生的现金流量。

（一）经营活动产生的现金流量

经营活动，是指企业投资活动和筹资活动以外的所有交易和事项，包括销售商品或提供劳务、购买商品或接受劳务、收到返还的税费、经营性租赁、支付工资、支付广告费用、缴纳各项税款等。各类企业由于行业特点不同，对经营活动的认定存在一定差异，在编制现金流量表时，应根据企业的实际情况，对现金流量进行合理的归类。

（二）投资活动产生的现金流量

投资活动是指企业长期资产的购建和不包括在现金等价物范围内的投资及其处置活动。

这里所指的长期资产是指固定资产、在建工程、无形资产、其他资产等期限在一年或一个营业周期以上的资产，包括取得和收回投资、购建和处置固定资产、购买和处置无形资产等。

（三）筹资活动产生的现金流量

筹资活动，是指导致企业资本及债务规模和构成发生变化的活动。这里所说的资本包括实收资本（股本）和资本溢价（股本溢价）。与资本有关的现金流入和流出项目，包括吸收投资、发行股票、分配利润等。这里的“债务”是指企业对外举债所借入的款项，如发行债券、向金融企业借入款项以及偿还债务等。

（四）影响现金流量的其他因素

除了上述内容，现金流量还受其他因素的影响，包括：（1）外币交易与汇率变动对现金流量的影响；（2）购买和处置子公司及其他营业单位；（3）不涉及现金的投资与筹资活动的表述；（4）现金流量应按总额反映；（5）自然灾害、保险索赔等特殊项目。

三、现金流量表的基本格式及内容

企业的现金流量表分为现金流量表本表和现金流量表的附注两部分，分别披露不同目的和内容的现金流量信息。

《企业会计准则》规定，在现金流量表本表部分，要求按直接法披露企业经营活动的现金流量；在现金流量表的附注部分，应当按间接法披露企业经营活动的现金流量。这种按本表与附注分别表达企业现金流量的目的，是为了更加完整地披露现金流量信息。

（一）现金流量表本表披露的信息与格式

本表部分要求企业采用直接法表达经营活动的现金流量，同时揭示企业投资活动与筹资活动的现金流量。本表的表达方式如表14-8所示。

表14-8　××公司现金流量表（本表部分）

2019年度　　　　单位：元

项　　目	本期金额	上期金额
一、经营活动产生的现金流量		
销售商品、提供劳务收到的现金		
收到的税费返还		
收到的其他与经营活动有关的现金		
经营活动现金流入小计		
购买商品、接受劳务支付的现金		
支付给职工以及为职工支付的现金		
支付的各项税费		
支付的其他与经营活动有关的现金		

续　表

项　　　目	本期金额	上期金额
经营活动现金流出小计		
经营活动产生的现金流量净额		
二、投资活动产生的现金流量		
收回投资所收到的现金		
取得投资收益所收到的现金		
处置固定资产、无形资产和其他长期资产收回的现金净额		
处置子公司及其他营业单位收到的现金净额		
收到的其他与投资活动有关的现金		
投资活动现金流入小计		
购建固定资产、无形资产和其他长期资产支付的现金		
投资所支付的现金		
取得子公司及其他营业单位支付的现金净额		
支付的其他与投资活动有关的现金		
投资活动现金流出小计		
投资活动产生的现金流量净额		
三、筹资活动产生的现金流量		
吸收投资所收到的现金		
其中：子公司吸收少数股东投资收到的现金		
取得借款收到的现金		
收到的其他与筹资活动有关的现金		
筹资活动现金流入小计		
偿还债务支付的现金		
分配股利、利润或偿付利息支付的现金		
其中：子公司支付给少数股东的股利、利润		
支付的其他与筹资活动有关的现金		
筹资活动现金流出小计		
筹资活动产生的现金流量净额		
四、汇率变动对现金及现金等价物的影响		
五、现金及现金等价物净增加额		
加：期初现金及现金等价物余额		
六、期末现金及现金等价物余额		

经营活动现金流量反映的是企业自身创造现金的能力。一般情况下，企业的利润是评价企业的经营成果与获利能力的重要指标，但由于会计确认和计量时采用了收入实现、配比、成本分摊等原则，使本期利润的增加与实际产生的经营活动的现金净增加或减少并不一致。采用直接法揭示经营活动的现金流量的主要优点是，可以直接表达销售收入收现、销售成本付现等项目的真实流量信息，通过经营活动的现金流入与流出与利润表各个具体项目的比较，使报表使用者可以据此分析企业经营的持续性与资产的质量。

（二）现金流量表附注披露的信息与格式

现金流量表附注披露部分要求揭示按间接法表达经营活动现金流量以及不涉及当期现金收支但影响企业财务状况或在未来可能影响企业现金流量的重大投资和筹资活动，其格式如表 14－9 所示。

表 14－9　××公司现金流量表(补充资料部分)

2019 年度　　单位：元

补充资料	本期金额	上期金额
1. 将净利润调节为经营活动现金流量		
净利润		
加：资产减值准备		
固定资产折旧、油气资产折耗、生产性生物资产折旧		
无形资产摊销		
长期待摊费用摊销		
处置固定资产、无形资产和其他长期资产的损失(收益以“－”号填列)		
固定资产报废损失(收益以“－”号填列)		
公允价值变动损失(收益以“－”号填列)		
财务费用(收益以“－”号填列)		
投资损失(收益以“－”号填列)		
递延所得税资产减少(增加以“－”号填列)		
递延所得税负债增加(减少以“－”号填列)		
存货的减少(增加以“－”号填列)		
经营性应收项目的减少(增加以“－”号填列)		
经营性应付项目的增加(减少以“－”号填列)		
其他		
经营活动产生的现金流量净额		

续 表

补 充 资 料	本期金额	上期金额
2. 不涉及现金收支的重大投资和筹资活动		
债务转为资本		
一年内到期的可转换公司债券		
融资租入固定资产		
3. 现金及现金等价物净变动情况		
现金的期末余额		
减：现金的期初余额		
加：现金等价物的期末余额		
减：现金等价物的期初余额		
现金及现金等价物净增加额		

四、现金流量表项目的填列方法

在我国，现金流量表以直接法编制，但在补充资料中单独按间接法反映经营活动现金流量的情况。

直接法通常以利润表中的营业收入为起算点，调整与经营活动有关项目的增减变动，然后计算出经营活动的现金流量。直接法提供了企业经营活动现金流量的详细信息，有助于评价企业未来的现金流量。

间接法是以本期利润为起算点，调整不涉及现金的收入、费用、营业外收支等有关项目的增减变动，据此计算出经营活动的现金流量。间接法提供了企业利润与现金流量之间的关系，有助于评价企业未来创造现金流量的能力。

（一）经营活动产生的现金流量项目的填列方法

企业经营活动的现金流量采用直接法，通过现金收入和现金支出的主要类别来反映。

（1）“销售商品、提供劳务收到的现金”项目，反映企业销售商品、提供劳务实际收到的现金（包括应向购买者收取的增值税销项税额），包括本期销售商品、提供劳务收到现金，以及前期销售商品、提供劳务本期收到的现金和本期预收的款项，减去本期退回本期销售的商品和前期销售本期退回的商品支付的现金。企业销售材料和代购代销业务收到的现金，也在本项目反映。

根据账户记录分析计算该项目的金额，通常可以采用以下思路：

销售商品、提供劳务收到的现金＝当期销售商品提供劳务收到的现金＋当期收回前期的应收账款和应收票据＋当期预收的款项－当期销售退回支付的现金＋当期收回前期核销的坏账损失

具体计算销售商品、提供劳务收到的现金的公式为：

销售商品、提供劳务收到的现金＝销售商品、提供劳务产生的“收入和增值税销项税额”＋应收账款本期减少额（期初余额－期末余额）＋应收票据本期减少额（期初余额－期末余额）＋预收款项本期增加额（期末余额－期初余额）±特殊调整业务

上述公式中的特殊调整业务作为加项或减项的处理原则是：“应收账款”“应收票据”和“预收款项”等科目（不含三个科目内部转账业务）借方对应的科目不是销售商品提供劳务产生的“收入和增值税销项税额类”科目，则作为加项处理，如以非现金资产换入应收账款等；“应收账款”“应收票据”和“预收款项”等科目（不含三个科目内部转账业务）贷方对应的科目不是“现金类”科目的业务，则作为减项处理，如客户用非现金资产抵偿债务等。

例 14－4 某企业 2019 年度有关资料如下：

应收账款项目：年初数 100 万元，年末数 120 万元；

应收票据项目：年初数 40 万元，年末数 20 万元；

预收款项项目：年初数 80 万元，年末数 90 万元；

营业收入 6 000 万元；

应交税费——应交增值税（销项税额）1 037 万元；

其他有关资料如下：本期计提坏账准备 5 万元（该企业采用备抵法核算坏账损失），本期发生坏账回收 2 万元，工程项目领用的本企业产品 100 万元产生增值税销项税额 17 万元，收到客户用 11.7 万元商品（货款 10 万元，增值税 1.7 万元）抵偿前欠账款 12 万元。

销售商品、提供劳务收到的现金＝（6 000＋1 020）＋（100－120）＋（40－20）＋（90－80）－5－12＝7 013（万元）

（2）“收到的税费返还”项目，反映企业收到返还的各种税费，如收到的增值税、消费税、关税、所得税、教育费附加返还等。本项目可根据“库存现金”“银行存款”“税金及附加”等科目的记录分析填列。

（3）“收到的其他与经营活动有关的现金”项目，反映企业除上述各项目外，收到的其他与经营活动有关的现金流入，如罚款收入、流动资产损失中由个人赔偿的现金收入等。其他现金流入如价值较大的，应单列项目反映。本项目可以根据“库存现金”“银行存款”“营业外收入”等科目的记录分析填列。

（4）“购买商品、接受劳务支付的现金”项目，反映企业购买材料、商品、接受劳务实际支付的现金，包括本期购入材料、商品、接受劳务支付的现金（包括增值税进项税额），以及本期支付前期购入商品、接受劳务的未付款项和本期预付款项。本期发生的购货退回收到的现金应从本项目内减去。本项目可以根据“库存现金”“银行存款”“应付账款”“应付票据”“主营业务成本”等科目的记录分析填列。

（5）“支付给职工以及为职工支付的现金”项目，反映企业实际支付给职工以及为职工支付的现金，包括本期实际支付给职工的工资、奖金、各种津贴和补贴等，以及为职工支付的其他费用，不包括支付的离退休人员的各项费用和支付给在建工程人员的工资等。企业支付给离退休人员的各项费用，包括支付的统筹退休金以及未参加统筹的退休人员的费用，在“支付的其他与经营活动有关的现金”项目中反映；支付的在建工程人员的工资，在“购建固定资产、无形资产和其他长期资产所支付的现金”项目反映。本项目可以根据“应付职工薪酬”“库存现金”“银行存款”等科目的记录分析填列。企业为职工支付的养老、失业等社会保险基金、补充养老保险、住房公积金、支付给职工的住房困难补助，以及企业支付给职工或为职工支付的其他福利费等，应按职工的工作性质和服务对象，分别在本项目和“购建固定资产、无形资产和其他长期资产所支付的现金”项目反映。

(6)“支付的各项税费”项目，反映企业按规定支付的各种税费，包括本期发生并支付的税费，以及本期支付以前各期发生的税费和预交的税金，如支付的教育费附加、矿产资源补偿费、印花税、房产税、土地增值税、车船使用税等，不包括计入固定资产价值、实际支付的耕地占用税等，也不包括本期退回的增值税、所得税，本期退回的增值税、所得税在“收到的税费返还”项目反映。本项目可以根据“应交税费”“库存现金”“银行存款”等科目的记录分析填列。

(7)“支付的其他与经营活动有关的现金”项目，反映企业除上述各项目外，支付的其他与经营活动有关的现金流出，如罚款支出、支付的差旅费、业务招待费现金支出、支付的保险费等。其他现金流出如价值较大的，应单列项目反映。本项目可根据有关科目的记录分析填列。

(二) 投资活动产生的现金流量项目的填列方法

(1)“收回投资所收到的现金”项目，反映企业出售、转让或到期收回除现金等价物以外的权益性工具、债务工具和合营中的权益等投资而收到的现金，收回债务工具实现的利息、处置子公司及其他营业单位投资收回的现金不包括在本项目(子公司及其他营业单位现金流量在现金流量表中单独反映)。本项目可根据“其他权益工具投资”“债权投资”“其他债权投资”“长期股权投资”“库存现金”“银行存款”等科目的记录分析填列。

(2)“取得投资收益所收到的现金”，反映企业权益工具、债务工具和合营企业中的权益投资而取得的现金股利、利息，以及从子公司、联营企业和合营企业分回利润所收到的现金，不包括股票股利。本项目可根据“库存现金”“银行存款”“投资收益”“利息收入”等科目的记录分析填列。

(3)“处置固定资产、无形资产和其他长期资产所收回的现金净额”项目，反映企业处置固定资产、无形资产和其他长期资产所取得的现金，减去为处置这些资产而支付的有关费用后的净额。由于自然灾害所造成的固定资产等长期资产损失而收到的保险赔偿收入，也在本项目反映。本项目可根据“固定资产清理”“资产处置损益”“库存现金”“银行存款”等科目的记录分析填列。

(4)“处置子公司及其他营业单位收到的现金净额”项目，反映企业处置子公司及其他营业单位投资收回的现金，减去相关处置费用以及子公司及其他营业单位持有的现金和现金等价物后的净额。本项目可根据“长期股权投资”“库存现金”“银行存款”等科目的记录分析填列。

(5)“收到的其他与投资活动有关的现金”项目，反映企业除上述各项外，收到的其他与投资活动有关的现金流入，如收回购买股票和债券时支付的已宣告但尚未领取的现金股利或已到付息期但尚未领取的债券的利息等。其他现金流入如价值较大的，应单列项目反映。本项目可根据有关科目的记录分析填列。

(6)“购建固定资产、无形资产和其他长期资产所支付的现金”项目，反映企业购买、建造固定资产，取得无形资产和其他长期资产所支付的现金，不包括为购建固定资产而发生的借款利息资本化的部分，以及融资租入固定资产所支付的租赁费和借款利息，它们在筹资活动产生的现金流量中反映。本项目可根据“固定资产”“在建工程”“无形资产”“使用权资产”“银行存款”等科目的记录分析填列。

(7)“投资所支付的现金”项目，反映企业进行权益性投资和债权性投资所支付的现金，包括企业取得的除现金等价物以外的权益性工具、债务工具和合营中的权益等投资支付的现金，以及支付的佣金、手续费等附加费用。本项目可根据“其他权益工具投资”“债权投资”“其他债权投资”“长期股权投资”“库存现金”“银行存款”等科目的记录分析填列。

(8)“取得子公司及其他营业单位支付的现金净额”项目，反映企业购买子公司及其他营业单位购买出价中以现金支付的部分，减去子公司及其他营业单位持有的现金和现金等价物后的净额。本项目可根据“长期股权投资”“银行存款”等科目的记录分析填列。

(9)“支付的其他与投资活动有关的现金”项目，反映企业除上述各项目外，支付的其他与投资活动有关的现金流出。如企业购买股票和债券时，实际支付的价款中包含的已宣告但尚未领取的现金股利或已到付息期但尚未领取的债券的利息等。其他现金流出如价值较大的，应单列项目反映。本项目可根据“应收股利”“应收利息”“银行存款”等科目的记录分析填列。

(三) 筹资活动产生的现金流量项目的填列方法

(1)“吸收投资所收到的现金”项目，反映企业以发行股票方式筹集资金实际收到的款项减去支付的佣金、手续费、咨询费等发行费用后的净额。以发行股票方式筹集资金而由企业直接支付的审计、咨询等费用，在“支付的其他与筹资活动有关的现金”项目反映。本项目可根据“实收资本”(或股本)“资本公积”“银行存款”等科目的记录分析填列。

(2)“借款所收到的现金”项目，反映企业举借各种短期、长期借款所收到的现金。本项目可根据“短期借款”“长期借款”“应付债券”“银行存款”等科目的记录分析填列。

(3)“收到的其他与筹资活动有关的现金”项目，反映企业除上述各项目外，收到的其他与筹资活动有关的现金流入，如接受现金捐赠等。其他现金流出如价值较大的，应单列项目反映。本项目可根据有关科目的记录分析填列。

(4)“偿还债务所支付的现金”项目，反映企业以现金偿还债务的本金，包括偿还金融企业的借款本金、偿还债券本金等。企业偿还的借款利息、债券利息，在“分配股利、利润或偿付利息所支付的现金”项目反映，不包括在本项目内。本项目可根据“短期借款”“长期借款”“库存现金”“银行存款”等科目的记录分析填列。

(5)“分配股利、利润或偿付利息所支付的现金”项目，反映企业实际支付的现金股利、支付给其他投资单位的利润以及支付的借款利息、债券利息等。本项目可根据“应付股利”“应付利息”“财务费用”“长期借款”“库存现金”“银行存款”等科目的记录分析填列。

(6)“支付的其他与筹资活动有关的现金”项目，反映企业除上述各项外，支付的其他与筹资活动有关的现金流出，如捐赠现金支出、融资租入固定资产支付的租赁费等。其他现金流出如价值较大的，应单列项目反映。本项目可根据有关科目的记录分析填列。本项目可根据“营业外支出”“长期应付款”“库存现金”“银行存款”等科目的记录分析填列。

(四) 汇率变动对现金的影响

汇率变动对现金的影响反映企业外币现金流量及境外子公司的现金流量折算为人民币时，所采用的现金流量发生日的汇率或平均汇率折算为人民币金额与“现金及现金等价物净增加额”中外币现金净增加额按期末汇率折算的人民币金额之间的差额。

（五）补充资料项目的内容及填列

在我国，现金流量表正表应采用直接法计算营业活动产生的现金流量，但在现金流量表补充资料中应用间接法反映经营活动现金流量的情况。

（1）将净利润调节为经营活动现金流量。在间接法下，以本期利润为起算点，净利润调节为经营活动现金流量，就是将权责发生制反映的利润，调整为经营活动的现金流量。即调整不增加或不减少现金的收入与费用项目，调整属于投资活动、筹资活动的收益与损失，调整与经营活动有关的非现金流动资产与流动负债的增减变动。

经营活动的现金流量＝净利润＋没有实际付现的费用－没有实际收现的收入＋(－)不属于经营活动的损益＋(－)经营性应收应付项目的增减变化

具体项目的填列方法如下：

①“计提的资产减值准备”“计提的信用减值准备”项目，反映企业计提的各项资产的减值准备。本项目可以根据“资产减值准备”“信用减值准备”科目的记录分析填列。

②“固定资产折旧、汽油资产折耗、生物性资产折旧”项目，反映企业本期累计提取的折旧和折耗。本项目可以根据“累计折旧”“累计折耗”科目的贷方发生额分析填列。

③“无形资产摊销”和“长期待摊费用摊销”项目，分别反映企业本期累计摊入成本费用的无形资产的价值及长期待摊费用。这两个项目可以根据“累计摊销”和“长期待摊费用”科目的贷方发生额分析填列。

④“处置固定资产、无形资产和其他长期资产的损失（减：收益）”项目，反映企业本期由于处置固定资产、无形资产和其他长期资产而发生的净损失。本项目可以根据“资产处置损益”“其他业务收入”“其他业务成本”科目所属有关明细科目的记录分析填列；如为净收益，以“－”号填列。

⑤“固定资产报废损失”项目，反映企业本期固定资产盘亏（减：盘盈）后的净损失。本项目可以根据“营业外支出”“营业外收入”科目所属有关明细科目中固定资产盘亏损失减去固定资产盘盈收益后的差额填列。

⑥“公允价值变动损益”项目，反映交易性金融资产、交易性金融负债、投资性房地产等公允价值变动的净损失。本项目可以根据“公允价值变动损益”科目所属的明细科目记录分析填列；如为净收益，以“－”号填列。

⑦“财务费用”，反映企业本期发生的应属于投资活动或筹资活动的财务费用。本项目可根据“财务费用”科目的本期借方发生额分析填列；如为收益，以“－”号填列。

⑧“投资损失（减：收益）”，反映企业本期投资所发生的损失减去受益后的净损失。本项目可以根据“投资收益”项目的数据填列；如为投资收益，以“－”号填列。

⑨“递延所得税资产减少”项目，反映企业本期“递延所得税资产”项目的期初、期末余额的差额，本项目可以根据“递延所得税资产”科目发生额分析填列。

⑩“递延所得税负债增加”项目，反映企业本期“递延所得税负债”项目的期初、期末余额的差额，本项目可以根据“递延所得税负债”科目发生额分析填列。

⑪“存货的减少”项目，反映企业本期存货的期初与期末余额的差额。期末数大于期初数的差额，以“－”号填列。

⑫“经营性应收项目的减少（减：增加）”项目，反映企业本期经营性应收项目（包括应收

账款、应收票据和其他应收款中与经营活动有关的部分及应收的增值税销项税额等)的期初与期末余额的差额,期末数大于期初数的差额,以"－"号填列。

⑬"经营性应付项目的增加(减:减少)"项目,反映企业本期经营性应付项目(包括应付账款、应付票据、应付职工薪酬、应交税费、其他应付款中与经营活动有关的部分及应付的增值税进项税额等)的增加。期末数小于期初数的差额,以"－"号填列。

(2) 不涉及现金收支的投资和筹资活动,反映企业一定期间内影响资产或负债但不形成该期现金收支的所有投资和筹资活动的信息。不涉及现金收支的投资和筹资活动各项目的填列方法如下:

① "债务转为资本"项目,反映企业本期转为资本的债务金额;

② "一年内到期的可转换公司债券"项目,反映企业一年内到期的可转换公司债券的本息;

③ "融资租入固定资产"项目,反映企业本期融资租入固定资产记入"长期应付款"科目的金额减去"未确认融资费用"科目余额后的金额。

(3) 现金及现金等价物净变动情况,反映企业一定会计期间现金及现金等价物期末余额减去期初余额后的净增加额(或净减少额),是对现金流量表中"现金及现金等价物净增加额"项目的补充说明。该项目与现金流量表中"五、现金及现金等价物净增加额"项目的金额相等。

间接法计算经营活动现金流量的转换与调整过程,可以用表 14－10 表示。

表 14－10 间接法下将净利润调节为经营活动现金流量的主要调整项目

调 整 项 目	本期净利润(亏损)的加项	本期净利润(亏损)的减项
(1) 不涉及现金收入与费用的项目	固定资产折旧、无形资产及长期待摊费用等的摊销、计提资产或信用减值损失、价摊销、递延所得税负债、公允价值变动损失等	长期股权投资收益(权益法)、递延所得税资产、公允价值变动收益等
(2) 列于利润表但属于投资活动与筹资活动的调整项目	财务费用*、固定资产盘亏、出售固定资产或无形资产损失(资产处置损失)、长期投资或其他长期资产损失	出售固定资产、出售无形资产、长期投资或其他长期资产利益
(3) 与经营活动有关的非现金流动资产、流动负债的调整项目	应收账款减少	应收账款增加
	应收票据减少	应收票据增加
	预付账款减少	预付账款增加
	存货减少	存货增加
	应付账款增加	应付账款减少
	应付票据增加	应付票据减少
	应交税费增加	应交税费减少
	预收账款增加	预收账款减少

注:*这里的财务费用不包括应收票据贴现、享受或丧失现金折扣而产生的财务费用,这类财务费用归类为经营活动,不需要调整。

五、现金流量表的编制方法示例

(一) 现金流量表的编制程序

会计实务中,编制现金流量表可以采用工作底稿法或T形账户法,也可以根据有关科目记录分析填列。

1. 工作底稿法

采用工作底稿法编制现金流量表,是以工作底稿为手段,以资产负债表和利润表数据为基础,对每一项目进行分析并编制调整分录,从而编制现金流量表。采用工作底稿法的编制程序可以分以下步骤进行:

第一步,将资产负债表的期初数和期末数过入工作底稿的期初数栏和期末数栏。

第二步,对当期业务进行分析并编制调整分录。编制调整分录时,要以利润表项目为基础,从"营业收入"开始,结合资产负债表项目逐一进行分析。在调整分录中,有关现金和现金等价物的事项,并不直接借记或贷记现金,而是分别记入"经营活动产生的现金流量""投资活动产生的现金流量""筹资活动产生的现金流量"有关项目。借记表示现金流入,贷记表示现金流出。

第三步,将调整分录过入工作底稿中的相应部分。

第四步,核对调整分录,借方、贷方合计数均已经相等,资产负债表项目期初数加减调整分录中的借贷金额以后,等于期末数。

第五步,根据工作底稿中的现金流量表项目部分编制正式的现金流量表。

2. T形账户法

采用T形账户法编制现金流量表,是以T形账户为手段,以资产负债表和利润表数据为基础,对每一项目进行分析并编制调整分录,从而编制现金流量表。采用T形账户法的编制程序可以分以下步骤进行:

第一步,为所有的非现金项目(包括资产负债表项目和利润表项目)分别开设T形账户,并将各自的期末期初变动数过入各该账户。如果项目的期末数大于期初数,则将差额过入和项目余额相同的方向;反之,过入相反的方向。

第二步,开设一个大的"现金及现金等价物"T形账户,每边分为经营活动、投资活动和筹资活动三个部分,左边记现金流入,右边记现金流出。与其他账户一样,过入期末期初变动数。

第三步,以利润表项目为基础,结合资产负债表分析每一个非现金项目的增减变动,并据此编制调整分录。

第四步,将调整分录过入各T形账户,并进行核对。该账户借贷相抵后的余额与原先过入的期末期初变动数应当一致。

第五步,根据大的"现金及现金等价物"T形账户编制正式的现金流量表。

3. 分析填列法

分析填列法是直接根据资产负债表、利润表和有关会计科目明细账的记录,分析计算出现金流量表各项目的金额,并据以编制现金流量表的一种方法。

(二) 现金流量表分析法编制示例

例14-5 甲公司2018年12月31日资产负债表及2018年利润表如表14-11和表14-12所示。

表 14-11 资产负债表会企 01 表

编制单位：甲公司　　2018 年 12 月 31 日　　单位：元

资　　产	期末余额	年初余额	负债和所有者权益（或股东权益）	期末余额	年初余额
流动资产：			流动负债：		
货币资金	815 131	1 406 300	短期借款	50 000	300 000
交易性金融资产		15 000	交易性金融负债		
衍生金融资产			衍生金融负债		
应收票据	66 000	246 000	应付票据	100 000	200 000
应收账款	598 200	299 100	应付账款	953 800	953 800
预付款项	100 000	100 000	合同负债		
其他应收款	5 000	5 000			
存货	2 484 700	2 580 000	应付职工薪酬	180 000	110 000
合同资产			应交税费	226 731	36 600
持有待售资产			其他应付款	82 215.85	51 000
一年内到期的非流动资产			持有待售负债		
其他流动资产	100 000	100 000	一年内到期的非流动负债		1 000 000
流动资产合计	4 169 031	4 751 400	其他流动负债		
非流动资产：			流动负债合计	1 592 746.85	2 651 400
债权投资			非流动负债：		
其他债权投资			长期借款	1 160 000	600 000
长期应收款			应付债券		
长期股权投资	250 000	250 000	其中：优先股		
其他权益工具投资			永续债		
其他非流动金融资产			长期应付款		
投资性房地产			预计负债		
固定资产	2 201 000	1 100 000	递延收益		
使用权资产	0	0	递延所得税负债		
在建工程	728 000	1 500 000	其他非流动负债		
			非流动负债合计	1 160 000	600 000
生产性生物资产			负债合计	2 752 746.85	3 251 400
无形资产	540 000	600 000	所有者权益（或股东权益）		

续 表

资　　产	期末余额	年初余额	负债和所有者权益（或股东权益）	期末余额	年初余额
开发支出			实收资本(或股本)	5 000 000	5 000 000
商誉			其他权益工具		
长期待摊费用			其中：优先股		
递延所得税资产	7 500		永续债		
其他非流动资产	200 000	200 000	资本公积		
非流动资产合计	3 926 500	3 650 000	减：库存股		
			其他综合收益		
			盈余公积	124 770.4	100 000
			未分配利润	218 013.75	50 000
			所有者权益(或股东权益)合计	5 342 784.15	5 150 000
资产总计	8 095 531	8 401 400	负债和所有者权益(或股东权益)总计	8 095 531	8 401 400

表 14－12　利润表会企 02 表

编制单位：甲公司　　　　2018 年　　　　单位：元

	本期金额	上期金额
一、营业收入	1 250 000	(略)
减：营业成本	750 000	
税金及附加	2 000	
销售费用	20 000	
管理费用	157 100	
研发费用		
财务费用	41 500	
其中：利息费用	41 500	
利息收入	0	
加：其他收益		
投资收益(损失以“－”号填列)	31 500	
其中：对联营企业和合营企业的投资收益		
净敞口套期收益(损失以“－”号填列)		
公允价值变动收益(损失以“－”号填列)		

续 表

	本期金额	上期金额
资产减值损失	—30 900	
信用减值损失		
资产处置收益(损失以"—"号填列)		
二、营业利润(亏损以"—"号填列)	280 000	
加：营业外收入	50 000	
减：营业外支出	19 700	
三、利润总额(亏损总额以"—"号填列)	310 300	
减：所得税费用	85 300	
四、净利润(净亏损以"—"号填列)	225 000	
(一) 持续经营净利润(净亏损以"—"号填列)		
(二) 终止经营净利润(净亏损以"—"号填列)		
五、其他综合收益的税后净额		
(一) 不能重分类进损益的其他综合收益		
1. 重新计量设定受益计划变动额		
2. 权益法下不能转损益的其他综合收益		
3. 其他权益工具投资公允价值变动		
4. 企业自身信用风险公允价值变动		
……		
(二) 将重分类进损益的其他综合收益		
1. 权益法下可转损益的其他综合收益		
2. 其他债权投资公允价值变动		
3. 金融资产重分类计入其他综合收益的金额		
4. 其他债权投资信用减值准备		
5. 现金流量套期储备		
6. 外币财务报表折算差额		
……		
六、综合收益总额	225 000	
七、每股收益		
(一) 基本每股收益		
(二) 稀释每股收益		

2018年甲公司其他相关资料如下：

1. 2018年度利润表有关项目的明细资料

(1) 管理费用的组成：职工薪酬17 100元，无形资产摊销60 000元，折旧费20 000元，支付其他费用60 000元。

(2) 财务费用的组成：计提借款利息11 500元，支付应收票据(银行承兑汇票)贴现利息30 000元。

(3) 资产减值损失和信用减值损失的组成：计提坏账准备900元，计提固定资产减值准备30 000元。上年年末坏账准备余额为900元。

(4) 投资收益的组成：收到股息收入30 000元，与本金一起收回的交易性股票投资收益500元，自公允价值变动损溢结转投资收益1 000元。

(5) 营业外收入的组成：报废固定资产净收益50 000元(其所报废固定资产原价为400 000元，累计折旧为150 000元，收到残值收入300 000元)。假定不考虑与固定资产处置有关的税费。

(6) 营业外支出的组成：报废固定资产净损失19 700元(其中，报废固定资产原价为200 000元。累计折旧为180 000元，支付清理费用500元，收到残值收入800元)。

(7) 所得税费用的组成：当期所得税费用92 800元，递延所得税收益7 500元。

除上述项目外，利润表中的销售费用20 000元至期末已经支付。

2. 资产负债表有关项目的明细资料

(1) 本期收回交易性股票投资本金15 000元、公允价值变动1 000元，同时实现投资收益500元。

(2) 存货中生产成本、制造费用的组成：职工薪酬324 900元，折旧费80 000元。

(3) 应交税费的组成：本期增值税进项税额42 466元，增值税销项税额212 500元，已交增值税100 000元；应交所得税期末余额为20 097元，应交所得税期初余额为0；应交税费期末数中应由在建工程负担的部分为100 000元。

(4) 应付职工薪酬的期初数无应付在建工程人员的部分，本期支付在建工程人员职工薪酬200 000元。应付职工薪酬的期末数中应付在建工程人员的部分为28 000元。

(5) 应付利息均为短期借款利息，其中本期计提利息11 500元，支付利息12 500元。

(6) 本期用现金购买固定资产101 000元，购买工程物资300 000元。

(7) 本期用现金偿还短期借款250 000元，偿还一年内到期的长期借款1 000 000元；借入长期借款560 000元。

根据以上资料，采用分析填列的方法，编制艾格股份有限公司2018年度的现金流量表。

3. 2018年度现金流量表各项目金额的分析及确定

(1) 销售商品、提供劳务收到的现金

＝主营业务收入＋增值税销项税额＋(应收账款年初余额－应收账款期末余额)＋(应收票据年初余额－应收票据期末余额)－当期计提的坏账准备－票据贴现的利息

＝1 250 000＋212 500＋(299 100－598 200)＋(246 000－66 000)－900－30 000

＝1 312 500(元)

(2) 购买商品、接受劳务支付的现金

＝主营业务成本＋增值税进项税额－(存货年初余额－存货期末余额)＋(应付账款年初

余额－应付账款期末余额)＋(应付票据年初余额－应付票据期末余额)＋(预付账款期末余额－预付账款年初余额)－当期列入生产成本、制造费用的职工薪酬－当期列入生产成本、制造费用的折旧费和固定资产修理费

＝750 000＋42 466－(2 580 000－2 484 700)＋(953 800－953 800)＋(200 000－100 000)＋(100 000－100 000)－324 900－80 000

＝392 266(元)

(3) 支付给职工以及为职工支付的现金

＝生产成本、制造费用、管理费用中职工薪酬＋(应付职工薪酬年初余额－应付职工薪酬期末余额)－[应付职工薪酬(在建工程)年初余额－应付职工薪酬(在建工程)期末余额]

＝324 900＋17 100＋(110 000－180 000)－(0－28 000)

＝300 000(元)

(4) 支付的各项税费

＝当期所得税费用＋税金及附加＋已交增值税－(应交所得税期末余额－应交所得税期初余额)

＝92 800＋2 000＋100 000－(20 097－0)

＝174 703(元)

(5) 支付的其他与经营活动有关的现金

＝其他管理费用＋销售费用

＝60 000＋20 000

＝80 000(元)

(6) 收回投资收到的现金

＝交易性金融资产贷方发生额＋与交易性金融资产一起收回的投资收益

＝16 000＋500

＝16 500(元)

(7) 取得投资收益所收到的现金

＝收到的股息收入

＝30 000(元)

(8) 处置固定资产收回的现金净额

＝300 000＋(800－500)

＝300 300(元)

(9) 购建固定资产支付的现金

＝用现金购买的固定资产、工程物资＋支付给在建工程人员的薪酬

＝101 000＋300 000＋200 000

＝601 000(元)

(10) 取得借款所收到的现金＝560 000(元)

(11) 偿还债务支付的现金

＝250 000＋1 000 000

＝1 250 000(元)

(12) 偿还利息支付的现金＝12 500(元)

4. 将净利润调节为经营活动现金流量各项目的计算分析

(1) 资产减值准备＝900＋30 000＝30 900(元)

(2) 固定资产折旧＝20 000＋80 000＝100 000(元)

(3) 无形资产摊销＝60 000(元)

(4) 处置固定资产、无形资产和其他长期资产的损失(减：收益)＝－50 000(元)

(5) 固定资产报废损失＝19 700(元)

(6) 财务费用＝11 500(元)

(7) 投资损失(减：收益)＝－31 500(元)

(8) 递延所得税资产减少＝0－7 500＝－7 500(元)

(9) 存货的减少＝2 580 000－2 484 700＝95 300(元)

(10) 经营性应收项目的减少

＝(246 000－66 000)＋(299 100＋900－598 200－1 800)

＝－120 000(元)

(11) 经营性应付项目的增加

＝(100 000－200 000)＋(100 000－100 000)＋[(180 000－28 000)－110 000]＋[(226 731－100 000)－36 600]

＝32 131(元)

5. 根据上述数据编制的现金流量表及其补充资料(如表 14－13、表 14－14 所示)

表 14－13　现金流量表会企 03 表

编制单位：甲公司　　2018 年　　单位：元

项　　目	本期金额	上期金额
一、经营活动产生的现金流量		(略)
销售商品、提供劳务收到的现金	1 312 500	
收到的税费返还	0	
收到的其他与经营活动有关的现金	0	
经营活动现金流入小计	1 312 500	
购买商品、接受劳务支付的现金	392 266	
支付给职工以及为职工支付的现金	300 000	
支付的各项税费	174 703	
支付的其他与经营活动有关的现金	80 000	
经营活动现金流出小计	946 969	
经营活动产生的现金流量净额	365 531	

续 表

项　　目	本期金额	上期金额
二、投资活动产生的现金流量		
收回投资收到的现金	16 500	
取得投资收益收到的现金	30 000	
处置固定资产、无形资产和其他长期资产收回的现金净额	300 300	
处置子公司及其他营业单位收到的现金净额	0	
收到的其他与投资活动有关的现金	0	
投资活动现金流入小计	346 800	
购建固定资产、无形资产和其他长期资产支付的现金	601 000	
投资支付的现金	0	
取得子公司及其他营业单位支付的现金净额	0	
支付的其他与投资活动有关的现金	0	
投资活动现金流出小计	601 000	
投资活动产生的现金流量净额	−254 200	
三、筹资活动产生的现金流量		
吸收投资收到的现金	0	
取得借款收到的现金	560 000	
收到的其他与筹资活动有关的现金	0	
筹资活动现金流入小计	560 000	
偿还债务支付的现金	1 250 000	
分配股利、利润或偿付利息支付的现金	12 500	
支付的其他与筹资活动有关的现金	0	
筹资活动现金流出小计	1 262 500	
筹资活动产生的现金流量净额	−702 500	
四、汇率变动对现金及现金等价物的影响	0	
五、现金及现金等价物净增加额	−591 169	
加：期初现金及现金等价物余额	1 406 300	
六、期末现金及现金等价物余额	815 131	

表 14-14 现金流量表补充资料

单位：元

补 充 资 料	本期金额	上期金额
处置固定资产、无形资产和其他长期资产的损失(收益以"—"号填列)	—50 000	(略)
1. 将净利润调节为经营活动现金流量		
净利润	225 000	
加：资产减值准备	30 900	
固定资产折旧、油气资产折耗、生产性生物资产折旧	100 000	
无形资产摊销	60 000	
长期待摊费用摊销	0	
固定资产报废损失(收益以"—"号填列)	19 700	
处置固定资产、无形资产、其他长期资产损失	—5 000	
公允价值变动损失(收益以"—"号填列)	0	
财务费用(收益以"—"号填列)	11 500	
投资损失(收益以"—"号填列)	—31 500	
递延所得税资产减少(增加以"—"号填列)	—7 500	
递延所得税负债增加(减少以"—"号填列)	0	
存货的减少(增加以"—"号填列)	95 300	
经营性应收项目的减少(增加以"—"号填列)	—120 000	
经营性应付项目的增加(减少以"—"号填列)	32 131	
其他	0	
经营活动产生的现金流量净额	365 531	
2. 不涉及现金收支的重大投资和筹资活动		
债务转为资本	0	
一年内到期的可转换公司债券	0	
融资租入固定资产	0	
3. 现金及现金等价物净变动情况		
现金的期末余额	815 131	
减：现金的期初余额	1 406 300	
加：现金等价物的期末余额	0	
减：现金等价物的期初余额	0	
现金及现金等价物净增加额	—591 169	

第五节　所有者权益变动表

一、所有者权益变动表概述

(一) 所有者权益变动表的内容

所有者权益变动表是指反映构成所有者权益各组成部分当期增减变动情况的报表。它应当全面反映一定时期所有者权益变动的情况。为了让报表使用者准确理解所有者权益增减变动的根本原因,所有者权益变动不仅包括所有者权益总量的增减变动,还包括所有者权益增减变动的重要结构性信息,尤其是要反映直接计入所有者权益的利得和损失的情况。

企业的所有者权益变动表,企业至少应当单独列示以下信息:(1) 净利润;(2) 直接计入所有者权益的利得和损失项目及其总额;(3) 会计政策变更和差错更正的累积影响金额;(4) 所有者投入资本和向所有者分配利润等;(5) 提取的盈余公积;(6) 实收资本或股本、资本公积、盈余公积、未分配利润的期初和期末余额及其调节情况。

(二) 所有者权益变动表的结构

为了清楚地表明构成所有者权益的各组成部分当期的增减变动情况,所有者权益变动表应当以矩阵的方式进行列示:一方面,从所有者权益变动的来源出发,对一定时期所有者权益变动情况进行全面反映,列示导致所有者权益变动的交易或事项,而不仅仅按照所有者权益的各组成部分反映所有者权益变动情况;另一方面,按照所有者权益包括实收资本、资本公积、盈余公积、未分配利润和库存股等各组成部分,以及总额,列示交易或事项对所有者权益的影响。

企业还需要提供所有者权益的比较资料,就各所有者权益变动表项目再分为“本年金额”和“上年金额”两栏分别填列。所有者权益变动表的具体格式如表 14 - 15 所示。

二、所有者权益变动表的填列方法

(一) “上年金额”栏的填列方法

所有者权益变动表“上年金额”栏内各项数字,应根据上年度所有者权益变动表“本年金额”栏内所列数字填列。如果上年度所有者权益变动表规定的各个项目的名称和内容同本年度不一致,应对上年度所有者权益变动表各项目的名称和数字按本年度的规定进行调整,填入所有者权益变动表“上年金额”栏内。

(二) “本年金额”栏的填列方法

所有者权益变动表“本年金额”栏内各项数字一般应根据“实收资本(或股本)”“资本公积”“盈余公积”“利润分配”“库存股”“以前年度损益调整”科目的发生额分析填列。

三、所有者权益变动表编制示例

例 14 - 6　沿用例 14 - 5 的资料,艾格股份有限公司 2018 年其他相关资料为:提取盈余公积 24 770.4 元,向投资者分配现金股利 32 215.85 元。

根据上述资料,艾格股份有限公司编制 2018 年度的所有者权益变动表,如表 14 - 15 所示。

表 14－15 所有者权益变动表会企 04 表

2018 年度

编制单位：甲公司　　　　单位：元

项目	本年金额							上年金额					
	实收资本（或股本）	资本公积	减：库存股	盈余公积	其他综合收益	未分配利润	所有者权益合计	实收资本（或股本）	资本公积	减：库存股	盈余公积	未分配利润	所有者权益合计
一、上年年末余额	5 000 000	0	0	100 000		50 000	5 150 000						
加：会计政策变更													
前期差错更正													
二、本年年初余额	5 000 000	0	0	100 000		50 000	5 150 000						
三、本年增减变动金额(减少以“—”号填列)													
(一) 净利润						225 000	225 000						
(二) 其他综合收益													
1. 其他权益工具投资公允价值变动净额													
2. 权益法下被投资单位其他所有者权益变动的影响													
3. 与计入所有者权益项目相关的所得税影响													
4. 其他													
综合收益余额													
(三) 所有者投入和减少资本													
1. 所有者投入资本													
2. 股份支付计入所有者权益的金额													
3. 其他													
(四) 利润分配													
1. 提取盈余公积				24 770.40		—24 770.40	0						
2. 对所有者(或股东)的分配						—32 215.85	—32 215.85						
3. 其他													
(五) 所有者权益内部结转													
1. 资本公积转增资本(或股本)													
2. 盈余公积转增资本(或股本)													
3. 盈余公积弥补亏损													
4. 其他													
四、本年年末余额	5 000 000	0	0	124 770.40		190 717.75	5 315 488.15						

第六节 附 注

附注是对资产负债表、利润表、现金流量表和所有者权益变动表等报表中列示项目的文字描述或明细资料，以及对未能在这些报表中列示项目的说明等。

会计报表附注是为了便于会计报表使用者理解会计报表的内容而对会计报表的编制基础、编制依据、编制原则和方法及主要项目等所做的解释。它是对会计报表的补充说明，是财务会计报告的不可或缺的重要信息来源。

附注是财务报表的重要组成部分。企业应当按照如下顺序披露有关内容：

(1) 企业的基本情况；

(2) 财务报表的编制基础；

(3) 遵循企业会计准则的声明；

(4) 重要会计政策和会计估计；

(5) 会计政策和会计估计变更以及差错更正的说明；

(6) 重要报表项目的说明；

(7) 或有事项的说明；

(8) 资产负债表日后事项；

(9) 关联方关系及其交易；

(10) 其他需要说明的重要事项。

本章小结

财务会计报告是指企业对外提供的反映企业某一特定日期的财务状况和某一会计期间的经营成果、现金流量等会计信息的文件，包括财务报表和其他应当在财务会计报告中披露的相关信息和资料。其中，财务报表是构成财务会计报告的核心内容。

企业的财务报表至少应当包括资产负债表、利润表、现金流量表、所有者权益(或股东权益，下同)变动表和附注。

企业在编制提供财务报表过程中应当遵循相关的原则以及财务报表表首的列报要求。财务报表至少应当编制年度财务报表，并披露编报企业的名称、资产负债表日，或报表涵盖的会计期间、货币名称和单位等信息。

资产负债表是反映企业在某一特定日期财务状况的报表。它反映企业在某一特定日期所拥有或控制的经济资源、所承担的现时义务和所有者对净资产的要求权。在编制过程中，有的项目可以直接根据总账科目余额或根据几个总账科目的余额计算填列，有些项目则需根据有关明细账科目的余额计算填列或根据总账科目余额减去其备抵科目余额后的净额填列，也有项目要综合运用各种填列方法分析填列。

利润表是反映企业在一定会计期间的经营成果的会计报表。企业的利润表主要反映营业收入、营业利润、利润总额、净利润以及每股收益等内容。企业利润表采用多步式结构，根据损益类科目的发生额分析填列。

现金流量表，是反映企业在一定会计期间现金和现金等价物流入和流出的报表。广义的现金包括现金及现金等价物。现金等价物，是指企业持有的期限短、流动性强、易于转换为已知金额现金、价值变动风险很小的投资。企业现金流量可分为经营活动产生的现金流量、投资活动产生的现金流量和筹资活动产生的现金流量三类。

企业的现金流量表分为现金流量表本表和现金流量表的附注两部分，分别披露不同目的和内容的现金流量信息。在现金流量表本表部分，要求按直接法披露企业经营活动的现金流量；在现金流量表的附注部分，应当按间接法披露企业经营活动的现金流量。会计实务中，编制现金流量表可以采用工作底稿法或T形账户法，也可以根据有关科目记录分析填列。

所有者权益变动表是指反映构成所有者权益各组成部分当期增减变动情况的报表。所有者权益变动表应当全面反映一定时期所有者权益变动的情况。

附注是对资产负债表、利润表、现金流量表和所有者权益变动表等报表中列示项目的文字描述或明细资料，以及对未能在这些报表中列示项目的说明等。

复习思考题

1. 财务会计报告包含哪些内容？
2. 企业的财务报表有哪些？
3. 如何填制资产负债表中的货币资金、应收账款、存货、固定资产四个项目？
4. 什么是利润表？它包含哪些内容？
5. 什么是现金流量表？如何区分各类现金流量？
6. 如何计算经营活动现金流量、投资活动现金流量和筹资活动现金流量？
7. 什么是间接法？如何将净利润调节为经营活动的现金流量？
8. 编制现金流量表的方法有哪几种？
9. 所有者权益变动表提供哪些信息？
10. 会计报表附注包括哪些内容？

自测题

一、单项选择题

1. 月末资产负债表中的“未分配利润”项目，应根据(　　)填列。

A. “利润分配”科目余额

B. “盈余公积”科目余额

C. “本年利润”科目余额

D. “本年利润”和“利润分配”科目余额

2. “预收账款”科目明细账中若有借方余额，应将其记入资产负债表中的(　　)科目。

A. “应收账款”　　　　B. “预收账款”

C. “应付账款”　　　　D. “其他应付款”

3. 某企业12月31日“固定资产”科目余额为4 000万元，“累计折旧”科目余额为1 000万元,“固定资产减值准备”科目余额为 100 万元,“在建工程”科目余额为 200 万元。该企业 12 月 31 日资产负债表中固定资产项目的金额为(　　)万元。

A. 3 100　　B. 3 900

C. 2 900　　D. 3 000

4. 某公司年末结账前“应收账款”科目所属明细科目中有借方余额 80 000 元,贷方余额 30 000 元;“预付账款”科目所属明细科目中有借方余额 18 000 元,贷方余额 8 000 元;“应付账款”科目所属明细科目中有借方余额 70 000 元,贷方余额 150 000 元;“预收账款”科目所属明细科目中有借方余额 3 000 元,贷方余额 10 000 元;“坏账准备”科目余额为 1 000 元,则年末资产负债表中“应收账款”项目和“预付账款”项目的期末数分别为(　　)。

A. 50 000 元和 80 000 元　　B. 82 000 元和 88 000 元

C. 90 000 元和 168 000 元　　D. 47 000 元和 115 000 元

5. 某企业 2019 年主营业务收入为 5 000 万元,其他业务收入 100 万元。应收账款科目的年初数为 150 万元,期末数为 120 万元。发生坏账 10 万元,计提坏账准备 10 万元。根据上述资料,该企业 2019 年“销售商品、提供劳务收到的现金”项目的金额为(　　)万元。

A. 5 120　　B. 5 110

C. 5 142　　D. 5 130

6. 下列项目中,不符合现金流量表中现金概念的是(　　)。

A. 企业银行本票存款

B. 企业银行汇票存款

C. 不能随时支取的定期存款

D. 购入的 3 个月内到期的国债

7. 下列项目中,要根据多个总账科目余额计算填列的是(　　)。

A. 盈余公积　　B. 短期借款

C. 货币资金　　D. 长期借款

8. 下列项目中,要根据单个总账科目余额直接填列的是(　　)。

A. 盈余公积　　B. 固定资产

C. 其他综合收益　　D. 长期借款

9. 下列项目中,需要综合运用各种方法填列的是(　　)。

A. 资本公积　　B. 无形资产

C. 存货　　D. 长期借款

10. 下列项目中,影响利润表中营业利润的是(　　)。

A. 盈余公积转增资本　　B. 报废固定资产净损益

C. 罚款支出　　D. 交易性金融资产公允价值变动

11. 下列项目中,要根据总账科目和明细账科目分析填列的是(　　)。

A. 无形资产　　B. 长期借款

C. 资本公积　　D. 递延所得税资产

12. 期末工程物资科目余额,应填列在资产负债表的(　　)项目。

A. “在建工程”　　B. “固定资产清理”

C. “固定资产”　　D. “工程物资”

二、多项选择题

1. 下列项目中，属于对外财务报表的是(　　)。

A. 资产负债表　　B. 利润表

C. 所有者权益变动表　　D. 现金流量表

2. 资产负债表中的应付账款项目应根据(　　)填列。

A. 应付账款所属明细账贷方余额合计

B. 应付账款总账余额

C. 预付账款总账余额

D. 预付账款所属明细账贷方余额合计

3. 根据现行会计制度的规定，下列各项中，属于企业经营活动产生的现金流量的有(　　)。

A. 本期预收的商品款和劳务款

B. 购买商品支付的现金

C. 转让无形资产所有权取得的收入

D. 出租无形资产使用权取得的收入

4. 下列资产中，属于流动资产的有(　　)。

A. 预付账款　　B. 生产性生物资产

C. 货币资金　　D. 交易性金融资产

5. 现金流量表中"支付给职工以及为职工支付的现金"项目应反映的内容有(　　)。

A. 企业为离退休人员支付的统筹退休金

B. 企业为经营管理人员支付的困难补助

C. 支付在建工程人员的工资

D. 支付行政管理人员的工资

6. 下列各项中，应计入利润表营业外收入的有(　　)。

A. 债务重组利得　　B. 接受捐赠利得

C. 固定资产处置利得　　D. 固定资产报废利得

7. 下列资产中，应记入资产负债表"存货"项目的有(　　)。

A. 材料成本差异　　B. 委托代销商品

C. 周转材料　　D. 工程物资

8. 下列各项中，应计入利润表"营业利润"项目的有(　　)。

A. 罚款支出

B. 购买长期股权投资支付的手续费

C. 计提应收账款坏账准备

D. 经营性出租固定资产收入

9. 下列资产中，应记入资产负债表"其他应付款"项目的有(　　)。

A. 计提的短期借款利息

B. 企业宣告的发放的应付现金股利

C. 分期付息到期还本长期借款应支付的利息

D. 一次性还本付息的债权利息

10. 下列各项中,会影响利润表综合收益总额的有(　　)。

A. 债务重组损失　　B. 企业所得税费用

C. 非货币性资产交换净损益　　D. 商品销售收入

三、判断题

1. 企业必须对外提供资产负债表、利润表和现金流量表,所有者权益变动表可以不对外提供。(　　)

2. 现金流量表中的现金是指企业库存现金以及全部的银行存款。(　　)

3. 资产负债表中的"长期借款"项目,应根据"长期借款"总账科目余额填列。(　　)

4. 收到的税费返还属于筹资活动产生的现金流量。(　　)

5. 公允价值变动损益会影响营业利润。(　　)

6. 交易性金融资产因为流动性较强,因而属于现金等价物。(　　)

7. 资产负债表中的开发支出属于流动资产。(　　)

8. 利润表反映企业某一时点的财务状况。(　　)

9. 企业出售固定资产的净损益会影响企业营业利润。(　　)

10. 所有者权益变动,既可以提供所有者权益总量的增减变动,也可以提供所有者权益增减变动的重要结构性信息。(　　)

练习题

习题一

一、目的:练习利润表的编制。

二、资料:下表为甲股份有限公司2019年有关损益类科目的发生额。

表14-16　损益类科目本期发生额

截至2019年12月31日　　单位:元

科　目　名　称	借方发生额	贷方发生额
主营业务收入		1 000 000
其他业务收入		250 000
主营业务成本	700 000	
其他业务成本	50 000	
税金及附加	2 000	
销售费用	20 000	
管理费用	150 000	
研发费用	7 100	
财务费用	41 500	
其中:利息费用	51 500	
利息收入		10 000

续　表

科　目　名　称	借方发生额	贷方发生额
资产减值损失	30 000	
信用减值损失	900	
其他收益		500
投资收益		30 000
资产处置收益		20 000
公允价值变动收益		1 000
营业外收入		50 000
营业外支出	19 700	
所得税费用	85 300	
不能转损益的其他综合收益		5 000

三、要求：根据以上资料，编制2019年甲公司利润表。

表14-17　甲公司利润表

2019年　　　　单位：元

	本期金额	上期金额
一、营业收入		
减：营业成本		
税金及附加		
销售费用		
管理费用		
研发费用		
财务费用		
其中：利息费用		
利息收入		
加：其他收益		
投资收益(损失以“—”号填列)		
其中：对联营企业和合营企业的投资收益		
净敞口套期收益(损失以“—”号填列)		
公允价值变动收益(损失以“—”号填列)		
资产减值损失		
信用减值损失		

续 表

	本期金额	上期金额
资产处置收益(损失以"—"号填列)		
二、营业利润(亏损以"—"号填列)		
加：营业外收入		
减：营业外支出		
三、利润总额(亏损总额以"—"号填列)		
减：所得税费用		
四、净利润(净亏损以"—"号填列)		
(一)持续经营净利润(净亏损以"—"号填列)		
(二)终止经营净利润(净亏损以"—"号填列)		
五、其他综合收益的税后净额		
(一)不能重分类进损益的其他综合收益		
1. 重新计量设定受益计划变动额		
2. 权益法下不能转损益的其他综合收益		
3. 其他权益工具投资公允价值变动		
4. 企业自身信用风险公允价值变动		
……		
(二)将重分类进损益的其他综合收益		
1. 权益法下可转损益的其他综合收益		
2. 其他债权投资公允价值变动		
3. 金融资产重分类计入其他综合收益的金额		
4. 其他债权投资信用减值准备		
5. 现金流量套期储备		
6. 外币财务报表折算差额		
……		
六、综合收益总额		
七、每股收益		
(一)基本每股收益		
(二)稀释每股收益		

习题二

一、目的：练习资产负债表的编制。

二、资料：2019 年 12 月 31 日甲股份有限公司各科目的余额及 2019 年资产负债表期初项目余额如以下两个表所示，适用的所得税税率为25%。

另外，甲股份有限公司的应收账款明细科目显示借方余额为820 000元，明细科目贷方余额为20 000元；预付账款明细科目借方余额为110 000元，明细科目贷方余额为10 000元。

表14-18　科目余额表

2019年12月31日　　单位：元

科目名称	借方余额		贷方余额	
		期末余额		期末余额
库存现金		6 000		
银行存款		140 000		
其他货币资金		20 000		
交易性金融资产		300 000		
应收票据		450 000		
应收账款		800 000		
坏账准备				40 000
预付账款		100 000		
其他应收款		4 000		
应收股利		50 000		
材料采购		12 000		
原材料		150 000		
周转材料		5 000		
库存商品		250 000		
材料成本差异				15 000
长期股权投资		200 000		
其他权益工具投资		10 000		
债权投资		40 000		
投资性房地产		50 000		
固定资产		5 000 000		
累计折旧				1 000 000
固定资产减值准备				600 000
工程物资		50 000		
在建工程		350 000		
无形资产		700 000		
累计摊销				200 000

续 表

科 目 名 称	借 方 余 额		贷 方 余 额	
		期末余额		期末余额
开发支出		30 000		
递延所得税资产		120 000		
短期借款				35 000
应付票据				40 000
应付账款				750 000
预收账款				
应付职工薪酬				90 000
应交税费				100 000
应付利息				40 000
应付股利				50 000
其他应付款				80 000
长期借款				800 000
递延所得税负债				20 000
股本				3 000 000
资本公积				300 000
盈余公积				500 000
留存收益——未分配利润				1 177 000
合 计		8 837 000		8 837 000

表 14-19 甲公司资产负债表

2019 年 12 月 31 日

单位：元

资 产	期末余额	年初余额	负债和所有者权益（或股东权益）	期末余额	年初余额
流动资产：			流动负债：		
货币资金		1 406 300	短期借款		300 000
交易性金融资产		15 000	交易性金融负债		
衍生金融资产			衍生金融负债		
应收票据		246 000	应付票据		200 000

续　表

资　　产	期末余额	年初余额	负债和所有者权益（或股东权益）	期末余额	年初余额
应收账款		299 100	应付账款		953 800
预付款项		100 000	预收款项		
其他应收款		5 000	合同负债		1 000
存货		2 580 000	应付职工薪酬		110 000
合同资产			应交税费		36 600
持有待售资产			其他应付款		50 000
一年内到期的非流动资产			持有待售负债		
其他流动资产		100 000	一年内到期的非流动负债		1 000 000
流动资产合计		4 751 400	其他流动负债		
非流动资产：			流动负债合计		2 651 400
债权投资			非流动负债：		
其他债权投资			长期借款		600 000
长期应收款			应付债券		
长期股权投资		250 000	其中：优先股		
其他权益工具投资		0	永续债		
其他非流动金融资产			长期应付款		
投资性房地产			预计负债		
固定资产		1 100 000	递延收益		
使用权资产			递延所得税负债		
在建工程		1 500 000	其他非流动负债		
生产性生物资产		0	非流动负债合计		600 000
油气资产		0	负债合计		3 251 400
无形资产		600 000	所有者权益（或股东权益）		
开发支出			实收资本（或股本）		4 000 000
商誉			其他权益工具		
长期待摊费用			其中：优先股		

续　表

资　　产	期末余额	年初余额	负债和所有者权益（或股东权益）	期末余额	年初余额
递延所得税资产			永续债		
其他非流动资产		200 000	资本公积		1 000 000
非流动资产合计		3 650 000	减：库存股		
			其他综合收益		
			盈余公积		100 000
			未分配利润		50 000
			所有者权益（或股东权益）合计		5 150 000
资产总计		8 401 400	负债和所有者权益（或股东权益）总计		8 401 400

三、要求：根据以上两个表及相关资料，编制甲股份有限公司 2019 年 12 月 31 日的资产负债表。

习题三

一、目的：练习经营活动现金流量的计算。

二、资料：某股份有限公司为一般纳税人，以下为该公司 2019 年 12 月 31 日的资料。

	经营活动的现金流量
(1) 本期净利润	80 000
(2) 折旧费用 36 000 元	________
(3) 管理费用中包含人员工资费用 25 000 元，无形资产摊销 3 000 元	________
(4) 借款利息费用 5 500 元	________
(5) 出售长期投资利益 8 000 元	________
(6) 购买土地使用权 12 000 元	________
(7) 计提坏账损失准备 3 200 元	________
(8) 处置固定资产净收益 30 000 元	________
(9) 股利收入 4 000 元（权益法）	________
(10) 存货增加 5 000 元	________
(11) 递延所得税资产减少 4 000 元	________
(12) 应收账款减少 10 000 元	________

三、要求：根据给出的数据，计算经营活动的现金流量。

习题四

一、目的：分析主营业务收入的现金流量。

二、资料：

甲公司营业收入为 100 000 元，营业收入与应收账款余额增减变动资料如下（假设下列 5

个案例互为独立，增值税税率为13%，本期转销坏账1 000元)：

表14-20 甲公司营业收入与应收账款增减变动资料 单位：元

案例	营业收入(利润表)	应收账款增加(减少)	算式	营业收入收现数
A	100 000	0		
B	100 000	10 000		
C	100 000	(8 000)		
D	100 000	9 000		
E	100 000	(9 000)		

三、要求：计算主营业务收入引起的现金流量。

习题五

一、目的：分析营业活动的现金流量。

二、资料：

大地公司本年度主营业务成本为60 000元，主营业务成本及存货和应付账款余额的增减变动如下(假设下列7个案例互为独立，包括当期和前期购货，增值税税率为13%)：

表14-21 大地公司主营业务成本及存货和应付账款增减变动情况 单位：元

案例	营业成本	存货增加(减少)	应付账款增加(减少)	算式	购货付现数
A	60 000	0	0		
B	60 000	6 000	0		
C	60 000	(6 000)	0		
D	60 000	0	4 000		
E	60 000	0	(4 000)		
F	60 000	6 000	4 000		
G	60 000	(6 000)	(4 000)		

三、要求：确定购货业务引起的现金流出。

自测题参考答案

第一章

一、单项选择题

1. B　2. B　3. D　4. B　5. A　6. B　7. B　8. C　9. D　10. C　11. B　12. A　13. D　14. C

二、多项选择题

1. ABC　2. AD　3. ACD　4. BCD　5. ABC　6. ABD　7. BD　8. AB　9. ABD　10. AC　11. ABC

三、判断题

1. √　2. ×　3. ×　4. ×　5. ×　6. ×　7. √　8. ×　9. ×　10. √　11. ×　12. ×　13. ×　14. √

第二章

一、单项选择题

1. B　2. C　3. C　4. A　5. B　6. D　7. C　8. A　9. C　10. C

二、多项选择题

1. AC　2. AC　3. BCD　4. ABCD　5. ABC　6. ABCD　7. AB　8. AC

三、判断题

1. ×　2. ×　3. ×　4. ×　5. √　6. ×

第三章

一、单项选择题

1. D　2. C　3. A　4. C　5. D　6. C

二、多项选择题

1. ABC　2. ABD

三、判断题

1. √　2. ×　3. ×　4. ×　5. ×　6. ×　7. ×　8. ×

第四章

一、单项选择题

1. B　2. A　3. B　4. A　5. C　6. C　7. D　8. B　9. B　10. C

二、多项选择题

1. ABC　2. AD　3. AB　4. ABD　5. AB　6. CD　7. CD　8. ABD

三、判断题

1. ×　2. ×　3. ×　4. ×　5. √　6. √　7. ×　8. ×　9. ×　10. √

第五章

一、单项选择题

1. A　2. B　3. A　4. A　5. D　6. A　7. A　8. A　9. D　10. B　11. C　12. B

二、多项选择题

1. AB 2. BD 3. AB 4. AB 5. ABC 6. ABC

三、判断题

1. × 2. √ 3. × 4. × 5. √ 6. × 7. × 8. √ 9. √ 10. ×

第六章

一、单项选择题

1. A 2. B 3. B 4. B 5. C 6. D 7. B 8. B 9. C 10. A

二、多项选择题

1. ABCD 2. AB 3. ABCD 4. ABCD 5. ABC 6. ABCD 7. AB

三、判断题

1. √ 2. × 3. √ 4. × 5. × 6. × 7. × 8. × 9. √ 10. √

第七章

一、单项选择题

1. D 2. C 3. D 4. A 5. A 6. C 7. C 8. A 9. B

二、多项选择题

1. ABCD 2. ABCD 3. ABCD 4. CD 5. ACD 6. BCD

三、判断题

1. × 2. √ 3. × 4. √ 5. × 6. × 7. × 8. × 9. × 10. √

第八章

一、单项选择题

1. D 2. D 3. D 4. D 5. A

二、多项选择题

1. ABCD 2. ABC 3. AC 4. ABCD 5. BC

三、判断题

1. √ 2. √ 3. × 4. √ 5. ×

第九章

一、单项选择题

1. C 2. C 3. B 4. B 5. C

二、多项选择题

1. ABD 2. BD 3. BCD 4. BCD 5. ABCD 6. ABCD

三、判断题

1. × 2. √ 3. × 4. √ 5. × 6. × 7. √ 8. √ 9. ×

第十章

一、单项选择题

1. D 2. A 3. B 4. C 5. B 6. C

二、判断题

1. × 2. × 3. × 4. × 5. × 6. × 7. × 8. × 9. × 10. ×

第十一章

一、判断题

1. × 2. × 3. × 4. × 5. √ 6. × 7. × 8. × 9. × 10. √

第十二章

一、单项选择题

1. C 2. A 3. D 4. C 5. B 6. D 7. A 8. A 9. D 10. B

二、多项选择题

1. ABCD 2. AB 3. ABC 4. ABCD 5. ABCD 6. ABC 7. ACD 8. AD 9. ABC 10. AB

三、判断题

1. × 2. √ 3. √ 4. √ 5. × 6. × 7. √ 8. √ 9. √ 10. √

第十三章

一、判断题

1. √ 2. × 3. × 4. √ 5. × 6. × 7. × 8. √ 9. × 10. √ 11. × 12. ×

第十四章

一、单项选择题

1. D 2. A 3. C 4. B 5. A 6. C 7. C 8. A 9. C 10. D 11. B 12. A

二、多项选择题

1. ABCD 2. AD 3. ABD 4. ACD 5. BD 6. ABD 7. ABC 8. CD 9. ABC 10. ABCD

三、判断题

1. × 2. × 3. × 4. × 5. √ 6. × 7. × 8. × 9. √ 10. √

练习题参考答案

第二章

习题一

(1) 借：其他应收款——王仪	700	
贷：银行存款		700
(2) 借：库存现金	15 000	
贷：银行存款		15 000
(3) 借：应付职工薪酬	12 000	
贷：库存现金		12 000
(4) 借：待处理财产损溢——待处理流动资产损溢	300	
贷：库存现金		300
(5) 借：库存现金	50	
管理费用——差旅费	650	
贷：其他应收款——王仪		700
(6) 借：其他应收款——备用金	700	
贷：库存现金		700
(7) 借：其他应收款——现金短缺	100	
管理费用——现金短缺	200	
贷：待处理财产损溢——待处理流动资产损溢		300
(8) 借：管理费用	550	
贷：其他应收款——备用金		550
借：其他应收款——备用金	550	
贷：库存现金		550
(9) 借：库存现金	200	
贷：其他应收款——备用金		200

习题二

(1) 借：其他货币资金——外埠存款	28 000	
贷：银行存款		28 000
(2) 借：原材料	20 000	
应交税费——应交增值税(进项税额)	2 600	
贷：其他货币资金——外埠存款		22 600
(3) 借：银行存款	5 400	
贷：其他货币资金——外埠存款		5 400
(4) 借：其他货币资金——信用卡存款	80 000	
贷：银行存款		80 000

(5) 借：银行存款 20 000
　　贷：应收账款 20 000
(6) 借：管理费用 14 000
　　贷：其他货币资金——信用卡存款 14 000

第三章

习题一

借：应收账款 101.7
　　贷：主营业务收入 90
　　　　应交税费——应交增值税(销项税额) 11.7
借：银行存款 97.2
　　财务费用 4.50
　　贷：应收账款 101.7

习题二

(单位：万元)

(1) 2018 年末：

借：信用减值损失 20
　　贷：坏账准备 20

(2) 2019 年：

① 甲公司 8 万元确认为坏账时：

借：坏账准备 8
　　贷：应收账款——甲公司 8

② 乙公司应收账款重新收回时：

借：应收账款——乙公司 3
　　贷：坏账准备 3
借：银行存款 3
　　贷：应收账款——乙公司 3

③ 2019 年末：

借：坏账准备 11
　　贷：信用减值损失 11

习题三

(单位：万元)

2018 年末：

借：信用减值损失 5
　　贷：坏账准备 5
(1) 借：应收票据——乙公司 113
　　贷：主营业务收入 100
　　　　应交税费——应交增值税(销项税额) 13
(2) 借：应收账款——甲公司 22.6
　　贷：主营业务收入 20
　　　　应交税费——应交增值税(销项税额) 2.60
(3) 借：银行存款 22.2
　　财务费用 0.40

贷：应收账款——甲公司 22.6

(4) 借：应收票据——B公司 6

贷：应收账款——B公司 6

(5) 借：坏账准备 4

贷：应收账款 4

(6) 借：应收账款——丙公司 2

贷：坏账准备 2

借：银行存款 2

贷：应收账款——丙公司 2

(7) 借：银行存款 113

贷：应收票据——乙公司 113

借：应收账款——B公司 6

贷：应收票据——B公司 6

(8) 2019年末应提坏账准备＝120×0.05＝5.5(万元)

借：信用减值损失 2.5

贷：坏账准备 2.5

习题四

(1) 采用余额百分比法，2019年初坏账准备＝200 000×0.05＝10 000(元)

2019年末坏账准备＝120 000×0.05＝6 000(元)

2019年末应计提坏账准备：

借：信用减值损失 500

贷：坏账准备 500

(2) 采用账龄分析法计提2019年初坏账准备＝24 500(元)

3个月＝50 000×3%＝1 500(元)

6个月＝60 000×5%＝3 000(元)

1年＝20 000×10%＝2 000(元)

2年＝30 000×20%＝6 000(元)

2年以上＝40 000×30%＝12 000(元)

2019年末坏账准备＝19 600(元)

3个月＝20 000×3%＝600(元)

6个月＝30 000×5%＝1 500(元)

1年＝10 000×10%＝1 000(元)

2年＝15 000×20%＝3 000(元)

2年以上＝45 000×30%＝13 500(元)

借：坏账准备 48 000

贷：应收账款 48 000

借：应收账款 43 500

贷：坏账准备 43 500

借：银行存款 43 500

贷：应收账款 43 500

借：坏账准备 400

贷：信用减值损失 400

习题五

（单位：万元）

(1) 借：应收账款——乙公司	1 017	
贷：主营业务收入		900
应交税费——应交增值税(销项税额)		117
(2) 借：坏账准备	40	
贷：应收账款		40
(3) 借：银行存款——乙公司	500	
贷：应收账款——乙公司		500
(4) 借：应收账款	10	
贷：坏账准备		10
借：银行存款	10	
贷：应收账款		10
(5) 借：应收账款——丙企业	113	
贷：主营业务收入		100
应交税费——应交增值税(销项税额)		13
(6) 借：银行存款	111	
财务费用	2	
贷：应收账款		113

本期应计提坏账准备＝80×0.05＝4(万元)

借：信用减值损失	9	
贷：坏账准备		9

第四章

习题一

(1) 个别认定法：

发出材料的实际成本＝4 000×10＋6 000×12＋6 000×14＝196 000(元)

(2) 先进先出法：

发出材料的实际成本＝5 000×10＋5 000×12＋1 000×12＋5 000×14＝192 000(元)

(3) 加权平均法：

发出材料的实际成本＝[(50 000＋72 000＋98 000＋32 000)÷(5 000＋6 000＋7 000＋2 000)]×16 000
＝201 600(元)

习题二

(1) 借：原材料——甲	22 000	
应交税费——应交增值税(进项税额)	2 600	
贷：银行存款		24 600
(2) 借：在途物资——乙	21 000	
应交税费——应交增值税(进项税额)	2 600	
贷：银行存款		23 600
(3) 借：原材料——甲	10 000	
贷：在途物资		10 000

(4) 4 月 10 日不做处理。月末时：

借：原材料——丙	60 000	

贷：应付账款		60 000
(5) 借：预付账款	20 000	
贷：银行存款		20 000
(6) 借：原材料——丁	18 000	
应交税费——应交增值税(进项税额)	2 340	
贷：预付账款		20 340
借：预付账款	340	
贷：银行存款		340
(7) 借：其他应收款	90.4	
贷：在途物资		80
应交税费——应交增值税(进项税额转出)		10.4
借：原材料——乙	20 920	
贷：在途物资		20 920
(8) 借：原材料——甲	200 000	
应交税费——应交增值税(进项税额)	26 000	
贷：实收资本		226 000
(9) 借：生产成本——基本生产成本	68 000	
——辅助生产成本	8 000	
制造费用	4 000	
管理费用	6 000	
贷：原材料——甲		35 000
——乙		46 000
——丙		5 000

习题三

月初：

借：原材料——甲	(4 000)	
贷：应付账款		(4 000)
(1) 借：原材料——甲	8 000	
材料成本差异	800	
贷：材料采购		8 800
(2) 借：材料采购	31 000	
应交税费——应交增值税(进项税额)	3 900	
贷：银行存款		34 900

(3) 到料的计划成本＝2 900×10＝29 000(元)

材料成本差异＝31 000－实际成本－29 000(到料的计划成本)＝2 000(元)

借：原材料——甲	29 000	
材料成本差异	2 000	
贷：材料采购		31 000
(4) 借：生产成本——基本生产成本	50 000	
——辅助生产成本	10 000	
制造费用	8 000	
管理费用	2 000	
贷：原材料——甲		70 000

借：生产成本——基本生产成本　　500
　　　　　　——辅助生产成本　　100
　　制造费用　　80
　　管理费用　　20
　　贷：材料成本差异　　700

当月材料成本差异率＝(－1 800＋800＋2 000)÷(67 000－4 000＋8 000＋29 000)×100%＝1%

习题四

(1) 借：材料采购　　22 000
　　应交税费——应交增值税(进项税额)　　2 600
　　贷：银行存款　　24 600
　借：原材料——甲　　20 000
　　材料成本差异　　2 000
　　贷：材料采购　　22 000

(2) 借：材料采购——甲　　61 000
　　应交税费——应交增值税(进项税额)　　7 800
　　贷：应付票据——大地　　68 800

(3) 到料的计划成本＝7 000×10＝70 000(元)
　索赔的实际成本＝60 000÷8 000×1 000＝7 500(元)
　增值税进项税额转出＝7 500×13%＝975(元)

借：其他应收款　　8 475
　贷：材料采购　　7 500
　　应交税费——应交增值税(进项税额转出)　　975

材料成本差异＝61 000－7 500(索赔的实际成本)－70 000(到料的计划成本)＝16 500(元)

借：原材料——甲　　70 000
　贷：材料采购　　53 500
　　材料成本差异　　16 500

(4) 18 日不做处理。月末时：

借：原材料——甲　　30 000
　贷：应付账款——红星　　30 000

当月材料成本差异率＝(4 500＋2 000－16 500)÷(110 000＋20 000＋70 000)×100%＝－10%

(5) 借：生产成本——基本生产成本　　10 000
　　制造费用　　2 000
　　管理费用　　1 000
　　贷：原材料——甲　　13 000

(6) 借：材料成本差异　　1 300
　　贷：生产成本——基本生产成本　　1 000
　　　制造费用　　200
　　　管理费用　　100

习题五

(1) 2019 年末应计提存货跌价准备＝300 000－250 000＝50 000(元)

借：资产减值损失——存货跌价损失　　50 000
　贷：存货跌价准备　　50 000

2019 年末存货跌价准备余额＝50 000(元)

(2) 2020年末应计(冲减)提存货跌价准备＝300 000－280 000－50 000＝－30 000(元)

借：存货跌价准备　　30 000
　　贷：资产减值损失——存货跌价损失　　30 000

2020年末存货跌价准备余额＝50 000－20 000＝20 000(元)

(3) 2021年末应计提存货跌价准备＝300 000－240 000－20 000＝40 000(元)

借：资产减值损失——存货跌价损失　　40 000
　　贷：存货跌价准备　　40 000

2021年末存货跌价准备余额＝20 000＋40 000＝60 000(元)

(4) 2022年末可变现净值320 000＞账面成本300 000

　　2022年末应计提存货跌价准备＝0－60 000＝－60 000(元)

借：存货跌价准备　　60 000
　　贷：资产减值损失——存货跌价损失　　60 000

习题六

(1) 车间领用低值易耗品甲时：

借：制造费用　　945
　　贷：周转材料——甲　　900
　　　　材料成本差异　　45

(2) 行政管理部门报废低值易耗品一批时：

借：管理费用　　1 900
　　贷：周转材料——摊销　　1 900

借：周转材料——摊销　　4 400
　　原材料　　600
　　贷：周转材料——在用　　5 000

借：管理费用　　250
　　贷：材料成本差异(5 000×5%)　　250

(3) 行政管理部门领用管理用具时：

借：周转材料——在用　　3 000
　　贷：周转材料——在库　　3 000

借：管理费用　　1 500
　　贷：周转材料——摊销　　1 500

习题七

假定以2019年4月1日至4月20日为“本期”，则：

本期销售毛利＝300 000×40%＝120 000(元)

本期销售成本＝300 000－120 000＝180 000(元)

期末存货成本＝240 000＋160 000－180 000＝220 000(元)

存货火灾损失＝220 000－20 000＝200 000(元)

第五章

习题一

1. 分录

(1) 借：交易性金融资产——成本　　100 000
　　　　投资收益　　2 000
　　　　应交税费——应交增值税(进项税额)　　6 000
　　　　贷：银行存款　　108 000

(2) 借：应收股利　4 000
　　贷：投资收益　4 000
(3) 借：银行存款　4 000
　　贷：应收股利　4 000
(4) 借：交易性金融资产——成本　180 000
　　投资收益　8 000
　　应收股利　20 000
　　应交税费——应交增值税(进项税额)　12 000
　　贷：银行存款　220 000
(5) 借：银行存款　20 000
　　贷：应收股利　20 000
(6) 借：公允价值变动损益　60 000
　　贷：交易性金融资产——公允价值变动　60 000
　借：交易性金融资产——公允价值变动　220 000
　　贷：公允价值变动损益　220 000
(7) 借：银行存款　60 000
　　交易性金融资产——公允价值变动　60 000
　　贷：交易性金融资产——成本　100 000
　　　投资收益　20 000
(8) 借：银行存款　500 000
　　贷：交易性金融资产——成本　180 000
　　　　——公允价值变动　220 000
　　　投资收益　100 000

2. 转让金融商品应交增值税＝(60 000－100 000＋500 000－200 000)/(1＋6%)×6%＝14 716.98(元)

借：投资收益　14 716.98
　贷：应交税费——转让金融商品应交增值税　14 716.98

习题二

1. 略。

2. 会计分录如下：

(1) 借：债权投资——成本　20 000
　　　——利息调整　600
　　贷：银行存款　20 600

(2) 计提利息时(2019 年 12 月 31 日)：

借：应收利息　2 000
　贷：利息收入　1 901.38
　　债权投资——利息调整　98.62

收到利息时：

借：银行存款　2 000
　贷：应收利息　2 000

(3) 计提利息时(2020 年 12 月 31 日)：

借：应收利息　2 000
　贷：利息收入　1 892.28
　　债权投资——利息调整　107.72

收到利息时：

借：银行存款 2 000

贷：应收利息 2 000

(4) 计提利息时(2021 年 12 月 31 日)：

借：应收利息 2 000

贷：利息收入 1 882.33

债权投资——利息调整 117.67

收到利息时：

借：银行存款 2 000

贷：应收利息 2 000

(5) 计提利息时(2022 年 12 月 31 日)：

借：应收利息 2 000

贷：利息收入 1 871.47

债权投资——利息调整 128.53

收到利息时：

借：银行存款 2 000

贷：应收利息 2 000

(6) 到期确认收入、利息和本金时(2023 年 12 月 31 日)：

借：应收利息 2 000

贷：利息收入 1 852.54

债权投资——利息调整 147.46

借：银行存款 22 000

贷：应收利息 2 000

债权投资——成本 20 000

习题三

(单位：万元)

(1) 借：长期股权投资——投资成本 800

贷：银行存款 800

(2) 借：长期股权投资——损益调整 40

贷：投资收益 40

(3) 借：应收股利 30

贷：长期股权投资——损益调整 30

借：银行存款 30

贷：应收股利 30

(4) 借：投资收益 36

贷：长期股权投资——损益调整 36

(5) 借：长期股权投资——其他综合收益 20

贷：其他综合收益 20

(6) 借：银行存款 500

长期股权投资——损益调整 26

投资收益 294

贷：长期股权投资——成本 800

——其他综合收益 20

借：其他综合收益　　20
　　贷：投资收益　　20

习题四

1. 分录(单位：万元)

(1) 长期股权投资成本=6 600×30%=1 980(万元)

借：长期股权投资——成本　　1 980
　　应收股利　　50
　　贷：银行存款　　2 000
　　　　营业外收入　　30

(2) 收到现金股利时：

借：银行存款　　50
　　贷：应收股利　　50

(3) 借：长期股权投资——其他综合收益　　60
　　　　贷：其他综合收益　　60

(4) 净利润=420-(320-120)/10=400(万元)

借：长期股权投资——损益调整　　120
　　贷：投资收益　　120

(5) 借：应收股利　　30
　　　　贷：长期股权投资——损益调整　　30

(6) 借：银行存款　　30
　　　　贷：应收股利　　30

(7) 净利润=620-(320-120)/10=600(万元)

借：长期股权投资——损益调整　　180
　　贷：投资收益　　180

(8) 1 980+60+120-30+180=2 310(万元)

2 310×5%=115.5(万元)

借：银行存款　　390
　　贷：长期股权投资——成本　　99
　　　　　　　　　　——其他综合收益　　3
　　　　　　　　　　——损益调整　　13.5
　　　　投资收益　　274.5

借：其他综合收益　　60
　　贷：投资收益　　60

2. 1月5日长期股权投资账面价值=2 310×(1-5%)=2 194.5(万元)

练习五

(单位：万元)

(1) 2019年4月2日，取得投资时：

借：其他权益工具投资——成本　　704
　　应收股利　　10
　　贷：银行存款　　714

(2) 收到现金股利时：

借：银行存款　　10
　　贷：应收股利　　10

(3) 2019 年 12 月 31 日,确认公允价值变动 196 万元时:

借:其他权益工具投资——公允价值变动 196

贷:其他综合收益——其他权益工具投资公允价值变动 196

(4) 2020 年 7 月 15 日,乙公司宣告分配现金股利时:

借:应收股利 20

贷:投资收益 20

(5) 2020 年 7 月 24 日,收到现金股利时:

借:银行存款 20

贷:应收股利 20

(6) 2020 年 12 月 31 日,确认公允价值变动 100 万元时:

借:其他综合收益——其他权益工具投资公允价值变动 100

贷:其他权益工具投资——公允价值变动 100

(7) 2021 年 1 月 5 日,出售该项投资时:

借:银行存款 1 000

贷:其他权益工具投资——成本 704

其他权益工具投资——公允价值变动 96

盈余公积(200×10%) 20

利润分配——未分配利润 180

借:其他综合收益——其他权益工具投资公允价值变动 96

贷:盈余公积(96×10%) 9.6

利润分配——未分配利润 86.4

出售部分股份后长期股权投资的账面价值=2 310−115.5=2 194.5(万元)

第六章

习题一

(单位:万元)

(1) 借:固定资产 206

应交税费——应交增值税(进项税额) 26

贷:银行存款 232

(2) 借:在建工程 103

应交税费——应交增值税(进项税额) 13

贷:银行存款 116

借:在建工程 10

贷:原材料 2

应付职工薪酬 5

银行存款 3

借:固定资产 113

贷:在建工程 113

(3) 借:固定资产 80

贷:股本 8

资本公积——股本溢价 72

(4) 借:固定资产 50

坏账准备 20

　　营业外支出——债务重组损失　　30
　　贷：应收账款——B公司　　100

习题二

（单位：万元）

1. 自行建造时：

借：工程物资　　10
　应交税费——应交增值税（进项税额）　　1.3
　贷：银行存款　　11.3

借：在建工程　　30
　贷：工程物资　　9
　　原材料　　3
　　应付职工薪酬　　7
　　辅助生产成本　　4
　　累计折旧　　4
　　应付利息　　3

未使用的工程物资转入生产用原料时：

借：原材料　　1
　贷：工程物资　　1

交付使用时：

借：固定资产　　30
　贷：在建工程　　30

该固定资产交付使用时的入账价值为30万元。

2. 计提2020年度折旧时：

借：管理费用　　5.6
　贷：累计折旧　　5.6

计提2021年度折旧时：

借：管理费用　　5.6
　贷：累计折旧　　5.6

习题三

（单位：万元）

购入固定资产时：

借：固定资产　　400
　应交税费——应交增值税（进项税额）　　52
　贷：银行存款　　452

计提折旧时：

$400\times(1-10\%)/10=36$（万元）

计提2020年度折旧时：

借：制造费用　　36
　贷：累计折旧　　36

计提2021年度折旧时：

借：制造费用　　36
　贷：累计折旧　　36

计提资产减值时：

固定资产账面价值＝400－36×2＝328(万元)

借：资产减值损失——计提的固定资产减值损失　28

　　贷：固定资产减值准备　28

计提2022年度、2023年度折旧时：

300÷8＝37.5(万元)

借：制造费用　37.5

　　贷：累计折旧　37.5

(两年的会计分录相同。)

2024年末固定资产账面价值＝300－37.5×2＝225(万元)

提前报废设备时：

借：固定资产清理　225

　　累计折旧　147

　　固定资产减值准备　28

　　贷：固定资产　400

借：固定资产清理　1

　　贷：银行存款　1

借：营业外支出——处置非流动资净损益　226

　　贷：固定资产清理　226

习题四

(单位：万元)

1. 使用年限平均法：

各年折旧额＝100×(1－5%)/5＝19(万元)

2. 双倍余额递减法：

折旧率＝2/5×100%＝40%

2021年折旧额＝100×40%＝40(万元)

2022年折旧额＝(100－40)×40%＝24(万元)

2023年折旧额＝(100－40－24)×40%＝14.4(万元)

2024年、2015年折旧额＝(100－40－24－14.4－100×5%)/2＝8.3(万元)

3. 折旧率＝2/5×100%＝40%

2020年折旧额＝100×40%÷12×9＝30(万元)

2021年折旧额$=40\times\frac{3}{12}+24\times\frac{9}{12}=28$(万元)

2022年折旧额$=24\times\frac{3}{12}+14.4\times\frac{9}{12}=16.8$(万元)

2023年折旧额$=14.4\times\frac{3}{12}+8.3\times\frac{9}{12}=9.825$(万元)

2024年折旧额$=8.3\times\frac{3}{12}+8.3\times\frac{9}{12}=8.3$(万元)

2025年折旧额$=8.3\times\frac{3}{12}=2.075$(万元)

习题五

(单位：万元)

(1) 借：固定资产　27

坏账准备 2
营业外支出——债务重组损失 1
贷：应收账款 30

(2) 借：固定资产清理 30
累计折旧 20
贷：固定资产 50
借：固定资产 26
资产处置损益 5
贷：固定资产清理 30
银行存款 1

(3) 借：固定资产 4
贷：股本 1
资本公积——股本溢价 3

(4) 借：待处理财产损溢——待处理固定资产损溢 4.2
累计折旧 2.6
贷：固定资产 6.8
借：待处理财产损溢 0.546
贷：应交税费—应交增值税(进项税额转出) 0.546
借：其他应收款 2
营业外支出——盘亏损失 2.746
贷：待处理财产损溢——待处理固定资产损溢 4.746

(5) 借：固定资产清理 0.4
累计折旧 3
固定资产减值准备 1.6
贷：固定资产 5
借：银行存款 0.7
贷：固定资产清理 0.7
借：固定资产清理 0.1
贷：银行存款 0.1
借：固定资产清理 0.2
贷：营业外收入——处置非流动资产收益 0.2

第七章

习题一

(单位：万元)

(1) 2019 年发生研发支出时：

借：研发支出——费用化支出 70
——资本化支出 30
贷：应付职工薪酬 80
银行存款 20
借：管理费用 70
贷：研发支出——费用化支出 70

2020 年 1 月至 4 月发生研发支出时：

借：研发支出——资本化支出 170
　　贷：应付职工薪酬 160
　　　　银行存款 10

(2) 该项新工艺 2016 年 4 月达到预定可使用状态时：

借：无形资产 200
　　贷：研发支出——资本化支出 200

习题二

(单位：万元)

1. 2019 年 12 月 5 日购入时：

借：无形资产 480
　　应交税费——应交增值税(进项税额) 28.8
　　贷：银行存款 508.8

该项无形资产月摊销额＝480÷10÷12＝4(万元)

2019 年 12 月计提摊销时：

借：管理费用 4
　　贷：累计摊销 4

2020 年、2021 年计提摊销时：

借：管理费用 48
　　贷：累计摊销 48

2021 年 12 月 31 日发生减值时：

借：资产减值损失——计提无形资产减值准备 20
　　贷：无形资产减值准备 20

2022 年 1 月 5 日出售时：

借：银行存款 300
　　累计摊销 100
　　无形资产减值准备 20
　　资产处置损益 78
　　贷：无形资产 480
　　　　应交税费——应交增值税(销项税额) 18

2. 2021 年年底该无形资产的账面价值＝480－100＝380(万元)
　2021 年 12 月 31 日减值准备金额＝380－360＝20(万元)

3. 该无形资产出售形成的净损益＝(300＋100＋20)－480－18＝－78(万元)

习题三

(单位：万元)

(1) 借：无形资产——土地使用权 900
　　　　贷：银行存款 900

(2) 借：无形资产——专利权 10
　　　　应交税费——应交增值税(进项税额) 0.6
　　　　贷：银行存款 10.6

(3) 借：无形资产——专有技术 100
　　　　应交税费——应交增值税(进项税额) 6
　　　　贷：股本 106

(4) 借：无形资产 70

坏账准备 20

营业外支出——债务重组损失 10

贷：应收账款 100

(5) 借：银行存款 15

贷：其他业务收入 15

借：其他业务成本 10

贷：累计摊销 10

(6) 借：固定资产清理 15

累计折旧 35

贷：固定资产 50

借：无形资产 20

贷：固定资产清理 15

资产处置损益 5

(7) 借：银行存款 400

累计摊销 500

无形资产减值准备 40

贷：无形资产 800

应交税费——应交增值税(销项税额) 24

资产处置损益 116

第八章

习题一

(单位：万元)

(1) 租出厂房时：

借：投资性房地产 3 500

累计折旧 340

贷：固定资产 3 500

投资性房地产累计折旧 340

(2) 收到当年租金时：

借：银行存款 200

贷：其他业务收入 200

(3) 计提折旧时：

每年计提折旧额＝(3 500－100)÷20＝170(万元)

借：其他业务成本 170

贷：投资性房地产累计折旧 170

习题二

(单位：万元)

(1) 出租时：

借：投资性房地产——成本 6 000

贷：开发成本 5 000

其他综合收益 1 000

(2) 2019 年 12 月 31 日：

借：投资性房地产——公允价值变动 300

贷：公允价值变动损益 300

(3) 2020 年 12 月 31 日：

借：投资性房地产——公允价值变动 300

贷：公允价值变动损益 300

(4) 2021 年 12 月 31 日：

借：投资性房地产——公允价值变动 100

贷：公允价值变动损益 100

(5) 2019 年 12 月 31 日、2020 年 12 月 31 日、2021 年 12 月 31 日收到当年租金时：

借：银行存款 200

贷：其他业务收入 200

(6) 2022 年 1 月 5 日出售时：

借：银行存款 6 800

贷：其他业务收入 6 800

借：其他业务成本 6 700

贷：投资性房地产——成本 6 000

投资性房地产——公允价值变动 700

借：公允价值变动损益 700

贷：其他业务收入 700

第九章

习题一

(1) 借：库存商品——A 商品 400

应交税费——应交增值税(进项税额) 52

贷：应付账款 452

(2) 借：银行存款 678

贷：主营业务收入——A 商品 600

应交税费——应交增值税(销项税额) 78

(3) 借：原材料——甲材料 50

应交税费——应交增值税(进项税额) 6.5

贷：银行存款 56.5

(4) 借：长期股权投资 33.9

贷：主营业务收入 30

应交税费——应交增值税(销项税额) 3.9

借：主营业务成本 20

贷：库存商品 20

(5) 借：固定资产——汽车 60

应交税费——应交增值税(进项税额) 7.8

贷：银行存款 67.8

(6) 借：原材料 206

贷：应付票据 206

(7) 借：待处理财产损溢 11.3

贷：原材料 10

应交税费——应交增值税(进项税额转出) 1.3

借：其他应收款——保管人 11.3
　贷：待处理财产损溢 11.3

(8) 借：应付账款 24
　贷：主营业务收入 20
　　应交税费——应交增值税(销项税额) 2.6
　　营业外收入 1.4
借：主营业务成本 18
　贷：库存商品 18

习题二

(单位：万元)

(1) 借：生产成本 3 000
　制造费用 420
　管理费用 360
　销售费用 100
　研发支出——资本化支出 120
　贷：应付职工薪酬——工资 4 000
借：生产成本 1 200
　制造费用 168
　管理费用 144
　销售费用 40
　研发支出——资本化支出 48
　贷：应付职工薪酬——社会保险费 960
　　——住房公积金 420
　　——职工福利 80
　　——工会经费 80
　　——职工教育经费 60

(2) 借：应付职工薪酬——工资 3 000
　贷：银行存款 3 000
借：应付职工薪酬——工资 1 000
　贷：应交税费——应交个人所得税 800
　　其他应收款 200

(3) 借：制造费用 75.145
　管理费用 3.955
　贷：应付职工薪酬——非货币性福利 79.1
借：应付职工薪酬——非货币性福利 79.1
　贷：主营业务收入 70
　　应交税费——应交增值税(销项税额) 9.1
借：主营业务成本 50
　贷：库存商品 50

(4) 借：管理费用 5.65
　贷：应付职工薪酬——非货币性福利 5.65
借：应付职工薪酬——非货币性福利 5.65
　贷：银行存款 5.65

(5) 借：管理费用 9

　　贷：应付职工薪酬——非货币性福利 9

　借：应付职工薪酬——非货币性福利 9

　　贷：累计折旧 9

第十章

习题一

利息费用摊销表 单位：万元

付息日期	支付利息	利息费用	摊销的利息调整	应付债券摊余成本
2019 年 1 月 1 日				1 037.17
2019 年 6 月 30 日	40	31.115 1	8.884 9	1 028.285 1
2019 年 12 月 31 日	40	31.381 6	8.618 4	1 019.666 7
2020 年 6 月 30 日	40	30.590 0	9.410 0	1 010.256 7
2020 年 12 月 31 日	40	29.743 3	10.256 7	1 000.000 0

(1) 2019 年 1 月 1 日发行债券时：

借：银行存款 1 037.17

　贷：应付债券——面值 1 000

　　　　　——利息调整 37.17

(2) 2019 年 6 月 30 日计算利息费用时：

借：财务费用 31.115 1

　应付债券——利息调整 8.884 9

　贷：应付利息 40

借：应付利息 40

　贷：银行存款 40

(3) 2019 年 12 月 31 日计算利息费用时：

借：财务费用 31.381 6

　应付债券——利息调整 8.618 4

　贷：应付利息 40

借：应付利息 40

　贷：银行存款 40

(4) 2020 年 6 月 30 日计算利息费用时：

借：财务费用 30.590 0

　应付债券——利息调整 9.410 0

　贷：应付利息 40

借：应付利息 40

　贷：银行存款 40

(5) 2020 年 12 月 31 日归还债券本金及最后一期利息费用时：

借：财务费用 29.743 3

　应付债券——面值 1 000

　　　　——利息调整 10.256 7

贷：银行存款　1 040

习题二

（单位：万元）

(1) 2019 年 1 月 4 日取得专门借款时：

借：银行存款　2 000

　贷：长期借款　2 000

(2) 2019 年 1 月 4 日取得一般借款时：

借：银行存款　2 000

　贷：长期借款　2 000

(3) 2019 年 1 月 5 日支付工程款时：

借：在建工程　1 000

　贷：银行存款　1 000

(4) 2019 年 7 月 1 日支付工程款时：

借：在建工程　2 000

　贷：银行存款　2 000

(5) 2019 年 11 月 2 日支付工程款时：

借：在建工程　1 000

　贷：银行存款　1 000

(6) ① 2019 年专门借款的利息金额＝2 000×8%＝160(万元)

2019 年闲置专门借款的投资收益＝1 000×0.5%×6＝30(万元)

2019 年专门借款的利息资本化金额＝160－30＝130(万元)

借：在建工程　130

　应收利息　30

　贷：应付利息　160

② 2019 年一般借款资本化率＝2 000×6%/2 000＝6%

累计资产支出加权平均数＝1 000×1/2＋1 000×2/12＝666.67(万元)

2019 年一般借款资本化金额＝666.67×6%＝40(万元)

2019 年一般借款实际发生借款利息费用＝2 000×6%＝120(万元)

借：在建工程　40

　财务费用　80

　贷：应付利息　120

(7) ① 2020 年专门借款的利息金额＝2 000×8%＝160(万元)

2020 年专门借款的利息资本化金额＝160(万元)

借：在建工程　160

　贷：应付利息　160

② 2020 年一般借款资本化率＝2 000×6%/2 000＝6%

累计资产支出加权平均数＝2 000×1＝2 000(万元)

2020 年一般借款资本化金额＝2 000×6%＝120(万元)

2020 年一般借款实际发生借款利息费用＝2 000×6%＝120(万元)

借：在建工程　120

　贷：应付利息　120

第十一章

习题一

(单位：万元)

(1) 借：银行存款　70
　　贷：实收资本　40
　　　　资本公积——资本溢价　30

(2) 借：原材料　20
　　　　应交税费——应交增值税(进项税额)　2.6
　　贷：实收资本　16
　　　　资本公积——资本溢价　6.6

(3) 借：固定资产　100
　　贷：实收资本　80
　　　　资本公积——资本溢价　20

(4) 借：无形资产　10
　　贷：实收资本　8
　　　　资本公积——资本溢价　2

(5) 借：资本公积　40
　　贷：实收资本　40

习题二

(1) 借：银行存款　5 880
　　贷：股本　1 000
　　　　资本公积——资本溢价　4 880

(2) 借：银行存款　1 800
　　　　无形资产　200
　　贷：实收资本　2 000

(3) 借：资本公积　600
　　贷：实收资本　600

(4) 借：其他权益工具投资——公允价值变动　100
　　贷：其他综合收益　100

(5) 借：长期股权投资——其他权益变动　30
　　贷：资本公积——其他资本公积　30
　　借：银行存款　130
　　　　资本公积——其他资本公积　30
　　贷：长期股权投资——成本　120
　　　　　　　　　　——其他权益变动　30
　　　　投资收益　10

(6) 借：盈余公积　60
　　贷：利润分配——盈余公积补亏　60

习题三

(单位：万元)

(1) 借：所得税费用　400
　　贷：应缴税费——应交所得税　400

(2) 借：本年利润　400
　　贷：所得税费用　400
(3) 借：利润分配——提取盈余公积　160
　　贷：盈余公积——法定盈余公积　160
(4) 借：利润分配——提取盈余公积　160
　　贷：盈余公积——任意盈余公积　160
(5) 借：利润分配——支付现金股利　160
　　贷：应付股利　160
　借：应付股利　160
　　贷：银行存款　160
(6) 借：利润分配——转作股本的股利　800
　　贷：股本　800
(7) 借：资本公积　200
　　贷：股本　200

年末未分配利润＝200＋1 600－1 280＝520(万元)

第十二章

习题一

公司虽然是分期收款,但并不具有融资性质。甲公司按商业折扣后的金额 813 600 元确认收入,并结转成本。

(1) 1 月 1 日,享受 10％的商业折扣,收取价税合计 50％的款项时:

借：银行存款　508 500
　　应收账款　508 500
　贷：主营业务收入　900 000
　　　应交税费——应交增值税(销项税额)　117 000
借：主营业务成本　400 000
　贷：库存商品　400 000

(2) 后续两个月,分两次收到乙公司的货款及增值税时:

借：银行存款　254 250
　贷：应收账款　254 250

习题二

(1) 合同开始日,因存在退货的可能性,所以不确认收入。

借：发出商品　80 000
　贷：库存商品　80 000

(2) 2019 年 12 月 31 日退货期满,确认收入时:

借：长期应收款　240 000
　贷：主营业务收入　200 000
　　　未实现融资收益　40 000
借：主营业务成本　80 000
　贷：发出商品　80 000

(3) 2020 年 6 月 30 日,收到乙公司的货款及增值税,按直线法确认利息收入时:

借：银行存款　133 000
　贷：长期应收款　120 000

应交税费——应交增值税(销项税额)$\left(200\ 000\times\frac{1}{2}\times13\%\right)$ 13 000

借：未确认融资收益 20 000

贷：利息收入(40 000×50%) 20 000

(4) 2020 年 12 月 31 日，收到乙公司的货款及增值税，按直线法确认利息收入时：

借：银行存款 133 000

贷：长期应收款 120 000

应交税费——应交增值税(销项税额) 13 000

借：未确认融资收益 20 000

贷：利息收入(40 000×50%) 20 000

习题三

(1) 发出商品时：

借：委托代销商品 100 000

贷：库存商品 100 000

(2) 收到乙公司代销清单时：

借：应收账款 11 300

贷：主营业务收入 10 000

应交税费——应交增值税(销项税额) 1 300

借：主营业务成本 5 000

贷：委托代销商品 5 000

借：销售费用(10 000×10%) 1 000

贷：应收账款 1 000

(3) 收到乙公司支付的货款时：

借：银行存款 10 300

贷：应收账款 10 300

乙公司的账务处理如下：

(1) 收到甲公司发运的商品时：

借：受托代销商品 100 000

贷：受托代销商品款 100 000

(2) 销售商品时：

借：银行存款 11 300

贷：应付账款 10 000

应交税费——应交增值税(销项税额) 1 300

(3) 收到甲公司增值税专用发票时：

借：应交税费——应交增值税(进项税额) 1 300

贷：应付账款 1 300

借：受托代销商品款 5 000

贷：受托代销商品 5 000

(4) 计算代销手续费并支付货款时：

借：应付账款 113 000

贷：银行存款 103 000

其他业务收入 1 000

习题四

(1) 2019 年底实际发生成本占估计总成本的比例如下：

履约进度＝40÷(40＋60)×100％＝40％

2019 年底应确认收入＝160×40％＝64(万元)

(2) 实际发生合同成本时：

借：合同履约成本　　400 000

　贷：银行存款　　300 000

　　应付职工薪酬　　100 000

(3) 预收劳务费时：

借：银行存款　　300 000

　贷：合同负债　　300 000

(4) 确认收入时：

借：合同负债　　640 000

　贷：主营业务收入　　640 000

(5) 结转合同成本时：

借：主营业务成本　　400 000

　贷：合同履约成本　　400 000

习题五

1. 计算 2019 年、2020 年的履约进度

2. 计算 2019 年、2020 年应确认收入

2019 年底履约进度＝300÷(300＋700)×100％＝30％

2019 年底应确认收入＝2 000×30％＝600(万元)

2020 年底履约进度＝840÷(840＋360)×100％＝70％

2020 年底企业应确认累计收入＝2 000×70％＝1 400(万元)

企业应确认 2020 年收入＝1 400－600＝800(万元)

2021 年 12 月工程全部完工验收合格，应确认收入＝2 000－1 400＝600(万元)

3. 合同的履约进度及相关计算结果见表 12－5。

表 12－5　甲公司工程履约进度与收入确认　　单位：万元

项目＼年份	2019 年	2020 年	2021 年
合同金额	2 000	2 000	2 000
累计发生成本	300	840	460
尚需发生的成本	700	360	—
合同预计总成本	1 000	1 200	1 300
履约进度	30％	70％	100％
当年应确认的收入	600	800	600

习题六

(1) 折算成不含税价计算税金，确认合同负债时：

不含税价 10 000÷(1＋13％)＝8 849.56(元)

增值税金额 8 849.56×13％＝1 150.44(元)

借：银行存款　　10 000
　贷：合同负债　　8 849.56
　　应交税费——代转销项税额　　1 150.44

(2) 2019 年末，享受购物卡应当确认的收入：

未行使权利应确认金额＝1 000×6 000÷(10 000－1 000)＝666.67(元)

应确认收入＝(6 000＋666.67)÷(1＋13%)＝5 899.71(元)

增值税销项税额＝6 000÷(1＋13%)×13%＝690.27(元)

(3) 根据分摊结果，将销售商品及分摊未行使权利的金额确认为收入：

借：合同负债　　5 899.71
　应交税费——代转销项税额　　690.27
　贷：主营业务收入　　5 899.71
　　应交税费——应交增值税(销项税额)　　690.27

习题七

(1) 2019 年 9 月 1 日发出商品时：

借：应收账款　　226 000
　贷：主营业务收入　　180 000
　　预计负债——应付退货款　　20 000
　　应交税费——应交增值税(销项税额)　　26 000

借：主营业务成本　　108 000
　应收退货成本　　12 000
　贷：库存商品　　120 000

(2) 12 月 1 日收到货款时：

借：银行存款　　226 000
　贷：应收账款　　226 000

(3) 12 月 1 日实际退货 10%时：

借：库存商品　　12 000
　应交税费——应交增值税(销项税额)　　2 600
　预计负债　　20 000
　贷：应收退货成本　　12 000
　　银行存款　　22 600

习题八

(1) 按购买绿化植物的成本确认转让绿化植物产生的收入，不确认利润时：

借：库存商品　　300 000
　贷：银行存款　　300 000

借：银行存款　　300 000
　贷：主营业务收入　　300 000

借：主营业务成本　　300 000
　贷：库存商品　　300 000

(2) 计算履约进度，并确认营业收入时：

扣除绿化植物成本的总收入为 170 万元(200－30)，成本 35 万元，合同估计总成本为 70 万元(100－30)。

履约进度＝35÷70×100%＝50%

应确认收入＝170×50%＝85(万元)

借：合同履约成本——工程施工　　350 000

贷：银行存款 350 000
借：合同资产 850 000
贷：主营业务收入 850 000
借：主营业务成本 350 000
贷：合同履约成本——工程施工 350 000

第十三章

习题一

1. 营业利润＝(480 000＋20 000)－(300 000＋8 000)－18 000－12 000－28 000－10 000－12 000－10 000＋30 000＋800＋2 000＋100 000
＝242 000(元)

本月利润总额＝242 000＋60 000－2 000＝300 000(元)

税后利润＝700 000＋300 000－250 000＝750 000(元)

年末未分配利润＝50 000＋500 000＝550 000(元)

2. 编制有关会计分录如下：

借：主营业务收入 480 000
其他业务收入 20 000
营业外收入 60 000
投资收益 100 000
公允价值变动损益 30 000
资产处置收益 8 000
其他收益 2 000
贷：本年利润 700 000
借：本年利润 400 000
贷：主营业务成本 300 000
其他业务成本 8 000
税金及附加 18 000
管理费用 28 000
销售费用 12 000
财务费用 10 000
营业外支出 2 000
资产减值损失 12 000
信用减值损失 10 000
借：所得税费用 250 000
递延所得税资产 130 000
贷：应交税费——应交所得税 300 000
递延所得税负债 80 000
借：本年利润 250 000
贷：所得税费用 250 000
借：利润分配——提取法定盈余公积 75 000
——提取任意盈余公积 75 000
贷：盈余公积——法定盈余公积 75 000
——任意盈余公积 75 000

借：利润分配——应付现金股利　　100 000
　　贷：应付股利　　100 000
借：本年利润　　750 000
　　贷：利润分配——未分配利润　　750 000
借：利润分配——未分配利润　　250 000
　　贷：利润分配——提取法定盈余公积　　75 000
　　　　　　　——提取任意盈余公积　　75 000
　　　　　　　——应付现金股利　　100 000

习题二

(1) 当期应交所得税计算如下：

应纳税所得额＝3 000＋300－1 675＋375＝2 000(万元)

应交所得税＝2 000×25%＝500(万元)

(2) 递延所得税计算如下：

递延所得税资产＝600×25%＝150(万元)

递延所得税负债＝400×25%＝100(万元)

(3) 利润表中应确认的所得税费用计算如下：

所得税费用＝500＋100－150＝450(万元)

账务处理如下(单位：万元)：

借：所得税费用　　450
　　递延所得税资产　　150
　　贷：应交税费——应交所得税　　500
　　　　递延所得税负债　　100

习题三

(单位：万元)

(1) 2020 年确认亏损时：

借：利润分配——未分配利润　　240
　　贷：本年利润　　240

(2) 2021～2025 年弥补亏损时：

借：本年利润　　40
　　贷：利润分配——未分配利润　　40

(3) 2026 年先纳税后补亏时：

借：所得税费用　　10
　　贷：应交税费——应交所得税　　10
借：本年利润　　10
　　贷：所得税费用　　10
借：利润分配——未分配利润　　10
　　贷：本年利润　　10

(4) 盈余公积弥补剩余亏损时：

借：本年利润　　40
　　贷：利润分配——未分配利润　　40
借：盈余公积　　30
　　贷：利润分配——盈余公积补亏　　30

第十四章

习题一

表 14-17 甲公司利润表

2019 年　　单位：元

项　　目	本期金额	上期金额
一、营业收入	1 250 000	
减：营业成本	750 000	
税金及附加	2 000	
销售费用	20 000	
管理费用	150 000	
研发费用	7 100	
财务费用	41 500	
其中：利息费用	51 500	
利息收入	10 000	
加：其他收益	500	
投资收益(损失以"—"号填列)	30 000	
其中：对联营企业和合营企业的投资收益		
净敞口套期收益(损失以"—"号填列)		
公允价值变动收益(损失以"—"号填列)	1 000	
资产减值损失	—30 000	
信用减值损失	—900	
资产处置收益(损失以"—"号填列)		
二、营业利润(亏损以"—"号填列)	280 000	
加：营业外收入	50 000	
减：营业外支出	19 700	
三、利润总额(亏损总额以"—"号填列)	310 300	
减：所得税费用	85 300	
四、净利润(净亏损以"—"号填列)	225 000	
(一) 持续经营净利润(净亏损以"—"号填列)		
(二) 终止经营净利润(净亏损以"—"号填列)		
五、其他综合收益的税后净额		
(一) 不能重分类进损益的其他综合收益	5 000	
(二) 将重分类进损益的其他综合收益		

续 表

项　　目	本期金额	上期金额
六、综合收益总额	230 000	
七、每股收益		
（一）基本每股收益		
（二）稀释每股收益		

习题二

表 14－19　甲公司资产负债表

2019 年 12 月 31 日　　单位：元

资　　产	期末余额	年初余额	负债和所有者权益（或股东权益）	期末余额	年初余额
流动资产：			流动负债：		
货币资金	166 000	1 406 300	短期借款	35 000	300 000
交易性金融资产	300 000	15 000	交易性金融负债		0
衍生金融资产		0	衍生金融负债		0
应收票据	450 000	246 000	应付票据	40 000	200 000
应收账款	780 000	299 100	应付账款	760 000	953 800
预付款项	110 000	100 000	预收款项	20 000	
其他应收款	54 000	5 000	合同负债		1 000
存货	402 000	2 580 000	应付职工薪酬	90 000	110 000
合同资产		0	应交税费	100 000	36 600
持有待售资产		0	其他应付款	170 000	50 000
一年内到期的非流动资产			持有待售负债		0
其他流动资产		100 000	一年内到期的非流动负债		1 000 000
流动资产合计	2 262 000	4 751 400	其他流动负债		
非流动资产：			流动负债合计	1 215 000	2 651 400
债权投资	40 000	0	非流动负债：		
其他债权投资		0	长期借款	800 000	600 000
长期应收款		0	应付债券		
长期股权投资	200 000	250 000	其中：优先股		
其他权益工具投资	10 000	0	永续债		
其他非流动金融资产		0	长期应付款		

续 表

资　　产	期末余额	年初余额	负债和所有者权益(或股东权益)	期末余额	年初余额
投资性房地产	50 000	0	预计负债		
固定资产	3 400 000	1 100 000	递延收益		
使用权资产		0	递延所得税负债	20 000	
在建工程	400 000	1 500 000	其他非流动负债		
生产性生物资产		0	非流动负债合计	1 160 000	600 000
油气资产		0	负债合计	2 035 000	3 251 400
无形资产	500 000	600 000	所有者权益(或股东权益)		
开发支出	30 000	0	实收资本(或股本)	3 000 000	4 000 000
商誉		0	其他权益工具		
长期待摊费用		0	其中：优先股		
递延所得税资产	120 000	0	永续债		
其他非流动资产		200 000	资本公积	300 000	1 000 000
非流动资产合计	4 750 000	3 650 000	减：库存股		
			其他综合收益		
			盈余公积	500 000	100 000
			未分配利润	1 177 000	50 000
			所有者权益(或股东权益)合计	4 977 000	5 150 000
资产总计	7 012 000	8 401 400	负债和所有者权益(或股东权益)总计	7 012 000	8 401 400

习题三

	经营活动的现金流量
(1) 本期净利润	80 000
(2) 折旧费用 36 000 元	+36 000
(3) 管理费用中包含人员工资费用 25 000 元，无形资产摊销 3 000 元	+3 000
(4) 借款利息费用 5 500 元	+5 500
(5) 出售长期投资利益 8 000 元	−8 000
(6) 购买土地使用权 12 000 元	0
(7) 计提坏账损失准备 3 200 元	+3 200
(8) 处置固定资产净收益 30 000 元	−30 000
(9) 股利收入 4 000 元(权益法)	−4 000
(10) 存货增加 5 000 元	−5 000
(11) 递延所得税资产减少 4 000 元	+4 000
(12) 应收账款减少 10 000 元	+10 000
经营活动的现金净流量	94 700

习题四

营业收入的收现数＝营业收入－应收账款增加＋销项税－转销坏账

表 14－20　甲公司营业收入与应收账款增减变动资料

单位：元

案　例	营业收入（利润表）	应收账款增加（减少）	算　　式	营业收入收现数
A	100 000	0	100 000＋13 000－1 000	112 000
B	100 000	10 000	100 000＋13 000－1 000－10 000	102 000
C	100 000	（8 000）	100 000＋13 000－1 000＋8 000	120 000
D	100 000	9 000	100 000＋13 000－1 000－9 000	103 000
E	100 000	（9 000）	100 000＋13 000－1 000＋9 000	121 000

习题五

购买商品付现数＝营业成本＋存货增加－应付账款增加＋进项税

表 14－21　大地公司主营业务成本及存货和应付账款增减变动情况

单位：元

案　例	营业成本	存货增加（减少）	应付账款增加（减少）	算　　式	购货付现数
A	60 000	0	0	60 000＋7 800＋0－0	67 800
B	60 000	6 000	0	60 000＋7 800＋6 000－0	73 800
C	60 000	（6 000）	0	60 000＋7 800－6 000	61 800
D	60 000	0	4 000	60 000＋7 800－4 000	63 800
E	60 000	0	（4 000）	60 000＋7 800＋4 000	71 800
F	60 000	6 000	4 000	60 000＋7 800＋6 000－4 000	69 800
G	60 000	（6 000）	（4 000）	60 000＋7 800－6 000＋4 000	65 800

参 考 文 献

1. 中华人民共和国财政部：《企业会计准则》，经济科学出版社 2010 年版。
2. 中华人民共和国财政部：《企业会计准则——应用指南》，中国财政经济出版社 2010 年版。
3. 中华会计网校：《新企业会计准则讲解》，人民出版社 2010 年版。
4. 孙铮：《会计学》，上海财经大学出版社 2015 年版。
5. 钱逢胜：《中级财务会计》，上海财经大学出版社 2012 年版。
6. 朱小英：《中级财务会计》，上海财经大学出版社 2015 年版。
7. 中国注册会计师协会：《会计》，中国财政经济出版社 2019 年版。
8. 财政部会计资格评价中心：《中级会计实务》，经济科学出版社 2019 年版。
9. 《银行科目管理办法》，1994 年中国人民银行发布实施。
10. 《内部会计控制规范——货币资金》，2001 年财政部发布实施。